21世纪房地产系列精品教材

# 物业管理

## （第2版）

刘新华　周　哲◎编著

Property Manag

清华大学出版社

北京

# 内 容 简 介

本书以最新的物业管理相关法律法规为依据，全面、系统地介绍了物业管理的一般理论和工作方法。本书共分为十一章，从物业管理的基础理论着手，讲述物业管理机构、物业服务市场、前期物业管理、物业基础管理、物业综合管理与服务、物业服务企业管理等内容，同时还扩展介绍了不同类型的物业管理、物业管理的国际视角和物业管理的新发展。第 2 版融入当前物业管理的最新理念和方法，如物业管理的科技化问题、绿色物业管理问题等，并更新了专栏和案例，反映近年来物业管理的新发展和新实践。

本书可作为房地产专业、物业管理与物业设施管理专业的本科生教材使用，也可以作为物业管理及房地产经营管理专业人员、管理干部等的参考用书。

**图书在版编目（CIP）数据**

物业管理/刘新华，周哲编著. —2 版. —北京：清华大学出版社，2016（2023.8重印）
21 世纪房地产系列精品教材
ISBN 978-7-302-43333-0

I. ①物… II. ①刘… ②周… III. ①物业管理-教材 IV. ①F293.33

中国版本图书馆 CIP 数据核字（2016）第 051601 号

责任编辑：杜春杰
封面设计：刘　超
版式设计：牛瑞瑞
责任校对：王　云
责任印制：杨　艳

出版发行：清华大学出版社
　　　　　网　　址：http://www.tup.com.cn，http://www.wqbook.com
　　　　　地　　址：北京清华大学学研大厦 A 座　　　邮　　编：100084
　　　　　社 总 机：010-83470000　　　　　　　　　邮　　购：010-62786544
　　　　　投稿与读者服务：010-62776969，c-service@tup.tsinghua.edu.cn
　　　　　质量反馈：010-62772015，zhiliang@tup.tsinghua.edu.cn
印 装 者：三河市铭诚印务有限公司
经　　销：全国新华书店
开　　本：185mm×230mm　印　　张：26　字　　数：568 千字
版　　次：2011 年 3 月第 1 版　2016 年 6 月第 2 版　印　　次：2023 年 8 月第 6 次印刷
定　　价：69.80 元

产品编号：063980-04

# 丛书编委会

（以汉语拼音为序）

| | | | | | |
|---|---|---|---|---|---|
| **顾问** | 陈　淮 | 顾云昌 | 胡乃武 | 聂梅生 | 秦　虹 |
| | 任志强 | 王健林 | 谢家瑾 | 郑超愚 | 朱中一 |
| **主任** | 董　藩 | 康耀江 | | | |
| **编委** | 代春泉 | 丁　宏 | 李　英 | 刘德英 | 刘新华 |
| | 刘　毅 | 邱　红 | 孙　宇 | 陶斐斐 | 王军艳 |
| | 文　伟 | 熊志刚 | 徐　青 | 杨　瑛 | 张红日 |
| | 张健铭 | 赵安平 | 周小平 | 周　宇 | 周　哲 |

# 丛书顾问寄语

研究规律和国情比臆测价格和猜赌政策更重要。严肃学者与江湖术士的区别就在于前者致力于对客观规律和基本国情的归纳与总结。

——陈 淮

作为国民经济支柱产业的房地产业，其对应的学科建设亟待加强，这也是本丛书编辑、出版的意义所在。

——顾云昌

房地产经营管理是一门新的学科，尚不够成熟。推动这一学科的建设成为摆在经济管理学者面前的任务，董藩等一批青年学者在这方面已经做了不少工作。这套丛书的出版，是他们的又一次努力，值得肯定。

——胡乃武

房地产与政治、经济、社会、民生等紧密相联，出版房地产专业教材是系统培养专业人才的长远之计，这项工作虽然是基础性的，但做好它意义重大。

——聂梅生

董藩教授及其团队一直在学习、研究和传播房地产知识，为中国房地产学科的建立和专业人才的培养做出了积极贡献。

——秦 虹

计划经济的历史中没有房地产这个专业，福利分房制则让开发与市场脱节。这十多年的市场化建设尚未成熟，急需普及基本知识。学院派的教师们努力地编辑与总结经验，希望能为市场建设尽微薄之力。这套较为完整的丛书，会对管理与从事这一行业的人，提供必要的帮助。

——任志强

房地产实践的发展需要专业理论的指导，也需要专业人才的加入。而这两点，都有赖于专业教育的发展。认识董藩教授已近 20 年，深知他称得上是中国房地产学科的搭建者和带头人。

——王健林

梳理专业知识，服务学科建设；解读经济规律，促进行业发展。

——谢家瑾

房地产业是国民经济的主导产业和支柱产业，但房地产教育却还处于初级状态。要发展房地产专业教育，教材建设是最基础的工作。希望本套教材的出版对此有明显的推进作用。

——郑超愚

深化认识，夯实根基，是实施科学管理，促进房地产业平稳、健康发展的基础。相信这套丛书的出版，对业内和相关人士认识房地产市场规律、掌握房地产基础知识将起到积极的推动作用。

——朱中一

# 丛书序言

## ——大力推进房地产专业教育和知识普及工作

1998 年以来，中国房地产业快速发展，已成为国民经济的主导产业和支柱产业，取得了令世人瞩目的成就，尤其是在改善广大城镇居民住房条件、改变城镇面貌、促进经济增长、扩大就业四个方面，更是发挥了其他行业所无法替代的巨大作用。这一切，仅从中国城镇人均居住面积的变化便不难看出：新中国成立初期 4.5 平方米，但到了 1978 年，反而下降到了 3.6 平方米；1990 年为 7.1 平方米，到了 1998 年也只有 9.3 平方米。现在我们的居住条件已经达到人均近 40 平方米了。

然而，随着房地产业的发展，一系列问题和矛盾也出现了。诸如房价问题，住房保障和宏观调控问题，政府对房地产市场的干预以及市场机制运行阻力增加等，这些问题和矛盾倘若得不到有效解决，势必给房地产业的可持续发展埋下隐患。

这些问题的出现，均与大众和决策层对房地产市场认识的偏差甚至错误联系在一起，而这些认识上的缺欠，又与房地产教育的短缺、房地产理论的落后、房地产专业知识普及的乏力是密切相连的。这种境况的出现，既有必然的逻辑，又有偶然事件的诱使。而要改变这种现实，必须抓好房地产教育、房地产理论研究工作，同时大力推进房地产专业知识的普及工作。房地产教材的编写，就是一项实实在在的工作内容。为搭建起中国的房地产学科，十几年来，我与我的合作者一直在积极探索。

早在 2000—2001 年，在东北财经大学出版社编辑谭焕忠先生的鼓励和运作下，我就主编了"最新房地产经营管理丛书"，在这方面做了积极尝试，受到房地产业内和财经教育界的关注。后来我们又对这套丛书进行了修订、完善，个别分册还出版了第三版和第四版，成为普通高等教育"十一五"国家级规划教材。但是，随着时间的推移，这些教材又有了更新的必要。为此，从 2009 年开始，我们与清华大学出版社合作，邀请国内多所知名高校的房地产专家、学者，重新编著了一套"21 世纪房地产经营管理系列教材"，包括《房地产经济学》《房地产开发》《房地产投资分析》《房地产市场营销》《房地产金融》《房地产开发企业会计》《房地产估价》《房地产法律与制度》《房地产管理信息系统》《物业管理》《住房保障制度》《房地产合同管理》等。

从整套教材来看，不仅有介绍房地产行业基本知识的《房地产经济学》，还将房地产行业和项目所涉及的主要业务知识分册进行了讲解。浏览一下这套丛书各分册的书名就会发现，其中暗含着"投资分析—开发—监理—营销—物业管理—估价"这样的纵向逻辑脉络，主要阶段基本知识的讲解全部囊括其中；同时，又顺着横向逻辑关系对与房地产有关的金融、会计、法规知识按照教材体系做了详细整理。读完该套教材后，读者对房地产行业的理论、业务知识、分析方法、法律规定便有了基本了解。身边准备这么一套房地产专业书籍，遇到什么问题也基本都能从中找到答案。非常重要的一点是，我们充分考虑到房地产行业的实践性，十分注重理论联系实际。当读者阅读过我们的教材之后，也会深刻体会到该套教材的这一显著特征。

在前面多年房地产教学、科研和教材编写基础上的该套教材，与以往的教材相比，无论基础知识的梳理、内容的安排，不同分册间知识的衔接，还是文字的表述、写作的规范性，都又有了明显进步。所以，该套教材出版后再次引起房地产、工程管理和物业管理专业领域的和房地产业界的普遍关注，十分畅销。

随着时间的推移，该套"21世纪房地产经营管理系列教材"又到了修订的时间了。清华大学出版社根据各方意见，对该套丛书做了筛选，出版社杜春杰老师与相关作者进行了沟通。大家按照安排，在保持原貌基础上，对各本教材中涉及的过时的表述、案例、政策、数据、参考文献等都做了必要的更新，力求向精品化教材的方向发展，丛书的名称也因此更改为"21世纪房地产系列精品教材"。

无论是在第一版的编写中，还是在这次修订中，我们都得到了胡乃武、王健林、任志强等学界前辈、同行专家和行业领袖的大力支持。我要特别感谢王健林和任志强两位著名企业家对我的团队和北京师范大学房地产研究中心的长期支持与鼓励。同时，我们还参阅了很多教材、著作、论文和新闻稿件，在每本书的注释或参考文献中都有专门列示，也要感谢这些作者。清华大学出版社的杜春杰编辑为本套丛书的出版和这次修订付出了巨大心血。在此，我们对相关顾问和编辑表示深深的谢意。

由于水平、能力等原因，修订后的这套教材仍可能存在一些错误或不足之处，有些我们有所感知，有些还未认识到。欢迎大家继续批评指正，以便下次修订时加以完善。

董　藩

2016年1月于北京

# 第 2 版前言

近年来，物业管理行业在社会经济发展中担负的责任和所起的作用越来越多地受到人们的关注。2009 年的政府工作报告明确提出，将"大力发展社区商业、物业、家政等全民消费"作为积极扩大内需和推动经济增长的重要手段之一。因此，物业管理行业有了更多新的发展机遇，对物业管理人才的需求也将急剧增加。本书的出版在一定程度上契合了当前物业管理行业的发展机遇，能更好地满足社会及行业对物业管理人才培养的需求。

本书作为"21 世纪房地产系列精品教材"之一，以最新的物业管理相关法律法规为依据，结合编者自身的物业管理实践活动和经验，在融入物业管理新理念、新方法的同时，全面、系统地介绍了物业管理的一般理论和工作方法。全书的结构简明、清晰，物业管理实务的融入使学生更能了解物业管理活动，从而加深对物业管理理论和实践的理解。因此，本书具有一定的学术价值和实践价值。

作为第 2 版，本书共分为十一章，从物业管理的基础理论着手，讲述物业管理机构、物业服务市场、前期物业管理、物业基础管理、物业综合管理与服务、物业服务企业管理等内容，同时还扩展介绍了不同类型的物业管理、物业管理的国际视角和物业管理的新发展。本书理论自成体系，逻辑关系合理、流畅，不仅能作为本科学生的专业教材使用，也可以作为物业管理及房地产经营管理专业人员、管理干部等的参考用书。

本书由北京师范大学管理学院博士、北京电子科技职业学院副教授刘新华和中国科学院博士周哲共同编写。其中刘新华撰写了第一、二、三、四、十、十一章，周哲撰写了第五、六、七、八、九章，并各自承担自己撰写部分涉及的知识产权责任。北京师范大学董藩教授对全书内容进行了总纂。本书参考了许多专家学者的教材、专著、学术文章及其他资料，在书中一一列示了具体的出处，在此向他们致以诚挚的谢意。

由于时间紧迫，水平有限，书中缺点和错误在所难免，欢迎广大读者批评指正。
E-mail:xhliu810@163.com。

刘新华　周　哲
2016 年 2 月于北京

# 目　　录

# 第一章 物业管理概论

## 学习目标

通过对本章的学习，应掌握如下内容：
1. 物业及物业管理的含义；
2. 物业管理的起源和发展；
3. 物业管理的目标、内容和原则；
4. 物业管理与社区建设的关系。

## 导言

物业管理作为中国改革开放后伴随经济体制的转轨和住房制度改革的深化而出现的一种新型房屋管理模式，具有社会化、专业化和市场化的特征，不仅在房地产开发建设、流通、消费使用的全过程中起着至关重要的作用，而且也是现代城市管理的重要组成部分，是社区建设的重要力量。本章作为全书的基础，主要介绍了物业管理的基本概念，物业管理的起源和发展，物业管理的目标、内容和原则，以及物业管理与社区建设的关系等内容。

## 第一节 物业管理的基本概念

### 一、物业

国际上，"物业"是一个通用的习惯词汇，与房地产、不动产表达同一种含义；但在我国，"物业"则有其约定俗成的内涵，与房地产、不动产有一定的区别。

#### （一）物业的含义

"物业"一词译自英文的"Estate"或"Property"，其本义为财产、资产、房地产或拥有物等。在20世纪80年代初期，"物业"一词由我国港澳地区传入我国沿海及内地，并逐渐被民众接受和使用。在我国港澳地区，物业特指与地产相联系的房产，主要是指一个住宅单位或楼宇、建筑物。建设部住宅与房地产业司物业管理处①在 1994 年 6 月的《简述物业管理》一文中对物业下过定义，在一些地方性法规，如《深圳经济特区住宅区物业管理条例》和《上海市居住物业管理条例》中也对物业进行了界定，但我国法律法规对物业尚无统一的定义。《物业管理条例》（国务院令第 504 号）对"物业"一词亦无明确定义，但从《物业管理条例》第二条中"物业管理"的概念看，"物业"应是指已建成并投入使用的各类"房屋及配套的设施设备和相关场地"。各类房屋可以是建筑群，如住宅小区、工业小区；也可以是单体建筑，如一幢住宅楼、写字楼、商业大厦；更可以是单元建筑中的一个单元，如住宅单元。配套的设施设备和相关场地则是指与上述房屋相配套或为房屋的使用者服务的室内外各类设备、市政公用设施和与之相邻的场地、庭院、道路等。

一般来说，物业是一种具体的物质存在形态，由土地和附属建筑物构成，是建筑物与建筑地块的统一。因此，一个完整的物业应由以下四个部分构成。

1. 房屋建筑物本体

房屋建筑物本体可以是供居住用的住宅房屋，也可以是非居住用的厂房、仓库、商场等。以居住物业为例，建筑物本体既包括业主、使用人自用的卧室、客厅、厨房、卫生间、阳台、天井、庭院以及室内墙面等部位，也包括一幢住宅内部由整幢住宅的业主和使用人共同使用的门厅、楼梯间、水泵间、电表间、电梯间、电梯机房、走廊通道、传达室、内天井、房屋承重结构、室外墙面及屋面等部位。

2. 附属设备

附属设备即房屋建筑物内部的各项附属设备。以居住物业为例，附属设备既包括住宅内部的门窗、卫生洁具以及通向总管的供水、排水、燃气管道、电线等设备，也包括住宅内部由整幢住宅的业主和使用人使用的供水管道、排水管道、落水管、照明灯具、垃圾通道、电视天线、水箱、水泵、电梯、邮政信箱、避雷装置、消防器具等设备。

3. 公共设施

公共设施是指物业管理区域内，由业主和使用人共同使用的道路、绿地、停车场库、照明路灯、排水管道、窨井、化粪池、垃圾箱（房）等设施。

4. 场地

场地是指物业管理区域范围内的建筑地块、庭院、停车场、小区内非主干交通道路等。

**（二）物业的分类**

物业可从不同角度进行分类。从物业管理的角度出发，可以将物业按使用功能不同分为以下四类。

---

① 根据 2008 年 3 月公布的《国务院机构改革方案》的规定，"组建住房和城乡建设部。不再保留建设部"。本书中凡以"建设部"或"原建设部"出现的，均指机构改革前的建设部，对应现在的住房和城乡建设部。同时，建设部原相应机构也做了调整，下文不再一一说明。

1．居住物业

居住物业是指以居住为主要功能的物业，包括住宅小区、单体住宅楼、公寓、别墅等。

2．商业物业

商业物业是指以收益性经营活动为主要功能的物业，包括综合楼、写字楼、商业中心、酒店及康乐场所等，以及以收益性办公服务为主要功能的其他物业，如办公楼等。

3．工业物业

工业物业是指以生产经营活动为主要功能的物业，包括工业厂房、研发用房、仓储用房等。

4．公共物业

公共物业是指用于公益目的的物业，如车站、机场、医院、学校、图书馆等。

需要指出的是，在科学技术日益发展的今天，一些高科技建筑和绿色建筑涌现出来，如健康住宅、智能楼宇和节能型住宅等。对这些富有一定技术含量的物业类型如何进行管理值得专题探讨。

## 二、物业管理

物业管理是一种有别于以往传统房屋管理的新型管理模式，在现代社会，优秀的物业管理已成为房地产增值的重要动力源。

### （一）物业管理的含义

《物业管理条例》第二条对物业管理的定义是："本条例所称物业管理，是指业主通过选聘物业服务企业，由业主和物业服务企业按照物业服务合同约定，对房屋及配套的设施设备和相关场地进行维修、养护、管理，维护物业管理区域内的环境卫生和相关秩序的活动"。

具体来说，物业管理是指物业服务企业接受业主（通过业主大会）的委托，依照物业服务合同的约定，对已投入使用的各类房屋建筑和附属配套、设施设备及场地进行专业化维修、养护和管理，以及维护房屋相关区域内的道路安全、消防安全、环境卫生和秩序的活动，并向物业所有人和使用人提供多方面、综合性的有偿服务。

要正确理解物业管理的含义，必须把握以下几点。

1．物业管理具有委托性和有偿性两个基本特征

委托性体现在业主（委托人）通过与物业服务企业（受托人）签订物业服务合同，将其所属的物业委托给受托人统一经营管理。物业服务企业进行的物业服务行为本质上是一种业主委托的有偿契约行为。

2．物业管理的服务主体是物业服务企业及其从业人员

根据住房和城乡建设部的规定，从事物业管理活动的物业服务企业和从业人员应具有

相应资质和资格。物业服务企业要通过房地产行政主管部门的资质审查和批准；物业管理从业人员必须通过相应的资格考试，并持证上岗。

3. 物业管理的服务对象是业主

物业管理的目的是为业主提供高效、优质、便捷和经济的综合服务，以提高广大业主和物业使用人的生活质量，为其创造一个整洁、文明、安全和舒适的生活和工作环境，实现安居乐业，并最终实现社会效益、经济效益和环境效益的统一和同步增长。

4. 物业管理的管理对象是物业

根据物业管理的含义，物业管理的对象是已经竣工并投入使用的各类房屋及其附属配套设施、设备和场地，包括物业区域内的环境卫生、绿化养护、消防安全和道路交通等。

## 专栏 1-1 《物权法》下对完善物业管理概念的讨论[①]

何谓"物业管理"？《物业管理条例》第二条规定，"本条例所称物业管理，是指业主通过选聘物业服务企业，由业主和物业服务企业按照物业服务合同约定，对房屋及配套的设施设备和相关场地进行维修、养护、管理，维护物业管理区域内的环境卫生和相关秩序的活动。"该规定存在两个方面的不足：（1）对物业管理的内容规定不全面。物业管理的内容分为财产管理和社区管理两部分。财产管理是指对房屋及配套的设备、设施和相关场地进行维修、养护、管理，原则上只限于建筑物的共有部分，不包括专有部分。由于国际保健机构对居住环境规定了健康、安全等标准，所以财产管理还应该包括火警防范、清洁维护、花木整理等内容。社区管理是指对社区生活秩序和环境秩序的管理，包括制止物业管理区域内个别业主或其他出入社区之人对建筑物的毁损行为、对建筑物的不当使用行为以及其他妨碍社区生活的行为，如擅自变更建筑物的结构，影响了整个建筑物的安全；因缺乏社区意识而发出振动、噪声，干扰了邻居的生活；任意堆放垃圾，妨碍了他人的正常生活，影响环境卫生等。但这种管理行为只能是说服、劝阻、禁止，不能采取强制性的措施。《物业管理条例》第四十六条规定，"对物业管理区域内违反有关治安、环保、物业装饰装修和使用等方面法律、法规规定的行为，物业服务企业应当制止，并及时向有关行政管理部门报告。有关行政管理部门在接到物业服务企业的报告后，应当依法对违法行为予以制止或者依法处理。"实践中，人们只认识到了物业的财产管理，对社区管理缺乏足够的认识，有必要以法律的形式予以明确。（2）该条只限定了在专业的物业服务公司的管理活动，而忽略了由业主自行管理的业主自营式物业管理模式。所谓业主自营物业管理，就是住宅小区的物业管理，由业主自己管理。如上所述，整个建筑区划分为两个部分：一部分是专有部分，属于业主的私人财产，由业主自己管理；另一部分是共有财产，由业主全体共有，

① 黄萍. 物业管理存在的问题及立法完善——评《物权法》及《物业管理条例》的有关规定[J]. 行政与法，2008（1）.

4

业主共同管理。业主自营式物业管理模式最大的特点是节约了开支，减轻了业主的负担，避免了我国目前常见的业主与物业服务公司的纠纷。这种管理模式在我国台湾地区比较普遍，美国、日本、新加坡等也实行这种模式。因物业所有权属于业主，物业管理的主体是业主，业主应该有权选择自己财产的管理模式。而且，我国国民的收入水平相对比较低，大部分人已经倾其所有购买房屋，压力很大，不少老百姓感叹，买了房子，却养不起房子。《中华人民共和国物权法》（以下简称《物权法》）第八十一条规定，"业主可以自行管理建筑物及其附属设施，也可以委托物业服务企业或者其他管理人管理。对建设单位聘请的物业服务企业或者其他管理人，业主有权依法更换。"《物权法》已经认识到物业管理是自治管理，业主可以选择物业管理的模式，是法律的进步，所以应修改《物业管理条例》第二条的规定，使其与《物权法》相一致。

**（二）物业管理的性质**

如前所述，物业服务企业所拥有的物业管理权并不是自己所固有的，而是通过与业主签订物业服务合同而获得，因此，物业管理不同于房地产的行政管理，也不同于传统的房屋管理，是一种新型的管理模式，具备与市场经济体制相适应的社会化、专业化和市场化的特征。

1．物业管理社会化

物业管理社会化有两层含义：一是业主要到社会上去选聘物业服务企业；二是物业服务企业要到社会上去寻找可以代管的物业。物业的所有权、使用权与物业的经营管理权相分离是物业管理社会化的必要前提，现代化大生产的社会专业分工则是实现物业管理社会化的必要条件。物业管理的社会化使过去那种自建自管的分散管理体制得到摆脱，物业服务企业在业主（通过业主委员会）委托授权的范围内集中实施社会化的统一经营管理，从而提高整个城市管理的社会化程度，充分发挥住宅小区与各类房屋的综合效益和整体功能，使之实现社会效益、经济效益和环境效益的统一。

2．物业管理专业化

物业管理专业化指的是由专业物业服务企业通过合同或契约的签订，按照产权人和使用人的意志与要求去实施专业化管理。因此，物业服务企业必须具备一定的专业资质并达到一定的专业水平，即有专业的人员配备，专门的组织机构，专门的管理工具设备，科学、规范的管理措施与工作程序，能运用现代管理科学和先进的维修养护技术实施专业化的管理。

3．物业管理市场化

物业管理市场化是指在市场经济条件下，物业服务企业将日常管理工作纳入市场经济运行的轨道，推行有偿服务和合理收费，并通过多种经营，使小区及各类房屋和设备的管理走上以业养业、自我发展的道路。物业管理活动是在市场经济机制下运作的，并由此形成物业管理竞争市场。在这个市场上，业主有权选择物业服务企业，并购买和消费其提供的物业服务；物业服务企业则必须靠自己良好的经营和服务才能挤进和占领这个市场，从而为业主提供有偿的物业服务。因此，物业服务市场化的集中体现就是委托和有偿。

总而言之，物业管理行业是一种服务性的行业，属第三产业，是集管理、服务和经营于一体，并寓经营与管理于服务之中的产业。管理是物业管理的基本职能，经营是物业服务企业生存和发展的关键，而服务则是物业服务企业的宗旨和本质。管理、经营和服务三者相互渗透、相互补充、有机联系、融为一体。

## 专栏1-2　人民日报：物业和业主都要成熟起来[①]

物业管理因其性质决定，无疑是最具市场化特征的行当之一。

所谓物业管理，依照我国物业管理条例，是指"业主通过选聘物业管理企业，由业主和物业管理企业按照物业服务合同约定，对房屋及配套的设施设备和相关场地进行维修、养护、管理，维护相关区域内的环境卫生和秩序的活动。"

首先，由谁管、怎么管是物业公司与业主双向选择的结果；其次，日常管理也不是由物业公司一方完成，而是由物业公司与业主委员会双方来完成。自然，管理效果也是由物业公司与业主委员会包括业主行为决定的。任何一方的不作为或行为失当，都会影响物业拥有者的工作生活及环境秩序，甚至使之陷入混乱。生活小区尤其如此。因为，现如今，生活小区的许多居民住的都是公寓——高层或低层楼房，也就是说，其物业许多是共有的，属公共物产，从某种程度上说大家是共存共生的。

业主与物业公司，实际上是主人与管家的关系。业主将自己的物产委托给物业公司来管理，这是产权人对物产的一种处置权。但不是让管家管，自己就什么都不管了。业主委员会包括业主，有责任督促、协助管家管好自己及大家的物业。

对上述特点，目前我国许多物业公司及小区居民仍缺乏足够的认识。最明显的误区是：物业公司认为我就是来管业主的而缺少服务意识；而业主则认为我就是享受服务的而缺少参与管理、监督管理的意识，缺少公共意识、责任意识。这种认识上的误区以及对双方责权利的模糊认识，加之相关制度的缺失及职业素养、个人素养的欠缺，就带来许多问题，产生许多矛盾。

物业公司方面，不尊重业主权利，摆不正自身位置，物业管理特别是收费管理缺乏公开透明；只注重盈利，忽视自身管理服务方面存在的问题，如人员素质不高、服务意识和技能不强、服务标准和服务水平低下等，不能按照合同要求为业主提供质价相符的服务。

业主方面，业主的物业知识缺乏，部分业主习惯于过去的"无偿福利型"服务，缺乏

---

① 赵蓓蓓. 物业和业主都要成熟起来[N]. 人民日报，2015-06-23（20）.

"花钱买服务"的消费意识，物业服务费标准低、收缴率低，致使物业企业生存困难，服务难以为继；有些业主将违章建筑、治安问题、垃圾费收取问题、毁绿种菜等不完全属于物业管理方面的问题也完全归罪于物业公司，而不知或无视物业公司无行政执法权的事实；有的业主将前期开发建设环节遗留的配套设施、房屋质量等"先天不足"带来的后遗症等问题也视为物业管理问题，并以此为由少缴费或不缴费等。

许多小区未成立业主委员会，一些成立业主委员会的也未履行相应责任，甚至有的借此谋利等。业主知情权和选择权无法得到保证、设施收益权属模糊、业主委员会无社团法人地位等问题，也时常困扰着住宅小区的物业管理。

由上述问题造成的业主与物业公司的种种纠纷、业主与业主委员会的纠纷不时在现实生活中上演。

自1981年深圳成立第一家物业公司起，我国的物业管理发展已有三十多年的时间，而国外发达国家已有一百多年。物业管理实际上考验的不仅是物业公司的水平，更是对业主自治能力的检验。因为，是否选择物业公司、选择什么样的物业公司，业主是有法律授权的。所以，好的物业管理，不仅取决于物业公司的成熟度，更取决于业主的成熟度，当然也取决于相关法律的成熟度。

### （三）物业管理的模式

按照《中华人民共和国物权法》第八十一条第一款的规定，"业主可以自行管理建筑物及其附属设施，也可以委托物业服务企业或者其他管理人管理"，物业管理的模式可分为由业主自行管理和委托物业服务企业或者其他管理人管理两种模式。

所谓业主自行管理模式，就是住宅小区的物业管理既不由房地产开发公司负责，也不聘请社会上专门的物业服务企业负责，而是由业主自己打理。这种方式在我国台湾地区的城市中比较普遍。业主自行管理模式需要业主通过选举或聘任产生业主委员会，然后业主委员会按照物业管理法规和业主的具体要求由业主自己对房屋及配套设施，相关设备场地进行维修、养护、管理，并且维护区域内的环境卫生和秩序。对技术含量高、维护间歇周期长的项目则可临时聘用专业人员进行维护。业主自行管理的主体是业主委员会，由全体业主民主选举或公开聘任产生，代表全体业主的意愿。业主自行管理的客体则具有较强的灵活性，对技术含量高、维护间歇周期长和业主具体化要求的客体可以灵活管理。业主自行管理的管理机构可依据物业管理业务和业主的需求灵活设置，从而减少不必要的人力支出，节约业务成本和机构设置运行成本。业主自治管理模式在实际运行中会存在若干障碍，如业主类似"散户"，凝聚力差、业主委员会缺乏监管、相关职能部门缺乏支持和理解等。因此，业主自行管理模式尽管为《物权法》所提出，但其运行的理论和实践仍需进一步探索。

委托物业服务企业管理的模式是本书所讨论的模式，在前面已做过论述，在此不再解释。需要提出的是，委托物业服务企业管理的模式受到《物业管理条例》的规范，而对《物权法》提出的委托其他管理人管理的模式在实践中却没有相关法律法规出台，但笔者认为，本书对物业管理及物业服务企业的论述原则上应该也适用于其他管理人。

## 专栏 1-3　物业服务企业将趋于专业管家定位[①]

随着战略合作方——上海绿地集团在海外开发房地产的步伐，上海科瑞物业管理有限公司（下简称"科瑞物业"）来到韩国济洲岛接管了第一个海外项目——汉拿山小镇，根据韩国的法律，国外企业在韩国设立公司，只能根据规定人数派遣管理人员，特别是劳务人员不能从中国派遣，必须录用当地人员。这就逼迫科瑞物业只能真正做专业管家，作业事务必须全部发包给韩国专业公司或直接招募韩国工人。好在发达国家的物业管理本身就是有专业分工的，秩序维护、设施设备维护、保洁、绿化养护都有许多专业公司，所以科瑞物业专业管家的角色在济洲岛当得很顺畅。韩国的实践，使科瑞物业认识到自身专业管家的角色定位，其实并不是模式的创新，而是向专业管家角色定位的回归！为什么呢？

**行业的社会化将进一步推动物业服务企业向专业管家转型**

按照发达国家和地区的物业管理模式，物业服务企业作为"专业管家"将整体承揽物业管理业务，有的旗下也设立专业公司，但大部分的业务都是由这个"专业管家"发包给社会专业机构来实施。科瑞物业近十年来就是按照这个模式来管理运行所服务的 2 000 多万平方米物业的；尽管对于整个行业来说，由于收费机制、税收体制、政策法规、社会观念等方面的制约，管做分离专业管家模式发展缓慢，但从各地现状看，物业服务企业将保洁、秩序维护、绿化事务外包还是比比皆是，这个模式正逐步形成趋势！

行业中有的同志认为，其他都可以发包，只要抓住设施设备这个核心业务自己做就行了；而事实上，虽然综合的设施设备维护企业由于物业费机制制约还很少出现，但单项的设施设备维护单位还是如雨后春笋，如电梯、弱电、空调、高压配电等维护企业，包括生产安装企业都纷纷把业务延伸到了物业维护领域。据了解，上海建工系统的物业服务公司已经将设备保质期的维护与长期维护相结合，为世博会演艺中心等项目提供了专业维护服务，北京也有物业服务企业下的专业维护企业为许多社会综合项目提供维护服务。显然，一旦物业费市场化机制形成，酬金制被广泛应用，物业基础服务作业，包括设施设备维护的社会专业服务企业必将更多涌现！

行业中也有同志担忧，物业服务作业事务都由社会专业机构去做了，那物业服务企业岂不没事干了，有的甚至认为这是在自掘坟墓！我们认为，世间事物的发展规律是绝不会围绕现有组织或机构的利益为转移的，随着社会生产力的发展，产业必然向最低成本、最有效、最快捷、最专业的方向转型和变革，社会发展分工细化是必然的，就如汽车产业的

---

[①] 张一民. 物业服务企业将趋于专业管家定位——2015 年物业管理行业发展探究[J]. 中国物业管理, 2015（1）. 有删改。

8

零部件全面外包最后整合组装一样，物业服务企业作为专业管家就是应该着重于为业主设计策划服务、组织专业机构实施服务、监管协调整合服务等来完成与业主的合同约定，着重研究如何通过现代技术将专业管家定位下的核心管控技术建设好，而所有专业事务都可以分别交给社会专业机构去实施。也许有人认为，中国目前面广量大的物业服务企业，有多少能担得起这样的专业管家的重任呢？我们应该看到，目前物业服务企业平均的管理面积、管理效益是极低的，无法想象这些小作坊式的物业服务企业能承担物业基础服务的各条线的专业培训与企业系统管理的成本，众多的小微物业服务企业不仅当不了专业管家，要做好所有条线的专业保姆也不可能；这些年，全国各地，如上海都有计划要淘汰这些小企业，减少物业服务企业总数，但没有市场机制的催化，收效甚微；而从发达国家、地区的物业管理行业发展规律看，物业服务企业的分化趋势必然成为未来中国物业服务企业转型的重要规律：那就是数量不多的品牌物业服务企业逐步占有大部分物业服务市场份额，他们采取管作分离模式，定位于专业管家，位居物业服务领域金字塔的顶层。而众多的小微物业服务企业由于无力做大成为专业管家，要做好各条线的专业保姆也力不从心，但他们完全可以选择相对做得最好的事务条线转型为这一条线或事项的专业保姆，从而成为物业管理行业的配套服务企业。专业管家和专业保姆各施其道，协同为业主服务，岂不乐乎？行业的科技化将进一步推动物业服务企业向专业管家转型。

此外，经过十多年的实践，科瑞物业认识到以往虽然将管做分离了，实现了管家和保姆职能的分工，其实并没有改变传统服务的方式和管理本质。近几年，随着互联网技术的发展，已经有许多物业服务企业建设了企业内部的信息化管理系统，用互联网信息系统将企业的行政事务管理起来，一些先进的企业还建设了物业基础服务，特别是工程维护条线的作业信息管控系统，从而走出了物业服务企业管控员工日常服务作业的步伐。我们在实践中体会到，作为现代社会的专业管家，更必须应用现代科技，建设企业的行政管理、物业项目所有岗位的基础服务管控系统，以提高基础服务效率、增强管控力度和范围、降低管理成本，这个管控是直接监管到外包方的作业事务中去的，从而形成真正的专业管家管控能力。同时，又能将项目管理层从传统的监管事务中解放出来，借助物业基础服务平台，根据业主的需求，组织开展定制的衍生服务，以最大限度地满足业主的需求并为物业服务企业取得经营效益创造条件！

所以，专业管家并不仅仅只是针对物业基础服务而讲的，随着现代社会、现代科技的发展，专业管家定位的更大意义在于凭借物业基础服务的平台，去组织开展无限的衍生服务，从基础服务的酬金获取，进一步发展为为业主提供更广泛的服务来共同分享收益。

无论是根据项目业主的需求开展定制的服务，还是通过互联网技术建设社区商务平台开展社区商业经营，我们都可以看出，物业服务企业的角色就是组织和协调以及监管，事实上，万千商业或服务事务，任何物业服务企业都不可能直接作为，建设平台、众包协作，才能奏效；而这种角色，就是专业管家的定位和作为。

### （四）物业管理的环节

物业管理是房地产开发的延续和完善，是一项复杂完整的系统工程。根据物业管理在房地产开发、建设和使用过程中不同时期的地位、作用、特点及工作内容，按先后顺序分以下几个阶段介绍物业管理工作的主要环节：物业管理的策划阶段、物业管理的前期准备阶段、物业管理的启动阶段、物业管理的日常运作阶段。

1. 物业管理的策划阶段

该阶段包括物业管理的早期介入、制订物业管理方案、选聘或组建物业服务企业三个基本环节。

（1）早期介入

所谓物业管理的早期介入，是指物业服务企业在接管物业之前，就参与物业的项目决策、可行性研究、规划设计和施工建设，从业主、物业使用人及物业管理的角度提出意见和建议，以便物业建成后能满足业主和物业使用人的需求，方便日后的物业管理。早期介入不需要整个物业服务企业介入，只需物业服务企业的主要负责人和主要技术人员参与即可。也可邀请社会上的物业管理专家参加，倾听他们的意见。

早期介入可以发挥如下作用。

首先，有助于完善物业的规划设计和使用功能。物业管理早期介入可在物业布局及配套、建筑造型、房型设计、电力负荷设计、垃圾站点布设、建材选用、供电供水、污水处理、电话及有线电视等的管线铺设及空调排烟孔位预留等方面根据经验提出建设性意见，从而充分考虑到住用人生活的安全、舒适与便利。

其次，有助于更好地监理建筑施工质量，最大限度地消除施工质量的隐患，从而保证后期住用人的可靠使用和物业管理的方便。

再次，早期介入能为验收接管打下基础。早期介入使物业服务企业对物业的土建结构、管线走向、设施建设及设备安装等情况了如指掌，有利于其缩短验收时间、提高验收质量，并便于其在发现问题后进行交接处理。

最后，早期介入使物业服务企业能更方便地制订日后维修保养计划，从而方便其日后进行检修和改建改造工程。

（2）制订物业管理方案

在房地产开发项目确定后，开发商可自行筹划制定物业管理方案，也可聘请物业服务企业代为制订。物业管理方案的核心是物业管理档次所决定的物业管理应达到的服务标准和收费标准。具体来说，制订物业管理方案包括以下几个方面：其一，根据物业类型、功能等客观条件以及住用人的群体特征和需求等主观条件来规划物业消费水平，确定物业管理的档次。其二，确定相应的物业服务标准。不同类型、功能和档次的物业，需要提供的物业服务项目及服务质量是有较大差别的。其三，进行年度财务收支预算，进而确定各项物业服务的收费标准和成本支出。

（3）选聘或组建物业服务企业

在物业管理方案制订并经审批之后，即应根据方案确定的物业管理档次着手进行物业服务企业的选聘或组建工作。

上述三个环节均由房地产开发企业来进行。物业服务企业确定之后，以下各环节则由物业服务企业来进行。

2．物业管理的前期准备阶段

该阶段包括物业服务企业内部机构设置与拟定人员编制、物业服务人员的选聘与培训、规章制度的制定、物业租售的介入四个基本环节。

（1）物业服务企业内部机构设置与拟定人员编制

物业服务企业内部机构与岗位要依据所管物业的规模和特点灵活设置，既要分工明确，又要注意各部门间的衔接配合。在物业正式接管前，只要组织成立管理层，临近物业正式接管时则要考虑安排作业层人员到位。

（2）物业服务人员的选聘和培训

物业服务企业应依据物业管理面积的大小及物业本身的复杂程度，选聘管理类型和工程技术类型的物业服务人员。为适应物业管理专业化和现代化的需要，满足物业多元化的产权、现代化的房屋设施和多方位多项目的服务内容的要求，必须对物业服务人员进行专业技术、管理方法和职业道德的培训，并对其上岗资格予以确认。

（3）规章制度的制定

物业管理规章制度是物业管理工作的必要准绳，是实施和规范物业管理行为的重要条件。物业服务企业从成立开始就应依据政府的有关法律法规、部门规章、政策文件和示范文本等，在借鉴国内外物业管理成功经验的同时，针对本物业的实际情况，制定一整套科学的、行之有效的规章制度，并应在实践中反复补充修改，逐步提高和完善。

物业管理规章制度一般包括管理规约、管理机构的职责范围、各类人员的岗位责任制、物业各区域内管理规定等。

（4）物业租售的介入

物业的租售在其建设阶段就已开始。一般情况下，房地产开发企业除自行进行市场营销与租赁外，还可委托给经纪代理机构进行。但是，物业服务企业在具备相应的资质，开始实施物业管理后，可介入剩余物业的销售与租赁工作。

3．物业管理的启动阶段

该阶段以物业的接管验收为标志，从物业的接管验收到业主委员会的正式成立，包括物业的接管验收、用户入住、产权备案和档案资料的建立、首次业主大会的召开和业主委员会的正式成立四个基本环节。

物业管理的前期准备及启动阶段统称为前期物业管理阶段。市场营销学中有一句名言：

"满意的顾客是公司最好的广告"。对于物业服务企业来说，在前期物业管理中能否形成良好的管理秩序，能否在开发商和业主中间产生较高的满意度，对于树立良好的企业形象以及促成与成立后的业主委员会之间长期稳定的委托合同关系，都是非常重要的。这是每一个物业服务企业不断扩大其目标市场范围，赢得竞争优势的有效途径。

（1）物业的接管验收

物业验收是依据国家建设部及省市有关工程验收的技术规范与质量标准对已建成的物业进行核验。物业接管是房地产开发企业向物业服务企业移交物业的过程。物业接管验收的中心环节是质量验收，物业质量验收关系到将来物业管理工作能否正常进行。验收中发现质量问题应明确记录在案，督促施工单位修整至质量达到要求后才可接管。物业的接管验收必须按照国家原建设部发布的《房屋接管验收标准》（ZBP30001—90）、《城市住宅小区竣工综合验收管理办法》（建法[1993]814 号）和《关于做好住宅工程质量分户验收工作的通知》（建质[2009]291 号）进行，同时做好档案资料的移交工作，以方便日后物业的管理和维修养护。必不可少的档案资料应包括规划图、竣工图、地下管网竣工图、各类房屋清单、单体建筑结构图、设备竣工图及合格证或保修书、公用设施设备及公共场地清单和有关业主或物业使用人的相关资料等。

（2）用户入住

物业用户入住，俗称"入伙"，是物业管理十分重要的环节和阶段。物业的住户包括业主和物业使用人。为向住户负责，物业服务企业应在住户入住前营造一个能使住户感到满意的工作和生活环境，并能向住户提供包括清洁卫生、室内检查、治安服务、交通通道维护、环境整治以及解决施工建设中存在的各种遗留问题在内的各种服务。

（3）产权备案和档案资料的建立

房地产的产权备案是物业管理十分重要的一个环节。根据国家规定，产权人应按照城市房地产行政主管部门颁发的所有权证规定范围行使权利，并承担相应的义务。物业公共设施及房屋公共部位是多个产权人共有的财产，其维修养护费用应由共有人按产权比例分担。

物业档案资料是对前期建设开发成果的记录，是以后实施物业管理时工程维修、配套、改造必不可少的依据，是更换物业服务企业时必须移交的内容之一。物业管理档案资料包括物业构成的技术资料、物业周围环境的资料、业主和物业使用人的资料等。

建立物业管理档案要抓好物业档案资料的收集、整理及归档等工作，同时要利用好历史和现状的物业管理档案资料。

（4）首次业主大会的召开和业主委员会的正式成立

住房和城乡建设部颁布实施的《业主大会和业主指导委员会指导规则》（建房[2009]274号）第八条规定，"物业管理区域内，已交付的专有部分面积超过建筑物总面积 50%时，建设单位应当按照物业所在地的区、县房地产行政主管部门或者街道办事处、乡镇人民政府的要求，及时报送筹备首次业主大会会议所需的文件资料。"第九条规定，"符合成立业主大会条件的，区、县房地产行政主管部门或者街道办事处、乡镇人民政府应当在收到业主提出筹备业主大会书面申请后 60 日内，负责组织、指导成立首次业主大会会议筹备组。"第十五条规定，"筹备组应当自组成之日起 90 日内完成筹备工作，组织召开首次业主大会会议"，制定和通过管理规约、业主大会议事规则，选举产生业主委员会。至此，物业管理工作从全面启动转向日常运作。

4．物业管理的日常运作阶段

物业管理的日常运作是物业管理最主要的工作内容，包括日常综合服务与管理和系统的协调两个基本环节。

（1）日常综合服务与管理

日常综合服务与管理包括房屋修缮管理、房屋设备管理、环境卫生管理、绿化管理、治安管理、消防管理和车辆道路管理等，它是物业服务企业最经常、最持久和最基本的工作内容。

（2）系统的协调

物业管理社会化、专业化、市场化的特征决定了其具有特定和复杂的系统内、外部环境条件。因此，物业服务企业必须协调好物业管理与政府及相关部门的关系，否则物业管理工作会碰到难以想象的障碍和困难。

# 第二节　物业管理的起源和发展

## 一、国际物业管理的起源和发展

国际上最早的"物业管理"起源于 19 世纪 60 年代的英国。当时有一位名叫奥克维娅·希尔（Octavia Hill）的女士为其名下的物业制定了规范租户行为的管理办法，要求租户严格遵守。该办法改善了租户的居住环境，并使业主和使用人的关系变得友善。这一行之有效的办法首开了物业管理的先河，造就了新型的不动产管理模式，并逐渐为世人仿效，推广至世界各地。

物业管理真正获得发展则是在美国。19 世纪末，美国经济快速发展，高层建筑大量涌现，智能化建筑也开始出现。这些高层建筑附属设备多，结构复杂，单元为多个业主共有，需要专业的物业管理机构进行统一的维修、养护和管理。于是，专业的物业管理机构应运而生。

其后，随着专业物业管理机构的增加，物业管理行业的组织也逐渐形成。世界上第一个物业管理行业组织——芝加哥建筑物管理人员组织（Chicago Building Managers Organization，

CBMO）于 1908 年召开成立大会，会议共有 75 名代表参加。在以后的 3 年中，又分别在底特律、华盛顿和克利夫兰举行了年会，并由此推动成立了美国第一个全国性的业主组织——建筑物业主组织（Building Owners Organization，BOO）。在 CBMO 和 BOO 两个组织的基础上又成立了建筑物业主与管理人员协会（Building Owners and Managers Association，BOMA）。BOMA 是一个地方性和区域性组织的全国联盟，代表物业管理过程中业主和管理者的共同利益。

20 世纪 30 年代以后，美国通过借鉴英国的经验，强化了其在住房问题上的角色，大力发展住宅建设，由此实现了住宅供应由短缺到基本平衡的重大转变。在这一转变过程中，物业管理也日趋社会化，并逐步形成了一个有着广泛社会影响的专门性的职业门类。1933 年，美国物业管理协会 IREM（Institute of Real Estate Management）成立，总部设在芝加哥，在全美有 80 多个分会，是国家地产协会（National Association of Realtors）的附属组织，主要致力于物业管理从业人员的专业教育培训和职业资格认定工作，目前该组织的伙伴团体及国际会员遍布全球，并着手进行相关国际标准的制定工作。美国物业管理协会对从事物业管理的专业人员颁发两种资格证书：居住物业管理经理（ARM）和注册物业管理经理（CPM）。从业人员取得上述证书，必须在专业培训、工作经验和职业道德三方面符合严格的认证标准。居住物业管理经理主要负责管理出租公寓、出租活动住宅、共管住宅、独栋家庭住宅及单身公寓等，注册物业管理经理则是物业管理行业的最高资格。

20 世纪中叶以后，物业管理在世界范围内得到更加广泛的传播，特别是在日本、新加坡和中国香港地区得到了长足的发展，从而带动整个亚洲地区物业管理的发展。

## 二、中国物业管理的产生和发展[①]

20 世纪 20 年代初到 30 年代末，在中国的上海、天津、武汉、广州、哈尔滨等城市开始大量出现一些高层建筑物。以上海为例，此间出现了 28 座 10 层以上的高层建筑，最高的达 24 层。这些高层建筑的出现使得一些代理经租、清洁卫生、住宅装修和服务管理等经营性的专业公司开始产生，它们的管理形式与今天的物业服务企业的服务形式较为相似，可以称为中国"物业管理的萌芽"。1949 年新中国成立后，城市土地收归国有，房产绝大部分转为公有，住宅建设则基本上由政府包下来作为福利分配，房地产管理也由政府设立的管理机构统一管理。中国的房地产市场由此沉寂下来，物业管理亦因此处于休眠状态。转变发生在 20 世纪 80 年代初，随着经济体制的改革和住房制度的改革，中国的房地产业开始蓬勃发展。伴随城市建设的需要，现代意义上物业管理由此产生。

概括起来，中国现代物业管理发展至今经历了以下三个阶段。

---

[①] 该部分内容中列举的一些法律法规在特定的发展阶段有其各自的意义。但要注意，一些法律法规在现阶段可能已经废止，或者有所修订。所以，在学习过程中注意这些法律法规的时限性。

### （一）萌芽与产生（1981—1993）

1981 年 3 月 10 日，中国第一家物业服务企业——深圳市物业服务公司成立，开始对深圳经济特区涉外商品房实施统一的物业管理，深圳东湖丽苑小区由此成为中国第一个配套有物业管理的小区。这一天也因此成为中国物业管理的起点，一个新兴行业由此诞生。1985 年年底，深圳市房管局成立，对全市住宅区进行调查研究，肯定了物业服务企业专业化、社会化、企业化的管理经验，并在全市推广。1988 年由企业实施管理，由深圳房管局实施业务指导和监督的住宅管理体制基本形成，随后在 1990 年，深圳市在政府新开发的莲花二村住宅小区进行了全方位的物业管理试点，总结出"一体化"物业管理的新模式。1991 年 1 月，第一个"业主管理委员会"在深圳天景花园成立，影响物业管理进步和发展的"业委会"制度诞生，深圳市物业管理由此进入黄金发展时期。到 1993 年，深圳市已有专业性物业服务企业和内设物业管理专业机构的单位逾百家，1993 年 6 月又成立了全国首家物业管理协会——深圳市物业管理协会。

从全国来讲，1989 年 9 月，原建设部（以下仍称建设部）在大庆市召开了第一次全国住宅小区管理工作会议，正式把小区管理工作提到议事日程，介绍和提出了物业管理的新概念。大庆会议还结合中国近 10 年的物业管理实践和境外社会化、专业化的物业管理经验，确立了中国物业管理的发展模式和目标。总体来讲，这次会议对中国物业管理的影响可从两个方面来解析：一是在那个物业管理已经发展到"乱花渐欲迷人眼"的时期，为全国各地区提供了一个交流各自在住宅小区管理方面好经验、好做法的平台，并以此为基础提出中国物业管理的发展模式和发展路径；二是强调要迅速提高住宅小区的管理水平，改变按产权分割管理，各自为政的体制，为中国物业管理的发展扫清了体制上的障碍。

接着，在随后几年，建设部先后颁布了《关于在全国开展住宅小区管理试点工作的通知》《全国文明住宅小区标准》《全国城市文明小区达标考核办法》和《城市住宅小区综合验收管理办法》等一系列法规文件，为加强住宅小区管理提供了依据。

### （二）探索与发展（1994—1998）

在这段时期，伴随中国住房体制改革的全面展开，物业管理无论从行业管理还是从业人员培训等方面都有了长足进步。专业的物业管理已经被社会广泛接受，有无完善的物业管理成为人们选择物业的重要条件之一。

从法规建设来看，1994 年 3 月，建设部颁布实施了中国有关物业管理的第一个部门规章——《城市新建住宅小区管理办法》（建设部第 33 号令，以下简称《办法》），《办法》第四条明确指出，"住宅小区应当逐步推行社会化、专业化的管理模式，由物业服务企业统一实施专业化管理"，从而正式确立了中国物业管理的新体制和发展方向，并由此催生了中国有关物业管理的第一个地方法规——《深圳经济特区物业管理条例》的出台。

自《办法》实施后，中国物业管理走上了快速发展轨道，新建住宅小区普遍实行了专业化、企业化、社会化的物业管理模式。1995 年和 1997 年原建设部分别召开两次全国物业管理工作会议，重点讨论新建住宅小区和旧住宅小区的物业管理工作和体制问题。同时，为规范城市住宅小区物业服务收费行为，维护国有利益和物业管理单位及物业产权人、使用人的合法权益，促进物业管理事业健康发展，1996 年 2 月国家计委、建设部联合颁布《城市住宅小区物业管理服务收费暂行办法》（计价费[1996]266 号），使物业管理开始走向市场化。在此期间，商业楼宇、综合写字楼等也越来越多地实行物业管理。

1996 年 9 月，建设部人事劳动教育司和房地产业司又联合发出了《关于实行物业服务企业经理、部门经理、管理员岗位培训持证上岗制度的通知》（建教培[1996]41 号），为全面提高物业服务人员的素质，规范物业管理行为提供了保证。

1998 年 3 月，财政部制定了《物业服务企业财务管理规定》（财基字[1998]7 号）。该规定结合物业服务企业的经营特点和财务管理要求，对代管基金、物业服务企业经营活动成本费用、收入及利润制定了统一的财务管理规定，全面规范了物业服务企业的财务行为。

1998 年 11 月，建设部、财政部制定了《住宅共用部位共用设施设备维修基金管理办法》（建住房[1998]213 号）。该办法对商品住房和公有住房出售后的共用部位、共用设施设备维修基金的建立、筹集、使用和管理作了全面、详细的规定，为住房售后的维修管理，维护住房产权人和使用人的共同利益提供了法律保障。

### （三）规范与壮大（1999 年至今）

2009 年年底，国家统计局公布了第二次全国经济普查结果的主要数据。在第三产业的主要数据中，物业服务的房屋建筑面积、物业服务企业数量、行业从业人员、物业管理主业收入等均大幅增长。在全国全民都致力于"保增长、保民生、保稳定和促就业"的今天，这个一贯默默无闻又时常被纠纷和曲解困扰的行业表现得较为突出。

从经济普查公布的数据看，2008 年物业服务企业在管房屋建筑面积是 1 254 632.2 万平方米，比 2004 年的 288 252 万平方米增长了 335%；2008 年年末物业服务企业 58 406 个，比 2004 年年末增加 26 724 个，增长 84%；从业人员 2 501 195 人，比 2004 年年末增加 106.7 万人，增长 74%；主营业务收入 2 076.7 亿元，比 2004 年年末增加 1 394.7 亿元，增长 204.5%。中国物业管理行业发展自 1981 年深圳市第一家物业服务公司成立算起到 2004 年是 23 年时间，以上数据是 4 年与 23 年之比，可见，2005—2008 年间，物业管理行业的发展非常迅猛。具体来讲，这一时期物业管理行业的市场化、规范化和法制化建设的步伐加快，体现如下。

1999 年 5 月，建设部在深圳特区召开了第三次全国物业管理工作会议，着重研究培育物业服务市场，建立物业服务市场竞争机制问题。建设部领导在工作报告中强调各地要"在调查研究的基础上，制定物业招投标规则，努力创造公开、公平、公正的市场环境，精心组织招投标工作"。会议精神得到全国各地行业主管部门的积极响应,物业服务招投标活动在一些经济比较发达、物业管理起步比较早的城市广泛开展起来,并在实践中积累了很多宝贵经验。

1999 年 10 月,建设部颁布了《物业管理企业资质管理试行办法》(建住房[1999]261号),明确规定了物业管理企业的资质等级、评定标准以及管理办法,规范了物业管理企业的资质管理。

2000 年 10 月,中国物业管理协会在北京正式成立,共有 878 家物业管理单位成为首批会员。中国物业管理协会在联系企业、连接市场、服务行业、服务政府等方面起到重要的桥梁作用。

2001 年 8 月,建设部颁布了《建设部关于修改〈城市异产毗连房屋管理规定〉的决定》(建设部令第 94 号),对 1989 年 11 月颁布的《城市异产毗连房屋管理规定》(建设部令第 5 号)进行了修改,适应了新时期城市异产毗连房屋管理的需要。

2003 年 6 月,建设部颁布《前期物业管理招标投标管理暂行办法》(建住房[2003]130号),规范物业服务招标投标活动,保护招标投标当事人的合法权益,促进物业服务市场的公平竞争。同时,颁布《关于印发〈业主大会规程〉的通知》(建住房[2003]131 号),其中明确规定了业主大会、业主委员会的召开、职责和议事规则。同年,国务院颁布《物业管理条例》(国务院令第 379 号),这是中国物业管理行业以国务院的名义颁布的第一部法律法规,标志着中国物业管理行业进入了依法管理的轨道。也是同年,国家发展与改革委员会、建设部联合颁布《关于印发物业服务收费管理办法的通知》(发改价格[2003]1864 号),明确规定物业服务收费的原则、方式和管理办法。

2004 年 7 月,国家发展改革委、建设部联合颁布了《物业服务收费明码标价规定》(发改价检[2004]1428 号)。2004 年 9 月,建设部颁布了《临时管理规约(示范文本)》(建住房[2004]156 号),对于贯彻《物业管理条例》,推动建立业主自我管理与自我约束的机制,维护全体业主的共同利益,必将发挥积极的指导作用。同日,为了贯彻《物业管理条例》,规范前期物业管理活动,引导前期物业管理活动当事人通过合同明确各自的权利与义务,减少物业管理纠纷,建设部又颁布了《前期物业服务合同(示范文本)》(建住房[2004]155号)。为规范物业管理行为,推行物业管理师制度,2005 年 11 月人事部会同建设部颁布《物业管理师制度暂行规定》《物业管理师资格考试实施办法》和《物业管理师资格认定考试办法》(国人部发[2005]95 号),并于当年 12 月 1 日开始实施。推行物业管理师制度,有利于推进物业管理的专业化进程,也有利于促进物业管理的规范化和市场化进程。通过执业准入控制的方式,保证了物业管理职业经理人必须是有相应能力的专业人才;同时也为社会提供了评判物业管理师专业能力的标准和依据。

2007 年 3 月,《中华人民共和国物权法》(国家主席令第 62 号)颁布,自 2007 年 10月 1 日起施行。《物权法》奠定了物业管理的法律基础,明确了物业管理的法律性质和物权人在物业管理活动中的地位、权利、义务和职责，确立了物权人在物业管理活动中的主体地位。2007 年 8 月，国务院根据《物权法》的有关规定，公布了《国务院关于修改〈物业管理条例〉的决定》（国务院令第 504 号），对《物业管理条例》的有关条文进行了修订。2007 年 9 月国家发改委和建设部联合发布了《物业服务定价成本监审办法（试行）》（发改价格[2007]2285 号），对进一步规范化地开展物业管理工作必将起到强有力的推动作用。2007 年 11 月，建设部发布了《建设部关于修改〈物业管理企业资质管理办法〉的决定》（建设部令第 164 号），对《物业管理企业资质管理办法》进行了修订，其中规定，将"物业管理企业"修改为"物业服务企业"。2007 年 12 月，建设部和财政部联合颁布了《住宅专项维修资金管理办法》（建设部和财政部令第 165 号）。

2009 年 5 月，中华人民共和国最高人民法院发布《最高人民法院关于审理建筑物区分所有权纠纷案件具体应用法律若干问题的解释》和《最高人民法院关于审理物业服务纠纷案件具体应用法律若干问题的解释》的公告，对物业纠纷案件的审理进行指导。

2009 年 12 月，住房和城乡建设部印发《业主大会业主委员会指导规则》（建房[2009]274 号），对业主大会和业主委员会的活动进行规范。

2010 年 10 月，住房和城乡建设部印发《物业承接查验办法》（建房[2010]165 号），对物业承接查验行为进行规范。

上述法规和规定的实施，进一步确定了物业管理在中国的地位，标志着中国物业管理行业进入了新的发展时期。

## 专栏 1-4　从经济普查数据看物业管理行业发展趋势[①]

### 一、第三次全国经济普查显示物业管理行业得到长足发展

2013 年末，物业服务企业 10.5 万家，比 2008 年末增加 4.66 万家，增长 79.79%，高于全国法人单位数量 52.9% 的增长速度。物业服务企业数量占全国房地产业企业 33.8 万个法人单位的 31%，占全国二、三产业法人单位的 1%。物业服务企业从业人员 411.6 万人，比 2008 年末增加 161.5 万人，增长 64.57%，高于全国从业人员数量 30.4% 的增长速度。物业服务企业从业人员占房地产业企业 877.2 万从业人员的 47%，占全国二、三产业从业人员的 1.16%。按照分析，如果加上清洁、绿化、秩序维护等专业分包出去的一并计算，物业服务从业人员应该在 600 万人～700 万人。物业服务企业总资产为 13 667.7 亿元，比 2008 年增长 119%，分别低于房地产开发企业（474 567.4 亿元）227.6% 和房地产中介服务企业（5 489.5 亿元）160% 的增长速度。物业管理行业总资产仅为房地产开发企业的 2.88%，占全国二、三产业资产总计的 0.29%。

---

① 刘寅坤. 从经济普查数据看物业管理行业发展趋势[J]. 中国物业管理，2015（1）.

## 二、小微企业数据是亮点

公报首次公布小微企业数据。《第三次全国经济普查主要数据公报》（第一号）第四部分，首次公布了小微企业数据。在国务院新闻办公室举行的第三次全国经济普查结果新闻发布会上，国家统计局局长马建堂对"增加了小微企业的调查"时解释到："日常调查的单位规模都比较大，能够代表、左右经济运行走势，局限性在于对量大面广的小微企业统计不够，所以每五年的经济普查很重要的一个任务就是要摸清小微企业，这有助于各地党委政府制定支持小微企业发展的政策，更好地推动就业、促进发展、改善民生。"

物业管理行业小微企业占行业总量达 97.4%。在小微企业的分析中，第一号公报提供了按行业分组的小微企业法人单位、从业人员和资产总计。其中，物业管理行业小微企业 10.2 万个，占全国二、三产业小微企业法人单位的 1.3%；从业人员 277.9 万人，占 1.89%；资产总计 1.2 万亿元，占 0.87%。

物业管理行业小微企业作用不可替代。《国民经济行业分类》（GB/T 4754—2011）采用线分类法和分层次编码方法，将国民经济行业划分为门类、大类、中类和小类四级。在公报的第一部分单位基本情况和第二部分从业人员中，公布口径是以"房地产业"门类（大类）行业的数据出现的，在第四部分小微企业分析时，仅所列出的 15 个行业就包括物业管理，且"房地产开发经营"和"物业管理"属于中（小）类行业，其他"工业""建筑业"等均属于门类、大类行业。这种差级的行业比较，更加说明"房地产开发经营"和"物业管理"的特殊性。从数据上也不难看出"物业管理"的法人单位、从业人员和资产总计三项小微企业指标，绝大多数都高于"仓储业"、"邮政业"、"信息传输业"和"住宿业"的数据，其中从业人员数量更是高于这四大行业中小微企业的人员总和。这些充分说明物业管理行业小微企业在增加就业与社会和谐稳定等方面具有不可替代的作用。

## 三、从数据看物业管理行业五大发展趋势

从发展速度看，5 年来，物业服务企业增长 79.79%，从业人员增长 64.57%，行业法人单位和从业人员数量发展速度均高于全国 52.9% 和 30.4% 的增长速度。随着我国城镇化进程加速和人们对生活品质的不断追求，企业的扩张和从业人员的增长，将成为行业发展的新常态。

从人力资本优势看，2008 年到 2013 年期间，每家企业平均从业人员数量由 42.8 人降到 39.2 人。人工成本的逐年增长和农村富余劳动力减少等因素，使得行业劳动规模优势逐步减弱。企业人力资本质量、先进技术应用、基础业务外包和管理方式进步，将成为行业发展的新引擎。

从产业集中度看，10.5 万家物业服务企业中，大、中型企业仅有 3 000 家左右。行业企业数量多，但产业集中度不高，产业结构必将优化升级，企业兼并重组、服务相对集中必将不可避免。企业集团化、专业化，将成为行业发展的新特征。

从企业资产看，2013 年末，物业管理行业资产总计为 1.367 万亿元，仅为房地产开发

经营企业的 2.88%。行业轻资产特征明显，企业竞争力主要取决于企业品牌、人力资源、管理经验、治理制度、人脉关系、资源获取和整合能力等方面。企业无形资产的打造和竞争，将成为行业发展的新焦点。

从小微企业数据看，物业管理行业小微企业数量占 97.14%，从业人员数量占到 67.5%，资产占 87.8%。行业小微企业数据的公布，有助于国家和各地政府制定支持小微企业发展的政策，更好地推动就业、促进发展、改善民生。关注和扶持小微企业的成长，将成为行业发展的新重点。

# 第三节　物业管理的目标、内容和原则

## 一、物业管理的目标

如前所述，物业管理是一种集社会化管理、专业性服务、市场化经营为一体的新型管理体制。物业管理通过和房地产开发的现代化生产方式相配套，和住房制度改革而形成的产权多元化格局相衔接，和社会主义市场经济体制相适应，显现出强大生机和活力。从实际效果看，物业管理提供的专业性服务和一些便民服务，使得物业能及时获得修缮，小区环境整洁，社区文化生活丰富，居民生活方便，显著提高了居民的生活质量。

概括地讲，物业管理的目标是为了保证和发挥物业的使用功能，使其保值增值，达到社会收益和福利的最大化；为物业所有人和使用人创造整洁、文明、安全、舒适的生活和工作环境；最终实现社会、经济、环境三个效益的统一和同步增长，提高城市的现代文明程度和保证城市的可持续发展。

### （一）从物的角度看，通过物业管理实现物业的保值增值

物业管理的对象首先是物业，没有物业，就没有物业管理。物业管理首先要管理物业、管好物业。房地产作为不动产，是一个国家最主要的自然社会资源和财富载体。对于一个家庭来说，拥有的房产或称物业是其主要或重要的财富。因此，很多国家都把实现物业的保值、增值作为物业管理的最终目的或首要目的，同时，这也是业主委托物业服务企业对物业实行统一有效管理的初衷。优秀的物业服务企业，不仅能对物业善加爱护，确保和延长物业的使用期限，完善和增强物业的使用功能，而且一流的物业加上优质的服务形成最佳组合，使企业形象潜移默化地进入市场，扎根在消费者心中，形成物业自身建筑以外的价值——无形资产。

### （二）从人的角度看，通过以人为核心的物业管理，为广大住用人创造良好的生活、工作环境

物业为人所用，物业的产权人、使用人具有多元化的特征。在物业管理的具体实施过

程中，其管理服务必须坚持以人为核心，通过开展全方位、多层次、高效率、高质量的管理服务工作，为广大住用人提供并保持整洁、文明、安全、舒适的良好生活、工作环境和秩序，以保障人们生活、工作的正常、有序进行。

**（三）从社会的角度看，通过物业管理促进社区管理和社会的和谐和稳定，提高城市的现代文明程度和可持续发展**

城市的基础是社区，每个社区又由众多的居住小区和其他物业组成。因此，从一定意义上讲，物业管理，尤其是住宅小区的物业管理，是社区管理和城市管理的基础性工作之一。做好物业管理工作，就能保障和促进社会的和谐和稳定，提高城市管理水平和现代文明程度。

## 二、物业管理的内容

物业管理的对象和范围相当广泛，涉及的物业类型各有不同，尽管它们的使用性质差异很大，但对其的物业管理的基本内容却是一样的。

按服务性质和提供方式的不同，物业管理的内容可分为常规性的公共服务、针对性的专项服务和委托性的特约服务三大类。

**（一）常规性的公共服务**

1. 常规性的公共服务的含义

常规性公共服务是指物业管理中公共性的管理和服务工作，是物业服务企业面向所有住用人提供的最基本的管理和服务，目的是确保物业的完好与正常使用，保证正常的生活工作秩序和净化、美化生活工作环境。公共性管理服务工作是物业内所有住用人每天都能享受得到的，其具体内容和要求应在物业服务合同中明确规定。因此，物业服务企业有义务按时按质提供合同中约定的服务；住用人在享受这些服务时，也不需要事先再提出或做出某种约定。

2. 常规性的公共服务的内容

（1）房屋建筑主体的基本管理

这是为了保持房屋完好率，确保房屋使用功能，努力使房屋保值增值的管理与服务工作。

（2）房屋设备、设施的基本管理

这是为了保持房屋及其配套附属的各类设备、设施完好以及正常使用而进行的管理与服务工作。

以上两项是物业管理最基本、最重要的内容，是物业健康有序正常运行的前提，也是物业保值增值的保障。

（3）环境卫生管理服务

这是为了净化物业及其环境，保持区域内卫生的清洁而进行的管理与服务工作。

（4）绿化管理服务

这是为了美化物业及其环境，保障生活工作环境更加舒适、健康而进行的管理与服务工作。

（5）物业管理区域内的保安管理服务

这是为了维护物业管理区域内人们正常的工作、生活秩序，保护广大业主的人身、财产安全而提供的管理服务，现代保安管理包括"技保"和"人保"两部分，属于物业的安全管理范畴。

（6）物业管理区域内的消防协助管理服务

这项服务是为了保护物业管理区域内业主人身、财产安全的防患性服务，防患于未然，也属于物业的安全管理范畴。

（7）物业管理区域内交通的协助管理服务

这项服务主要是对物业服务区域内部车辆道路的管理，是交通顺畅、快捷及对外联系的保障，为人们提供更加安全、便利、舒适的生活环境。随着私家车辆的增多，交通协管的作用将越来越重要。

（8）物业装饰装修管理服务

物业装饰装修管理服务包括房屋装修的申请与批准及对装修的设计、材料、施工扰民、安全等各项管理工作。

以上第（3）、（4）两项管理服务可以称为物业的环境管理，是为了给广大住用人创造更加舒适整洁的生活环境，提高住用人的生活工作质量，也是日常的物业服务。第（5）、（6）、（7）、（8）项属于物业管理中秩序的管理，目的在于保障区域内居民正常的生活秩序，为居民创造安全、有序的生活环境，同时统顾全局、协调管理，保障公共利益最大化。

除以上 8 项公共服务以外，物业服务企业还应该为物业进行物业档案、资料的管理，这是指既包括广大住用人的资料也包括物业的资料。这项管理是为了保障物业服务企业和业主更好地进行沟通，更好地掌握物业的各类管线以及设备、设施的基本状况，是日后进行工程维修、配套、改造必不可少的依据，是更换物业服务企业时必须移交的内容之一。

**（二）针对性的专项服务**

1. 针对性的专项服务的含义

针对性的专项服务是指物业服务企业为提高住用人的工作、生活条件和质量，面向广大住用人，为满足其中一些住户、群体和单位的某种特定需要而提供的各项服务工作。其特点是物业服务企业事先设立各种便民服务项目，并将服务内容与质量、收费标准公布，当住用人需要这种服务时，可自行选择。专项服务实质上是一种代理业务，是为住用人排忧解难，提供工作、生活的方便。专项服务是物业服务企业开展多种经营的主要渠道，性质上属于物业经营服务。

2．针对性的专项服务的内容

专项服务涉及千家万户，涉及日常生活的方方面面，内容比较繁杂。物业服务企业应根据所管辖物业的基本状况和住用人的需求以及自身的能力，开展全方位、多层次的专项服务，并不断加以扩充和拓展。专项服务的内容主要有以下几大类。

（1）日常生活类

日常生活类是指物业服务企业为广大住用人提供的日常生活中衣、食、住、行等方面的各项家政、家务服务。

（2）商业服务类

商业服务类是指物业服务企业为开展多种经营活动而提供的各种商业经营服务项目，包括各商业网点的开设与管理，以及各项经营活动的开展。

（3）文化、教育、卫生、体育类

文化、教育、卫生、体育类是指物业服务企业在文化、教育、卫生、体育等方面开展的各项服务活动，包括各类相关设施的建立与管理，以及各种活动的开展。

（4）金融、中介服务类

金融、中介服务类是指物业服务企业培养具有相关金融知识的员工，为业主办理保险等金融业务，也可以接受业主委托，开展各类中介代理服务，如代办各类保险，代理市场营销、租赁，进行房地产评估与公证及其他中介代理工作。需要注意的是，有些中介代理工作必须具有相应的资格或委托具有相应资质条件的机构和人员进行。

（5）社会福利类

社会福利类是指物业服务企业提供的带有社会福利性质的各项服务工作，如照顾孤寡老人、拥军优属等。这类服务一般是以"低偿"或"无偿"的方式提供。需要注意的是，这类服务所需成本费用未征得广大业主同意时，不得由业主分摊。

**（三）委托性的特约服务**

特约服务是为满足产权人、使用人的个别需求受其委托而提供的服务，通常是指在物业服务合同中未要求、物业服务企业在专项服务中未设立，而物业产权人、使用人又提出该方面的需求，此时，物业服务企业应在可能的情况下尽量满足其需求，提供特约服务。

特约服务实际上是专项服务的补充和完善。当有较多的住用人有某种需求时，物业服务企业可将此项特约服务纳入专项服务。该服务并非必须存在，物业服务企业有权决定是否提供。

上述三大类管理与服务工作是物业管理的基本内容。物业服务企业在实施物业管理时，第一大类是最基本的工作，是必须做好的。同时，根据自身的能力和住用人的需求，确定第二大类中的具体服务项目与内容。物业服务企业应该采取灵活多样的经营机制和服务方式，以人为本做好物业管理的各项管理与服务工作，并根据业主和使用人的要求，适时增加特约服务，不断拓展其广度和深度。

## 三、物业管理的原则

物业管理行业是一个服务型的行业，物业服务企业不仅具有独立的法人资格，而且是自负盈亏、独立经营、独立核算的企业。为此，它在物业管理过程中应遵循以下基本原则。

### （一）业主自治自律与专业管理相结合

业主自治和物业服务企业专业化管理相结合是房地产管理体制改革的客观要求。业主自治自律是基础，业主自治使广大业主和使用人以主人翁的身份参与管理，把大家的实际利益、思想感情与物业管理联系起来。但物业管理又具有技术性、专业性强的特点，必须以专业化管理为主；物业的日常管理工作是大量的、繁琐的，离不开住用人的支持。因此，物业服务企业接受业主委员会的聘用，履行业主大会赋予的权利并承担管理责任，提供统一专业化的管理和周到的服务，结合业主自治的参与管理，共同实现物业管理的预期目标，这就是社会化、专业化、市场化物业管理体制实施的基本原则。

### （二）服务至上，寓经营、管理于服务之中

物业管理是一项服务性很强的工作，关系到千家万户的生活、休息、文娱、安全、卫生、教育、体育等诸方面。物业管理中的服务工作，具有长期性和群众性的特点。服务时限很长，往往几十年以上；服务对象范围很宽，男女老幼，各行各业，且流动性大、变化快。因此，必须坚持"服务至上，寓经营、管理于服务之中"的原则，树立"为民服务、对民负责"的指导思想。

### （三）所有权与经营权相分离

实行所有权与经营管理权两权相分离，是现代物业管理与旧式的房屋管理本质区别之一。这是针对城镇居民住宅小区，特别是旧有居民住宅小区存在的"两权"不清问题提出来的，目的在于解决分散管理与统一管理的矛盾。房屋及小区环境内各种设备是一个有机的统一体。若按分散的产权权属由产权单位或产权人自行管理，显然弊端很多。因此，必须实行所有权与管理权两权分离，在依法确认产权权属的前提下，实行管理经营权的集中统一。由一定物业服务企业对某一物业实行统一管理、综合治理、全方位服务。

### （四）有偿服务和费用合理分担

物业服务企业要搞好管理，实行优质服务，就必须有资金来源。资金的主要来源是业主和用户，因此要实行有偿服务、合理分担的原则。物业服务企业提供的管理和服务是有偿的，应该本着"量出为入、公平合理"以及"谁享用，谁受益，谁负担"的原则，由房

地产开发企业、物业服务企业和业主及使用人共同合理分担。

# 第四节 物业管理与社区建设

## 一、物业管理与社区建设的关系溯源

伴随传统的企业办社会的功能日渐淡化，城市居民正在从"单位人"转化为"社会人"。一方面，为了体现一定地域内城市居民的自治和自管，体现"大社会、小政府"的现代社会运作的基本特征，中国在城市掀起以一定居住地域范围为基本单位的社区建设运动，大量的社会事务和问题被推向街道、居委会等基层单位，居民对社区的依赖性越来越大。

另一方面，传统的住房制度下租住公房的城市居民，也逐步成为拥有住宅所有权的业主，由于业主的分散性和住宅产权的多元化（住宅的个人所有、共有、公有）而引起的对物业进行专业化、社会化服务的需求，同时又适应了政府对整个社会资产（特别是固定资产）既达到良性运作又不增加政府财政负担的社会化、专业化服务的要求，市场上出现适应多方面需求的物业管理行业。随着新型物业管理行业的逐渐形成及完善，业主委员会和物业服务企业正日益成为城市社区的基本组织之一。在实际城市生活中，社区建设与物业管理是在时间上、空间上同时运行，又在参与主体、运行体系、运行目的上各不相同的两种管理。因此，在具体实践中，如何把握社区建设与物业管理的关系，实现两者的良性互动，推动形成良好的社区建设和物业管理秩序，从而形成温馨和谐的家园气氛，是一个值得人们进行认真思考和探索解决的问题。

## 二、社区建设与物业管理的区别

社区建设和物业管理是两种运行体系的管理，首先，在管理的组织结构上存在巨大差异，如表 1-1 所示。

表 1-1　社区建设和物业管理的组织结构比较

| 区别 | 法律法规依据 | 主管部门 | 经费获取 | 主要功能 | 最终目标 |
|------|------------|---------|---------|---------|---------|
| 社区建设 | 《居委会法》 | 民政部 | 以政府拨款为主，社区服务收入为辅 | 代替政府管理城市；提供公共服务的同时，提供其他经营性服务 | 居民自治和自管 |
| 物业管理 | 《物权法》《物业管理条例》 | 住房和城乡建设部 | 以物业管理费为主，其他经营性服务收入为辅 | 受业主委托维护和管理所拥有的物业 | 自身获得利润；使物业保值增值；为住用人创造良好的工作和居住环境 |

其次，在具体运行体系上有着本质不同，如表 1-2 所示。

表 1-2 社区建设与物业管理的区别一览表

| 区别 | 社 区 建 设 | 物 业 管 理 |
|---|---|---|
| 目的不同 | 要让生活在一定地域上的人群，社会关系和谐、生活安定幸福、行为规范有序 | 满足业主对住房财产的使用、维护、保值等方面的服务需求，为业主及使用人创造和保持良好的工作居住环境 |
| 性质不同 | 是城市管理的基础性工作，政府行为在其中发挥着重要作用，带有明显的行政主导性 | 是物业服务企业提供的有偿管理服务，具有明显的市场性 |
| 内容不同 | 比较宽泛，是包括户籍、治安、征兵、计划生育、环境维护、精神文明以及社会救助、退休、就业等内容的综合性管理工作 | 业主和物业服务企业按照合同约定，对房屋及其配套设施设备和相关场地进行维修、养护、管理，维护相关区域内的环境卫生和秩序的专门化活动 |
| 实施主体不同 | 由街道办事处、派出所、居委会和居民、驻社区企事业单位等众多主体参与的管理活动，其中，街道办事处作为基层人民政府的派出机构发挥着直接的领导作用，居委会作为居民自治组织发挥着重要的协调作用，各主体之间主要是行政管理关系和居民自我管理关系 | 是物业服务企业和业主，以及前期物业管理阶段的开发建设单位，各主体之间主要是经济方面的关系 |
| 运行方式不同 | 社区管理主要采取行政管理、互助管理的运行方式来实施管理 | 物业管理采取的是业主自治管理与专业化物业管理相结合的运行方式 |

## 三、社区建设与物业管理的联系

虽然社区建设和物业管理有上述区别，但是二者也不是截然对立的，有着相互依存、相互促进的联系，主要表现在以下三个方面。

首先，物业管理是社区建设的重要组成部分。物业管理所从事的保安、保洁、绿化、房屋及设施设备维修养护等工作，正是社区建设中卫生、治安、环境等最基本的职能范畴。

其次，物业服务企业在社区文化建设中的作用不可或缺。物业服务企业在社区中组织和参与开展形式多样、健康有益的社区文化活动，不仅有利于丰富居民的精神文化生活，而且有助于促进邻里和睦，增强业主的认同感和归属感。社区建设反过来影响物业管理的发展。社区建设得好，社区功能完善，居民素质提高，各主体自觉履行职责，这有助于物业管理制度的有效遵守和执行，有助于业主自律机制的建立，有助于矛盾和纠纷的减少，物业管理自然事半功倍。

最后，在流动人口管理、计划生育、劳动就业等方面，虽不属于物业服务的范围，但在政府授权和有偿服务的前提下，物业服务企业协助政府有关部门完成辅助性工作，客观上也推动了社区建设工作。

由此可见，从根本上说，物业管理和社区建设的目标是一致的，都是以人为本，全面提高居民的居住质量，营造社区稳定、安全、舒适、健康的人居环境，促进社会的和谐发展。

社区建设和物业服务企业的关系，就如《论语》中的一句话："和而不同"，两者不能等同，相互之间既不能取代，也不能分离，而是相辅相成，相得益彰。社区建设要为物业管理创造好的发展环境，物业管理也要在社区建设过程中积极参与，提供服务，通过协调和配合，以实现社区内人与人、人与环境、人与社会的协调发展。

## 四、社区建设和物业管理的整合

如前所述，社区建设和物业管理两者既有联系，又有区别，这就导致一些地方在处理社区建设和物业管理的关系方面存在一些不和谐的现象。例如，有些社区组织为了创收，不愿把有偿性社区服务放给市场，而是自身开展多种经营，与提供专业化服务的物业服务企业争利，不利于社区服务的规范化。有的社区组织向物业服务企业摊派活动资金，加重了企业负担。与此同时，一些物业服务企业则在社区建设中大包大揽，越位承担一些本应由街道办事处或者居委会组织协调的工作，既偏离了自身工作的方向，也容易引发矛盾和纠纷。有的物业服务企业，对有关社区组织依法开展的活动，不予以积极配合，社区建设和物业管理"两张皮"的问题比较突出。如何解决以上问题呢？我们认为应该对社区建设和物业管理进行整合，使社区组织和物业服务企业分清自己的角色和职责，各司其职，协调配合，相互之间既不越位、错位，也不缺位。

具体来讲，物业管理是市场经济的产物，体现的是市场机制，而社区管理是政府管理与居民自我管理相结合的产物，体现的是行政管理和自治管理的机制。物业管理是应市场的需求而产生，既是社区硬件的管理者，又是社区居民——业主的服务者，其全方位综合服务的特点和提供高效、优质的劳务商品化的本质要求，使它与社区管理中"社区服务可以由市场来提供服务的应由市场来提供"的方针极为吻合，因而物业管理应被定位为社区建设的主要支柱，承担社区建设中的"市场"职能。对社区组织来说，一方面要保留和强化其社区建设的"行政"职能，另一方面则应剥离其社区服务的"市场"职能，重新调整经济利益关系，做到"行政"复位，使其代表政府提供由市场机制所不能提供的一些公共服务，如计生、民调、民政等福利性服务。

### 专栏 1-5　瑞士：物业管理与社区管理相结合[①]

瑞士日内瓦物业管理的特点，就是为物业投资者增值，为房主和住户提供方便的生活

---

[①] 佚名. 瑞士：物业管理与社区管理相结合[EB/OL]. 中国物业管理协会网. http://www.ecpmi.org.cn/?action-viewnews-itemid-405.

条件和优质的服务。但物业小区的管理不搞大而全，而是按社区的安排将服务设施出租，管理公司总裁巴内提说，以物业管理促进社区建设，以物业建设推动社区管理，使物业管理与社区管理相协调，应该是城镇现代物业管理的目标和特色。

瑞士日内瓦的生活小区都没有院墙，更看不到在小区门前站岗的保安人员，小区的物业管理与社区管理融为一体。小区的绿地全部是公共绿地，毫无分隔封闭之感。日内瓦有一个模范小区自成一体，是由为火车站附近的旧房拆建形成的，延续了旧名，叫做"岩洞小区"。小区内建筑风格独特，是20世纪80年代一位刚出道的年轻设计师在一次竞赛中脱颖而出的作品，看上去古里古怪，如同现代派艺术雕塑，但小区内居民楼、地下车库、理发馆、小学校、儿童活动区、老人院、电影院、咖啡屋、小饭馆、小商店，一应俱全，依势而建。虽然小区一边临大街，一边临火车站，却能闹中取静。同时小区的物业管理也是一流的。

除了自己有条件买地皮、建别墅的居民外，日内瓦州大多数城镇居民选择了单元住房。物业公司经营的房产选择性很强，从一室一厅到七室一厅不等，住户可买可租。大多数人选择住房的条件是周围环境好，生活方便，价格适当，同时特别看重物业公司的服务质量。因此，物业公司把提供优质和多品种服务视为竞争的重要因素。

在日内瓦，每栋居民楼都有一名与物业公司签有合同的物业管理员，负责楼内的清洁卫生、楼周围绿地的修整。管理员一家必须住在楼里的一个单元内。过年过节时管理员负责在楼内张灯结彩，摆放圣诞树。凡住户需要服务的，大事小情都可以找管理员，管理员则将住户诸如修门窗、换灯具、粉刷房屋、修理更新电器等需要及时通知物业公司，住户也可以直接打电话给物业公司。物业公司则及时联系与其有业务关系的各类专业公司。有关专业公司很快便会给住户来电话约时间，登门服务。负责此事的物业公司技术服务部一般只有一两个人，一切服务都已社会化。各类社会服务公司的服务人员，往往只身开一辆小面包车，车内修理工具、零件、检测仪表或器械应有尽有。服务人员工作优质高效，谢绝烟酒。维修完毕后，住户只需在有关单据上签个字，由服务公司直接与物业公司结账。物业公司则根据与住户签订的合同，该收钱时再通知住户通过邮局付账。

日内瓦的居民社区以地理位置划分。一个社区中往往有多家物业公司管理房产。居民享有的大多数服务项目由社区提供，如游泳池、图书馆、博物馆、学校、老人院、门诊部、药房、银行营业处等都在合理的距离内分布。社区内的公园不论大小一律免费，体育健身场所对本社区居民有优惠。居民的水费、电费、房租、电话费、退休人员的工资以至违章罚款等都可以到就近的邮局办理，不用跑远路。社区还不定期地举行区内居民联谊活动，有时在公园举行主题联欢，如环保、防病、园艺等。社区内一般都有一周两次的早市，居民可以买到新鲜的蔬菜。社区还办有自己的小报，免费送进各家的信箱。

 **本章小结**

1．"物业"一词在不同国家和地区的解释略有差异。中国从物业管理的角度，认为物业是指已建成并投入使用的各类房屋及配套的设施设备和相关场地。物业一般可分为居住物业、商业物业、工业物业、公共物业四类。

2．物业管理是指物业服务企业接受业主（通过业主大会）的委托，依照物业服务合同的约定，对已投入使用的各类房屋建筑和附属配套、设施设备及场地进行专业化维修、养护和管理，以及维护房屋相关区域内的道路安全、消防安全、环境卫生和秩序的活动，并向物业所有人和使用人提供多方面、综合性的有偿服务。物业管理具有社会化、专业化和市场化的特征。

3．从物业的规划设计到管理工作的全面运作，按先后顺序可分为四个阶段共十三个环节。物业管理的策划阶段包括物业管理的前期介入、制订物业管理方案、选聘或组建物业服务企业三个环节。物业管理的前期准备阶段包括物业服务企业内部机构设置与拟定人员编制、物业服务人员的选聘和培训、规章制度的制定、物业租售的介入四个环节。物业管理的启动阶段包括物业的接管验收、用户入住、产权备案和档案资料的建立、首次业主大会的召开和业主委员会的正式成立四个环节。物业管理的日常运作阶段包括日常综合服务与管理、系统的协调两个环节。

4．物业管理已有一百五十多年的历史，最早出现在英国，20世纪初美国建立了现代物业管理。在20世纪80年代初，物业管理随着改革开放而被引进到内地并逐渐发展起来。1994年3月，建设部发布了33号令，即《城市新建住宅小区管理办法》，推动了物业管理在中国的发展。而2007年颁布实施的《物权法》和修订后的《物业管理条例》则使得物业管理更加规范。

5．物业管理的内容，可分为公共服务、专项服务和特约服务三类。它是一种集社会化管理、专业性服务、市场化经营为一体的新型管理体制。其目标是为了保证和发挥物业的使用功能，使其保值增值，达到社会收益和福利的最大化；为物业所有人和使用人创造整洁、文明、安全、舒适的生活和工作环境；最终实现社会、经济、环境三个效益的统一和同步增长，提高城市的现代文明程度和保证城市的可持续发展。

6．随着社区建设运动的开展，物业管理和社区建设的关系越来越紧密。物业管理和社区建设在运行体系上存在根本区别，但是两者仍有着相互依存、相互促进的联系。因此，有必要对社区建设和物业管理进行整合，以实现两者的良性互动，从而推动良好的社区建设和物业管理秩序的形成。

 综合练习

## 一、基本概念

物业　物业管理　物业管理模式　物业管理目标　常规性公共服务　针对性专项服务
委托性特约服务

## 二、思考讨论题

1．怎样理解物业管理的含义和性质？

2．物业管理的模式有几种？

3．试述物业管理的基本环节及各环节的主要内容。

4．简述物业管理起源与发展。

5．试述中国物业管理的起源与发展。

6．怎样理解现阶段下物业管理的目标和原则？

7．试述物业管理的内容。

8．物业管理和社区建设的区别和联系如何？怎样整合物业管理和社区建设？

## 三、案例分析题

以下是全国人大代表陈晓萍在十一届全国人大三次会议上的"关于扶持物业管理行业发展的建议"的提案[①]。

1．税收政策

一是税率偏高。对物业管理实行的 5%的营业税税率相对其他行业偏高。二是税基不合理。物业服务企业向业主收取的物业服务费由物业服务支出和酬金两部分构成，其中服务支出具有代收付的性质，不应作为税基。

2．经营负担重

目前物业服务企业在住宅小区内公共部位和共用设施设备的用水用电均按商业用电征收，物业服务企业在这方面负担较重，十分希望价格部门能按居民生活用水用电价格标准执行。

3．纳入征信管理

困扰物业管理可持续发展的最大问题之一就是物业服务费用收缴率偏低。一方面，不交费业主能够"搭便车"得到与交费业主同样的服务，侵害了交费业主的权益。另一方面，有可能导致物业服务企业降低服务标准，使得管理水平下降，引发业主不满，影响物业管

---

[①] 《城市开发》编者."点击"两会：物业管理相关提案集萃资料来源[J]. 城市开发（物业管理），2010（3）.

理的和谐秩序，也造成企业经营困难。业界希望能比照水电费行业，将"业主个人物业交纳情况"列入个人征信范围。

4. 开展物业管理师资格考试

行业十分希望人事部尽快协调解决全国物业管理师资格考试问题，确保 2010 年物业管理师资格考试工作尽快开展，让国家物业管理执业资格制度顺利推进，以全面提高经理人整体素质，适应行业发展。

**案例分析与讨论：**

结合本章所学的物业管理基本概念对以上提案做出评述。

 **本章阅读与参考文献**

1. 姜早龙，张涑贤. 物业管理概论[M]. 武汉：武汉理工大学出版社，2008.

2. 季如进. 物业管理[M]. 第 2 版. 北京：首都经济贸易大学出版社，2008.

3. 陈淑云. 城市居住区物业管理与社区管理有效整合机制[J]. 华中师范大学学报（人文社会科学版），2009（9）.

4. 2013 年 10 月 28 日中国物业管理协会发布的《物业管理行业发展报告》和 2014 年 12 月 16 日国家统计局发布的第三次全国经济普查主要数据公报。

5. 黄萍. 物业管理存在的问题及立法完善——评《物权法》及《物业管理条例》的有关规定[J]. 行政与法，2008（1）.

6. 赵蓓蓓. 物业和业主都要成熟起来[N]. 人民日报，2015-06-23（20）.

7. 张一民. 物业服务企业将趋于专业管家定位——2015 年物业管理行业发展探究[J]. 中国物业管理，2015（1）.

8. 佚名. 瑞士：物业管理与社区管理相结合[EB/OL]. 中国物业管理协会网. http://www.ecpmi.org.cn/?action-viewnews-itemid-405.

9. 张俊梅. 谈物业管理的标准化和专业化[J]. 中国物业管理，2008（8）.

10. 张金娟. 社区管理与物业管理的关系[J]. 城市问题，2003（6）.

11. 董藩. 物业管理模式需要破茧重生——从美丽园事件看物业管理模式的创新问题[J]. 中南民族大学学报（人文社会科学版），2008（5）.

12. 邓如山. 物业管理起源的梳理与辨析[J]. 现代物业，2007（2）.

13. 廖小斌. 中国物业管理行业 27 年成长史回眸[J]. 城市开发（物业管理），2008（12）.

14. 黄安永，孔海峰. 社区建设与物业管理相融性的理论探索[J]. 东南大学学报（哲学社会科学版），2002（7）.

# 第二章 物业管理的理论基础

## 学习目标

通过对本章的学习，应掌握如下内容：
1. 建筑物区分所有权理论的基本内容；
2. 委托代理理论的基本内容及在物业管理中的应用；
3. 公共选择理论的基本内容及在物业管理中的应用；
4. 项目管理理论的基本内容及在物业管理中的应用。

## 导言

物业管理具有很强的实践性，但这并不意味着物业管理缺乏坚实的理论基础。实际上，认真研究和探讨物业管理的理论基础问题，不仅有利于进一步认识行业本质和解释现实难题，而且有助于物业管理的制度创新和专业建构。一般认为，建筑物区分所有权理论、委托代理理论、公共选择理论和项目管理理论构成物业管理的理论基础。

# 第一节 建筑物区分所有权理论

## 一、建筑物区分所有权概念的来源

在我国，建筑物区分所有权概念及制度的正式提出是在《物权法》中，但早在 1989 年建设部发布的《城市异产毗连房屋管理规定》和 1998 年建设部、财政部联合颁布的《住宅共用部位共用设施设备维修基金管理办法》中已体现出建筑物区分所有权的基本原则。

建筑物区分所有权是一个法学概念，以区分所有建筑物的权利来源、权利构成、行权规则和侵权处置为研究内容，是现代不动产物权理论的重要组成部分。从国际上来看，英美法称建筑物区分所有权为"公寓所有权"，德国法称之为"居住所有权"，法国法称之为"住宅分层所有权"，日本和我国台湾地区称之为"建筑物区分所有权"，我国大陆地区也采用了"建筑物区分所有权"的概念。

对建筑物区分所有权的概念学术界尚有争议，主要有一元论说、二元论说和三元论说。一元论说认为建筑物区分所有权主要为专有所有权；二元论说认为建筑物区分所有权由专有部分所有权和共有部分所有权两部分构成；三元论说认为，建筑物区分所有权由专有所有权、共有部分共有权和成员权三要素构成。我国《物权法》基本采用了三元论说，认为业主对专有部分享有所有权，对专有部分以外的共有部分享有共有和共同管理的权利。

# 二、专有部分所有权

《物权法》第六章第七十条规定，"业主对建筑物内的住宅、经营性用房等专有部分享有所有权，对专有部分以外的共有部分享有共有和共同管理的权利。"第七十一条规定，"业主对其建筑物专有部分享有占有、使用、收益和处分的权利。业主行使权利不得危及建筑物的安全，不得损害其他业主的合法权益。"

因此，专有部分所有权指的是业主对专有部分的享有占有、使用、受益和处分的权利。专有部分所有权是建筑物区分所有权的"物法性"要素，是建筑物区分所有权的"单独性灵魂"，其性质是一种空间所有权，即专有权的客体并非某一有形物，而是由建筑材料组成的空间。一栋建筑，若无构造与使用上的独立性，不能成为单独所有或共有，则无法成立区分所有，因而专有部分的存在是建筑物区分所有权成立的基础。

## （一）专有部分的界定

《物权法》对专有部分如何界定没有说明，《住宅共用部位共用设施设备维修基金管理办法》中对于共用部位和共用设施设备的界定，可以看作是对专有部分的间接界定。通常认为，专有部分应该具有独立性，即构造上可以独立出入，机能上具有独立使用价值。

对专有部分的边界如何划分，当前主要有以下四种观点。

1. 壁心说

该学说以日本学者山田幸二与河村贡为代表。认为专有部分的范围达到其与建筑物其他部分相隔的墙壁、地板、柱、天花板等边界部分厚度的中心。此说虽然使各区分所有权人能够充分行使其分割部分的权利，但对整体建筑物的维持与管理较有损害。因此，壁心说在实践中并不实用。

2. 空间说

该学说以日本学者右近健男、舟桥淳一及我国台湾学者史尚宽、李肇伟、黄越钦等为代表。空间说认为专有部分的范围仅限于由墙壁、地板和天花板围成的空间，分隔部分如墙壁等则为全体或部分区分所有权人共有。

3. 最后粉刷表层说

该学说以日本学者玉田弘毅为代表，认为专有部分包含壁、柱、天花板、地板等边界部分表层所粉刷的部分，边界本体则属于共同所有部分。

4. 壁心和最后粉刷表层说

该学说以日本学者岛川一郎、丸山英气为代表，对以上三说进行了折中，认为专有部分的范围应区别内部关系与外部关系而定。在区分所有人之间的内部关系上，尤其是有关建筑物的维持、管理关系上，专有部分应包含壁、柱、地板和天花板等边界部分表层所粉刷的部分；但在外部关系，尤其是对第三人（如买卖、保险、税金等）的关系上，专有部分的范围则包含壁、柱、地板及天花板部分厚度的中心线。目前，人们较多采用此观点。

我国在实践中也应用了第四种观点，在房地产买卖计算专有部分面积时，采用壁心原则；在物业管理中采用最后粉刷表层原则。

### （二）权利和义务

业主对其专有部分享有单独所有权，即对该部分享有占有、使用、收益和处分的排他性支配权，在性质上与一般所有权并无不同。但此项专有部分与建筑物上其他专有部分有密切的关系，彼此休戚相关，具有共同的利益。因此，区分所有权人就专有部分的使用、收益、处分不得违反各区分所有权人的共同利益。例如，当专有部分的改良或使用足以影响到区分所有建筑物的安全时，不得自行为之。再如，当专有部分为保存、改良或管理的必要时，有权使用他人的专有部分。

在实践之中，对专有部分的使用争议最大的是"住改商"问题。为此，《物权法》第七十七条专门规定，"业主不得违反法律、法规以及管理规约，将住宅改变为经营性用房。业主将住宅改变为经营性用房的，除遵守法律、法规以及管理规约外，应当经有利害关系的业主同意。"最高人民法院出台的关于《物权法》的两部司法解释于 2009 年 10 月 1 日起实施，按照司法解释，同楼住户如果不同意，住户也不能擅自"住改商"："业主将住宅改变为经营性用房，未按照物权法第七十七条的规定经有利害关系的业主同意，有利害关系的业主请求排除妨害、消除危险、恢复原状或者赔偿损失的，人民法院应予支持"。

## 三、共有部分共有权

共有部分共有权是建设物区分所有权的"共同性灵魂"。通常认为，共有部分共有权是指建筑物区分所有权人依照法律或管理规约的规定，对区分所有建筑物的共有部分所享有的占有、使用和收益的权利。《物权法》第六章对共有部分共有权的规定涉及两个半条文，即第七十二条第一款和第七十三条、第七十四条，分为三个层次：第一，"业主对建筑物专有部分以外的共有部分，享有权利，承担义务；不得以放弃权利不履行义务"。例如，不能说我不使用绿地，就不交相应的费用。第二，规定其他共有的范围，"建筑区划内的道路，属于业主共有，但属于城镇公共道路的除外。建筑区划内的绿地，属于业主共有，但属于城镇公共绿地或者明示属于个人的除外。建筑区划内的其他公共场所、公共设施和物业服务用房，属于业主共有"。第三，关于车位和车库，分为三点："建筑区划内，规划用于停放汽车的车位、车库应当首先满足业主的需要。建筑区划内，规划用于停放汽车的车位、车库的归属，由当事人通过出售、附赠或者出租等方式约定。占用业主共有的道路或者其他场地用于停放汽车的车位，属于业主共有。"

### （一）共有部分的界定

尽管《物权法》第七十三条和第七十四条对建筑区划内道路、绿地、公共场所、公用设施、物业服务用房和车位、车库的归属界定做出了原则性规定，并没有对共有部分界定的具体标准。在实践中较多参照 1998 年建设部颁布的《住宅共用部位共用设施设备维修基金管理办法》中的提法，将共有部分称为"共用部位、共用设施设备"。现有的房屋所有权登记中，对共有部分一般仅登记分摊面积。对共有部分的详细构成，应该在买卖合同和物业服务合同中加以明确规定。

共有部分的性质包括两个方面：一方面，共有部分具有从属性。共有部分在法律上为同时附属于数个专有部分而存在的附属物，区分所有人取得专有部分所有权，必须附带地取得共有所有权。另一方面，共有部分具有不可分割性。共有部分为相关业主所共有，均不得分割，也不得单独转让。

从物权管理角度看，一个物业管理区域往往包含数栋建筑，以及为整个区域服务的共有设施、设备。因此，区分所有权人的共有部分可细分为以下两类。

#### 1．部分业主共有

部分业主共有是指在一栋建筑中，为该栋建筑所有业主共有的共用部位和共用设施设备，或在一个单元所有业主共有的共用部位和共用的设施设备。前者如该栋建筑主体结构、中央空调、大堂等；后者如该单元独立使用的楼梯、电梯、空调等。

#### 2．全体业主共有

全体业主共有是指在物业管理区域中，为整个物业管理区域内所有业主共有的共用部位和共用设施设备。例如，小区的道路、绿化、服务于整体区域的设备及设备用房、物业管理用房。这样的细分是专项维修资金分摊、共有部分收益分摊的基础性工作。

### 案例 2-1　公共绿地买卖归属争议的裁判及评析[①]

原告（反诉被告）：杨先生

被告（反诉原告）：弘日房地产开发有限公司（以下简称弘日公司）

2008 年 1 月 19 日，杨先生与弘日公司签订了一份商品房买卖合同，约定弘日公司将

---

① 倪斌鹭. 公共绿地买卖归属争议的裁判及评析[J]. 现代物业，2009（12）.

一套商品房出售给杨先生；该房南面有附属花园一个，用基石和白色栅栏围成，面积为25平方米，售价为25 000元。合同签订后，杨先生支付了购花园款25 000元，弘日公司亦将讼争花园交付给了杨先生。杨先生在该附属花园内比照私家花园的格局，设置了相关的休闲游乐设施。

原告诉称：弘日公司曾向他口头承诺，该庭院由他独家占有，可以办理权属登记。杨先生依约支付了全部房款，这其中包括房款和该"庭院"的款项，并住进新房后布置了"庭院"，更换了草坪，铺了大理石地砖，又设置了庭院灯、小树等。由于被告所售花园属于新鹤苑住宅小区内的公用设施，被告将该花园出售，违反了国家技术质量监督局关于商品房销售面积计算的规定，无法办理权属登记，遂要求被告返还购花园款25 000元并赔偿利息损失。

被告辩称并反诉：原告以该附属花园属于新鹤苑住宅小区的公用设施为由要求退还花园的购房款，根据公平合理原则，请求判令原告退出附属花园并恢复原状。

反诉被告辩称：弘日公司不具备原告主体资格，该公共绿地的所有权、使用权已不属于弘日公司而属于小区的全体住户，因此应由小区居民或物业管理委员会代表居民起诉。

事实有下列证据证明：（1）杨先生与弘日公司签订的商品房买卖合同一份，证明买卖关系的存在。（2）厦门市商品房销售专用发票一份，证明杨先生已支付了购花园款。（3）现场勘察笔录一份，证明讼争花园系新鹤苑小区公用绿地及原告已在花园内设置相关设施。（4）照片五张，证明杨先生"花园"改造前后状况对比。

**法院判决：**

法院做出如下判决。

（1）被告弘日公司应于本判决生效之日起15日内，返还原告杨先生购花园款25 000元。

（2）反诉被告杨先生应于本判决生效之日起15日内，将其在讼争花园内设置的"庭院"内的大理石板等添加物拆除。

（3）被告弘日公司应于本判决生效之日起15日内，将讼争花园南面的栅栏及基石拆除，恢复成公共绿地。

**案例评析：**

案例的裁判要旨是案中讼争的附属花园属于住宅小区的公共绿地，原告和被告擅自买卖公共绿地，侵犯了小区内其他业主的合法利益，故双方签订的商品房购销合同中关于本"花园"买卖的条款无效。

### （二）权利和义务

按照《物权法》第七十二条的规定，"业主对建筑物专有部分以外的共有部分，享有权利，承担义务；不得以放弃权利不履行义务。业主转让建筑物内的住宅、经营性用房，其对共有部分享有的共有和共同管理的权利一并转让。"

建筑物区分所有权人对共有部分的权利包括两方面：第一，对共有部分具有使用权，此为共有权人的一项基本权利；第二，对共有部分具有收益权，即共有权人可以取得因共有部分所生的收益的权利。例如，在共有部分上设置广告的收入、共有停车场的收入等，但是应给予经营管理者应得的管理费用。共有部分收益的分配，根据《物权法》第八十条的规定，"按照业主专有部分占建筑物总面积的比例确定"（也可以由全体业主约定其他的分配方式）。而2007年修订的《物业管理条例》第五十五条则规定，"利用物业共用部位、共用设施设备进行经营的，应当在征得相关业主、业主大会、物业服务企业的同意后，按照规定办理有关手续。业主所得收益应当主要用于补充专项维修资金，也可以按照业主大会的决定使用。"

建筑物区分所有权人对共有部分的义务，主要包括以下两种：一是依共有部分的本来用途使用共有部分；二是分担共同费用和负担。业主依据法律规范、合同以及管理规约，对共有部分享有使用、收益、处分权，并按照其所有部分的价值，分担共有部分的修缮费以及其他负担。共同费用和负担一般包括：日常维修和更新土地和房屋的共同部分与共用设备的费用，管理事务的费用（包括管理人的酬金），由区分所有权人共同负担的税金等。其分担原则，按区分所有权人所占共有的比例确定。

# 四、共同管理权

《物权法》第七十条规定，"业主对建筑物内的住宅、经营性用房等专有部分享有所有权，对专有部分以外的共有部分享有共有和共同管理的权利。"这就是共同管理权。

## （一）共同管理权的产生

建筑物各区分所有权人的专有部分紧密相连，为了实现专有部分的使用，必须使用共有部分。这种建筑物构造、权利归属和行使上的不可分离关系，使各区分所有权人之间形成了事实上的共同体关系，为了维持这一共同体关系的存在和发展，尤其为管理相互间的共同事务和共有部分的使用收益，不得不组成一个管理团体组织（我国称之为"业主大会"），并借该团体组织的力量，共同管理共有部分及其他共同事务。由此，共同管理权产生。

从本质上讲，共同管理权属业主成员权的范畴，是业主基于一栋建筑物的构造、权利归属及使用上的密切关系而形成的作为建筑物管理团体之一成员而享有的权利和承担的义务。如果说专有所有权和共有部分共有权是建筑物区分所有权的内部权利，那么成员权则构成它的外部权利。

《物权法》对共同管理权的规定最多，从第七十五条到第八十三条，共涉及六个方面：第一，明确管理的组织是业主大会和业主委员会；第二，明确业主大会决定的事项和程序；第三，明确业主大会决议的效力，即业主大会和业主委员会的决定对全体业主有约束力；

第四，明确维修基金和费用的使用与分摊原则；第五，明确业主与物业的关系；第六，明确物业服务企业对建筑物区分所有权的管理。

### （二）共同管理权的特征

通常认为，共同管理权的特征有以下四个方面。

1．共同管理权是独立于专有所有权和共有部分共有权之外的权利

专有所有权和共有部分共有权是"物法性"要素，而共同管理权是"人法性"要素。共有部分共有权因财产共有而生，而共同管理权不仅仅是单纯的财产关系，其中很大部分是管理关系，它是对全体区分所有权人的共同事务所享有的权利和承担的义务。

2．共同管理权是基于区分所有权人之间的共同关系而产生的权利

从某种程度上讲，共同管理权是区分所有权人的一种"当然"权利。由于区分所有建筑物在构造及权利归属上的特点，决定了各区分所有权人"当然"构成一个利益共同体，并必然在该共同体中享有权利和承担义务，而不论他们是否组成了业主大会等自治组织。

3．共同管理权具有从属性

共同管理权的取得、丧失以及大小，归根结底，是由区分所有权人专有权的取得、丧失以及大小所决定。这也是法律确定共同管理权在量上的数额的主要依据，例如在业主大会中的表决权。因此，共同管理权与专有所有权和共有部分共有权密不可分，三者共同构成了区分所有权的完整内容，共同管理权是不得单独作为转让客体的。

4．共同管理权是一种永续性的权利

由于共同管理权是基于区分所有权人于一栋建筑物的构造、权利归属及使用上的不可分离所形成共同关系而产生，因而只要建筑物存在，区分所有权人的团体关系即会存续，原则上不得解散，尤其不能因区分所有权人的单独行为而解散。

### （三）权利和义务

1．区分所有权人的权利

区分所有权人作为共同管理权人对共同事务享有如下权利。

（1）表决权

表决权是指区分所有权人参加区分所有人自治管理组织，如业主大会对大会讨论事项享有的投票表决权利。表决是实现共同管理权各项权利的基本方式。

（2）管理规约制定权

管理规约制定权是指各区分所有权人享有参加区分所有权人自治组织大会，并讨论制定管理规约的权利。制定管理规约是共同管理权人维护其共同利益的意思表示。

（3）选举及接触管理者的权利

选举及接触管理者的权利是指区分所有权人有权选举成立区分所有权人自治机构、常设机构的权利，并对常设机构享有监督权利，对不称职的管理人员享有依一定程序解除罢

免的权利。

（4）请求权

请求权是指区分所有权人对共同事务和公共利益的应得份额所享有的请求权。请求权包括强求召开业主大会的权利；请求正当管理公共事务的权利；请求获得共有部分应得利益的权利；请求制止违反公共利益的权利等。

（5）监督权和知情权

区分所有权人对业主委员会、物业服务企业的服务水平和收费情况享有监督和知情的权利。

2．区分所有权人的义务

区分所有权人作为共同管理权人对共同事务承担如下义务。

（1）执行业主大会和业主委员会所做出的决议，遵守管理规约

这是最基本的义务，是区分所有权人整体义务得以有效实现的前提。

（2）接受管理者管理

管理者是执行管理业务的机构，由区分所有权人大会产生，执行区分所有权人大会的决议，并在授权范围内以自己的意思行使相应的职责。区分所有权人作为管理团体组织的成员之一，自然需要接受管理者的管理。

（3）支付共同管理费用

这是指区分所有权人对建筑物中属于共有部分的管理、维护、修缮所需费用的承担义务。《物业管理条例》第七条规定，"业主在物业管理活动中，履行下列义务……（四）按照国家有关规定交纳专项维修资金；（五）按时交纳物业服务费用……

## 案例 2-2 业主占用、损害共用部位搭建建筑物[①]

李某系上海市平凉路 1098～1112 号大厦 14 楼业主。上海中慧物业管理有限公司（以下简称中慧物业）系该大厦的物业服务企业。2004 年 11 月，大厦业主大会制定管理规约，该管理规约约定：业主、使用人在物业使用中，不得违法搭建建筑物、构筑物；不得擅自占用、损坏住宅的共用部位、共用设备或移装共用设备。2004 年 7 月，李某在 14 楼楼顶两个共用平台上搭建了玻璃房、防护层等构筑物，中慧物业多次督促其整改，李某均不予理睬。

2005 年 9 月，中慧物业起诉至原审法院，要求判决李某拆除侵占楼面平台的所有违法搭建，恢复屋面共用部位原状并修复平台防水层，修复用于物业巡检电梯机房的公共楼梯。

原审审理中，中慧物业变更诉请，要求李某拆除 14 层楼面两个平台的搭建物。法院经过审理认为，中慧物业作为上海市平凉路 1098～1112 号大厦的物业管理单位，有权对该小

---

① 马克力，王磊，罗海艳. 物业管理纠纷[M]. 北京：法律出版社，2007：59.

区实施物业管理。业主大会制定的管理规约，是从广大业主的利益角度出发而制定的，其效力及于全体业主。李某作为小区的业主，应遵守管理规约的规定。该管理规约已明文规定不得违法搭建建筑物、构筑物，不得擅自占用、损坏住宅的共用部位，现李某在 14 楼楼顶两个公用平台上搭建构筑物违反了管理规约的相关约定。故中慧物业于李某在楼顶平台上进行搭建后，有权要求李某予以拆除，恢复原状。李某辩称中慧物业同意其在公用平台上搭建，无证据证实，且公用平台属于全体业主所有，中慧物业也无权同意李某占用公用部位。判决李某拆除上海市平凉路 1098～1112 号大厦 14 楼楼顶两个平台搭建的构筑物，恢复原状。

# 第二节　委托代理理论

## 一、委托代理理论概述

委托代理理论是制度经济学契约理论的主要内容之一，20 世纪 60 年代末 70 年代初一些经济学家开始深入研究企业内部信息不对称和激励问题，该理论由此发展起来。

### （一）委托代理关系与委托代理问题

按照詹森（Jensen）和威廉·麦克林（William Meckling）的定义，委托代理关系是指一个或多个行为主体根据一种明示或隐含的契约，指定、雇佣另一些行为主体为其服务，同时授予后者一定的决策权利，并根据后者提供的服务数量和质量对其支付相应的报酬。授权者就是委托人，被授权者就是代理人。

而所谓委托代理问题，是指由于代理人目标函数与委托人目标函数不一致，加上存在不确定性和信息不对称，代理人有可能偏离委托人的目标函数，而委托人难以观察并监督，从而出现的代理人损害委托人利益的现实。

委托代理关系并不会必然导致委托代理问题，委托代理问题出现的根源主要在于：一方面由于理性的经济人追求自身利益而非他人利益的最大化，委托人与代理人的目标函数不可能完全一致。因而代理人追求的自身利益最大化不会必然导致委托人利益的最大化。另一方面由于信息不对称，导致委托人无法充分了解和监督代理人的行为，因而，代理人就有可能为了满足自身利益而损害委托人利益。

因此，委托代理理论的中心任务是研究在利益相冲突和信息不对称的环境下，委托人如何设计最优契约激励代理人从而减少委托代理损失。

### （二）委托代理问题的典型表现

委托代理关系通常以合同的形式加以确认，因而委托代理问题的表现可以按照合同签订前后分为以下两大类。

1．逆向选择

所谓逆向选择是指在买卖双方信息不对称的情况下，高质量商品被低质量商品逐出市场的状况，犹如货币流通中劣币驱逐良币的现象。逆向选择是在合同签订前发生的委托代理问题，例如在没有担保的二手车市场，由于买主不了解二手车真实质量的好坏，故只愿意支付最低价格，从而高质量的二手车难以出售。

经济学将商品（产品或服务）分为两大类：搜索商品（Search Good）和体验商品（Experience Good）。搜索商品的质量信息可以在消费之前进行判断（如普通的服装），消费者只要付出较少的搜索成本（如观察、询问等）就可以判断产品质量。而体验商品的质量在消费之前无法充分判断（如去餐厅就餐、听音乐会、理发等），消费者不仅要付出搜索成本，还要在支付产品价格之后才有可能判断其质量。因此，搜索商品通常较少有信息不对称的问题，而体验商品的信息不对称问题就比较严重。

服务行业所提供的服务，由于其生产和消费必须在生产者和客户的互动中同步完成，因而一般具有体验商品的特征。物业服务是体验商品，在体验商品的交易中，生产者（如物业服务企业）掌握着消费者（如业主）不了解的信息，交易时就会导致逆向选择。

2．道德风险

所谓道德风险是指交易合约中的某一方在合约达成以后，具有损人利己的激励，或做出损人利己的行为。道德风险是在合同签订后发生的委托代理问题，例如接受固定薪金的员工在工作中缺乏激励，不愿付出努力等。

**（三）委托代理问题的解决**

减少委托代理损失的核心问题是激励约束机制的设计，其目的是尽量让代理人与委托人的利益兼容，促使代理人更好地实现委托人的利益。通常激励约束机制包括两个方面：一是内部激励约束机制；二是外部激励约束机制。

内部激励约束机制中更为普遍流行的趋势是通过补偿机制设计，即给予管理者更多的现金补偿、股票、在职权力等，使经济利益在委托人和代理人之间合理分配，从而使代理人的利益趋同于委托人。其典型方式有以下几种。

（1）固定租金。例如，商铺业主（委托人）向租户（代理人）收取固定房租，额外收入由租户所有。

（2）目标产量承包。例如，企业董事会与经营者签订承包合同，完成目标产量则给予奖励，否则不支付报酬甚至进行处罚。

（3）分成制。分成制是指委托人与代理人双方都按一定的比例从收益中获得各自的利润。在信息不对称的情况下，分成制是相对较好的一种激励机制。

外部激励约束机制则是通过企业外部的竞争力来提供激励，如产品市场的竞争、管理人才市场的竞争、公司控制权市场的竞争等。主要包括以下几项。

（1）资本市场和产品市场的激励约束。有效的资本市场能形成和提供企业证券价值的正确信号，从而使管理者劳动市场能正确评估企业管理者的表现，为是否继续聘任或能否转用聘任提供依据。

而一个有效的产品（包括有形商品和无形服务）市场能提供有关产品供求关系及价格的正确信号，从而自动达到资源的最佳配置。

（2）职业经理人市场的激励约束。职业经理人市场对企业管理者施加的压力来自于发展着的企业总是在市场上寻找新的管理者，从而对现有的管理者的代理行为形成约束。职业经理人市场的竞争能对职业经理人施加有效的压力，如果职业经理人代理行为被发现，反映到整个职业经理人市场上对其职业道德评价就会降低，其人力资本价值受损，这样的职业经理人就会被驱逐出市场。或者即使以后有企业再次雇佣他，但是考虑到他以前的行为，其所获得的薪酬就会降低。在这种情况下，职业经理人采取代理行为的可能性就会下降。

（3）外部董事的监督。外部董事的监督会降低最高管理者在取得董事会的控制后合谋骗取和剥夺证券所有者财富的动机和行为，因为外部董事是不会参与这一合谋过程的，在高度发达的外部劳动力市场条件下，外部董事的价格依照他们的工作绩效来确定，受到他们的劳务市场的约束。

## 二、物业管理中的委托代理关系

本书在第一章曾论及业主自行管理和委托物业服务企业或其他管理人管理是实施物业管理的两种模式。实际上，无论是委托物业服务企业或其他管理人还是由业主自行组织物业管理工作，只要物业管理工作不由业主亲自完成，就形成了事实上的委托代理关系。因此，在物业管理行业广泛存在委托代理问题，也需要研究委托代理问题以便促进整个行业的健康发展，保障业主和物业服务企业双方的利益。

《物权法》与《物业管理条例》规定，物业管理的权利来源于业主，在由业主区分所有的物业管理区域中，业主通过业主大会形成统一的意见，由业主大会委托物业服务企业提供物业服务。业主大会设立业主委员会负责具体工作的执行。物业服务企业的服务可以通过本公司员工提供，也可以将其中一部分委托给其他专业公司，由其他专业公司提供。最终，物业服务由物业公司或专业分包商的员工直接面对业主提供。因此，在物业管理中，委托代理的实现绝不是仅靠一个简单的合约，而是依靠若干个连续性的合约，如图2-1所示。

具体来说，在物业管理活动中，存在三级委托代理关系。首先，在成立业主委员会时，业主大会委托业主委员会执行日常工作；其次，业主或业主大会委托物业服务企业提供服务；再次，物业服务企业委派员工或专业分包公司执行具体工作。

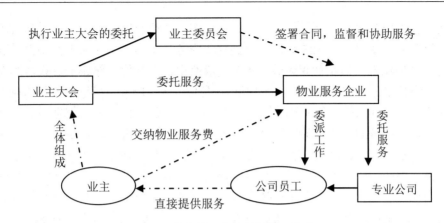

图 2-1　物业管理中的委托代理关系

# 三、物业管理中的委托代理问题

基于上面的分析，我们重点讨论物业管理中两级委托代理问题，即业主大会与业主委员会、业主或业主大会与物业服务企业之间的委托代理问题。物业服务企业与员工（或专业分包公司）的委托代理问题属于企业内部管理问题，本节不加以讨论。

## （一）业主大会与业主委员会

业主委员会由全体业主选举产生，执行业主大会交办的工作。因此，业主大会和业主委员构成物业管理中的第一层委托代理关系。按照委托代理理论的分析，如果业主委员会委员的个人利益与全体业主的共同利益不完全一致，而全体业主又不能充分监督和了解业主委员会委员的工作情况，就可能发生委托代理问题，也就是业主委员会委员可能将个人意愿强加于全体业主，损害全体业主的共同利益。目前，业主委员会委员的工作并不是专职工作，相当于一种志愿者服务，最多能取得一些必要开支的补贴。但业主委员会委员与普通志愿者不同，他们是被赋予权力的志愿者，而且服务的内容和自身利益相关。担任业主委员会的工作要付出时间和精力，而且开展工作并不容易；在"理性人"的假设下，就会出现有能力的业主没有时间或者没有愿望为全体业主服务，反而那些希望谋求某些不正常个人利益的业主有动力参选业主委员会委员。

业主委员会作为小区权力机构业主大会的执行机构，虽然法律上没有赋予其明确的决策权，但在实际运作中有着相当大的权力，如在物业服务公司的选聘、公共维修基金的使用以及公共部分的使用等方面，业主委员会都会有一定的决定权，或对业主起一定的导向作用，所以现实中，物业公司、商户等向业主委员会行贿的事也经常发生。

## （二）业主大会与物业服务企业

物业服务企业接受业主大会的委托提供物业管理活动，因此，业主大会与物业服务企业构成物业管理中的第二层委托代理关系。业主支付费用获得服务，能观察到服务项目、效率及收费等外在现象，却无法直接观察到物业服务公司的行为（或工作努力程度）处于信息劣势，是委托人。物业企业提供服务并收取费用，在补偿工作成本后获得最大效用，他清楚地知道自己的行为（或工作努力程度），是代理人。因此，尽管业主和物业服务企业之间是建立在法律和经济平等基础上的商品交换关系，但他们拥有的信息却是不对称的，同时，由于物业服务质量评价的特殊性，即无论在物业服务提供之前还是之后，业主基本上做不到用客观统一的标准来对物业服务的质量进行评价，导致物业管理中信息不对称现象更为严重。由此，在业主大会和物业服务企业之间不可避免地会产生委托代理问题。

根据委托代理理论可知，在签订物业服务合同之前，业主为规避物业服务企业的隐瞒信息行为会导致逆向选择；在签订物业服务合同之后，则会发生物业服务企业物业不负责任、偷懒、故意加大物业服务成本等道德风险问题。

## 四、物业管理中委托代理问题的解决

针对上面提到的物业管理两级委托代理问题，根据委托代理理论可提出以下供参考的解决思路。

### （一）对物业管理进行标准化来消除信息不对称问题

研究发现，如果商品在重复消费时差异性越小、质量越稳定，消费者就能够在一次或少量消费后充分了解其服务质量。因此如果能够将服务设计为内容相同、服务质量稳定的产品，将有利于促进市场交易。物业管理行业制定服务标准，物业服务企业进行标准化的意义也在于此。物业服务复制的差异性越小，消费者就越容易判断其服务质量，显然，消费者会倾向于选择对服务质量更有信心的产品。

### （二）充分发挥内部激励约束机制的作用

内部激励约束机制能促进经济利益在业主和物业服务企业之间进行合理分配，从而使物业服务企业的利益趋同于业主。

1. 设计合理的补偿机制

在信息不对称条件下，业主为了让物业服务企业更加努力的工作，必须让物业服务企业的额外收益和努力程度相挂钩，必须付出一定的激励成本，使得物业服务企业愿意为获得额外的收益努力工作，从而使物业服务企业的利益最大限度地趋同于业主。从委托代理理论看，可以设计一些奖励或补偿机制，以提高物业服务企业的额外收益，使物业服务企业更努力工作，从而降低业主因物业服务企业不利行为带来的利益损失。例如，当业主对物业服务企业的满意度达到一定水平，或者物业服务企业在节约成本上做出重大贡献时，可以给予奖励。在经营性物业的管理上，可以采取承包或分成的模式等激励效果较好的模式。

2．建立科学的业主委员会监督机制

我国现行的法律法规对如何监督制约业主委员会的权力没有进行相关规定，因此，一方面要依靠业主委员会成员道德自律，以抵制外界的诱惑；另一方面，则必须从制度上对业主委员会的权力加以监督，构建以权力制约权力的监督机制。

首先，应当明确政府监督部门对业主大会的指导、监督工作遵循属地管理原则。市物业管理行政主管部门依法对全市业主大会的活动进行指导、监督；区物业管理行政主管部门依法对辖区内业主大会的活动进行指导、监督；街道办事处、社区居民委员会依法对辖区内业主大会的活动进行指导、监督；街道办应当设立物业管理专职工作人员，居委会应当设立物业管理兼职工作人员。同时，政府相关部门还要加强对业主委员会的指导，协助他们组建成一支高素质、有权威、有信誉、能正确发挥作用的业主委员会队伍；加强对委员的培训，提高他们的思想、政治素质和专业水平；对业主委员会的工作情况、投诉及纠纷进行及时监督处理等。

其次，应该建立行之有效的业主委员会议事机制和执行机制，使其按照法律法规和管理规约进行工作、履行职责，从而确保业主委员会工作的透明。可以尝试探索建立一个专职的机构——监事委员会对业主委员会进行约束，以此来制约业主委员会的权利。

最后，随着业主委员会作用的增大，其权力范围也不断扩大。在业主委员会出现不作为，如不主动召开业主大会、不公开业委会的财务制度、超越业主授权范围行民事法律行为时，如何确定其效力和法律责任目前仍尚待法律的完善来解决。但无论如何，明确业主委员会的法律地位，赋予业主自行起诉业主委员会的权利，是对业主委员会进行监督的最后防线。

**（三）充分发挥外部激励约束机制的作用**

外部激励约束机制通过引入外部力量来促进物业服务企业的规范和发展，使物业服务企业更好地为业主服务。

1．充分发挥第三方的作用，对物业管理进行有效监督与约束

（1）充分发挥银行对专项维修基金的第三方监督与管理作用。物业管理中的专项维修资金由银行建立专户管理，也可以看作是一种中介服务。业主大会是维修资金使用的决策机构，物业服务企业是维修资金使用的执行机构。但是维修资金本身并不在业主大会或者物业服务企业自己手中，而是在银行设立专户储存，银行只根据既定的规章制度对资金账户进行操作，并公布资金收支情况。这就通过第三方形成了相互制约，避免了业主委员会或物业服务企业监守自盗，从而保障了资金的安全，保护了全体业主的利益。

（2）充分发挥物业管理行业协会的作用。第三方参与市场交易的根本目的是减少信息不对称，在整个行业中创造一个良币驱逐劣币的市场。我国目前主要还是由政府主管部门来扮演第三方角色。随着市场经济的发展和对政府行为的约束，行业协会应该在行业管理

中发挥越来越重要的作用，如物业管理行业协会提供的信用档案服务以及对物业服务企业进行行业监管等。

（3）引入物业第三方监理评估机制，化解物业纠纷。物业第三方监理评估机构的性质定位类似于物业顾问公司，其作用是为了监督小区物业服务的质量，相当于建筑工地上的监理方，监督施工方的日常工作。

北京市 2010 年 4 月新颁布的《北京市物业管理办法》第二十九条规定，"业主、物业服务企业、建设单位和有关部门可以委托物业服务评估监理机构，就物业服务质量、服务费用和物业共用部分管理状况等进行评估和监理。"如果物业公司觉得签订合同时的物业费过低，希望调高，也要通过第三方监理评估后，才能向业主大会提出申请。

在物业服务市场，引入独立第三方监理评估机构的目的在于及时、公正地化解物业矛盾和纠纷，但其效果如何，需要时间检验。

2．推进物业服务的市场化，加强物业服务企业之间的竞争

推进物业服务的市场化能使业主和物业服务企业通过产品市场的充分竞争来获得各自的合理利益。因为，在市场化的物业服务中，对提供和获取物业服务合同的竞争，实际是这种委托服务权的竞卖竞买过程，这种过程的均衡意味着业主和物业服务企业都可以得到相对公平的利益分配。

3．构建和完善物业管理职业经理人市场

美国的物业管理发展较为成熟。其职业经理制度中有三种资质的培训认定，即合格物业经理（AMR）、合格住宅经理（CAM）和合格管理组织成员（AMO）。中国物业管理也有物业管理人和物业管理师制度，这是物业管理经理职业化前进的一步。但从目前情况来看，中国的物业管理职业经理人市场还尚未形成，对于物业管理职业经理人的道德约束还不完善，职业经理资源相对缺乏，职业经理人在被解雇后依然可以找到另外甚至是更好的工作，这样对降低代理成本就是不利的。毋庸置疑，随着中国市场经济的发展，职业经理人制度是物业管理行业的必然。我们需要结合物业管理行业的现实情况，尽快制定和完善物业管理职业经理人制度，构建和发展物业管理职业经理人市场，以降低物业管理的代理成本。

### 专栏 2-1　物业管理师制度与物业管理职业经理人市场构建[①]

物业管理师制度是根据国务院《物业管理条例》及国家职业资格制度确立的物业管理专业管理人员职业准入制度，纳入全国专业技术人员职业资格证书系列。物业管理师是指经全国统一考试，取得物业管理师资格证书，并依法注册取得物业管理师注册证，从事物

---

① 刘泉．为何要推广物业管理师制度[N]．人民日报（海外版）．2008-02-05（5）．

业管理工作的专业管理人员。其职责包括：制订并组织实施物业管理方案；审定并监督执行物业管理财务预算；查验物业公用部位、公用设施设备和有关资料；负责房屋及配套设施设备和相关场地的维修、养护与管理；维护物业管理区域环境卫生和秩序等。

根据《物业管理师制度暂行规定》的规定，物业管理项目负责人应当由物业管理师担任；物业管理项目管理中的关键性文件，必须由物业管理师签字后实施，并承担相应法律责任。

现阶段我国物业管理还处于扩张型发展时期，与从业队伍在数量的快速增长相比，物业管理从业人员的整体专业素质却滞后于行业的发展。突出表现在称职的职业经理人匮缺，现有部分管理人员在法律知识、职业道德、业务水平和组织协调能力等方面都与承担的职责不相适应，提高从业人员专业素质，已经成为物业管理行业的当务之急。

推行物业管理师制度的好处体现在"三个有利于"：一是有利于推进物业管理的专业化进程。物业管理师制度的实施，正是通过执业准入控制的方式，保证了物业管理职业经理人必须是有相应能力的专业人才；同时，也为社会提供了评判物业管理师专业能力的标准和依据。二是有利于促进物业管理的规范化进程。三是有利于促进物业管理的市场化进程。

# 第三节　公共选择理论

## 一、公共产品的含义

公共产品是与私人产品相对应的概念。根据商品或服务的"竞争性"和"排他性"可以将商品或服务分为两大基本类别：私人产品和公共产品。所谓"排他性"，是指能够排除某一特定人对该产品的消费。例如，食品店出售的食品，可以排除不付费的人消费。但是，当某种产品在技术上无法分割，不能排除他人消费，或者排除他人消费的成本很高，以至于从经济上不可行时，就称其具有"非排他性"，如无主的牧场、空气、国防等。所谓"竞争性"是指一个人消费的产品不能再被其他人消费，如食品、衣服等。但是，当一个人消费的产品还可以同时被其他人消费时，该产品就具有了"非竞争性"，如有线电视信号等。

同时具备"竞争性"和"排他性"的商品或服务属于私人产品，而同时具备"非竞争性"和"非排他性"的商品或服务就是纯公共产品，只具备"非竞争性"或"非排他性"的商品或服务属于准公共产品。纯公共产品的典型例子是国防，而准公共产品的典型例子如公园、高速公路等。

对于公共产品和私人产品的提供，公共经济学的研究表明，市场应该承担私人产品的供给，政府应该承担纯公共产品的供给，准公共产品可以由市场提供，但政府应该提供补贴；或直接由政府提供。可以看到的一个现象是，随着经济和社会的发展，公共产品的提供者出现了多元化的趋势，非营利组织、私人企业、民间社会团体等都正成为公共产品的提供者。因此，对于兼有公共产品和私人产品特性的准公共物品的提供，要综合考虑市场因素和政府因素来定。

# 二、公共选择理论

## （一）公共选择理论的产生

公共选择理论起源于财政理论。20 世纪初，瑞典经济学家威克塞尔（Wicksell）对财政决策问题进行了研究，成为现代公共选择理论的先驱者。美国经济学家布坎南（Buchanan）等在此基础上将政治决策的分析同经济理论结合起来，大大推动、丰富和完善了公共选择理论。

所谓公共选择，是指与个人选择相区别的集体选择，也就是通过集体行动和投票程序来决定资源在公共产品之间如何进行分配。公共产品的存在决定了公共选择的必要，决定公共产品的数量和生产方式的过程，本身就是一个公共选择的过程。因此，公共选择理论的核心是对投票及其相关决策程序的研究，包括直接民主制和间接民主制两大类。

## （二）直接民主制下的公共选择

直接民主制是指集体决策中所有相关利益的人都能直接参与投票决策的制度。目前，《业主大会议事规则》采用的由全体业主直接投票的方式就是直接民主制度的方式。

1. 投票规则

（1）一致同意规则

所谓一致同意规则是指一项集体行动方案，只有在所有参与者都同意，或者至少没有任何一个人反对的前提下，才能实现的一种表决方式。由于所有人都能从公共产品的提供中受益，因此，提供公共产品的明显投票规则似乎应该是全体一致同意，或者至少没有一个人反对。

一致同意规则的优点在于能够使所有参与者的利益得到绝对平等的保障，每个个体都有很强的欲望去表达真正的个人意愿。但其明显的缺陷在于最终方案的产生往往需要经过一而再、再而三的讨价还价，从而导致交易成本很高。一致同意原则只能适用于重要行动和重要场合，例如董事会对重大投资事项采用一致同意规则。因而简单多数规则就变成了更现实的选择。

就物业管理而言，在一个业主人数众多、偏好各不相同的大型住宅区中，寻找最佳的方案所造成的时间损失往往会超过所得。因此，目前有关业主大会各项投票规则中，都没有采用一致同意规则。

（2）简单多数规则

简单多数规则是指一项集体行动方案，必须由所有参与者中超过半数或超过半数以上的某一比例（如 2/3）的认可才能实施。简单多数规则的特点主要有：由于决策结果不是所有人都同意，因此只能体现参与者中属于多数派的利益，而属于少数派的利益则被忽略了；由于集体决策的最终结果对全体成员都有强制性，这意味着多数派成员无形中将自身意愿强加给少数派成员，从而出现多数人侵害少数人利益的现象；由于单个参与者的选择行为在简单多数规则下具有可忽略性，从而导致少数人不热心参与的行为，进而可能导致"投票交易"现象的发生；相对一致同意规则，简单多数规则具有更好的可操作性；由于投票次序的不同，在简单多数规则下可能会产生"投票悖论"现象。

就物业管理而言，目前业主大会的各项投票规则基本上都是采用简单多数规则。

（3）改进的投票规则

在一致同意规则和简单多数规则的基础上，可以设计出一些可供选择的改进的投票规则，具体如下。

① 加权投票规则

加权投票的基本特点是，根据利益差别将参与成员进行"重要性"程度分类，然后凭借这种分类分配票数，最后根据实际得到的赞成票数的多少，而不是实际参与人数的多少确定候选方案。

假设在物业管理区域中包含住宅、商业、写字楼等多种物业类型，就可以根据决策事项的不同设定不同的加权规则。例如，装修时间的表决给住宅业主双倍的投票权；出入管理方案的表决给住宅和写字楼业主双倍的投票权；商业经营时间给住宅和商业的业主双倍的投票权等。

② 否决投票规则

否决投票规则首先让参与投票的每个成员提出自己认为可供选择的方案，汇总后，每个成员再从汇总的方案中否决掉自己最不喜欢的方案，此时投票顺序可以任意确定。这样，最后剩下的没有被否决掉的方案就是全体成员都可以接受的集体选择结果了。

否决投票规则更有利于成员之间的沟通和各成员真实愿望的表达，但是它要求参与选择行为的个体具有某种共同性。若参与决策人数众多、所要解决的问题比较复杂、各方的利益冲突比较大时，否决投票规则可能得不出选择结果。

2．直接民主制下的问题

（1）投票悖论

投票悖论指的是在通过"多数原则"实现个人选择到集体选择的转换过程中所遇到的障碍或非传递性，这是阿罗不可能定理衍生出的难题。公共选择理论对投票行为的研究假设投票是那些其福利受到投票结果影响的人们进行的，投票行为的作用是将个人偏好转化为社会偏好。在多数投票原则下，可能没有稳定一致的结果。

这一悖论最早由法国著名社会学家孔多塞于 18 世纪 80 年代发现，所以又称孔多塞悖论。举例来说，假定有三个投票者 1、2、3 对 A、B、C 三个议案进行表决。假定 1 的个人偏好是 A>B>C，2 的个人偏好是 B>C>A，3 的个人偏好是 C>A>B。如果在 A 和 B 之间进行选择，那么肯定是 A 获胜；如果在 B 与 C 之间选择，则肯定是 B 获胜；如果在 C 与 A 之间选择，则肯定是 C 获胜。也就是说，投票陷于循环之中。需要指出的是投票悖论只在备选方案超过两个时才会出现，在只有一个或两个备选方案时多数票规则可以获得一个均衡的结果，或者说此时多数票规则是一个最优规则。

（2）投票交易

当投票者需同时就两个或两个以上的议案进行投票，而投票者对这些议案又存在不同偏好时，投票者之间可能会通过相互交易，来谋求各自的最大利益。这表现在投票者将不相干的议题组合到一起进行投票，或相互就各自有利的议案投赞成票。投票交易可能会降低全社会的福利，也可能会提升全社会的福利。

（3）用脚投票

在私人商品市场上，消费者可以用购买或不购买商品来表明态度。同样，在政治市场上，个人也可以用发出呼声（投票）或退出（脱离该政治市场）来表达自己的愿望。例如，当业主对自己所在物业管理区域的物业服务不满时，他（她）可以选择迁出这一社区；或者在购房时不选择物业服务差的社区，这都是"用脚投票"。用脚投票将带来"人以群分"的结果。美国有学者对城市社区的趋同性实证研究后发现，可供选择的社区数量越多，社区内部的趋同性就越明显。

（4）革命

当用手投票和用脚投票都不能适当表达偏好时，在物业管理中，就有了更换物业服务企业的行为——革命。

要更换物业服务企业（相当于开始一场革命），付出的成本主要是时间和精力以及更换物业服务企业可能带来的各种短期的不便，获得的收益主要是成功更换物业服务企业带来的预期收益（以概率计算）。若边际收益大于边际成本，则革命有可能发生。

应当注意到，革命的领导者和参与者所付出的成本是有差别的。对于需要具体操作更换物业服务企业程序的少数业主委员会委员（相当于革命的领导者）来说，他们付出的成本要大得多，但他们获得的收益未必大于普通业主（相对来说，真正的政治革命的领导者虽然面临更大的失败风险，但是革命成功后往往能从新的政治地位中带来很大收益），这就会带来普通业主的"搭便车"行为。而且革命本身并不能保证带来建设性的成果。如果革命是以破坏民主制度基本规则的非法途径来进行，那将给业主自治带来毁灭性的打击。

### （三）间接民主制下的公共选择

当公共选择的参与者人数众多时，直接民主制的运作将耗费大量时间和人力、物力、财力，导致其根本无法运行，这时就必须以某种方式选举出代理人。代理人通过制度的授权，就某一议案进行投票，决定是否通过该议案。这就是间接民主制（又称代议制）。

公共选择理论主要讨论了代议制中的三个问题。首先，代表们在竞选期间和当选后的行为；其次，选民在选举代表中的行为；再次，代议制下结果的特征。按照公共选择理论一贯的假定，代表和选民一样都是理性的经济人，都一心追求自身效用的最大化。因此，代议制的问题基本上都可以用委托代理理论来分析。

代议制中最普遍的弊病就是寻租行为。由于在代议制下，每一个选民对代议制结果的影响是有限的，这就使得普通选民对代表关心甚少或者导致普通选民的"搭便车"行为。此时，当某些数量比较少的特定利益集团有特殊的需求时，他们就会有极大的动力去说服代议机构满足他们的特殊需求（这种需求显然与社会的普遍利益不一致），因为一旦说服成功，他们将获得巨大的利益（也就是"租"）。这种利益集团的说服行为就是寻租，寻租大多以贿赂的方式进行。

物业管理中，业主委员会就相当于代理人的角色，受业主的委托进行决策，因此在物业管理中也会发生寻租行为。可能的寻租群体可以是积极竞选业主委员会委员的业主们，也可以是物业服务企业或者是希望通过业主委员会谋求商业利益的单位。

## 三、物业服务的公共产品属性及其导致的问题

从公共产品和私人产品的概念出发，物业服务应该属于哪种产品呢？对于这个问题的认知，有助于我们从深层次分析物业管理纠纷的产生原因。

### （一）公共产品属性

物业服务企业对所有业主提供的常规性公共服务是所有业主共同支付的物业服务费所包含的服务内容。在一个物业管理区域内，这部分公共服务具有非竞争性和非排他性。具体来说，无论是对整个物业管理区域的安全防范、清洁卫生服务，对共有部位和共有设施设备的养护、维修，还是对档案的管理等服务，在一个业主享受的同时，其他业主也同样享受，而且这些服务无法按业主个人分割，一旦提供不仅在技术上而且在法律上也无法排除任何一个业主不享受服务。因此，物业管理在一个物业管理区域内是公共产品，与政府提供的公共服务是类似的。

### （二）问题及解决

公共产品理论指出，公共产品消费的最大问题在于"搭便车"行为。在物业管理行业则是指业主不交物业服务费同样可以享受到物业服务。如前所述，由于物业服务是向物业

51

管理区域内的全体业主提供的，物业服务企业无法因为个别业主不交物业费而阻止其享受服务，当不交费业主能够享受与交费业主同样的（甚至更多的）服务时，人们基于自利本性自然倾向于"搭便车"。而又由于物业服务具有非排他性，使其无法像在一对一的买卖中那样将不交费业主排斥在消费群体之外，从而造成物业管理行业普遍的物业管理收费难现象。

另外，公共产品在传统上是由政府无偿提供的，国家通过强制性的税收实现公共产品的价值补偿。物业服务具有公共产品的非排他性和非竞争性，却必须通过市场手段由业主（即受益者）提供服务成本。在物业管理过程中，服务成本的核算、价格信息的传递以及业主人数的分散，不仅提高了物业服务收费的成本，而且增加了物业服务收费的难度，从而更加剧了物业服务收费的矛盾和冲突。

对物业服务的公共产品属性导致的问题，从理论上讲，可以采用政府干预的方法来解决，同时也可以采用市场的手段来解决。因此，一方面，要充分发挥市场需求、价格竞争对物业管理供给的调节作用和要素资源配置作用；另一方面，还必须依靠政府力量，在不干涉企业内部正常经营管理活动的前提下，通过追加投入、制定政策、完善机制等来实现。具体来说，政府对于物业服务市场的规制包括：建立健全物业管理法律法规体系、建立物业服务的信息披露制度、加强物业服务的标准体系建设、建立物业服务企业的市场准入制度和对业主进行培训和教育等。

## 四、物业管理中的公共选择问题及解决

物业管理的常规性服务对所有业主是同质的，因此，必须要形成一个所有业主的共同意见，物业管理工作才能实行。在一个物业管理区域中，不同业主的意见必然有所差异。业主在业主大会会议上如何表达意见、不同的规则会导致什么样的结果、存在什么样的弊病，这些都是公共选择问题。

### （一）物业管理中的公共选择问题

1. 业主的"投票冷漠症"

公共选择理论指出，投票人投不投票以及投什么票完全取决于投票的成本和收益的比较。如果投票成本远高于投票收益，投票人一般会患上"投票冷漠症"，即选择不投票。

在物业管理活动中，出于个人参与小区公共事务管理的成本和收益的严重不对称，无论是业主委员会委员的选举和被选举，还是业主大会关于重大管理事项的表决，大多数业主的理性选择就是不作为，即不参与投票，这直接导致业主大会和业主委员会运作的低效率。例如在经济发达的北京，也仅有不到 30%的小区成立业主大会。

2. 物业管理重大事项的"决策难"问题

《物权法》和《物业管理条例》规定物业管理的表决规则多是以全体业主直接参与的

多数表决规则，这就导致物业管理重大事项的表决往往会因为参与投票的业主人数太少或专有面积不足而无法达成决策。

物业管理重大事项的表决，几乎无法出现全体业主一致同意的结果，这本属于正常的情况。但问题在于部分业主在个人偏好和个人选择与多数业主或业主委员会的意见不一致时，不是无条件地服从，或者采取合法的程序改选业主委员会，而是拒绝履行业主大会和业主委员会的决定。这就使得"业主大会或者业主委员会的决定对全体业主具有约束力"的法律规定流于形式。值得注意的是，《物权法》第七十八条关于"业主大会或者业主委员会作出的决定侵害业主合法权益的，受侵害的业主可以请求人民法院予以撤销"的规定，在充分赋予业主诉讼救济权利的同时，可能起到支持个别业主违反公共选择强制性的作用，而个别业主滥用诉权的后果将加大公共选择的不确定性，削弱公共决策的权威性。

### （二）公共选择理论在物业管理中的应用

#### 1．让业主理解和接受民主规则

公共选择理论是建立在选民接受并参与民主制度的基础上的，而当前物业管理面临的第一个问题恰恰是业主对民主制度的理解和接受问题。正如前面的分析指出，大量物业管理区域因为各种原因尚未成立业主大会；或者成立业主大会后，业主根本不参与投票。民主制度尚不能开始运行，自然谈不上制度的好坏之分。

物业管理在中国的发展时间还不长，业主自治更是基层民主制度中的新生事物。任何一种制度的推行必须是上有制度、下有习惯。目前制度框架已经基本建立，但是业主自治的习惯尚未养成。学习如何行使权利，需要一个漫长的过程，也必然是一个曲折的过程。业主自治是一个正确的方向，不能因为存在困难而放弃。业主自治是业主基于财产权而拥有的权利，无从放弃，不可能由政府或者其他人来代替业主行使权利；如果不实行业主自治，物业管理区域难免走向无政府主义的混乱状态，使得物业管理工作无法正常开展，最终损害的是业主自身的利益。

因此，未来一段时期的首要任务，是要让广大业主接受民主制度的理念，并积极参与实践。在这个阶段，仍需要政府对于业主大会的成立做大量指导工作。没有实践，任何制度都无法发展。

#### 2．对业主自治各项制度进行深化

业主在业主大会上的投票规则相当于直接民主制的规则，业主委员会的规则相当于间接民主制的规则。每一种制度的设计都有其自身的优势和劣势，不同的社区应根据自身特点选择最适合的方式。

现有的法律、法规对业主自治制度只规定了基本原则，这些基本原则在实践中如何落实，还需要在实践中不断摸索和总结。政府制定的各项示范文本只是一个起步阶段的参考，随着物业管理行业的不断发展，业主自治的规章制度将不断深化、细化，越来越具有操作性。这些经验的积累将是业主的共同财富，也必将推动中国基层民主的发展。

# 第四节　项目管理理论

## 一、项目管理理论概述

项目管理理论是起源于第二次世界大战，发展于 20 世纪最后 30 年的一种先进的管理理论。它以具体项目的管理为研究对象，通过定性和定量相结合的办法，将一些先进的管理理念和手段引入日常的项目管理中，极大地提高了项目管理的效率。项目管理理论作为一门学科，具有成熟的理论基础和方法体系，已经在许多实际的项目管理过程中发挥了重要的作用。

### （一）相关概念

要正确应用项目管理理论，需要了解几个基本概念。

1. 项目

美国项目管理学会对项目下的定义是：为了在规定的时间、费用和性能参数下满足特定的目标而由个人或组织所进行的具有规定的开始时间和结束时间、相互协调的、独特的活动的集合。

2. 项目管理

项目管理是指在一定约束条件下，以高效率地实现项目业主的目标为目的，以项目经理个人负责制为基础和以项目为独立经济核算，并按照项目内在规律，进行有效的计划、组织、协调、控制的系统管理活动。

项目管理具有以下特征：（1）项目管理的一次性，项目作为一种一次性事业，其实施过程具有明显的单件性，这也是项目管理区别于非项目管理活动的重要特征；（2）项目管理目标的明确性，每个项目都有其预期的目标，如不同的投资（成本）、不同的工期、不同的目标以及不同的质量等，项目管理工作是保证其顺利达到目标的手段；（3）项目经理负责制。

3. 项目经理负责制

项目管理是一件非常复杂的工作，因此设置和明确工程项目负责人（一般称之为项目经理）就显得非常重要。一个项目的总任务包含了许多子任务，如质量、时间、成本和效益等，在不同的阶段又有不同的阶段性任务，同时在项目管理中会有许多不可预见的因素，还会遇到各种干扰。项目经理必须根据预定的目标在管理工作中进行有效的控制与管理，以确保其达到最理想的状态。

### （二）项目管理的主要工作内容

项目管理的主要工作内容包括以下几方面。

1．明确项目组织形式

项目管理的第一项工作内容是根据已经选择好的项目模式来设计项目公司的组织结构，其重点是将项目部与职能部门的关系表达清楚。组织结构建好之后，公司总部、各职能部门、项目部在具体项目管理过程中的职责和相互工作关系也就确定了。

2．建立项目管理制度

项目管理的第二项工作内容是建立、健全以项目经理责任制为核心的各项管理制度，如项目经理聘任制度、项目成本核算制度以及使项目处于受控状态的其他管理制度，如要求项目定期上报各种报告、报表等。

3．设立合理高效的项目部

项目管理的第三项工作内容是设立合理高效的项目部，包括确定项目部的岗位设计；挑选出合格的项目经理人选；由项目经理与公司签署责任状，明确项目经理的权力范围，让他调配和整合公司资源，并明确其权利范围，达到授权和监督的合理平衡。

4．指定项目目标体系

接下来，由项目经理牵头，完成项目目标体系的设立，明确项目在实施过程中必须实现的一系列目标及其相互关系，从而使公司总部的理念和方针体现在项目的要求上。项目的目标包括项目前期介入目标、团队建设目标、日常运行目标以及安全健康目标等。

5．实施项目

项目实施是项目管理的日常工作内容。项目实施的好坏是保证项目目标体系能否实现的关键，在项目实施过程中，也必须对项目的进度、质量和成本等重要目标进行实时监控。

6．考核项目完成情况

项目完成情况考核也是项目管理的重要内容。一般先由公司的相关部门组织设计项目考核评价的指标。如对项目设立总体考核目标、年度考核目标、管理措施和手段等，并签订项目责任合同，从而达到对项目运行的动态和全程控制。

**（三）项目管理的生命周期**

项目管理的生命周期通常有一个比较明确的阶段顺序，与项目的生命周期是相吻合的。表 2-1 显示了项目管理的生命周期。

表 2-1　项目管理的生命周期

| 启　动 | 计　划 | 执　行 | 控　制 | 收　尾 |
|---|---|---|---|---|
| 批准一个项目；建立目标，估计资源；组成项目组 | 确定项目组织方法，制定基本预算和进度，为执行阶段准备 | 项目的实施（设计、假设、生产等） | 通过定期监控和测量进度，确定与计划存在的偏差，以便在必要的时候采取纠正措施，从而保证项目目标的实现 | 项目或阶段的正式接受并达到有序的结束 |

## 二、项目管理与物业管理

在物业管理中引入项目管理方法将是物业管理今后发展的一个趋势。在当前经济全球化加快、市场竞争加剧的环境下，国外先进的物业服务企业纷纷进入国内，这使得我国的物业服务企业面临激烈的市场竞争。在物业服务企业中应用项目管理方法，可实现与国外物业管理制度的接轨，增强我国物业服务企业的国际竞争力。一方面，我国的物业服务企业通过应用项目管理方法，可以充分发挥其人才优势，改变人才、技术分散的格局。通过优化资源配置和节约管理成本，促进物业管理规范发展，从而保证物业服务企业的经济效益。另一方面，项目管理使物业服务企业更加注重与客户的沟通，注重为客户提供个性化的服务，从而更好地满足客户的需求。

### （一）项目管理在物业管理中的可行性

项目管理是在公司总部的支撑和决策支持下，由项目经理负责的、针对一定区域的物业进行管理的方式，以实现生产要素在物业管理项目上的优化配置，为业主提供优质服务。物业服务企业采用项目管理是具有可行性的。

1. 物业管理与项目管理在内涵上的一致性

物业管理具有项目管理的特征，即物业管理和项目管理一样具有一次性特点。例如，物业服务公司对住户的各种服务质量具有一次性，即各种服务完毕，其服务质量的优劣便形成了。

2. 物业管理与项目管理过程的一致性

管理工作过程就是预测和计划、组织、指令、协调、控制等五个方面的工作过程。无论项目管理还是物业管理都具有以上过程。

3. 物业管理和项目管理目标的一致性

作为项目管理本身来说，其目标就是要将有限的时间、费用等方面的资源充分有效地利用（使之能用最少的时间、最省的费用获得一个令人满意的质量要求）。同理，物业管理目标就是用有限的资源，通过管理工作协调、平衡来达到一个较高的质量要求，使得物业保值增值。因此，两者目标有高度的一致性。

### （二）物业服务企业采用项目管理的优势

物业服务企业对物业管理项目应用项目管理方法具有以下优势。

1. 便于资源共享

物业服务企业经过一段时间的发展，常常是同时管理多个物业项目，每个项目的业务流程基本相似，如果给每个项目都配备各种资源，势必造成机构的重复设置、资源浪费。通过转变模式，采用项目管理方法，可实现资源共享。从而合理安排物业服务工作流程、预算管理成本、控制日常运行费用支出，达到提高企业经济效益的目的。

**2．便于技术交流、信息共享**

物业服务企业通过采用项目管理，建立可复制物业管理模式，从而全面提升物业服务企业的管理和服务水平，进一步提升物业服务企业的核心竞争力。

**3．有利于集中各项目的优势，提高物业服务的整体水平**

随着物业服务市场的形成，市场竞争将日趋激烈，竞争的焦点也将集中体现在管理水平和服务质量上。目前，在物业服务企业中，管理水平不高、服务质量不到位的现象仍较为普遍。要改变这种局面，满足人们对生活和工作环境及质量的要求，必须要努力提高物业服务企业的管理水平和服务质量，通过采用项目管理实现优势互补。只有这样，才能使物业服务企业的管理服务水平得到明显提高。

**4．有利于推行统一的管理规程和服务规范**

对物业服务企业的质量评定中，目前最具代表、最具权威的当属全国物业管理标准和ISO 9000 质量体系认证。物业服务企业通过参照这两种标准，对在管理中形成的操作规程、服务规范进行系统的总结，同时借鉴学习先进管理技术和经验，汇编成统一的、对项目操作有普遍指导意义的管理和服务运作体系，在所管理的项目中推行，以提高项目服务质量和管理水平，保证所有项目共同达到高水准。同时，不断收集物业管理信息和经验，资源共享，帮助项目普遍提高。

**（三）物业项目管理的周期**

根据项目管理生命周期的描述，物业管理作为工程建设后期延续管理，其生命周期也可以划分为以下四个阶段。

**1．立项阶段的介入**

这一阶段的工作内容包括：物业服务人员或专家对该项目的市场定位、潜在业主的构成以及消费水平，周边物业管理概况以及日后的物业管理、服务内容、服务标准及成本、利润测算等方面为建设单位提出参考建议，必要的话可就该项目今后的物业管理构想提出书面报告，以供建设单位在决策时综合考虑包括物业管理在内的各方面的意见，减少决策的盲目性和主观随意性。

**2．项目规划设计阶段的介入**

这一阶段的工作包括：参与物业建设项目的优化设计，审阅设计方案图纸，提出有关结构布局和各项功能等方面的建议，以达到完善功能、降低造价和保证质量的作用；审阅设备及容量的配置，考虑日后的实际使用需要以及发展期间分段控制，节约运行成本，减少浪费；提出日后管理和维修的建议和要求；提出设计中遗漏的工程项目和内容，如室外安装广告牌、灯光工程、需要预留管线和接口等。

**3．项目实施阶段的介入**

这一阶段的工作包括：从物业管理的角度对工程施工、设备安装的质量进行全面监控，及早发现问题，及早解决问题，避免物业建成后给使用和管理服务带来缺憾，并为以后的物业管理带来极大的方便，也为降低后期管理的操作成本，增加经济效益，取得业主满意、物业管理顺利的双赢效果打下基础。

4. 接管验收、物业管理阶段

物业的接管验收是直接关系到今后管理工作是否能顺利开展的重要环节之一，是对物业主体结构安全、满足使用功能、符合建设和使用文件要求等的再检验；接管验收后，建成的项目将交付给业主（或用户），物业服务企业将对物业进行日常的管理，使项目全面投入使用。

### （四）物业项目管理方案的工作内容

在对物业管理项目进行管理的过程中，项目管理人员介入的时机和其涵盖的工作内容因项目的特点和公司管理方式的不同而异。一般而言，根据物业项目管理的周期，广义的物业管理应该包括四个阶段：可行性研究阶段，规划设计介入阶段，施工介入阶段，接管验收、物业管理阶段。因此，可以根据物业管理跨越阶段的不同将物业项目管理分为几种不同的方案。

1. 只跨越接管验收、物业管理阶段的物业项目管理方案

该物业项目管理方案的工作内容以对物业项目的接管验收和为业主提供日常服务为主，项目管理的考核目标为物业服务质量和成本控制。

2. 跨越施工介入阶段及接管验收、物业管理阶段两个阶段的物业项目管理方案

该物业项目管理方案的工作内容在第一个方案的基础上还包括参与工程施工管理和监督工程施工质量，其考核目标则为工程质量监督、施工进度跟踪和物业服务质量、成本控制。

3. 跨越规划设计介入阶段，施工介入阶段，接管验收、物业管理阶段三个阶段的物业项目管理方案

该物业项目管理方案的工作内容在第二个方案的基础上还包括项目优化设计、审阅设计图纸并提出相关建议。其考核目标为优化设计建议的合理性和适用性、工程质量监督、施工进度跟踪和物业服务质量、成本控制。

4. 跨越可行性研究阶段，规划设计介入阶段，施工介入阶段，接管验收、物业管理阶段等全部四个阶段的物业项目管理方案

该物业项目管理方案的工作内容在第三个方案的基础上还包括提供物业项目建议书、物业管理构想报告。其考核目标则为各个阶段目标的实现情况、提供建议的专业性及执行情况、提供的建议对物业项目的影响；物业服务质量和成本控制。

 **本章小结**

1. 在我国，建筑物区分所有权概念及制度的正式提出是在《物权法》中，《物权法》

对建筑物区分所有权的含义基本采用了三元论说，认为业主对专有部分享有所有权，对专有部分以外的共有部分享有共有和共同管理的权利。

2. 委托代理理论的中心任务是研究在利益相冲突和信息不对称的环境下，委托人如何设计最优契约激励代理人从而减少委托代理损失。委托代理问题的典型表现为逆向选择和道德风险，可通过设计合理的内部和外部激励约束机制来促进委托代理问题的解决。

3. 在物业服务活动中，存在三级委托代理关系。即业主大会委托业主委员会执行日常工作；业主或业主大会委托物业服务企业提供服务以及物业服务企业委派员工或专业分包公司执行具体工作。前两级委托代理关系可能导致的问题，可通过对物业管理进行标准化、充分发挥内部和外部激励约束机制的作用等来解决。

4. 公共产品理论和公共选择理论是公共经济学的核心理论。物业服务具有公共产品属性，从而导致"搭便车"问题和物业服务收费难现象，应该通过市场机制和政府规制两个方面的配合来进行调控。在物业管理活动中也存在很多公共选择问题，如业主的"投票冷漠症"和物业管理难以就重大事项的表决达成决策，为解决上述问题，需要加强业主对民主规则的理解和接受及深化业主自治的各项制度。

5. 项目管理是指在一定约束条件下，以高效率地实现项目业主的目标为目的，以项目经理个人负责制为基础和以项目为独立经济核算，并按照项目内在规律，进行有效的计划、组织、协调、控制的系统管理活动。在物业管理中引入项目管理方法将是物业管理今后发展的一个趋势。

## 综合练习

### 一、基本概念

建筑物区分所有权　专有部分所有权　共有部分共有权　共同管理权　委托代理关系公共产品　项目管理

### 二、思考讨论题

1. 简述专有部分所有权、共有部分所有权和共同管理权的权利和义务。

2. 委托代理问题出现的根源是什么？如何解决委托代理问题？

3. 物业管理中存在怎样的委托代理关系和委托代理问题？如何利用委托代理理论来解决物业管理中的委托代理问题？

4. 物业服务是公共产品吗？

5. 在物业管理中存在公共选择问题吗？怎么解决这些问题？

6. 试论述在物业服务中采用项目管理的必要性和可行性。

7. 简述物业项目管理的周期及工作内容。

三、案例分析题

在物业管理活动中，物业服务企业与业主对物业管理区域内建筑物的权利归属经常会出现争议，如以下案例所示。

（1）[1]1996 年 3 月，广州开成房产开发有限公司开发兴建了开成花园小区。根据当时的经济发展情况，小区楼盘的底层设置为架空层，用作小区居民停放自行车。随着城市经济的快速发展，原来设计作停放自行车的架空层大多处于闲置状态。2008 年 10 月，开发商的下属公司开成物业管理有限公司将自行车库改造成商铺，对外出租收取租金。小区业主委员会认为自行车库改为商铺影响了小区居民安宁的生活环境，并且给小区治安带来隐患，要求物业服务公司立即停止侵权，恢复自行车库原状。物业服务公司不予理睬。业主委员会经多次协商未果后，准备向法院提起诉讼。

（2）[2]2007 年 10 月，彭某购置一套百余平方米的商品住宅，并将其房屋出租给一家计算机公司从事经营。计算机公司生意做得红红火火，几个月后，除买卖计算机产品外，还办起了网吧、培训班，每天都有大批的客人来往。2008 年 10 月，几个邻居突然找到彭某说，由于公司用电量大，造成同楼层的住户电压不稳，空调、冰箱等无法正常使用，并提出开办公司还带来车位紧张、电梯拥堵、小区安宁等问题，要求彭某想办法解决。但这些问题彭某都没想出解决办法，邻居于是建议把公司迁走。彭某愤愤不平地说："我掏钱买房子，住与不住、租与不租都由我说了算，别人谁也管不着。现在，有几个邻居故意找茬儿，告我把住宅变商场，侵犯了他们的权益。我还没告他们呢，要是把我的租户气走了，断了我的财源，我跟他们几家没完，非让他们赔偿我的损失不可。我不能一味地当好人受欺负。"彭某于是备齐诉讼材料，打算到法院与邻居们一决高下。邻居们认为，住房使用权不能无限制，将住宅改商场，不仅使小区车位紧张、电梯拥堵、用电超负荷、治安秩序变坏，还将降低住宅硬件设施的使用寿命，增加公用设施的维修和管理运营成本，最终还会影响到物业的长期升值，破坏城市规划，造成国家税费流失。因此，无论从哪个角度看，都要制止这种行为。彭某与邻居之间的矛盾，后经调解，彭某中止与计算机公司的租房合同，公司近期将迁出小区。

**案例分析与讨论：**

根据本章所学分析和讨论物业服务企业与业主对物业管理区域内的建筑物所拥有的各项权利。

---

[1] 周滨. 擅自将自行车库变商铺的后果[J]. 现代物业，2009（6）.
[2] 王占强. 最高院司法解释关于问题的平衡取舍[J]. 中国物业管理，2009（6）.

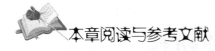**本章阅读与参考文献**

1．高培勇．公共经济学[M]．北京：中国人民大学出版社，2004．

2．杨志勇，张馨．公共经济学[M]．北京：清华大学出版社，2005．

3．姜早龙，张涑贤．物业管理概论[M]．武汉：武汉理工大学出版社，2008．

4．季如进．物业管理[M]．第2版．北京：首都经济贸易大学出版社，2008．

5．倪斌鹭．公共绿地买卖归属争议的裁判及评析[J]．现代物业，2009（12）．

6．马克力，王磊，罗海艳．物业管理纠纷[M]．北京：法律出版社，2007：59．

7．刘泉．为何要推广物业管理师制度[N]．人民日报（海外版），2008-02-05（5）．

8．陈志松．物业管理中的两级委托代理关系研究[J]．江苏商论，2007（8）．

9．陈伟．物业管理的理论基础（上）[J]．中国物业管理，2008（8）．

10．陈伟．物业管理的理论基础（下）[J]．中国物业管理，2008（9）．

11．唐雪梅．外部激励约束机制对企业代理成本的影响[J]．当代经济管理，2009（8）．

12．喻磊，罗艳．对业主自治与业委会监督机制的思考[J]．法制与社会，2007（10）．

13．石秀华．从委托—代理理论看物业管理[J]．企业经济，2000（7）．

14．张俊梅．谈物业管理的标准化和专业化[J]．中国物业管理，2008（8）．

15．林凤祥．城市社区物业管理公共产品的生产[J]．福建论坛·经济社会版，2003（1）．

16．王望珍，王先甲，钱耕．不对称信息下物业管理的委托代理分析[J]．科技进步与对策，2003（8）．

17．肖江平．物业服务市场的自然垄断及其规制思路[J]．法商研究，2006（2）．

18．朱晓赟，许民利．项目管理研究综述[J]．价值工程，2008（11）．

19．Rodney Turner．项目管理理论及其架构[J]．杨伟，杨玉武，译．项目管理技术，2006（10）．

20．张慧．物业管理的几个理论问题[J]．长沙大学学报，2007（1）．

21．北京市物业管理办法（北京市人民政府令第219号）

# 第三章　物业管理机构

## 学习目标

通过对本章的学习，应掌握如下内容：

1. 物业服务企业的含义、权利和义务；
2. 业主、业主大会与业主委员的含义、权利和义务；
3. 物业管理的相关机构。

## 导言

物业服务企业和业主及业主大会、业主委员会构成物业服务市场的主要主体，但由于物业管理是城市管理和社区管理的重要组成部分，物业管理活动本身又具有复杂性，因此，在实践中，需要相关机构，如房地产及相关行政管理部门、街道办事处、居委会和行业协会等，对物业管理的运作进行辅助、协调、监督和指导。

# 第一节　物业服务企业

## 一、物业服务企业的含义

根据《物业服务企业资质管理办法》第二条的规定，"物业服务企业，是指依法设立，具有独立法人资格，从事物业服务活动的企业。"具体来说，物业服务企业是按法定程序成立并具有相应资质条件，专门从事永久性建筑物及附属设施设备等物业以及相关和周边环境管理工作，为业主和非业主使用人提供良好的生活或工作环境，具有独立的企业法人地位的经济实体。

### （一）物业服务企业的特征

1. 经营性

物业服务企业通常实行"一业为主，多种经营"的经营战略，并且提供有偿服务。这种做法是值得提倡的，即以物业服务为主营业务，在此基础上开展其他各经营活动，但是"多种经营"并非不务正业，不能偏离物业服务和服务的主题，物业经营要围绕"服务业主"这一中心，开发能产生一定经济效益、能满足业主多种需求的经济增长体，达到"双赢"目的。

2．专业性

按照《物业服务企业资质管理办法》的规定，物业服务企业开展物业服务必须具有相应的资质等级，并承担相应的工作；物业服务从业人员也须具有相应的专业技能及证书。这是因为物业管理是一项综合的、专业性强的活动，只有具有相应管理能力的组织和人员才能提供与法律规定或合同约定相同的物业服务。

3．统一性

由于物业及物业管理区域具有整体性，因此，有必要在该区域内成立一个业主委员会，委托一家物业服务企业实施物业服务以避免多头管理所造成的混乱。物业服务企业和业主委员会都是为业主服务，多头管理势必影响整个物业管理区域的正常运行；另外，多头管理易造成职责不清，使出现的问题和故障无法及时解决，从而造成管理死角。

4．平等性

物业服务企业与业主的法律地位是平等的，双方对于是否建立服务契约关系具有平等的自主选择权。《物权法》的出台对于明确物业服务企业是受托管理具有重要意义，这在法律上确认了物业服务企业和业主之间是平等的商业合作关系，是平等的民事主体关系，有利于扭转以前的"物业服务企业是保姆、是管家的看法"。

### （二）物业服务企业的性质

物业服务企业的性质是由物业管理的性质决定的。

首先，物业服务企业是独立的企业法人。物业服务企业是按合法程序建立的，拥有一定资金和设备的，为业主和租户提供综合服务和管理的独立核算、自主经营、自负盈亏的具有法人地位的经济实体。因此，物业服务企业可以以自己的名义享有民事权利并承担相应的民事责任。

其次，物业服务企业属于服务性企业。物业服务企业不是生产产品，而是提供服务，其目的是通过对物业的管理和提供的多种服务，为业主和租户创造一个舒适、方便、安全、幽雅的工作和居住环境。但要注意的是，物业服务企业的服务是有偿的，带有经营性质，是属于企业性的经济行为。

再次，物业服务企业在某种程度上承担着某些行政管理的特殊职能。由于物业管理是城市建设的重要组成部分，因此物业服务企业在向业主和租户提供服务的同时，也承担了部分政府有关部门对城市管理的职能，如大厦的质量安全维护和住宅小区内的市政设施维护等。

### （三）物业服务企业的类型

物业服务企业根据不同的划分依据有不同的类型，分别根据以下方式进行划分。

**1. 按投资主体的经济成分划分**

按投资主体经济成分的不同，物业服务企业可分为全民、集体、联营、三资和私营等类型。

**2. 按组建渠道划分**

（1）由开发商投资设立的分支机构。主要管理的物业对象是由上级公司开发建设的房地产项目。这类物业服务企业最大的优势在于项目来源有保障，同时对项目运行的全过程有所了解，便于与开发商进行协调。

（2）由房地产行政管理部门所属的房管所转制而来的物业服务企业。由于其转制时间不长，行政色彩较浓。

（3）由大中型企事业单位自行组建的物业服务企业。其管理对象多为单位自管物业，福利色彩较浓。

（4）按照公司法要求，由社会上的公司、个人发起组建的，通过市场竞争取得物业管理权的物业服务企业。

（5）由街道办事处组建的物业服务企业。

**3. 按股东出资形式划分**

按股东出资形式的不同，物业服务企业可分为有限责任公司和股份有限公司。

**4. 按经营服务方式划分**

（1）委托服务型物业服务企业。该类企业接受多个产权人的委托，管理着若干物业乃至整个小区，其物业所有权和经营权是相分离的。

（2）自主经营型物业服务企业。该类企业受上级公司指派，管理着其自主开发的物业，物业产权属于上级公司或该类企业，并通过经营收取租金、获取利润。其物业所有权和经营权是相统一的，常见于商业大厦、办公楼、工业厂房等。

**5. 按物业服务企业内部运作方式划分**

（1）管理型物业服务企业。该类企业除主要领导人和各专业管理部门的业务骨干外，其他如保安、清洁、绿化等各项服务，往往通过合同形式交由社会上的专业化公司承担。这类公司的人员人数适中、办事精干。

（2）顾问型物业服务企业。该类企业由少量具有丰富物业管理经验的人员组成，不具体承担物业管理工作，而是以顾问的形式出现，收取顾问费。这类公司的人员少但素质高。

（3）综合性物业服务企业。该类企业不仅直接接手物业，从事管理工作，还提供物业顾问服务，适应性强。

**6. 按是否具有法人资格划分**

按是否具有法人资格，物业服务企业可分为具有企业法人资格的物业管理专营公司或综合公司和不具有企业法人资格，以经营其他项目为主，兼营物业管理的物业管理部。

# 二、我国物业服务企业模式的变迁

我国物业服务企业最初多以"自建自管"模式为主，随着物业管理的社会化、专业化和市场化逐步推进，其模式也逐渐向"建管分离"过渡。

## （一）"自建自管"模式的出现及其背景

1994 年颁布的《城市新建住宅小区管理办法》（建设部第 33 号令）第一次以法规的形式确定社会化、专业化和市场化的物业管理模式为我国住宅小区管理的基本模式。其中第五条规定，"房地产开发企业在出售住宅小区房屋前，应当选聘物业服务企业承担住宅小区的管理，并与其签订物业管理合同。"然而，物业服务企业在当时不仅全国范围内没有几家，甚至在一些大中城市还是空白。为解决上述问题，政府及时提出"谁建设、谁管理、谁负责"的政策，引导、支持房地产开发企业自行组建物业服务企业，直接负责所开发项目的物业管理，这就是"自建自管"模式。

应该说，在物业管理的起步期，"自建自管"模式的提出和实行，其正面作用大于负面作用，因为它直接推动了物业管理在全国范围内的启动、普及与发展。

## （二）从"建管分离"走向物业管理的和谐

随着物业管理的普及与推广，"自建自管"物业管理模式在实施过程中开始暴露出众多问题、矛盾和纠纷。

1. 在"自建自管"模式下，由开发商自行组建的物业服务企业存在"先天不足"

"自建自管"模式下催生的物业管理显然是个新事物，因此，从其一开始出现就存在着如何规范物业服务市场和物业管理行为的问题。在物业管理的起步阶段，为了保障建设项目的日常运行和管理，开发商不得不在短时间内仓促组建物业服务企业，因此其人员、设备和技术等各方面的准备就很不足。例如，很多管理人员对物业管理工作的定位不清楚，对物业管理的认识和理解不准确、不全面和不到位。与此同时，新生行业还未来得及形成一整套完善的行业规范和管理运行制度。因此，"自管自建"模式下的物业服务企业普遍存在"先天不足"。为解决该问题，原建设部适时提出了对物业服务企业管理人员实施岗位培训、持证上岗等制度以提高物业管理行业的专业化程度，但由于没有引起行业内的高度重视，其效果并不明显。

2. 开发商与物业服务企业的"血缘关系"为解决物业管理纠纷带来难度

据了解，物业管理纠纷中所涉及的问题大多集中在前期物业管理阶段，其中大部分为开发商遗留的问题，如建设阶段遗留的房屋质量和配套设施不完善等问题。开发商出于自身利益的考虑，可能会要求物业服务企业帮其掩饰、应付，而不去主动解决问题。在"自建自管"模式下，由于物业服务企业从属于开发商，在碰到此类纠纷时就不可避免会受开发商的制约，并代开发商受过，从而处于两头为难的境地。因此，从根本上说，不切断开发商与物业服务企业的"血缘关系"，就不能很好地解决此类物业管理纠纷。

3．"自建自管"模式也不利于物业服务企业的自身建设和在物业服务市场中的发展

市场经济是竞争的经济，在"自建自管"模式下，物业服务企业不存在争取市场的问题，这就降低了企业为增强市场竞争力而努力提高自身素质的内在动力，不利于企业的可持续发展。在这种模式下，物业服务企业实质上是开发商的附属品，难于做到经费独立，从而过于依赖开发企业的输血。而一旦经费得不到保证，物业服务企业就容易采取压缩服务内容和降低服务标准的做法来损害业主的利益，从而不利于企业的自身建设和发展。

为解决"自建自管"模式存在的弊端，建设部在 1999 年召开的全国物业管理工作会议上及时提出："各地要尽快引入竞争机制，推行物业管理招投标。住宅小区在物业服务企业负责管理前，由房地产开发企业负责管理"。2007 年颁布的修订后的《物业管理条例》也明确规定，"国家提倡业主通过公开、公平、公正的市场竞争机制选择物业服务企业"（第三条）；"国家提倡建设单位按照房地产开发与物业管理相分离的原则，通过招投标的方式选聘具有相应资质的物业服务企业。住宅物业的建设单位，应当通过招投标的方式选聘具有相应资质的物业服务企业"（第二十四条）。

《物业管理条例》明确提出的"建管分离"模式预示着物业管理行业逐步走向规范。几年来，"建管分离"模式取得了明显进展。

# 三、物业服务企业的权利和义务

物业服务企业在依据物业服务合同对受托物业实施服务的过程中，具有以下的权利和义务。

1．权利

（1）依照物业服务合同和服务办法对物业实施服务

物业服务合同明确规定了服务项目和服务内容，物业服务企业有权根据合同中有关条款的规定，通过服务办法对物业实施具体服务。

（2）依照物业服务合同和有关规定收取服务费

对于物业服务费的收取，国家有一些原则的规定，物价管理部门也相应有一些要求。业主委员会在与物业服务企业签署物业服务合同时，应就收费问题在国家有关规定的基础上进行讨论并达成一致意见。物业服务企业将以此为依据，向业主和使用人收取服务费。

（3）有权制止违反规章制度的行为

物业服务企业是普通企业，不是执法机构。但是为了保障业主和物业使用人的合法权益，业主大会根据通过的管理规约和物业服务合同，授权使物业服务企业具有制止业主和物业使用人违反规章制度行为的权利。

（4）有权要求业主委员会协助管理

业主委员会和物业服务企业是物业服务合同签约的双方，其目标都是要设法把物业管理好，因此双方需要相互配合。物业服务企业有权要求业主委员会在有些问题上进行协助管理，如物业服务企业按规定收费，个别人无故拒绝交纳，则物业服务企业有权要求业主委员会协助收缴。

（5）有权选聘专业公司承担专项服务业务

在物业管理过程中，对一些专项管理和服务（如保洁、保安、维修），物业服务企业可以自己设置部门从事这方面的工作，也可以选聘专业公司负责。当然，不得将整体管理责任及利益转让给其他人或单位，不得将专项业务承包给个人。选聘专业公司的权利应当属于物业服务企业，这样做便于物业服务企业统一管理。

（6）可以实行多种经营，以其收益补充服务经费

一般来说，商业楼宇或高档别墅的服务费收费标准较高，而住宅小区的服务费收费标准较低。在物业服务收费不能满足服务经费支出时，物业服务企业有权实行多种经营来补充服务经费的不足。但是，物业服务企业实行多种经营不得损害业主的合法权益。

2．义务

（1）履行物业服务合同，依法经营

物业服务企业在日常服务工作中，必须按合同的要求进行服务，达到合同规定的各项服务标准。特别是进行多种经营时，一定要依法经营。

（2）接受业主委员会、业主及物业使用人监督

物业服务企业主要的职责是既对业主及物业使用人提供全方位的服务，又对物业进行管理。要实现这一目标，就要接受业主委员会、业主和物业使用人的监督。

（3）重大管理措施应提交业主委员会审议批准

有关物业管理的重大措施，物业服务企业无权自行决定。物业服务企业应将制定措施的报告提交业主委员会审议，获得通过后方可实施。

（4）接受行政主管部门的指导监督

物业管理工作涉及千家万户。根据对物业管理实行属地管理和行业管理相结合的原则，物业服务企业应当接受物业管理行政主管部门及有关政府部门的监督和指导。

（5）每隔一段时间（如半年）向全体业主公布一次服务费收支账目

物业服务企业应当公布物业服务费及物业服务专项维修资金的收支项目和标准，并至少每隔一段时间就向全体业主公布一次收支账目，并接受业主和物业使用人查询。

（6）提供优良生活环境，搞好社区文化

物业服务企业应致力于提供良好的工作和生活环境，搞好生活服务和社区文化活动的开展。《全国优秀住宅小区标准》对社区文化活动所达到的标准有明确规定，其中包括了精神文明公约的制定、睦邻活动和文化体育活动等。

（7）发现违法行为要及时向有关行政管理机关报告

物业服务企业不是国家执法机构，对业主和物业使用人的违法行为一般无权干涉，但它有义务向有关行政管理机关报告违法行为，并协助其采取相应措施制止或追究。

（8）物业服务委托合同终止时，必须向业主委员会移交全部租用房屋，以及物业管理档案、财务等资料和本物业的公共财产，包括服务费和公共收入积累形成的资产。业主委员会有权指定专业审计机构对物业管理财务状况进行审计。

## 案例3-1  物管企业能否以自己的名义对不法业主提起诉讼[①]

**案件一：**

上海申厦物业有限公司受开发商委托，对上海市中山南路某住宅小区进行前期物业管理。何某和姚某购买了该小区某单元601室商品房，并欲对房屋进行室内装修。在房屋正式装修前，物业公司与何某、姚某签订了《物业装修管理协议》和《装修须知》，约定房屋在装修时不得封闭阳台、不得拆除厨房门窗和墙体、不得封闭消防通道门、空调外机应按指定位置安装；并约定协议在履行中若发生争议，各方协商不成时，可以向人民法院提起民事诉讼。

何某和姚某在委托第三方进行房屋装修时，以厨房门窗和墙体堵塞消防通道门为由，将厨房门窗和墙体全部拆除，并将空调外机的安装位置外移了1.15米。上海申厦物业有限公司了解到这一情况后，立即向何某和姚某发出了违约行为整改通知单和律师函，要求其立即停止上述违规装修行为，并恢复原状。但何某和姚某对此置之不理，物业公司只得将其起诉至上海市黄浦区人民法院，要求判令其将门窗和墙体恢复原状，并将空调外机安装到指定的位置。法院审理后，认为被告的行为违反了《物业装修管理协议》和《装修须知》，构成违约，故判决被告败诉，支持了原告的所有诉讼请求。

被告不服，又向上海市第二中级人民法院提起上诉，认为物业公司在本案中不具有诉讼主体资格，《物业装修管理协议》和《装修须知》中关于诉讼主体资格的约定无效，要求法院撤销一审判决。上海市第二中级人民法院经审理后认为：上诉人对被上诉人主体资格提出异议证据不足，不予采纳，驳回上诉，维持原判。

**案件二：**

上海浦东兰林镇一小区开发商委托一家物业公司对该小区进行前期物业管理服务。小区业主董先生在对自己的房子进行装修前与物业公司签订了一份《住宅装修管理协议》。协议规定：为维护房屋外观统一，不得擅自封闭观景阳台、安装外伸晾衣架、防盗栅栏等；

---

① 刘炘，邓金沙. 物管企业能否以自己的名义对不法业主提起诉讼?[J]. 现代物业·新业主，2008（6）.

物业公司对业主或使用人装修房屋的违规行为，规劝无效的可向法院提起民事诉讼。

在装修期间，董先生在南面阳台上安装了一扇移动窗，并在南面窗户外安装了两扇防盗窗、北面窗户外安装了三扇防盗窗。为此，物业公司向法院提起诉讼，要求董先生拆除上述搭建物。一审法院认为：董先生未经物业公司同意擅自在其房屋的南面阳台上安装移动窗及在南面和北面窗户上安装防盗窗，违反了物业公司与董先生之间签订的禁止行为的协议和约定；对此，董先生理应承担违约责任，应在规定时间内拆除相关移动窗和防盗窗。

一审判决后董先生不服，以物业公司不具有诉讼主体资格为由提起上诉。二审法院审理后认为：依照法律规定，物业公司作为物业服务企业，其职责和义务是对董先生擅自搭建的行为进行劝阻、制止，在劝阻、制止无效的情况下，应当在24小时内报告房屋行政管理部门，法律和业主大会并没有授权其可直接提起民事诉讼。物业公司既不是相关权利义务的承受主体，也不是本案的适格主体，遂撤销一审判决，驳回物业公司起诉。

**案例分析：**

几乎同样的案情、同样的诉讼请求、同样的抗辩理由、同样的城市，为什么会出现截然相反的判决结果呢？物业服务公司在这种情况下到底有没有诉讼的主体资格？

所谓诉讼主体资格，是指当事人请求人民法院对其民事权利进行确认和保护的权利，法学理论界把诉讼主体资格划分为程序意义上的诉讼主体资格和实体意义上的诉讼主体资格两部分内容。程序意义上的诉讼主体资格，是指当事人在程序上要求法院行使审判权，以保护自己合法权益的权利；实体意义上的诉讼主体资格，是指当事人请求法院通过审判强制实现其民事实体权益的权利。程序意义上的诉讼主体资格，只需要当事人享有公民、法人或者其他组织的资格，具备诉讼能力即可；实体意义上的诉讼主体资格，还要求当事人与案件有实际的利害关系，享有切实的民事权利。

从上述两个案件来看，物业服务企业属于企业法人，具备完全的诉讼能力，拥有程序意义上的诉讼主体资格，这一点没有任何疑问。问题的焦点就在于物业服务企业是否具有实体意义上的诉讼主体资格，也就是业主的行为是否实际侵害到了物业服务企业的民事权利，物业服务企业与业主的行为之间是否具有实际的利害关系。笔者认为，答案是肯定的。

首先，物业服务企业与业主签订的装修管理协议是双方真实的意思表示，而且不存在《中华人民共和国合同法》（以下简称《合同法》）第五十二条规定的合同无效的情形，因而是合法有效的。协议中约定的双方的权利义务对物业公司和业主都有约束力，双方都应该遵守。我国《合同法》第一百零七条规定，"当事人一方不履行合同义务或者履行合同义务不符合约定的，应当承担继续履行、采取补救措施或者赔偿损失等违约责任。"物业服务企业与业主之间签订的《装修管理协议》中明确约定：业主在装修时不得违章搭建、随意拆除承重墙、随意封闭阳台。当业主违反该消极义务时，物业服务企业显然应该有权利依据合同法的上述规定要求业主采取补救措施、履行合同义务。法谚有云：没有救济就没有权利。既然合同约定了物业公司的权利，那么就应该赋予物业公司通过诉讼获得救济的权利。剥夺物业服务企业的诉讼主体资格，便是否认了协议中约定的物业公司的权利，也就是否认了合同的效力，这与民法意思自治、契约自由的原则是不相符的。

其次，除了装修管理协议约定的内容之外，物业服务企业与违规业主之间也有直接的利害关系，剥夺物业服务企业的诉讼主体资格将使其难以履行法定的义务。物业服务企业接受委托对住宅小区进行物业管理，就应当履行物业管理的职责。根据国务院《物业管理条例》第四十六条第一款的规定，"对物业管理区域内违反有关治安、环保、物业装饰装修和使用等方面法律、法规规定的行为，物业服务企业应当制止，并及时向有关行政管理部门报告。"在业主违反物业装饰装修方面的法律法规时，物业服务企业不仅具有了制止这种行为的权利，这也是物业服务企业的法定义务之一。如果仅赋予物业服务企业实体上的制止权，而不赋予其诉讼主体资格，那么一旦违规的业主拒绝物业服务企业的要求时，物业服务企业就无法请求法院强制业主恢复原状，也就无法切实履行《物业管理条例》中的法定义务。而且一旦物业服务企业对违规业主的制止无法得到法律保障，其他业主便有可能进行效仿，或者对物业服务企业加以责难，这将给物业服务企业日常管理工作的正常开展带来很大的难度，并且最终会影响到全体业主的共同利益。

此外，根据《物权法》第八十三条第二款的规定，业主大会和业主委员会对于违章搭建等违反法律、法规以及管理规约的行为，也只有实体上的请求停止侵害、消除危险、排除妨害、赔偿损失等权利，而没有程序上的提起诉讼的权利。只有业主才能对侵害自己合法权益的行为向法院提起诉讼。但是，当有业主违章搭建或者违规装修时，相邻业主很难证明其行为对自己合法权益造成侵害，如果起诉至法院，也很有可能会因为没有直接的利害关系而被法院驳回。在这种情况下，如果再剥夺物业服务企业对于此种行为的诉讼主体资格，则业主违章搭建、违规装修的行为将完全没有办法通过私法途径加以救济。笔者认为：此类情况完全可以按照物业服务企业与业主的合同约定，通过私法途径进行救济；剥夺物业服务企业的诉讼主体资格并引入公权力处理此种情况，不仅是国家公权力对私权利的侵入，而且也是一种国家公权力的浪费。并且在目前国家公共行政资源普遍不足的情况下，房地产行政管理部门也很难及时、有效地对此进行管理。

**总结：**

综上所述，笔者认为：当业主违章搭建、违规装修时，赋予物业服务企业诉讼主体资格，既尊重了物业服务企业和业主双方的意思自治和契约自由，又维护了物业服务企业的法定权利，还能有效地节约国家公共行政资源，是一种行之有效的解决此类问题的方法。但是鉴于现有的法律法规尚未对此问题做出明确的规定，建议在住宅小区管理规约和物业服务合同中明确规定：遇有个别业主违章搭建、违规装修等情形时，全体业主均授权物业服务企业以自己名义提起诉讼。

# 第二节 业主、业主大会与业主委员会

## 一、业主

根据《物业管理条例》第六条的规定，"房屋的所有权人为业主。"《物权法》第六章关于"业主的建筑物区分所有权"中，直接使用了"业主"一词，从第七十条至第八十三条共 14 个条文的规定中也可以看出，业主即是房屋的所有权人。但是，将业主定义为"房屋的所有权人"，并没有排除业主对与房屋相配套的设备、设施和相关场地拥有的相关权利。这是因为中国实行房屋所有权与土地使用权归属同一个主体的原则，拥有了房屋的所有权，在事实上就拥有了与房屋相配套的设备、设施和相关场地的相关权利。

### （一）业主的分类

按业主是自然人还是法人，可以分为自然人业主和非自然人业主。自然人业主是指拥有物业所有权的是自然人。如果只是支付房款并未登记，不能称为房屋的业主。只有登记过户之后才能成为房屋的业主。非自然人业主是指拥有对物业的所有权的是自然人以外的主体，包括法人和非法人组织。如某公司支付房款并到房产部门登记后，就成为房产部门所登记的房屋的业主。

按业主是单独拥有物业还是与他人共同拥有物业可以分为独立产权的业主和共有产权的业主。这类区分根据不同的标准有不同的分法：第一，可以从形式上进行区分，也就是从房屋的产权证上进行区分。凡是房屋产权证上只写明一个所有人享有房屋产权的，这个所有人就是独立产权的业主。凡是房屋产权证书上写明房屋产权是共有的，那么房屋产权证标明的这些所有人就是共有产权的业主。第二，可以从实质上进行区分，也就是房屋产权从实质上是属于一个业主还是属于几个主体共有。现实上生活中绝大部分住宅都是由家庭拥有，而房屋产权证上常常只有一个自然人作为所有权人，从形式上来说，这项物业的业主是独立产权的业主，但实质上这项物业的业主是共有产权的业主。

按物业的所有权主体性质不同，可以将业主划分为公房业主和私房业主两类。公房业主从广义上按我国法律规定是指国家和集体，但狭义上仅指国家及其授权经营管理公房的部门或单位；私房业主按国务院《城市私有房屋管理条例》第二条第二款规定，仅指个人所有、数人共有的自用或出租的住宅和非住宅用房之业主。但私房业主广义是指享有物业所有权的"私人"，包括自然人、非国家机关性质的法人和其他组织。

另外，按物业基本用途不同，可把业主分为居住物业的业主和非居住物业的业主。依享有物业所有权份额多少不同，可把业主分为大业主和小业主。按业主资格取得先后次序和依据不同，可以把业主分成原始业主（主要指新建物业的业主）、继受业主（主要指购买物业人）和准业主（主要指依法视为业主的业主委员会和物业使用权合法持有人）三类。

当前，与业主相关的法律与规范性文件形成了一个较为完善的体系，主要包括法律——《物权法》（中华人民共和国主席令第 62 号）；行政法规——《物业管理条例》（中华人民共和国国务院令第 504 号）；住房和城乡建设部规范性文件——《业主大会和业主委员会指导规则》（建房[2009]274 号）。

在物业管理活动中，业主活动的依据主要有《业主大会议事规则》《管理规约》或《临时管理规约》《物业服务合同》或《前期物业服务合同》。

### （二）物业使用人

值得一提的是，在物业管理活动中，除了业主以外，物业使用人（以下均简称使用人）也是物业服务企业服务的对象，也享有相应的权利，承担相应的义务。使用人是指不拥有物业所有权但通过某种形式获得物业使用权并实际使用物业的人。包括两大类：一是与业主共同居住的亲友；二是物业的租户。使用人没有对物业的最终处分权，例如，对物业的买卖和处置。租户通过与业主签订租赁合同获得了物业的使用和收益权，以及其他双方约定赋予租户的权利。虽然租赁具有某些物权的性质，但租赁并不是物权。《中华人民共和国合同法》第十三章对租赁合同以及双方的权利义务做出了一般性的规定。对于租户在物业管理活动中享有的权利和义务，在管理规约和租赁合同中应当做出明确规定。

使用人和业主在物业管理活动中拥有权利上的最大区别，就是使用人不具有在业主大会上的投票权。但《物业管理条例》第十五条要求，业主委员会应"及时了解业主、使用人的意见和建议"；第四十二条规定，"业主与物业使用人约定由物业使用人交纳物业服务费用的，从其约定，业主负连带交纳责任"；第四十九条规定，政府房地产行政主管部门应及时处理使用人的投诉。

## 案例 3-2　承租户能否行使业主的权利[①]

为方便工作，林某在某小区承租了一套房屋，并与业主张女士签订了房屋租赁合同。一天，林某看到小区宣传栏张贴了周六召开年度业主大会会议的通知，主要议题有两个：一是增补业主委员会委员；二是重新选聘物业服务企业。林某非常热衷于小区物业管理事务，对参加业主委员会也有很大热情，周六那天，林某按照通知的时间和地点参加业主大会会议，并提出要竞选参加业务委员会。结果，林某被告知他只是承租户，并非小区的业主，不能参选业主委员会委员，也不享有相应的投票权。林某认为，自己也是小区的一分

---

① 王占强. 物业管理：从入门到精通[M]. 中国法制出版社，2014.

子，理应享有小区物业管理的权利。那么，作为承租户的林某，是否享有业主的权利呢？其权利边界如何界定呢？

**专家解答：**

房屋的所有权人为业主。业主依法享有物业管理的各项权利，包括参见业主大会会议，行使投票权；选举业主委员会成员，并享有被选举权等。而承租户仅是物业使用人，并不能等同于业主。法律规定了物业使用人的相关权利，但其在物业管理方面的权利是受限制的。

在法律、法规和管理规约的有关规定的框架范围内，业主与物业使用人可以约定物业使用人在物业管理活动中的权利义务。《物权法》和《物业管理条例》均规定，被选举为业主委员会成员，即选聘物业服务企业是业主的权利，物业使用人无此权利。但是，物业管理活动中，业主行使投票权，属于民事法律行为，依法可以委托代理。即物业使用人可以接受业主的委托，代理业主投票表决，行使选举权。此时，物业使用人仅仅是代理人，代理的后果由被代理人（业主）承担。例如，承租户接受了业主的委托，代理投票选举业主委员会委员或代理投票解聘物业公司，那么，承租户的投票行为视同业主的投票行为，由业主承担投票的后果。

本案中，承租户林某与业主张女士双方如在事前已就物业管理活动中的权利义务进行了约定，或者林某获得了张女士的授权委托，那么，承租户林某可参与相关物业管理活动。当然，除此之外，林某作为物业使用人可以向业主大会、业主委员会提出物业管理方面的意见和建议，以及向行政主管部门投诉反映物业服务企业的服务行为。

### （三）业主的权利

物业管理是为了全体业主的利益而产生的。《物权法》第六章、《物业管理条例》第二章和《业主大会和业主委员会指导规则》对业主的权利进行了具体阐述与规定。业主在物业管理中享有的权利主要包括以下几项。

1. 按照物业服务合同的约定，接受物业服务企业提供的服务

物业服务合同是广大业主选举出来的业主委员会与业主大会选聘的物业服务企业之间签订的，委托物业服务企业对物业进行综合管理的法律文件。物业服务合同是确定业主和物业服务企业之间权利义务的基本法律依据。

2. 提议召开业主大会会议，并就物业管理的有关事项提出建议

提议召开业主大会会议的权利应当由业主享有，以便能够及时解决有关业主公共利益的问题。同时，业主都是物业管理的享受者，物业管理的好坏与否直接决定了业主的利益能否得到充分的保护，因此，业主有权就物业管理的事项提出建议。

3. 提出制定和修改管理规约、业主大会议事规则的建议

管理规约是指业主共同订立或者承诺的，对全体业主具有约束力的有关使用、维护物

业及其管理等方面权利义务的行为守则。业主大会议事规则是有关业主大会召开时应当遵循的会议程序、会议通过的要求等有关规则。这些规约直接决定和影响业主的自治权能否得到充分有效的保护。所以，应当赋予业主享有制定和修改管理规约、业主大会议事规则建议权。

4. 参加业主大会会议，行使投票权

参加业主大会会议权应该包括获得会议通知权，这就要求会议通知必须充分、明确。按时参加业主大会，是保证业主民主表决权的前提，而投票权则是业主民主权利的实现。

5. 选举业主委员会成员，并享有被选举权

业主委员会是经业主大会选举产生并经房地产行政主管部门登记，在物业管理活动中代表和维护全体业主合法权益的组织。业主委员会是一个物业管理区域中长期存在的、代表业主行使业主自治管理权的机构。业主能够享有选举业主委员会成员的权利，也决定着业主自己的意志能否在业主委员会的工作中得以传达，从而决定业主的利益能否充分保护。同时，业主享有成为业主委员会的被选举权。被选举权是指业主作为物业自治管理组织的成员，有被选举为业主委员会成员的权利。

6. 监督权

（1）监督业主委员会的工作。业主委员会是业主的自治机构，代表的应该是业主的共同利益，其决议和行事都应贯彻这一宗旨。但是，业主委员会的成员也具有个人利益，在监督不力的情况下有可能会怠于行使业主们委托的各项职责。而且，个别成员还可能出于个人利益的考虑，或者是受到了物业服务企业一方的贿赂而做出损害业主公共利益的行为。同时，业主委员会也可能需要管理一些业主交纳的经费，涉及一些公共财物问题。对此，业主们都应享有一定的监督权，保护自身的合法权益。

（2）监督物业服务企业履行物业服务合同。物业服务企业是受业主的集体委托对业主所有的物业进行管理的法律主体，其与业主处于合约中相对立的另一方，对于物业服务企业的各种管理行为，业主有监督的权利。但应该注意的是，业主只是有权监督物业服务企业和管理人员的工作，不得直接惩戒物业服务企业的员工。业主如对某员工的工作不满，应向物业服务企业提出，由物业服务企业采取适当的处理措施。另外，业主也有权监督物业服务企业的收费情况，但根据我国会计制度的规定，业主没有以个人的身份检查物业服务企业财务的权利。因此，业主要行使此项监督应该向业主委员会提出请求，由业主委员会委托专业事务所来检查物业服务企业的财务支出情况。只有国家法律认同的会计师事务所才能提供有效的审计报告以达到查账的目的，维护双方的合法权益，同时也真正地帮助业主行使自己合法的监督权。

（3）对物业共用部位、共用设施设备和相关场地使用情况享有知情权和监督权。业主对建筑物专有部分以外的共有部分享有权利，承担义务。建筑区划内的道路，属于业主共有，但属于城镇公共道路的除外。建筑区划内的绿地，属于业主共有，但属于城镇公共绿

地或者明示属于个人的除外。建筑区划内的其他公共场所、公用设施和物业服务用房，属于业主共有。

（4）监督物业共用部位、共用设施设备专项维修资金的管理和使用。专项维修资金如果不有效地加以监督，可能导致滥用。所以，业主享有物业共用部位、共用设施设备专项维修资金的管理和使用的监督权。

7. 法律、法规规定的其他权利

业主的权利可能还会在其他法律、法规中做出规定，对于这些权利业主也当然享有。例如，业主对已经得到履行的房屋买卖合同和房屋产权证所确定面积享有所有权。除此之外，业主对过道、门厅等共有部分及根据同一系列合同出售的小区内的草坪、道路等根据建筑物区分所有权理论和法律规定与其他业主共同享有所有权和使用权。业主有权对享有所有权的房屋依法出售、赠与、出租、出借、抵押等处分，不受其他业主、业主自治机构和物业服务企业的非法干涉。

**（四）业主的义务**

《物权法》第六章、《物业管理条例》第二章和《业主大会和业主委员会指导规则》对业主的义务也进行了具体阐述与规定。业主在物业管理中应履行的义务主要包括以下几项。

1. 遵守管理规约、业主大会议事规则和执行决定

具体来说，包括遵守管理规约、业主大会议事规则；遵守物业管理区域内物业共用部位和共用设施设备的使用、公共秩序和环境卫生的维护等方面的规章制度；执行业主大会的决定和业主大会授权业主委员会做出的决定。

物业管理各项规约的通过采取的一般是多数通过原则，只要集体中多数成员达成了一致意见，规约就合法生效了，并且对于所有的成员都产生一致的约束力，少数表示反对的成员也必须放弃自己的异议，共同遵守这一协议。因此，物业管理规约对所有的业主都有相同的约束力，即使是当初表示了反对的业主，只要规约是合法的，就有遵守的义务。如果业主违反管理规约等自治性规范，则应按照自治性规范中的条款承担责任；造成其他业主损失的，应承担民事赔偿责任。

2. 交纳服务费用

具体来说，包括按照国家有关规定交纳专项维修资金和按时交纳物业服务费用。业主交纳物业服务费用和维修资金是保证物业区域获得正常的管理和维护的条件，各业主都负有此项义务。基于公共利益，业主享有共益权利，也应承担相应义务，对于经业主大会或业主委员会做出决议的物业服务费、维修资金等各项合理费用，各业主即使有异议，也有交纳的义务。基于此项义务，各业主应负责其名下应分担的物业服务费及维修、保险等款项，并应准时交付。如因迟交或欠交而引起其他业主损失的，要负赔偿责任。

3. 法律、法规规定的其他义务

法律、法规规定的其他义务的种类很多。例如，不得侵害其他业主的权利，又如维护

公共利益的义务。对于物业管理区域这一集体而言，必然存在着公共利益，每一位业主对此公共利益都有加以维护、不得侵害的义务。各业主处置其所有的单元时，应在规定的时间内将处置的有关情况书面告知业主委员会和物业服务企业，并促使有关承受人签署规约附件的承诺书，以确保承受人遵守管理规约的一切条款，受管理规约约束。各业主不得随意改变物业的使用性质，在装修时不得损坏房屋承重结构和破坏房屋外貌，并应事先取得物业服务企业和有关部门的同意。各业主在使用共用地方及设施时，不得损害、阻塞或堵塞共用地方及设施，不得在共用地方及设施之内做出任何对其他业主及楼宇使用者构成滋扰、不方便或者损害的行为。

**（五）业主自治自律**

业主自治自律的最早官方提法是在 1994 年，建设部的 33 号文件明确将业主自治自律与物业服务企业统一的专业化管理相结合确定为我国物业管理最基本的特点。

1. 业主自治

业主"自治"即业主自己治理。在建筑物区分所有权的情况下，业主自治主要是指业主对共有部分共同管理的权利，共同管理权利的核心是决策权，也就是说，物业管理的责任在业主。

业主自治，是通过业主的参与并行使自己的选择权，即在业主大会上的投票权这一民主途径来实现的。需要说明并强调的是，选择权有以下三层含义。

（1）表达自己的选择。当某个问题有若干种选择时通过投票明确表明你的意愿、你的选择。

（2）少数服从多数。某个问题一旦达不成共识就需要投票决定。此时，应遵守"少数服从多数"的规则。"少数服从多数"是民主的、基本的、重要的原则之一。其含义：一是以多数人的意见为全体人员的意见；二是少数人的"服从"，也就是说，一旦我投票了，就意味着我应该并愿意遵守并服从多数人的选择，即使我投的是反对票。这两点，尤其是第二点，是许多人未认真理解、领会的。

（3）承担选择的代价。民主的选择一旦有了结果，无论好与坏、对与错，所有有选择权的人除了应服从这个选择外，还要共同承担这个选择所带来的结果，包括为错误或不当的选择日后所付出的代价。需要特别强调的是，多数人的选择并不一定就是正确的，或是最佳的选择。例如，某小区选聘新的物业服务企业，少数业主认为 A 公司虽然收费较低，但服务水平也较差；相比而言，B 公司收费高了一些，但信誉好，服务水平高，与小区的档次相符。如果大部分业主注重的是收费价格，A 公司更有可能中标。这些少数业主可以说服其他业主，让别人接纳自己的观点，但如果最终多数人选择 A 公司，少数业主必须服从。至于最后的选择是否正确，日后自有评判。

2. 业主自律

业主的自律意识是实现业主自治和业主权利的保证。自律意识主要包括两个方面：一是增强法律意识；二是提高公众意识。自律意识的核心思想是没有无限制的权利。没有约束，也就无所谓自由。业主作为物业消费者，要通过自身素质的培养使自己成为一个"成熟的消费者"。

随着现代社会的发展，各国法律都普遍认为，所有权的行使必须以社会公共利益和他人利益为限制，如果让个人利益凌驾于整体之上，社会必然难以和谐发展。

《物权法》第七条规定，"物权的取得和行使，应当遵守法律，尊重社会公德，不得损害公共利益和他人合法权益。"

《物权法》第八十三条第一款规定，"业主应当遵守法律、法规以及管理规约。"

以上规定实际上是所有权限制的两大来源。法律、法规主要体现公共利益对所有权的限制，即法律意识；管理规约主要体现私人利益对所有权的限制，即公众意识。

（1）法律、法规对所有权的限制

从宏观角度来看，城市规划对土地和建筑物用途、容积率等各方面的规定，对不动产交易的各种限制，国家对于不动产的征收和征用等，都是出于社会公共利益而对所有权进行的限制。从物权角度来看，用益物权（如地役权）和担保物权（如抵押权）的设定，也都对所有权人的权利构成了限制。

在物业管理活动中，法定的所有权限制主要有以下几方面。

① 相邻关系。《物权法》第七章专门对相邻关系进行了规定，业主要为相邻业主在用水、排水、通行、建造、修缮、通风、采光等方面提供必要的便利；同时，不能随意排放污染物或者因自己的活动危及相邻不动产的安全。

在具体的物业管理活动中，相邻关系主要体现在对建筑装饰装修的管理，对共有部分的使用，以及对于养护、维修活动应提供必要的便利（如进入专有部分）上。

② 紧急避险。在物业管理活动中，有时因为需要紧急维修，或者处理火灾等突发事件，必须要进入业主专有部分，甚至会对业主专有部分造成一定破坏，这属于紧急避险活动，业主不能以所有权为由拒绝或阻挠。

《民法通则》第一百二十九条规定，"因紧急避险造成损害的，由引起险情发生的人承担民事责任。如果危险是由自然原因引起的，紧急避险人不承担民事责任或者承担相当的民事责任。因紧急避险采取措施不当或者超过必要的限度，造成不应有的损害的，紧急避险人应当承担适当的民事责任。"

原建设部颁布的《临时管理规约（示范文本）》（现为《临时管理规约》）中也有相应的约定："发生危及公共利益或其他业主合法权益的紧急情况，必须及时进入物业专有部分进行维修养护但无法通知相关业主的，物业服务企业可向相邻业主说明情况，在第三方（如所在地居委会或派出所）的监督下，进入相关业主的物业专有部分进行维修养护，事后应及时通知相关业主并做好善后工作。"

（2）管理规约对所有权的限制

在不违反法律法规的前提下，全体业主可以根据实际情况，通过管理规约对共有部分的使用做出限制，只要经业主大会通过，就对全体业主具有约束力。这实际就是在特定的物业管理区域内，对所有权行使的限制，例如宠物的活动区域等。《物权法》第八十三条规定，对于违反管理规约的行为，业主大会和业主委员会有权依照管理规约，"要求行为人停止侵害、消除危险、排除妨害、赔偿损失"。

 **案例 3-3　业主应承担与公共利益发生冲突时的容忍义务**[①]

电讯公司将发射天线的基站安装在商品房公共用地上，是否侵害了业主们的权益？2005 年 8 月 22 日，家住厦门市集美区麒麟居公寓的业主曾先生与中国联通厦门分公司侵权纠纷一案经厦门市集美区法院一审做出判决：驳回曾先生的诉讼请求。曾先生不服，提起上诉。历经两审、长达一年多的诉讼后，2007 年年初，厦门市中级人民法院对这起侵权纠纷案做出终审判决：驳回上诉，维持原判。

麒麟居公寓位于厦门市集美区集源路 5 号，建成于 1995 年。原告曾先生（以下简称"原告"）于 2003 年 1 月 13 日购买了麒麟居的一套房屋，经厦门市国土资源与房产管理局颁发土地房屋权证确认，系该房产业主。1997 年，被告中国联通有限公司厦门分公司（以下简称"被告"）经向无线电管理部门申请，在麒麟居顶层设置名称为"GMS900M 联通集美麒麟基站"的移动通信基站，该基站发射功率为 20W。2002 年 1 月 1 日，被告经向无线电管理部门申请，在同址设置名称为"CDMA 集美基站"新的移动通信基站，该基站发射功率亦为 20W。上述基站均由中华人民共和国信息产业部核发了《中华人民共和国无线电台执照》。被告在麒麟居顶层设立基站的同时，围绕所建立的基站进行了搭盖，以作围护。被告在实施上述行为后，部分业主与被告交涉，被告委托福建省辐射环境监督站对"集美麒麟基站"进行环境电磁辐射监测。该站于 2005 年 3 月 8 日经现场监测后，出具监测报告，结论认定：麒麟居基站天台及室内环境电磁辐射功率密度测值均不超过《电磁辐射防护规定》（GB 8702—1988）规定的公众照射限值。原告曾先生及麒麟居其他业主共 12 人曾于 2004 年向集美区法院起诉被告侵权，后于该年 12 月 2 日申请撤回起诉，集美区法院于 2004 年 12 月 7 日做出（2004）集民初字第 1241 号民事裁定，准予原告等 12 人撤回起诉。现原告曾先生再次向集美区法院起诉，要求判令被告拆除"违章建筑"。

**原告：被告搭建基站的行为对原告的所有权构成妨碍**

原告认为，作为麒麟居的合法业主，其有合法的产权证，对公用部分享有合法的共有权，被告在楼顶擅自搭建基站的行为侵犯了原告的财产权，依照法律规定应予拆除，恢复原状；而且被告至今没有取得麒麟居十二层的产权证，不是业主和产权人，无权在屋顶搭建违章建筑。原告认为，被告的行为违反了厦府[2003]11 号文件及厦门市相关建筑法的规

① 倪斌鹭. 业主应承担与公共利益发生冲突时的容忍义务[J]. 现代物业·新业主，2008（5）.

定，没有相关合法手续，属于违法搭建。被告搭建的违法建筑也违反了《物业管理条例》相关规定，应予拆除；被告搭建行为违反《中华人民共和国电信条例》（以下简称《电信条例》）相关规定，是不合法的。根据《厦门市住宅区物业管理条例》和国务院《物业管理条例》，屋顶等公共部分是共用的，不能进行非法占用和搭建。屋顶和花园是麒麟居所有业主共有的，不能出卖。被告擅自搭建基站的行为侵犯了公共利益。

### 被告：被告搭建基站的行为是为了实现公共利益

被告认为，其是麒麟居的业主，也依法享有对屋顶的共用权。当时购买房屋计价时包括了屋顶和花园，故对屋顶和花园进行使用是合理的。没有证据表明原告的权益受到侵害。原告是 2001 年通过法院拍卖取得房屋，在购买时就应考虑房屋的现状，基站是 1996 年就存在，故原告无权对房屋的现状提出异议，如有异议也应向拍卖行提出，与被告无关。被告建基站的行为完全符合法律规定，不属于违章建筑。麒麟居十二层系被告单独出资购买，具有合法的所有权和使用权。作为房屋所有权人，被告有权独立行使相关的权利，并不存在侵犯原告的权益问题。

被告还认为，其搭建基站是为了公共利益，故原告无权提出异议。原告诉求拆除基站没有法律依据。根据《电信条例》第四十九条之规定，"任何单位或者个人不得擅自改动或者迁移他人的电信线路及其他电信设施；遇有特殊情况必须改动或者迁移的，应当征得该电信设施产权人的同意，由提出改动或迁移要求的单位或者个人承担改动或者迁移所需费用，并赔偿由此造成的经济损失。"因此，任何人包括原告要拆除基站，必须要经过被告的同意方可。原告通过法院起诉要求拆除没有法律依据。从保护众多通信用户的利益角度考虑，基站也不能拆除。

### 集美法院：被告行为属于小区业主容忍义务的合法范畴

集美法院经审理后认为，被告作为基础电信业务经营者，在取得国家业务主管部门批准的情况下设立"集美麒麟基站"并在周围建立起围护结构，该行为客观上有利于发展无线通信事业，满足人们对社会电信事业发展的需求，行为性质符合社会公共利益。该移动基站的电磁辐射水平符合国家电磁辐射防护标准，不致对原告的人身权利造成侵害，不违反相关法律法规的禁止性规定，属于小区业主容忍义务的合法范畴。原告主张被告行为侵犯其共有权缺乏事实依据，法院不予支持。

### 厦门中院：上诉人（一审原告）诉求缺乏法律依据

厦门中院补充查明，1995 年，福建华联电讯有限公司向厦门现代置地有限公司购买厦门集美区集源路麒麟居 A1201 房屋及附属设施屋顶花园的使用权，约定华联公司在有合法手续条件下可在 A1201 房及附属的屋顶花园内建设天线发射塔和通信设施。2001 年 4 月，华联公司将 A1201 房产过户给联通厦门分公司。2002 年 1 月，联通厦门分公司向无线电管理部门申请，在 A1201 房及附属屋顶花园内设置移动通信基站，基站发射功率为 20W，随后，基站获得信息产业部核发的《中华人民共和国无线电台执照》。联通厦门分公司在麒麟居顶层设立基站的同时，围绕所建立的基站进行了搭盖，以作围护。厦门中院审理后认为，曾先生无法证实联通厦门分公司侵犯其行使共有权、公用权的具体侵权情形，因此法院认为，曾先生要求拆除屋顶基站缺乏事实与相关法律依据。

**思考：公共利益和个人利益冲突时的容忍义务**

本案中，联通公司作为基础电信业务经营者，搭建基站是为了确保公众的电信权益。因此，设立符合公共利益的电信设施，依法应予保护。当个人利益与公共利益出现冲突的时候，在个人利益能够容忍的范围内，应优先考虑保护公共利益。虽然目前《电信条例》允许在现有建筑物上搭建设施，但缺乏业主不同意情况下的救济渠道。因此，有必要比照造福人类的理念设立强制使用许可，以便相关电信设施得到最佳合理配置，充分利用电信资源；另一方面保护小区业主的合法利益，对相关义务进行细化，并设置超标准电信设施的处罚及赔偿标准。所以，本案的判决结果既是对公序良俗的充分肯定，也是相关立法的前瞻和呼唤。

# 二、业主大会

《物权法》第七十五条规定，"业主可以设立业主大会。"《物业管理条例》第八条确定了业主大会的内涵，即"物业管理区域内全体业主组成业主大会"。

从建筑物区分所有权理论来看，业主大会是基于业主的建筑物区分所有权的行使产生的，由全体业主组成，是建筑区划内建筑物及其附属设施的管理机构。因此只要是建筑区划内的业主，就有权参加业主大会，行使专有部分以外共有部分的共有权以及共同管理的权利，并对小区内的业主行使专有部分的所有权做出限制性规定，以维护建筑区划内全体业主的合法权益。因此，业主大会的决定对全体业主和物业使用人具有约束力。从本质上看，业主大会是业主的自治组织，是物业管理区域内物业管理的最高权力机构和决策机构，代表和维护物业管理区域内全体业主在物业管理活动中的合法权益。

由于业主大会是由业主自行组成的维护物业整体利益的组织，因此它具有民主性、自治性和代表性的特征。首先，业主大会是民主性的组织。其成员在机构中的地位是平等的，能够根据自己的意愿发表建议，提出看法、意见等。其次，业主大会是自治性的组织。其成员是对物业享有所有权的人，进行的是自我服务、自我管理、自我协商、自我约束。业主大会的成员是作为物业管理区域内的一员，基于维护物业整体利益的需要而进行的管理，不受外部人员的非法干预。最后，业主大会具有代表性的特征，业主大会代表了全体业主在物业管理中的合法权益。业主大会做出的决议应当是全体业主利益的反映，而不仅仅是个别业主利益的反映，即使业主大会做出的决议并没有经过全体业主一致的同意，甚至有时还会受到个别业主的反对，但只要符合业主大会决议的议事规则，那么该决议就代表了全体业主的利益。

（一）业主大会的成立

《物业管理条例》第九条和《业主大会和业主委员会指导规则》第七条规定了业主大会的成立条件：业主大会根据物业管理区域的划分成立，一个物业管理区域成立一个业主大会。物业管理区域的划分应当考虑物业的共用设施设备、建筑物规模、社区建设等因素。

《物业管理条例》本身没有统一规定物业管理的区域的划分标准，而是由省、自治区、直辖市来制定具体办法。一般而言，一个物业管理区域应该是一个由原设计构成的自然街坊或封闭小区。自然街坊是城市建设中自然形成的相对独立的居住区。近年来，房地产开发中形成的居住小区，一般由 4～5 个住宅群组成，用地一般为 15～20 公顷，建筑面积约为 15 万～20 万平方米。按照政府有关建设小区规划的规定，小区应配置居委会、学校、幼儿园、托儿所、文化活动中心、综合服务商店、自行车棚等公共设施项目。小区的水、电、气等公共设施在开发时一起建成，一起交付，再让居民入住。这种小区大都实行封闭式管理，被称为封闭小区。将一个封闭小区划分为一个物业管理区域，有利于对房屋及相关设施、设备的管理。

《业主大会和业主委员会指导规则》第十五条规定了业主大会成立的时间："业主大会自首次业主大会会议表决通过管理规约、业主大会议事规则，并选举产生业主委员会之日起成立。"

1．业主大会成立的流程

《业主大会和业主委员会指导规则》明确规定了业主大会成立的流程。

（1）报送筹备首次业主大会会议所需的文件资料

《业主大会和业主委员会指导规则》第八条规定，"物业管理区域内，已交付的专有部分面积超过建筑物总面积 50% 时，建设单位应当按照物业所在地的区、县房地产行政主管部门或者街道办事处、乡镇人民政府的要求，及时报送下列筹备首次业主大会会议所需的文件资料：① 物业管理区域证明；② 房屋及建筑物面积清册；③ 业主名册；④ 建筑规划总平面图；⑤ 交付使用共用设施设备的证明；⑥ 物业服务用房配置证明；⑦ 其他有关的文件资料。"

（2）成立首次业主大会会议筹备组

《业主大会和业主委员会指导规则》第九条规定，"符合成立业主大会条件的，区、县房地产行政主管部门或者街道办事处、乡镇人民政府应当在收到业主提出筹备业主大会书面申请后 60 日内，负责组织、指导成立首次业主大会会议筹备组。"第十条规定，"首次业主大会会议筹备组由业主代表、建设单位代表、街道办事处、乡镇人民政府代表和居民委员会代表组成。筹备组成员人数应为单数，其中业主代表人数不低于筹备组总人数的一半，筹备组组长由街道办事处、乡镇人民政府代表担任。"第十一条规定，"筹备组中业主代表的产生，由街道办事处、乡镇人民政府或者居民委员会组织业主推荐。筹备组应当将成员名单以书面形式在物业管理区域内公告。业主对筹备组成员有异议的，由街道办事处、乡镇人民政府协调解决。建设单位和物业服务企业应当配合协助筹备组开展工作。"第十二条规定，"筹备组应当做好以下筹备工作：① 确认并公示业主身份、业主人数以及所拥有的专有部分面积；② 确定首次业主大会会议召开的时间、地点、形式和内容；③ 草拟管理规约、业主大会议事规则；④ 依法确定首次业主大会会议表决规则；⑤ 制定业主委员会委员候选人产生办法，确定业主委员会委员候选人名单；⑥ 制定业主委员会选举办法；⑦ 完成召开首次业主大会会议的其他准备工作。

前款内容应当在首次业主大会会议召开 15 日前以书面形式在物业管理区域内公告。业主对公告内容有异议的，筹备组应当记录并做出答复。"第十五条第一款规定，"筹备组应当自组成之日起 90 日内完成筹备工作，组织召开首次业主大会会议。"

（3）组织召开首次业主大会会议

首次业主大会会议最重要的内容有：① 表决通过管理规约和业主大会议事规则；② 选举产生业主委员会。

业主委员会选举产生后，筹备组应将筹备过程中的相应文件材料移交给业主委员会，与业主委员会进行交接，至此，筹备组即完成了它的使命。

首次业主大会会议通过业主大会议事规则后，定期会议和临时会议的运作方式就由业主大会议事规则来决定。

2. 业主大会成立的指导、协助与监督

业主大会的成立不仅是业主自己的事，也关系到城市社区管理的公共事务。所以《物权法》第七十五条第二款规定，"地方人民政府有关部门应当对设立业主大会和选举业主委员会给予指导和协助。"

《物业管理条例》第十条也做出规定，"同一个物业管理区域内的业主，应当在物业所在地的区、县人民政府房地产行政主管部门或者街道办事处、乡镇人民政府的指导下成立业主大会，并选举产生业主委员会。"

《业主大会和业主委员会指导规则》则详细规定了指导、协助和监督的内容。如第六条规定，"物业所在地的区、县房地产行政主管部门和街道办事处、乡镇人民政府负责对设立业主大会和选举业主委员会给予指导和协助，负责对业主大会和业主委员会的日常活动进行指导和监督。"第九条规定，"符合成立业主大会条件的，区、县房地产行政主管部门或者街道办事处、乡镇人民政府应当在收到业主提出筹备业主大会书面申请后 60 日内，负责组织、指导成立首次业主大会会议筹备组。"第五十条规定，"已交付使用的专有部分面积超过建筑物总面积 50%，建设单位未按要求报送筹备首次业主大会会议相关文件资料的，物业所在地的区、县房地产行政主管部门或者街道办事处、乡镇人民政府有权责令建设单位限期改正。"

**（二）业主大会的职责**

《物权法》第七十六条、《物业管理条例》第十一条和《业主大会和业主委员会指导规则》第十七条规定了业主大会的决定事项,这就是业主大会的职责[1],主要有:(1)制定和修改业主大会议事规则;(2)制定和修改管理规约;(3)选举业主委员会或者更换业主委员会委员;(4)制定物业服务内容、标准以及物业服务收费方案;(5)选聘和解聘物业服务企业;(6)筹集和使用专项维修资金;(7)改建、重建建筑物及其附属设施;(8)改变共有部分的用途;(9)利用共有部分进行经营以及所得收益的分配与使用;(10)法律法规或者管理规约确定应由业主共同决定的事项。

其中,管理规约应当对下列主要事项做出规定[2]:(1)物业的使用、维护、管理;(2)专项维修资金的筹集、管理和使用;(3)物业共用部分的经营与收益分配;(4)业主共同利益的维护;(5)业主共同管理权的行使;(6)业主应尽的义务;(7)违反管理规约应当承担的责任。

业主大会议事规则应当对下列主要事项做出规定[3]:(1)业主大会名称及相应的物业管理区域;(2)业主委员会的职责;(3)业主委员会议事规则;(4)业主大会会议召开的形式、时间和议事方式;(5)业主投票权数的确定方法;(6)业主代表的产生方式;(7)业主大会会议的表决程序;(8)业主委员会委员的资格、人数和任期等;(9)业主委员会换届程序、补选办法等;(10)业主大会、业主委员会工作经费的筹集、使用和管理;(11)业主大会、业主委员会印章的使用和管理。

要注意的是,如果业主拒付物业服务费,不缴存专项维修资金以及实施其他损害业主共同权益行为的,业主大会可以在管理规约和业主大会议事规则中对其共同管理权的行使予以限制。[4]

**(三)业主大会会议**

1. 会议类型

《物业管理条例》第十三条和《业主大会和业主委员会指导规则》第二十一条规定,业主大会会议分为定期会议和临时会议。

(1)定期会议

业主大会定期会议应当按照业主大会议事规则的规定由业主委员会组织召开,一般每年度召开一次。

定期会议的内容就是物业管理活动中应当由业主共同决定的事项。主要内容有:听取业主委员会的年度工作报告;修改业主大会议事规则、管理规约、业主委员会章程等文件;决定物业服务企业的选聘、续聘与改聘;决定专项维修资金使用、续筹方案;业主委员会的换届选举与委员的增减以及决定有关业主共同利益的其他事项。

---

[1] 这里列举的主要是《业主大会和业主委员会指导规则》第十七条的内容。
[2][3][4] 参见《业主大会和业主委员会指导规则》第十八条至第二十条。

（2）临时会议

《物业管理条例》第十三条规定，"经 20%以上的业主提议，业主委员会应当组织召开业主大会临时会议。"《业主大会和业主委员会指导规则》第二十一条进一步细化了业主大会临时会议召开的条件："① 经专有部分占建筑物总面积 20%以上且占总人数 20%以上业主提议的；② 发生重大事故或者紧急事件需要及时处理的；③ 业主大会议事规则或者管理规约规定的其他情况。"

临时会议的会议内容由召开临时会议的原因和目的确定，一般是一事一议。

业主大会会议应当有物业管理区域内专有部分占建筑物总面积过半数的业主且占总人数过半数的业主参加。为尽可能保证全体业主了解业主大会会议的时间和内容，业主委员会应当在业主大会会议召开 15 日前将通知及有关材料以书面形式在物业管理区域内公告。业主大会会议应当由业主委员会做出书面记录并存档。业主大会的决定应当以书面形式在物业管理区域内及时公告。

2．会议形式

《物业管理条例》第十二条和《业主大会和业主委员会指导规则》第二十二条规定，"业主大会会议可以采用集体讨论的形式，也可以采用书面征求意见的形式……采用书面征求意见形式的，应当将征求意见书送交每一位业主；无法送达的，应当在物业管理区域内公告。凡需投票表决的，表决意见应由业主本人签名。"

集体讨论和书面征求意见两种方式各有利弊。集体讨论的会议可以让业主进行充分陈述和深入讨论，更容易形成相互之间都比较理解和接受的决定，但是组织集体讨论需要场地和各业主统一的时间，成本较高；书面征求意见工作难度小，成本低，但由于缺少交流，往往容易出现有些业主对业主大会会议形成的决定不能理解和接受，导致很难积极执行会议的决定。具体的会议形式或确定会议形式的原则应在业主大会议事规则中规定，以便于业主委员会根据具体情况确定会议形式。

3．业主参加业主大会会议的方式

业主参加大会的方式既包括亲自参加，也包括委托代理人参加。召开业主大会时，业主应当亲自出席并参与物业管理有关事项的决议。但是，如果业主因故不能参加业主大会会议的，可以书面委托代理人参加业主大会会议。

4．业主大会会议的表决规则

召开业主大会会议的目的，就是为了形成物业管理有关事项的决议。因而，业主大会决议的形成规则至关重要，这些规则的设计将直接影响到决议的合理性、代表性和科学性。

《物业管理条例》和《业主大会和业主委员会指导规则》对业主大会的决议分为两种，即一般决定和特殊决定。对于一般决定，必须经专有部分占建筑物总面积过半数的业主且占总人数半数的业主同意，即"普通多数同意方式"。而对于特殊决定，适用"特别多数同意方式"，即必须经专有部分占建筑物总面积 2/3 以上的业主且占总人数 2/3 以上的业主同意。特别多数同意的决议方式，指对涉及业主群体重要事项，须保证决策的慎重和决策执行能获得绝大多数业主的支持。适用特别多数同意方式的事项限于筹集和使用专项维修资金；改建、重建建筑物及其附属设施两种事项。

## 专栏 3-1　罗湖将启动业主大会社团法人登记试点[①]

2015 年 3 月 10 日下午，深圳市人大常委会通报媒体，2015 年市人大常委会拟将《深圳经济特区物业管理条例》(以下简称《条例》)修订列入立法调研计划，市人大将继续会同市社工委、市法制办、市住建局等单位推进《条例》修订，广泛听取各方意见，争取在年内取得实质性成果。

据了解，近期罗湖区将启动业主大会社团法人登记试点，市人大常委会和市社工委、市住建局、市民政局对此高度关注，市住建局正在组织有关专家和业内人士起草试点办法，争取尽快形成可复制的经验，在《条例》修订时予以吸纳。

### 一、时隔 7 年，物管条例"大修订"

据悉，深圳作为全国首开物业管理模式的城市，该条例的修订一直是社会舆论关注的热点。1981 年，深圳在全国范围内率先引入物业管理，1994 年制定出台《深圳经济特区住宅区物业管理条例》。这部曾引领全国物业管理制度的法规距今最近一次修改是 2007 年。现阶段，业主与物业公司矛盾频发，启动修法工作也成社会各界的期待。

市人大常委会城建环资工委向媒体表示，《深圳经济特区物业管理条例》修订工作正在稳步推进中。早在 2013 年，市人大常委会城建环资工委即召集市法制办、市住建局等单位研究启动《条例》修订工作，并确定由市住建局牵头组织《条例》修订前期调研工作。2014 年，市住建局多次组织召开《条例》修订专题研讨会，分别邀请了市中级人民法院、市社工委、市综治办、市民政局、市律师协会等单位以及全国各地专家学者参加。2014 年 10 月，市住建局又全面、深入地征求了各区物业管理主管部门、各街道办事处对《条例》修订的意见和建议。据了解，近期罗湖区将启动业主大会社团法人登记试点工作，市住建局正在组织有关专家和业内人士起草试点办法，在《条例》修订时予以吸纳。

### 二、关注公共区域受益分配、物业费调节等敏感问题

《深圳经济特区物业管理条例》的修订究竟有多重要？它将影响到众多小区业主生活的方方面面。如现行规定中，业主大会是以会议的形式存在，业主委员会是业主大会这种会议形式的执行机构，没有独立的组织机构和财产，并不具备组织的特征。业主大会、业主委员会都没有独立民事主体资格，在与其他主体出现纠纷时，他们不能作为民事主体进

---

[①] 刘畅. 罗湖将启动业主大会社团法人登记试点[N]. 广州日报，2015-03-11（SZA15 版）.

行起诉。而"业主大会社团法人登记"试点，则将意味着业主大会将获得独立民事主体资格，遇纠纷将可代表业主利益起诉。

另外，据修法项目组提供的修法思路，该部深圳物管条例的修订还将关注小区物业的公共区域如何界定、其收益如何分配？如路面停车位等公共收益如何分配问题；还有业主大会及其委员会从成立到运作过程中突出存在启动难、筹备难、备案难、执行难、换届难等问题，条例修订意见拟系统明确业主大会会议通知、表决票和选举票送达等法律程序，实现业主大会的合法性；而物业管理费随经营成本"水涨船高"的问题也有望通过建立"物业管理费调节制度"予以缓解。

据悉，有关该条例的修订草案建议稿已初步完成，经全面修改完善后即可形成修订草案，提请市人大常委会会议审议。

# 三、业主委员会

业主委员会是业主大会的执行机构。它由业主大会会议选举产生，在物业所在地的区、县房地产行政主管部门和街道办事处、乡镇人民政府办理备案手续，并在物业管理活动中代表和维护全体业主合法权益的组织。具体来讲，业主委员会是一个物业管理区域中长期存在的、代表业主行使业主自治管理权的机构，是业主自我管理、自我教育、自我服务，实行业主集体事务民主制度，办理本辖区涉及物业管理的公共事务和公益事业的社会性自治组织。

现有的法律法规没有明确规定业主委员会的法律性质，但是通过法律解释，尤其是通过对业主委员会的职责分析，可以判断业主委员会的法律性质应当属于非法人组织。业主委员会虽然在选举之日起 30 日内到房地产行政部门备案，但是这种备案并不意味着业主委员会的主体资格的确定。涉及纠纷诉讼时，应由全体业主授权于业主委员会，由其作为全体业主代表参加民事诉讼活动。也就是说，在民事诉讼中，诉讼权利本身并不归于业主委员会，其必须得到业主的明确授权，作为被委托人参加到诉讼中，行使诉讼的权利，其诉讼活动的结果也直接归于全体业主。因此，业委会必须服从业主大会会议，受业主大会会议的隶属，处于从属于业主大会会议的法律地位。

## （一）业主委员会的运作

1. 组建和换届

《物权法》第七十五条规定，"业主可以设立业主大会，选举业主委员会。地方人民政府有关部门应当对设立业主大会和选举业主委员会给予指导和协助。"《物业管理条例》第十条进一步明确了地方人民政府有关部门为物业所在地的区、县人民政府房地产行政主管部门和街道办事处、乡镇人民政府。《业主大会和业主委员会指导规则》第三十一条则指出了业主委员会的人数要求，即"业主委员会由业主大会会议选举产生，由 5 至 11 人单数组成"。

《业主大会和业主委员会指导规则》第三十二条规定，"业主委员会委员实行任期制，每届任期不超过 5 年，可连选连任，业主委员会委员具有同等表决权"。第四十六条规定，"业主委员会任期内，委员出现空缺时，应当及时补足。业主委员会委员候补办法由业主大会决定或者在业主大会议事规则中规定。业主委员会委员人数不足总数的二分之一时，应当召开业主大会临时会议，重新选举业主委员会。"第四十七条规定，"业主委员会任期届满前 3 个月，应当组织召开业主大会会议，进行换届选举，并报告物业所在地的区、县房地产行政主管部门和街道办事处、乡镇人民政府。"第四十八条规定，"业主委员会应当自任期届满之日起 10 日内，将其保管的档案资料、印章及其他属于业主大会所有的财物移交新一届业主委员会。"

2．委员的资格

业主委员会在物业管理活动中扮演着重要的角色，对业主委员会委员自然就有一定的要求。《业主大会和业主委员会指导规则》第三十一条规定，"业主委员会委员应当是物业管理区域内的业主，并符合下列条件：（1）具有完全民事行为能力；（2）遵守国家有关法律、法规；（3）遵守业主大会议事规则、管理规约，模范履行业主义务；（4）热心公益事业，责任心强，公正廉洁；（5）具有一定的组织能力；（6）具备必要的工作时间。"

第四十三条规定，"有下列情况之一的，业主委员会委员资格自行终止：（1）因物业转让、灭失等原因不再是业主的；（2）丧失民事行为能力的；（3）依法被限制人身自由的；（4）法律、法规以及管理规约规定的其他情形。"

第四十四条规定，"业主委员会委员有下列情况之一的，由业主委员会三分之一以上委员或者持有 20%以上投票权数的业主提议，业主大会或者业主委员会根据业主大会的授权，可以决定是否终止其委员资格：（1）以书面方式提出辞职请求的；（2）不履行委员职责的；（3）利用委员资格谋取私利的；（4）拒不履行业主义务的；（5）侵害他人合法权益的；（6）因其他原因不宜担任业主委员会委员的。"

第四十五条规定，"业主委员会委员资格终止的，应当自终止之日起 3 日内将其保管的档案资料、印章及其他属于全体业主所有的财物移交业主委员会。"

在特定的物业管理区域中，有关对业主委员会委员的资格、任期、变更以及罢免等各项管理规定，应该由业主大会参考有关法律、法规和各级政府的规范性文件，在业主大会议事规则中进行详细规定。

3．业主委员会会议

《业主大会和业主委员会指导规则》第三十二条规定，"业主委员会应当自选举产生之日起 7 日内召开首次会议，推选业主委员会主任和副主任"。第三十七条规定，"业主委员会应当按照业主大会议事规则的规定及业主大会的决定召开会议。经三分之一以上业主委员会委员的提议，应当在 7 日内召开业主委员会会议。"

第三十八条规定，"业主委员会会议由主任召集和主持，主任因故不能履行职责，可以委托副主任召集。业主委员会会议应有过半数的委员出席，做出的决定必须经全体委员半数以上同意。业主委员会委员不能委托代理人参加会议。"

第三十九条规定，"业主委员会应当于会议召开7日前，在物业管理区域内公告业主委员会会议的内容和议程，听取业主的意见和建议。业主委员会会议应当制作书面记录并存档，业主委员会会议做出的决定，应当有参会委员的签字确认，并自做出决定之日起3日内在物业管理区域内公告。"

4．业主委员会活动经费的来源

业主委员会是业主大会的执行机构，是为全体业主的共同利益服务的。因此，《业主大会和业主委员会指导规则》第四十二条规定，"业主大会、业主委员会工作经费由全体业主承担。工作经费可以由业主分摊，也可以从物业共有部分经营所得收益中列支。工作经费的收支情况，应当定期在物业管理区域内公告，接受业主监督。"

**专栏 3-2　深圳修订《物管条例》助力业委会成立 让小区治理回归"业主主导+物管服务"** [①]

近年来，深圳市由于各种原因导致的物业纠纷高发不断，特别是一些公共设施日益老化失修，屡屡出现的电梯事故等安全事件，引发越来越多的社会关注。在2015年的深圳两会上，有不少议案和建议关注深圳物业管理行业发展与业主委员会的建立。

有议案认为，在各方成本不断高企、物业行业面临诸多发展掣肘的背景下，应启动修订《深圳经济特区物业管理条例》，进一步强化政府职能、助力业委会成立；还有建议表示，居民小区物业管理应回归"业主主导+物管服务"的行业本质；建立深圳市业主委员会联合会，可助力各小区业主依法、理性、有效地维护合法权益。

物管困境：资金、成本压力高企

陈家发、马群涛、伍雪玲等18名人大代表提出的《关于修订〈深圳经济特区物业管理条例〉》的议案认为，目前物管行业遭遇多重困境，发展受到严重制约。首先，物价指数不断上涨、人工成本大幅上升，物管企业成本负担加大，影响了物管行业正常运作。同时，老旧物业小区（大厦）公共设备设施陈旧、损坏或不足，存在潜在隐患，维修保养、更新改造几率增大，资金来源不足，按现行条例规定实施费用分摊集资难以实现；物业管理企业此外还要承担较多的如社会治安、环境秩序、卫生消杀等社会公共性服务，企业的盈利能力受到影响。

在种种困难制约下，服务范围和水平或将下降，导致业主或使用人因此产生对物管服

---

[①] 修订《物管条例》 助力业委会成立[N]．广州日报，2015-06-03（SZA16版）．

务的不满情绪。

倡议：政府需要及时"调价" 助力业委会成立

议案认为，现行《条例》应规定政府职能部门根据市场发展需要及时制定行业发展指导意见，包括物管服务"调价"等。

另外，该议案认为，目前成立业委会有一定难度，需要改进。深圳市成立业委会的比例仅为34.98%。成立业委会的法规出台十多年，实际状态并不令人满意，比例如此之低，足以说明现行相关条例或政策有待商榷或改进。

难题：住户缺乏业主权利和责任意识

杨勤、陈湘波、韩东等8名人大代表提出的《关于推动深圳市小区业委会行业组织建设的建议》认为，大量小区脱胎于单位大院，住户缺乏业主权利和责任意识，缴费率低，物管企业多从单位后勤转制而来，缺乏提升服务的能力，形成了"物管独做主、业主低缴费、服务水平低、业主总不满、涨费更困难"的恶性循环。

另据深圳最大的业主交流沟通平台"深圳业主论坛"预估，在全市1 500个业委会中，良性健康运作的业委会仅占约一成左右。大量的业委会或者无力改变物管企业大权独揽的现状，或者与物管公司勾结、业委会成员谋私利，引发业主更大的矛盾和不满。

上述建议认为，业主权利和责任意识的缺失是小区治理普遍存在的问题，只有通过《深圳经济特区物业管理条例》的修改与配套的制度建设，不断推动小区选举成立业委会，问题才能逐步从根本上解决。

建议：回归"业主主导+物管服务"本质

《关于推动深圳市小区业委会行业组织建设的建议》认为，要突破物业费调整难的僵局，促进业主与物业管理服务企业的共同利益良好发展，就要回归"业主主导+物管服务"的行业本质，小区盈亏归业主所有，由业主负责，物业管理工作人员凭服务获得相应的酬金。

该"建议"认为，建立深圳市业主委员会联合会，可以推动各小区业主依法、理性、有效地维护合法权益，可以协助政府展开业委会履职培训，可以与物业行业协会和企业有效沟通，最终形成业委会与物业管理企业平等协商、政府依法行政、行业有序发展、评估审计等各方力量积极参与的小区多元治理新格局，实现业主主导与物业服务相辅相成、小区设施历久弥新的深圳小区治理"新常态"。

深圳市住建局此前曾透露，正在大力推进业主大会法人化，罗湖将作为首个试点片区，将于下月正式启动物管改革；此后小区业主与物管企业遇到纠纷时，具备法人资格的业主大会可利用起诉等方式诉诸法律维护权益。上述建议表示，在这方面的探索上，市政府应予以高度重视，加快改革步伐，给予鼓励与支持。

## （二）业主委员会的基本职责

在《物权法》、《物业管理条例》和《业主大会和业主委员会指导规则》中，对业主委员会的基本职责做出了原则规定；在各地的地方法规和规范性文件中，对业主委员会也有一些更具体的规定。但从本质上来说，业主委员会的职责是由业主大会授予的，其具体工作内容应该由全体业主决定，在业主大会议事规则和管理规约中给予明确。

1．业主委员会的基本职责

业主委员会是业主大会的执行机构，在业主大会的授权下开展工作，向业主大会负责并报告工作。《物业管理条例》第十五条规定，"业主委员会执行业主大会的决定事项，履行下列职责：（1）召集业主大会会议，报告物业管理的实施情况；（2）代表业主与业主大会选聘的物业服务企业签订物业服务合同；（3）及时了解业主、物业使用人的意见和建议，监督和协助物业服务企业履行物业服务合同；（4）监督管理规约的实施；（5）业主大会赋予的其他职责。"

《业主大会和业主委员会指导规则》第三十五条规定，"业主委员会履行以下职责：（1）执行业主大会的决定和决议；（2）召集业主大会会议，报告物业管理实施情况；（3）与业主大会选聘的物业服务企业签订物业服务合同；（4）及时了解业主、物业使用人的意见和建议，监督和协助物业服务企业履行物业服务合同；（5）监督管理规约的实施；（6）督促业主交纳物业服务费及其他相关费用；（7）组织和监督专项维修资金的筹集和使用；（8）调解业主之间因物业使用、维护和管理产生的纠纷；（9）业主大会赋予的其他职责。"

2．业主委员会的具体工作内容

业主大会、业主委员会是应物业管理活动的需要而产生的民主自治组织。因此，其活动和工作内容仅限于物业管理区域内与物业管理有关的各类事项，不得做出与物业管理无关的决定，不得从事与物业管理无关的活动。根据业主委员会的基本职责，其日常的具体工作主要有以下几项。

（1）负责召集、组织业主大会

业主委员会作为业主大会会议的召集人，应于会议召开15日以前通知全体业主，并告知相关的居民委员会；在业主大会会议召开时，做好书面记录并存档；业主大会、业主委员会做出的决定应当以书面形式在物业管理区域内及时公告。

由于业主大会是物业管理活动中的决策机构，它的决定对物业管理活动将产生重大影响，因此，业主大会的会议记录和各项决定应当作为物业管理活动中的重要文件加以保存。

业主委员会任期届满前2个月，业主委员会应召开业主大会会议进行业主委员会的换届选举。原业主委员会应当在其任期届满之日起10日内，将其保管的档案资料、印章及其他属于业主大会所有的财物移交新一届业主委员会，并做好交接手续。

（2）代表全体业主选聘物业服务企业、完成交接

物业服务企业的选聘（不含前期物业服务）是全体业主共同的责任。但在实际运作时，是业主委员会代表全体业主主持招投标，与选聘的物业服务企业签订物业服务合同，并监

督和协助新、旧物业服务企业的交接工作。对此，《物业管理条例》做出了明确规定，物业服务企业承接物业时，应当与业主委员会办理物业验收手续。业主委员会应当向物业服务企业移交资料。物业服务合同终止时，物业服务企业应当将物业管理用房和资料交还给业主委员会。

（3）监督和协助物业服务企业

业主委员会应定期和不定期地通过多种形式（如开座谈会、发放调查问卷、个别征求意见等）广泛收集业主、物业使用人的意见和建议，特别是意见较多的住用人的意见和引起住用人普遍抵制、反对的物业服务企业的一些决定和做法。及时向物业服务企业反映、沟通，要求并监督物业服务企业改正工作中的不足，改善和提高工作质量。对物业服务企业确需临时占用、挖掘道路、场地的，应当征得业主委员会的同意。与此同时，业主委员会也应协助物业服务企业做好物业服务工作，这主要是要求全体住用人自觉遵守管理规约，在接受和享受物业服务企业提供的物业服务的同时，也要支持、服从其正当的管理，尊重、关心、体谅物业服务企业的员工等。

（4）监督管理规约的实施

管理规约是全体业主为维护其共同利益而制定的。因此，对全体业主和物业使用人具有同等的约束力。但在实践中，不同业主和物业使用人往往会有不同的利益诉求，彼此之间难免会产生矛盾、发生冲突，此时，业主委员会就应积极做好调解工作，引导广大住用人自觉遵守管理规约。

《物权法》第八十三条规定，"业主大会和业主委员会，对任意弃置垃圾、排放污染物或者噪声、违反规定饲养动物、违章搭建、侵占通道、拒付物业费等损害他人合法权益的行为，有权依照法律、法规以及管理规约，要求行为人停止侵害、消除危险、排除妨害、赔偿损失。业主对侵害自己合法权益的行为，可以依法向人民法院提起诉讼。"

《物业管理条例》第五十一条规定，"因维修物业或者公共利益，业主确需临时占用、挖掘道路、场地的，应当征得业主委员会和物业服务企业的同意。"

特别需要提出的是个别业主拒付物业费的问题。从本质上讲，物业费是属于全体业主的（AA 制），个别人的欠费侵害的是全体业主的共同利益。从物业服务合同的签订来看，甲方是业主委员会代表的全体业主，物业服务费是按全体业主的专有部分面积分摊计算的。因此，《物业管理条例》第六十七条明确规定，"违反物业服务合同约定，业主逾期不交纳物业服务费用的，业主委员会应当督促其限期交纳；逾期仍不交纳的，物业服务企业可以向人民法院起诉。"这就把追讨欠缴的物业服务费的第一责任人定为代表全体业主利益的业主委员会。

（5）做好与有关部门的配合工作

《物业管理条例》第二十条规定，"业主大会、业主委员会应当配合公安机关，与居民委员会相互协作，共同做好维护物业管理区域内的社会治安等相关工作。在物业管理区域内，业主大会、业主委员会应当积极配合相关居民委员会依法履行自治管理职责，支持居民委员会开展工作，并接受其指导和监督。住宅小区的业主大会、业主委员会做出的决定，应当告知相关的居民委员会，并认真听取居民委员会的建议。"

在上述五方面的工作中，（3）、（4）项是业主委员会的日常工作，是业主委员会工作的重点、难点，需要认真研究、对待。

### （三）对业主委员会的监管

对业主委员会的监管同样是业主自治的内容。对业主委员会的监管主要来自两个方面：首先是全体业主、业主大会的监管；其次是政府相关部门（主要有房地产行政主管部门、民政部门、公安部门等）和司法部门的监管。

对业主委员会的监管具体体现在以下三个方面。

1．对业主委员会成员的监管

主要是指对业主委员会成员应具备的条件和罢免条件的监管。详见前面对业主委员会委员资格的分析。

2．对业主委员会机构的监管

主要是指对业主委员会的备案和换届的监管。《物业管理条例》第十六条规定，"业主委员会应当自选举产生之日起 30 日内，向物业所在地的区、县人民政府房地产行政主管部门和街道办事处、乡镇人民政府备案。"《业主大会和业主委员会指导规则》第四十七条规定，"业主委员会任期届满前 3 个月，应当组织召开业主大会会议，进行换届选举。"第五十七条规定，"业主委员会在规定时间内不组织换届选举的，物业所在地的区、县房地产行政主管部门或者街道办事处、乡镇人民政府应当责令其限期组织换届选举；逾期仍不组织的，可以由物业所在地的居民委员会在街道办事处、乡镇人民政府的指导和监督下，组织换届选举工作。"

3．对业主委员会行为的监管

（1）当业主委员会不作为时的监管

《业主大会和业主委员会指导规则》第五十一条规定，"业主委员会未按业主大会议事规则的规定组织召开业主大会定期会议，或者发生应当召开业主大会临时会议的情况，业主委员会不履行组织召开会议职责的，物业所在地的区、县房地产行政主管部门或者街道办事处、乡镇人民政府可以责令业主委员会限期召开；逾期仍不召开的，可以由物业所在地的居民委员会在街道办事处、乡镇人民政府的指导和监督下组织召开。"

（2）当业主委员会的决定违法时的监管

业主委员会做出的决定应符合现行法律、法规，并不得侵害业主的合法权益。当业主委员会的决定出现违反这两种情况时，则应给予及时改正和撤销。

《物权法》第七十八条规定，业主大会或者业主委员会做出的决定侵害业主合法权益的，受侵害的业主可以请求人民法院予以撤销。

《物业管理条例》第十九条和《业主大会和业主委员会指导规则》第六十条都规定，业主大会、业主委员会做出的决定违反法律、法规的，物业所在地的区、县人民政府房地产行政主管部门或者街道办事处、乡镇人民政府，应当责令限期改正或者撤销其决定，并通告全体业主。

## 案例3-4　模范小区的业委会选举风波[①]

桃源居社区位于深圳市宝安区，总面积180万平方米，居民约40 000人，是深圳市最大的地产项目。2008年11月，由桃源社区居委会组织的业委会换届选举产生了风波。参选人古进发放竞选宣传资料的行为受到社区居委会等单位的抵制，落选后，古进向区物管管理办申请验票并向区建设局递交了要求撤销桃源居业委会备案的报告，而社区居委会等单位都认为新一届业委会成员是通过法定程序产生的。区物管办接到验票申请后表示暂未发现选举中存在违法行为。

古进是桃源居小区的一名业主，平时热心社区事务，是桃源居业主自建论坛（www.sztyj.net）的总版主。2008年9月，小区业委会举行换届选举，他和论坛4位业主成为正式候选人。11月7日，他们在小区发放宣传资料，宣传单正面为5名候选人情况介绍，背面是一封呼吁信，信中指出小区现存的问题，提出"面对上述众多的问题，我们不禁要问：我们以前'选举'出来的业主委员们在哪里？"最后号召邻居踊跃投票。然而，有业主在接受《南方日报》记者采访时称，小区保安把已放入业主信箱的宣传资料钩出来扔掉，邻居们气愤表示，为什么平时的垃圾广告单就没人理。古进在社区论坛上称，保安表示自己完全是听管理处的指示。随后候选人经过演讲，正式选举，11月20日选举结果公布，古进在19名参选人中居第15名，前11名为业委会委员，12～14名为业委会委员候补委员。

落选后，基于对选举过程的怀疑，古进召集业主签名，向区住宅局申请验票，他提出了选票没有盖公章、没有编号，选票发收时间过于短暂以及义工篡改选票等8个疑点。有业主向记者表示本次业委会里的三名业主代表未通过业主选举产生等情况。

12月5日，《南方日报》的记者对各方进行了采访。桃源社区居委会主任（本次筹备组组长）杨贤辉表示业委会换届选举依照《深圳经济特区物业管理条例》（以下简称《条例》）和《深圳市业主大会和业主委员会指导规则》（以下简称《规则》）进行，3名业主代表是根据《规则》第十四条"筹备组中的业主代表由社区工作站或社区居民委员会推荐产生"。但记者发现《条例》中规定筹备组中的业主代表由业主推荐产生。杨贤辉认为参选

---

① 王剑君. 模范小区的业委会选举风波[J]. 现代物业·新业主，2009（3）.

人发放宣传单要经公安部门批准，由物业服务公司和巡查员传发。针对《深圳经济特区物业管理条例》第二十四条规定，"业主委员会由 5 至 17 名委员组成……候补委员人数按照委员人数的 40%设置。业主委员会委员、候补委员实行差额选举，差额比例不得低于 20%。"古进认为，按此条规定计算，11 名正式委员应该产生 4 名候补委员，筹备组组长杨贤辉认为，后面还写着差额比例不能小于 20%，配 3 名是 20%多，也达不到 40%，这方面有区住宅局的指导。

针对桃源居业委会选举一事，宝安区物业管理办相关人士对记者称他们调查后，尚未发现选举有违法违规的事实。"业主提出验票申请需要有确凿的证据，比如说出现假票，要具体到哪一张票，要有业主证明作假，没有这些确凿的证据就不能验票"，"部分业主提出的比如投票时间为何只有 3 天、选票没有加盖公章等疑问，相关法规并没有规定要多少天来发放选票或要求加盖公章。"

纵观整个事件，笔者认为有两个问题值得思考：在古进和相关单位的辩驳中，都以相关法律为依据，却得出了不同的结果，那么，在业委会选举中存在哪些指导法律，法律之间是否存在矛盾？此次选举是小区业委会的选举，小区业主本应为活动的主角，但在整个事件中，我们看到的却是居委会忙碌的身影，同为基层的自治组织，业委会和居委会是什么关系，居委会有指导业委会选举的权限吗？

# 第三节　物业管理的相关机构

## 一、房地产行政主管部门

房地产行政主管部门负责物业管理的归口管理工作，物业公司首先经房地产行政主管部门审核批准，才可以到工商行政部门登记申办物业服务企业。物业服务企业设立以后，仍需在房地产行政主管部门的监督、指导下开展工作，但政府管理部门不直接参与物业服务企业的管理活动。各级房地产行政主管部门负责城市物业管理的宏观管理和调控，制定城市有关物业管理的法规、政策，并组织实施监督和检查，组织引导物业管理工作的工作方向等。应当特别强调指出的是，政府在物业管理中就是立法、指导、推动、检查以及监督物业管理工作的实施，把政府自身的各项行政管理工作落到实处，以正确行使在社会主义市场经济体制中政府对物业管理进行行业管理的职能。房地产行政主管部门对物业服务企业进行行政管理的主要工作包括物业服务合同备案管理，物业服务企业的资质审批，对物业服务企业的专业人员进行业务培训、考核与注册，检查监督物业专项维修资金的管理与使用，组织物业服务企业参加物业管理评比等。房地产行政主管部门对物业服务企业的监督、管理、指导工作，体现在以下几个方面。

（一）组织物业服务企业参加考评和评比

根据原建设部颁布的《全国优秀管理住宅小区标准》的规定，房地产行政主管部门通过实地考察、听取汇报、查阅资料、综合评定等方法，对申报达标的物业管理区域进行达标考评。考评合格的，发给达标合格证书。

（二）负责对物业服务企业的经营资质审批

房地产行政主管部门为了加强对物业服务企业的管理，规范物业服务企业的行为，按照《物业服务企业资质管理办法》，对物业服务企业的资质管理实行分级审批制度和动态管理，每两年核定一次。根据资质等级，分别由审批单位发给相应等级的资质证书。

（三）对物业服务人员进行职业培训

为了提高物业服务人员对物业的规范管理，全面提高物业服务人员的素质，房地产行政主管部门应该与劳动管理部门密切配合，组织对物业服务人员进行职业技能培训，要求物业服务人员做到持证上岗，规范管理。

## 二、相关行政管理部门

物业服务企业必须接受工商、税务、物价、公安或派出所、环卫及园林部门的监督和指导。物业服务企业应向工商行政管理部门申请注册登记，领取营业执照后，方可对外经营。

工商行政管理部门每年都会对企业进行年度检查，对物业服务企业也不例外。税收管理部门有权对物业服务企业的纳税情况进行业务检查和指导。物业服务企业虽可享受国家对第三产业的利税优惠政策，但仍应遵守有关税收政策，依法纳税。物业管理的收费应按有关部门规定的收费标准收取，不得随意增加收费项目和提高收费标准。对政府部门尚未制定收费标准的服务项目，物业服务企业应将涉及广大普通群众的收费标准上报物价部门备案。

另外，物业服务企业的各项服务工作均要接受其他相对应的行政管理部门的指导与监督。例如物业治安管理要接受公安部门的监督与指导；治安管理人员由派出所进行培训和指导；物业的消防管理接受消防部门的监督、检查和指导；清洁工作应接受环卫部门的指导与监督；绿化工作接受园林部门的指导等。政府的其他行政职能管理部门，如市政、公用、电力和邮电等部门应在法律、法规规定和其职责范围内进行管理和提供服务，并对物业服务企业的有关工作和专业工作按各自的职责分工进行指导和监督。

## 三、专业性服务企业

专业服务工作是物业管理过程中的重要工作，物业管理中的全方位服务，需要通过专业服务公司实现。物业服务企业可将物业管理区域内的专项服务业务委托给专业性服务企业，与其签订合同，建立合同关系，完成专业服务工作。但要注意的是，物业服务企业不得将区域内的全部物业管理一并委托给他人。物业服务企业也可自设服务部门完成专业服务工作。一般地，物业服务企业对下设的专业服务部门实行承包责任制，对选聘的专业服务企业实行合同制。

# 四、街道办事处、乡镇人民政府和居委会

本书第一章第四节明确指出，物业管理是城市建设和社区建设的重要组成部分。物业服务企业和业主大会、业主委员会应接受街道办事处、乡镇人民政府和居委会的工作指导，并积极配合其开展社区建设工作。

# 五、物业管理行业协会

物业管理行业协会是物业服务市场的民间性、自律性和自服务性组织，其本质是社会团体法人，不以盈利为目的，代表物业管理行业的共同利益，并为其服务。物业服务企业应积极参加物业管理行业协会的活动，接受其业务指导。在市场经济条件下，政府对行业的管理只是一个底线；对于物业管理这样一个专业性很强的行业来说，行业管理应该越来越依靠行业内专家进行自我管理。

我国全国性的物业管理协会是"中国物业管理协会"[1]，成立于 2000 年，是具有社团法人资格的全国性社会团体，其主管部门为中华人民共和国住房和城乡建设部，总部设在北京。"中国物业管理协会"以物业服务企业为主体，现有会员 1 200 余个。协会的主要职能包括以下几方面。

（1）协助政府贯彻执行国家的有关法律、法规和政策。

（2）协助政府开展行业调研和行业统计工作，为政府制定行业改革方案、发展规划、产业政策等提供预案和建议。协会通过积极开展调查研究，参与相关行业政策的研究、制定，提出行业发展和立法等方面的意见和建议，完善行业管理，促进行业发展。

（3）帮助政府组织、指导物业管理科研成果的转化和新技术、新产品的推广应用工作，促进行业科技进步。

（4）代表和维护企业合法权益，向政府反映企业的合理要求和建议。

（5）组织制定并监督本行业的行规行约，建立行业自律机制，规范行业自我管理行为，树立行业的良好形象。

（6）进行行业内部协调，维护行业内部公平竞争。

---

[1] 有关中国物业管理协会的更多资料可参考其官网．http://www.ecpmi.org.cn/。

（7）为会员单位的企业管理和发展提供信息与咨询服务。协会积极开展信息交流，利用自身的信息、技术、人才和管理等方面的优势，通过出版信息刊物、举行知识讲座等，把政策法规、行业规定、典型经验、先进技术、行业动态等信息通过多种形式传达给会员。

（8）组织开展对物业服务企业的资质评定与管理、物业管理优秀示范项目的达标考评和从业人员执业资格培训工作。协会积极开展创优评比，组织优秀项目、优秀企业的评比活动，评选一批信誉好、实力强、服务优的骨干企业和优秀项目，并积极进行宣传推介，扶持优势企业做大做强，带动行业整体进步。

（9）促进国内、国际行业交流和合作。随着物业管理行业的发展，很多城市也建立了本地区的物业管理行业协会，为本地区的物业服务企业服务，协助政府开展行业管理工作。

目前，中国物业管理行业的行业协会仍以政府主导成立为主，但也出现了一些完全由企业自发组成的行业协会组织。

 **专栏 3-3　"业必归会"制度**[①]

"业必归会"是指企业正式成立并取得经营资质后，必须按照规定申请加入某一行业协会，并依法享受会员权利、履行会员义务的一种制度。2008 年正式施行的《深圳经济特区物业管理条例》，在国内物业管理行业率先引入"业必归会"制度，要求"物业服务企业应当自取得资质证书之日起三个月内加入市物业管理协会"，这一突破和创新引起社会各界特别是业内人士的广泛关注。"业必归会"制度在物业管理行业的引入和施行，将有利于建立和谐的物业管理秩序，促进行业的健康协调发展，是物业管理行业发展的必然趋势。

"业必归会"制度具有如下作用：首先，"业必归会"制度有利于发挥物业管理协会的集聚服务功能，提升行业的整体竞争力；其次，"业必归会"制度有利于发挥物业管理协会的行业自律功能，增强企业的内在约束力；再次，"业必归会"制度有利于发挥物业管理协会的综合协调功能，扩大协会的自身影响力。

 **本章小结**

1. 物业服务企业是指依法设立的、具有独立法人资格并从事物业服务活动的企业。具有经营性、专业性、统一性和平等性的特点。物业服务企业在依据物业管理委托合同对受托物业实施管理的过程中，具有相应的权利和义务。

---

① 王俊，葛红刚. "业必归会"是物业管理行业发展的必然趋势[J]. 中国物业管理，2008（1）.

2．我国物业服务企业最初多以"自建自管"模式为主，随着物业管理的社会化、专业化和市场化的逐步推进，其模式逐渐向"建管分离"过渡。

3．业主是房屋的所有权人，可以是自然人，也可以是法人。根据《物权法》、《物业管理条例》和《业主大会和业主委员会指导规则》的规定，业主在物业管理中享有一定的权利，承担一定的义务。

4．物业管理区域内全体业主组成业主大会。一般而言，业主大会的成立遵循以下流程：首先，报送筹备首次业主大会会议所需的文件资料；其次，成立首次业主大会会议筹备组；再次，组织召开首次业主大会会议。

5．根据《物权法》《物业管理条例》和《业主大会和业主委员会指导规则》的规定，业主大会具有一定的职责，并通过召开业主大会会议来履行相应的职责。

6．业主委员会由全体业主选举而出。根据《业主大会和业主委员会指导规则》的规定，业主委员会的委员应符合一定条件。

7．业主委员会是业主大会的执行机构，在业主大会的授权下开展工作，向业主大会负责并报告工作。《物业管理条例》规定业主委员会履行一定的职责。

8．对业主委员会的监管主要来自两个方面：首先是全体业主、业主大会的监管；其次是政府相关部门（主要有房地产行政主管部门、民政部门、公安部门等）和司法部门的监管。

 综合练习

一、基本概念

物业服务企业　业主　业主大会　业主委员会　物业管理协会

二、思考讨论题

1．简述物业服务企业的分类和特点。

2．试分析我国物业服务企业模式的变迁过程。

3．物业服务企业有哪些权利和义务？

4．业主有哪些权利和义务？

5．试分析业主自治自律的内涵和重要性。

6．业主大会有什么职责？

7．业主委员会有什么职责？

8．如何对业主委员会进行监管？

9．物业管理的相关机构有哪些？它们与物业管理的关系如何？

三、案例分析题①

业主李先生家住的是 1998 年建成的商品房小区，位居一单元 401 室，小区实行物业集中供热。2009 年 10 月 17 日，是李先生最难忘的一天，因为他的家被泡在了大水里，足有20 厘米深，屋里还弥漫着热气，很多东西漂在水上。李先生被这样的场景惊呆了，大水像瀑布一样顺着墙缝、门缝四处流淌，此时楼下共 3 户的邻居也大呼小叫地堵住了李家的门口。物业公司派人员前来协助救水，经过几个小时的奋战，大水止住了，漏水原因是室内阀门破裂。眼下造成的包括李先生家共 4 个家庭的财产损失如何处理成为最大的问题，虽然经过几番协商，但没有达成一致意见，并各执一词。与此同时，楼下的业主将李先生告上了法庭，李先生把物业服务公司告上法庭，法院进行了合并审理。

案例分析与讨论：

根据本章所学，分析与讨论本案中包括物业服务公司、业主李先生和李先生楼下业主在内的各方的责任和应承担的损失。

## 本章阅读与参考文献

1．中国法制出版社．物业管理条例新解读[M]．北京：中国法制出版社，2008．

2．班道明，张宝秀，傅洁茹．物业管理概论[M]．第 2 版．北京：中国林业出版社，2006．

3．黄安心．物业管理原理[M]．重庆：重庆大学出版社，2009．

4．周宇．现代物业管理实务[M]．北京：中国经济出版社，2009．

5．姜早龙，张涑贤．物业管理概论[M]．武汉：武汉理工大学出版社，2008．

6．季如进．物业管理[M]．第 2 版．北京：首都经济贸易大学出版社，2008．

7．王占强．物业管理：从入门到精通[M]．北京：中国法制出版社，2014．

8．余向东．健康的物业管理市场需要"兼容并包"——小议"建管分离"[J]．城市开发（综合版），2007（6）．

9．卢海燕．业主委员会制度的缘起、现实困境与制度选择[J]．城市问题，2007（2）．

10．宋琳琳．多重监管确保业委会健康[J]．现代物业·新业主，2009（8）．

11．《物业服务企业资质管理办法》（中华人民共和国建设部令第 164 号）。

12．《中华人民共和国物权法》（中华人民共和国主席令第 62 号）。

13．《物业管理条例》（中华人民共和国国务院令第 504 号）。

14．《业主大会和业主委员会指导规则》（建房[2009]274 号）。

---

① 王世梅．案评物业服务企业的"通知"义务[J]．城市开发（物业管理），2009（12）．

# 第四章　物业服务市场

学习目标

通过对本章的学习，应掌握如下内容：
1. 物业服务市场的基本含义及运行机制；
2. 物业服务招标和投标；
3. 物业服务合同；
4. 物业服务价格与收费。

导言

物业服务进入商品交换领域形成了物业服务市场，因此，同一般商品市场一样，要使物业服务市场健康发展，需要培育市场主体，构建市场运行机制，并对市场进行监督管理。实行物业管理的招投标，实际上就引入了市场竞争机制，有利于物业服务市场的培育和发展。本章主要介绍了物业服务市场、物业服务招投标制度、物业服务合同和物业服务价格及收费等内容。

## 第一节　物业服务市场概述

### 一、物业服务市场的含义与特点

物业管理的健康发展和规范运作离不开物业服务市场。物业服务市场作为一个独立的市场形态被纳入到整个经济的市场体系之中，是社会主义市场经济发展的必然产物。

#### （一）物业服务市场的含义

所谓物业服务市场，是指围绕出售和购买以物业为对象的服务而进行的各种交易活动的总和。物业服务市场有广义和狭义之分。广义的物业服务市场是指所有物业服务商品交换关系的总和，狭义的物业服务市场则是指物业服务商品交换的场所。

物业服务市场包括以下三层含义。

（1）市场交换的商品是物业服务。它是一种即时消费即时消失的劳务商品，它依附于物业而存在，随物业消失而消失。

（2）市场交换关系的主体是业主和物业服务企业。为使物业保值、增值及更具使用性，业主需要专业化和高标准的物业服务。物业服务企业则为业主提供上述服务并获得报酬。两者共同创造了物业服务市场。

（3）价值规律和竞争规律是物业服务市场的基本规律。物业服务劳务商品的交换是在供求双方议价的基础上完成的。当业主提出某种物业服务需求时，物业服务企业就此测算成本并报出价格，业主对此报价进行评价并与物业服务企业议价，反复多次，最终形成交易。物业服务企业之间的竞争对业主选择物业服务企业及价格的决定都有重要影响。

**（二）物业服务市场的特点**

物业服务市场除了具备一般商品市场的特点以外，还由于其用以交换的商品（物业服务）的特殊性而具有其特有的特点。

1. 非所有权性

物业服务必须通过物业服务者的具体劳动向需求者提供服务，这种服务劳动是存在于人体之中的一种能力，在任何情况下，没有哪种力量能使这种能力与人体发生分离。因此，物业服务市场上交换的并不是物业服务的所有权，而只是这种服务的使用权。

2. 生产与消费的同步性

一般情况下，物业服务是向业主直接提供服务，服务过程本身既是生产的过程，也是消费的过程，劳动和成果是同时完成的，且这种劳动商品是不可储存的。例如，物业管理的保安服务，保安员为业主提供站岗和巡查等安全保卫服务，当保安员完成保卫服务离开岗位时，业主的安全服务消费也就同时完成了。

3. 服务品质的差异性

物业服务是通过物业服务企业员工的操作为业主进行的直接服务，其服务效果和服务品质必然要受到员工的具体服务经验、技能水平以及情绪和服务态度等因素的影响。同一项服务，由于具体操作的不同，服务品质的差异性都会很大。

4. 服务的综合性和连锁性

物业服务是集物业的维修养护、治安保卫、清扫保洁、庭院绿化和家居生活服务等多种服务于一体的综合性服务。这种综合性的服务通常又是相互关联和相互补充的。业主对物业服务的需求在时间、空间及形式上经常出现相互衔接，不断地由某一种服务消费引发另一种服务消费。

5. 服务需求的伸缩性

业主对物业服务的消费有较大的伸缩性，当他们感到方便和满意时，就会及时或经常惠顾；当他们感到不便或不理想时，就会延缓甚至不再购买相关服务。特别是在物业服务企业提供的专项服务和特约服务上，如代购车、船、机票，代订代送报刊等，业主可以长期惠顾，也可以自行解决或委托其他服务单位。

## 二、物业服务市场的构成

一个完善的物业服务市场应由市场主体、市场客体以及市场机制三部分组成。

### （一）市场主体

物业服务市场主体有业主、物业服务企业、中介组织、物业管理行业协会及政府等。

1. 业主

业主是物业的产权人，是物业服务市场的需求方，也是物业管理的委托方和服务的对象，是物业服务市场的核心。物业服务市场的一切活动都是围绕着业主的需求来展开。业主主要通过业主大会和业主委员会来参与物业服务市场活动。

2. 物业服务企业

物业服务企业是物业服务市场的供给方，是物业管理的经营主体和受托方。

3. 中介组织

物业服务市场上的中介机构主要有物业服务咨询公司、公证处、律师事务所、资产评估机构及物业租赁代理等市场媒介，为物业服务市场提供辅助性服务。

4. 物业管理行业协会

物业管理行业协会按照政府的产业政策和行政意图协助主管部门推动行业的管理和发展，其主要功能在本书第三章已作介绍。

5. 政府

政府是物业服务市场的管理者，从具体实践来看，包括以下两类部门。

（1）各级行政主管部门

国家住房和城乡建设部房地产市场监管司负责规划、组织和推动全国物业管理工作的实施，包括拟订物业管理的法规及规章制度并监督执行，拟订物业管理的资质标准等。房地产市场监管司下设物业管理处，分管与指导、监督全国的物业管理工作，规范全国的物业服务市场秩序，推动物业服务市场的健康有序发展。各级地方物业管理行政管理机构主要按照国家有关物业服务市场发展与规范的宏观指导精神，负责制定本辖区的有关物业管理法规、政策和实施细则，并贯彻执行。同时也包括指导和监督物业服务企业、业主大会和业主委员会的具体工作，实行行业归口管理。

（2）市场管理职能部门

市场管理职能部门主要有工商、公安、税务和物价等部门。工商行政管理部门主要负责物业服务市场的市场秩序管理；公安部门的主要职责是防范和打击物业服务市场的犯罪行为；税务部门主要是监督物业服务企业依法纳税，查处物业服务市场偷税漏税的活动；物价部门则主要负责制定物业服务价格和监督交易者执行价格政策等。

### （二）市场客体

市场客体是指在市场中用于交换或出售的对象。物业服务市场上的市场客体是物业服务，是一种无形的商品。具体来说，就是本书第一章中提到的常规性的公共服务、针对性的专项服务和委托性的特约服务三大类型。

### （三）市场机制

物业服务市场机制是价格机制、供求机制和竞争机制三者之间相互制约、相互作用的结果，它调节着物业服务市场的各个方面。

1. 价格机制

价格机制是指价格的形成与变动对生产、消费和供求关系等的调节和影响的形成过程与形式，是市场机制的核心。物业服务价格既反映物业管理劳动价值量，实行等价交换，又反映供求状况。

2. 供求机制

供求机制在物业服务市场中表现为物业服务的供给总是追随着人们对物业管理的需求。供给不是大于需求，就是小于需求，二者很少相等，但是也不会过久或过多地不平衡。从长期发展趋势上看，物业服务的供求总是会均衡的。

3. 竞争机制

竞争机制主要表现为：一是在新物业的竞争方面，物业服务企业只有以最低廉的价格提供最优质的服务，才能获得物业管理权；二是在已拥有物业管理权的物业服务企业的竞争方面，市场奉行优胜劣汰，业主可以自主解聘管理不善、收费过高的企业，改聘管理完善、收费低廉的企业。

## 三、物业服务市场的管理

所谓物业服务市场管理，是指有关管理部门按照社会经济发展的客观规律和物业服务市场发展的目标、方向，运用法律、行政、经济以及宣传教育等手段对物业服务市场交易对象及交易过程中的全部经济关系进行调控、指导、监督和服务等管理工作。

对物业服务市场的管理主要由三类市场管理机构组成：国家设置的市场管理职能机构、物业服务的技术管理机构和群众性的管理监督机构。国家设置的政府管理机构对物业服务市场的管理主要是政府通过法律、法规对物业服务市场进行宏观的管理，为物业服务市场发挥应有的功能创造一个有法可依、有纪可守、有章可循的良好的市场环境。行业协会是物业服务企业依法自愿组成的行业性组织，通过开展各种有益的活动，在行业内起到协调、协作和监督管理的作用。

物业服务市场管理的主要内容有以下几方面。

1．对物业服务市场交易主体的管理

按照相关法律法规，对物业服务市场交易主体的管理包括审核物业服务市场主体的资格和条件；核发物业服务企业的资质等级证书和注册证书（主体登记管理）；核发物业管理从业人员的培训合格证书及资格证书；规范主体行为的监督管理和对业主大会及业主委员会工作的指导和管理等。

2．对物业服务市场交易客体的管理

对物业服务市场交易客体的管理主要是指通过评选优秀物业管理小区等方法，间接地对物业服务企业的管理水平和服务质量进行规范和管理，加强其主动竞争意识，提高物业服务市场的整体水平。

3．对物业服务行为的管理

对物业服务行为的管理主要是指对物业服务活动进行的管理，它包括保护合法经营、合法竞争和公平交易；打击非法和不正当竞争，如进行欺骗性交易和强买强卖等行为。

4．对物业服务价格的管理

物业服务价格是物业服务市场交易的核心问题。对物业服务价格的管理主要涉及核定或制定物业指导价格、制定物业服务价格的管理办法以及对物业服务价格的监督检查，防止多收费、乱收费、收费不服务和少服务等情况的发生。

5．对物业服务合同的管理

对物业服务合同的管理的主要任务包括对物业服务合同当事人资格的审查和确认；对物业服务委托合同的示范文本的制定和宣传推广、监督检查等；对无效物业服务合同的认定和处理；对物业服务合同纠纷的调节和处理等以及对物业服务合同档案的管理（备案管理）等。

6．对物业服务信息的管理

对物业服务信息的管理主要包括对物业服务市场上的广告信息、供求信息、价格信息、反馈信息以及环境信息等的收集、整理、发布和管理。政府应建立物业服务市场的信息收集、处理及市场对策研究机构，分析和研究物业服务市场变化的趋势，为物业服务企业提供可靠的物业市场信息，帮助物业服务企业的项目优选和项目决策，扶持一批物业服务骨干和品牌企业。

# 四、物业服务市场中的委托代理关系及其实现方式

本书第二章对物业管理中的委托代理问题进行了详细的分析。显然，在物业服务市场中存在委托代理关系。

## （一）委托代理关系

物业管理的委托与代理关系是怎么产生的呢？简单而言，是由于现实生活中物业具有

复杂性、不可分割性、整体性和产权的多元化等特征，使众多业主不可能自己直接进行物业管理，也不可能各自寻找物业管理者来管理属于大家的公共区域。由业主（通过业主大会）委托物业服务企业进行管理的模式由此产生。

在委托代理关系中，主体有代理人、被代理人和相对人。具体到物业管理的实践中，代理人是物业服务企业，被代理人是业主或业主大会。相对人则有两类：一是各类相关的专业公司，如房屋维修公司、设备维修公司、绿化公司和清洁公司等。物业服务企业与各专业公司签订各种合同，以满足被代理人的需求。二是分散业主（相对于业主大会）和承租人（相对于产权所有人）。物业服务企业代表业主大会或大产权人与分散业主或承租人签订房屋使用合约，以规范他们使用物业的行为。

**（二）委托代理的实现形式**

要实现物业服务市场中的委托代理关系，必须有相应的形式，这种形式一般是通过物业服务的招投标并签订前期物业服务合同或物业服务合同来实现的。

《物业管理条例》第二十四条规定，"国家提倡建设单位按照房地产开发与物业管理相分离的原则，通过招投标的方式选聘具有相应资质的物业服务企业。住宅物业建设单位，应当通过招投标的方式选聘具有相应资质的物业服务企业；招投标人少于 3 人或者住宅规模较小的，经物业所在地的区、县人民政府房地产行政主管部门批准，可采用协议方式选聘具有相应资质的物业服务企业。"由此可见，物业服务招投标是国家鼓励的物业服务业务转移形式。物业管理中引入招投标是物业服务市场化的一种表现，同时也为物业服务企业提供了公平竞争的机会。

# 第二节　物业服务招标投标

## 一、物业服务招投标概述

物业服务招标是指开发商、业主（委托业主大会）或其他产权人等物业服务市场主体，通过编制和公开符合其服务要求和标准的招标文件，向社会招聘，并采取一定的方法进行分析和判断，最终确定最佳的物业服务企业并与之订立前期物业服务合同或物业服务合同的过程。

物业服务投标是指物业服务企业为了开拓业务，根据物业服务招标文件中确定的服务要求和标准，组织编制投标文件，并向招标单位递交应聘申请书和投标书，参与物业管理竞标，以求通过物业服务市场竞争获得物业管理权的过程。

物业服务招投标是物业服务招标行为和物业服务投标行为的有机结合，通过招投标使物业管理供需主体在平等互利的基础上建立起一种新型的劳务商品关系。从本质上看，物业服务招投标是一种市场双向选择行为。招标方设定"某物业项目的物业服务"这一标的进行招标，如果物业服务企业认为可以选择管理这一物业，它就会参与这一标的的投标。物业服务企业提供交换的标的是管理与服务。这种服务的质价如何，要经过招标方的评判。只有招标方认为物业服务企业提供的服务是最合适的，它才会选择该物业服务企业。

### （一）物业服务招投标的原则

在物业服务招投标中，招标方的目的是找到理想、合适的物业服务企业。要达到此目的，招标方应对所有参加投标者实行"公开、公平、公正、合理"的原则。

1. 公开原则

公开原则是指在招投标过程中各项程序都要公开发布，特别是面向整个物业管理行业公开招标的物业管理项目，更应对外公布操作程序和标书要求等，使有关各方都能了解，从而便于行业监督和社会监督，增加透明度，保护招投标双方的合法、正当权益。

2. 公平原则

公平原则是指所有物业服务企业应在相同条件下参加投标，招标方在招标文件中向所有物业服务企业提供的资料、提出的投标条件和投标书编制要求都是一致的。

3. 公正原则

公正原则是指要用同样的准则来衡量所有的投标书，即评标、验标和决标的规则与评分标准对所有的投标方都是一致的。

4. 合理原则

合理原则是指在评标、议标和定标过程中，要合理确定物业服务的项目、内容、档次和收费标准。既不能接受低于正常的管理服务成本的报价，也不能脱离实际的市场情况，提出不切实际的管理服务要求。

### （二）物业服务招投标适用的法律法规

与物业服务招投标相关的全国范围的法律法规主要有全国人大常委会 1999 年颁布的《中华人民共和国招标投标法》（以下简称《招标投标法》）、国务院 2007 年修订的《物业管理条例》以及原建设部 2003 年 6 月颁布的《前期物业管理招标投标管理暂行办法》。这三个法律法规的法律层次是不一样的，其出台背景、时间也是不同的。《招标投标法》第三条规定，"在中华人民共和国境内进行下列工程建设项目包括项目的勘察、设计、施工、监理以及与工程建设有关的重要设备、材料等采购，必须进行招标：（1）大型基础设施、公用事业等关系社会公共利益、公众安全的项目；（2）全部或者部分使用国有资金投资或者国家融资的项目；（3）使用国际组织或者外国政府贷款、援助资金的项目。"从这里可以看出，《招标投标法》中的规定主要以建设工程和设备采购招投标为规范对象，当时还未专门考虑物业服务招投标的要求。对此，该条最后一款"法律或者国务院对必须进行招标的其他项目的范围有规定的，依照其规定"。因此，物业服务招投标除应遵守《招标投标法》的总原则外，其具体实施运作更多地应遵照《物业管理条例》和《前期物业管理招标投标管理暂行办法》。

此外，各省市也颁布了相应的法规，如原北京市国土资源和房屋管理局[①]2003 年颁布的《北京市物业管理招标投标办法》以及天津市国土资源和房屋管理局 2008 年颁布的《天津市物业管理招标投标管理办法》等，这些地方法规更多地体现了各地对规范物业服务招投标的要求。

### （三）物业服务招投标的特点

#### 1．早期介入的特点

按照有关规定，新建物业的物业服务招投标应在物业开始销售之前进行，因此，具有早期介入的特点。物业服务企业应从专业管理和业主利益两个角度出发，利用以往的管理经验对设计方案是否合理提出意见；对施工质量进行监督，对不完善项目及时采取补救和整改措施等。这都有利于日后物业管理的开展和实施。

#### 2．阶段性的特点

由于物业的使用寿命具有长期性，因此，物业管理是一项长期性的工作，这就决定了物业服务招标具有阶段性的特点。首先，招标文件中的各项服务要求和服务价格的制定都具有阶段性。时间变化可能导致影响因素变化，从而需要对服务要求和服务价格进行调整。其次，物业服务企业一旦中标，并不意味着一直会由其负责该物业的物业管理，直至物业使用寿命结束。一般而言，由于物业服务市场的竞争和物业服务企业自身的原因，过了委托管理期限，被业主大会授权的业主委员会将根据原物业服务企业的管理服务业绩，决定是否续聘原物业服务企业。若续聘则要重新签订合同，若不续聘，则由业主委员会重新向社会公开招标。所以，物业服务招标具有阶段性的特点。

#### 3．不确定性的特点

（1）最适合的物业管理方案不易确定。物业服务招投标与其他招投标一样，也是要选最合适的而不是最好的方案。但什么样的物业管理方案是最合适的，往往不易判断。物业管理一定是针对某一特定物业进行的，不同的物业具有不同的特点，其管理服务方面的需求也不同，因此，物业管理不像工程建设或设备采购那样存在一整套系列的、客观的、统一的并能重复使用的标准，不可能以简单而且较快的方法评选出一个"最适合"的方案。

（2）由于是早期介入，物业本身具有某种程度的不确定性，这就给招标书和投标书的编制带来一定的困难，如共用设备、设施的布局和选型将影响公共能源费的测算等。

上述特点决定了物业服务招投标过程及其结果的某种不确定性。从招标方的角度看，物业管理的招投标是有风险的，仅仅依靠对标书的评判和各投标企业以往的市场声誉并不

---

[①] 2004 年 7 月 1 日，北京市国土资源局正式挂牌，原有的国土资源和房屋管理局被撤销。其职能一分为二，涉及土地、矿产的行政管理职责划入国土资源局，而房屋行政管理和住房制度改革的职责划入北京市建设委员会。

能完全保证评标结果的最佳。

## 二、物业服务招标

物业服务招标是开发商或业主利用市场竞争机制和价值规律来选择物业服务者的行为。因此，物业服务招标具有特定的主体和方式。

### （一）招标主体

进行物业服务招标的主体有三类，即开发建设单位、全体业主或业主大会以及其他物业所有权人。

1. 开发建设单位（开发商）

《前期物业管理招投标管理暂行办法》规定，前期物业服务招投标，由开发建设单位主持。这是因为此时物业的产权未进行转移或未完全转移，开发商是产权人。开发商主持前期物业服务招投标要草拟制定相关文件，包括《前期物业服务合同》和《临时管理规约》。

按照原建设部《前期物业管理招投标管理暂行办法》第十九条的规定，新建现售商品房项目应当在现售前30日完成招投标；预售商品房项目应当在取得《商品房预售许可证》之前完成招投标；非出售的新建物业项目应当在交付使用前90日完成招投标。考虑到招标各项准备工作和不少于20天的提交投标文件时间，开发商应该在销售前几个月就开始准备前期物业服务招投标工作。

2. 全体业主或业主大会

当业主共同决定不设立业主大会时，招投标主体为全体业主。当业主共同决定设立业主大会和选举业主委员会时，在业主大会成立以后，业主大会就成为物业服务招投标的主体。根据《物业管理条例》的规定，"选聘、解聘物业服务企业"是业主大会的职责之一；而业主委员会是业主大会的执行机构，它受业主大会的委托组织实施物业服务招投标的具体运作，并代表全体业主与选聘的物业服务企业签订物业服务合同。选聘物业服务企业的决定权在业主大会而不是业主委员会，但在具体运作时，通常业主大会授权业主委员会进行操作。选聘物业服务企业是涉及全体业主切身利益的大事，是不能由业主委员会的少数人决定的。因此，业主委员会代表全体业主进行物业服务招投标时，其评标结果还不是最终结果，仍要报业主大会通过。当物业管理区域内专有部分占建筑物总面积过半数且占总人数过半数的业主不同意该结果时，还应重新招标。

3. 其他物业所有权人

其他物业所有权人作为物业服务招投标的主体，通常指的是物业只有一个或少数几个产权人的情况。这种情况通常不出现在住宅中，以企业办公楼最为常见。当所有权人人数极少时，选聘物业服务企业的方式就比较灵活，对此不做详细探讨。

### （二）招标方式

物业管理的招标方式有以下三种。

#### 1. 公开招标

公开招标又称为无限竞争性公开招标，是指招标人通过报刊、电视和网络等各种媒体向社会公开发布招标公告，邀请所有符合投标基本条件且愿意参加投标的物业服务企业参加投标的招标方式。中国住宅与房地产信息网、中国物业管理协会网和北京市国土资源局网站等政府与行业协会的网站上都可以免费发布招标公告。

公开招标的优点是招标方有较大的选择范围，比较有利于避免各种关系的影响；缺点是招标时间长、资金成本高。公开招标一般适用于规模较大的物业，尤其是收益性物业。

#### 2. 邀请招标

邀请招标又称有限竞争性招标，由招标人以投标邀请书的方式向预先选择的有能力承担的若干物业服务企业发出招标邀请，参与竞标。《前期物业管理招投标管理暂行办法》中规定，邀请招标应向 3 家以上企业发出投标邀请书。《北京市物业管理招投标办法》第四条规定招标人采取邀请招标方式的，应当向 5 家以上物业服务企业发出投标邀请书。

相对于公开招标来说，邀请招标的成本比较低，可以保证投标企业具有相关的资质条件和经验；但邀请招标可能会漏掉一些有较强竞争力的物业服务企业，暗箱操作的可能性比较大。因此，在选择招标方式的时候应注意权衡利弊。

#### 3. 协商招标

协商招标又称为议标，是指招标人不公开发布招标公告，而是选择其认为有能力承担的投标人，邀请其投标，然后通过平等协商，最终达成协议。实质上，协商招标可以看作是更小范围的邀请招标，目前是一种不可或缺的物业服务招标形式，较适合于具有一定业务联系和相互比较熟悉的物业服务企业，或具有特殊管理要求的中小规模的物业服务招标项目。

要说明的是，除特殊情况（如单一产权人招标）外，物业管理不适用协议招标。《物业管理条例》第二十四条和《前期物业管理招投标管理暂行办法》第三条规定，"投标人少于3 个或者住宅规模较小的，经物业所在地的区、县人民政府房地产行政主管部门批准，可以采用协议方式选聘具有相应资质的物业服务企业。"另外，对物业服务合同到期后原物业服务企业的再次聘用通常采用议标方式。

### （三）招标程序

物业服务招标程序一般包括准备、实施和结束三个阶段。

#### 1. 准备阶段

准备阶段是指从招标人决定进行物业服务招标，到正式对外发布招标公告之前的这一阶段所做的一系列准备工作。主要工作有成立招标机构、编制招标文件、确定标底。

（1）成立招标机构

成立招标机构主要有两种途径：一种是在物业管理行政主管部门的指导下（应先在政府部门备案），由招标人自行成立招标机构，聘请有关部门人员和物业管理专家组织招标；另一种是由招标方委托专门的物业服务招标代理机构进行招标。

自行成立招标机构一般适用于招标人为实力雄厚的大型开发商或联合开发机构时；对于采用小范围邀请招标或议标方式的小规模物业管理项目，由于招标工作量不大、专业性不强，开发商一般能自行编制招标文件和组织评标，因此，在这种情况下招标人自行成立招标机构进行招标也较为适宜。自行招标的开发商或业主应按照惯例在开发商所在单位或业主委员会下设"招标工作委员会"或"招标工作组"。

招标人委托招标代理机构进行招标的方式常用于公开招标和一部分大范围邀请招标。对于一些大型的物业管理项目，开发商往往委托一家招标代理机构包揽该项目所有的招标工作；另外，业主委员会进行物业服务招标时通常也采用委托招标代理机构招标的方式。招标人可根据自己的意愿和自身的情况选择招标代理机构。同时，还要根据自身对物业管理的要求及标的规模大小选择相称等级的招标代理机构。

（2）编制招标文件

招标文件是招标机构向投标人提供的参与竞标所必需的文件。物业服务招标文件的内容、格式根据招标项目的特点和需要而有所不同，内容主要有告知投标人递交投标书的程序、阐明所需招标项目的标的情况和告知投标评定准则以及签订合同的条件等，即投标人须知、合同条款和技术规范。

（3）确定标底

按照惯例，在正式招标前，招标人应为招标项目制定出标底。标底是招标人为准备招标的内容计算出的一个合理的基本价格，即一种预价格，它是招标人审核报价、评标和确定中标人的重要依据。因此，标底是招标单位的"绝密"资料，不能向任何无关人员泄露。特别是在中国，大部分项目招标评标时均以标底上下的一个区间作为判断投标是否合格的条件，因而标底保密的重要性就更加明显了。

2．实施阶段

招标实施阶段是整个招标过程的实质性阶段。其主要包括发布招标公告（或投标邀请书），组织资格预审，召开标前会议，开标、评标与定标几个步骤。

（1）发布招标公告（或投标邀请书）

发布招标公告应根据项目性质和自身特点选择适当的渠道。常见的发布渠道有：指定的招标公报、官方公报、报纸、房地产、物业管理专业期刊以及物业管理信息网络等媒体。通常一项招标项目往往同时通过几种渠道发布公告，不拘泥于某一渠道。

招标公告应以简短、明了和完整为宗旨。一般包括以下内容：招标单位名称、项目名称、地点、物业管理项目资金来源（如业主分摊或开发商预付等）、招标目的（邀请资格预审还是邀请投标)、项目要求概述(项目性质、规格及管理要求),购买招标文件的时间、地点和价格,接受标书的最后日期和地点,开标日期、时间、地点,招标单位的地址、电话等联系方法。如果需要,规定资格预审的标准,以及提供资格预审文件的日期、份数和使用语言;必要时规定投标保证金的金额。

招标公告的基本内容,如招标人的名称和地址、招标项目的性质、数量、实施地点和时间以及获得招标文件的办法等关键事项必须载明,而招标公告的具体内容和格式可以根据招标人的具体要求进行变通。投标邀请书的内容和格式与招标公告基本相同。

(2)组织资格预审

若招标物业预计投标公司的数目多,可预先对各投标公司进行资格预审,剔除资信较差的公司,重点选择5～9家申请者参与投标,这就是所谓的早期预审;若投标公司数量较少,则可待投标公司已递送标书且开标之后进行资格预审,这也就是所谓的后期预审。无论资格预审在何时进行,其审核程序和要求投标公司递交的文件都大致相同。资格预审是招标实施过程中的一个重要步骤,是投标者的第一轮竞争。资格预审的重点在于审核投标人的经验、过去完成类似项目的情况,人员及设备能力,投标人的财务状况,包括过去几年的承包收入和可投入本项目的启动资金等。

(3)召开标前会议

投标资格预审确定合格申请人后,应尽快通知合格申请企业及时前来购买招标文件,同时安排一次投标人会议,即标前会议。召开标前会议的目的是澄清投标人提出的各类问题。《投标人须知》中一般要注明标前会议的日期,如有变更,应立即通知已购买招标文件的投标人。招标机构也可要求投标人在规定日期内将问题以书面形式寄给招标人,以便招标人汇集研究,给予统一的解答,在这种情况下就无须召开标前会议。

标前会议通常是在招标人所在地或招标项目所在地召开,便于招标人组织投标人到现场考察。应特别注意的是标前会议的记录和各种问题的统一解释或答复,应视为招标文件的组成部分,均应整理成书面文件分发给所有投标人。当标前会议形成的书面文件与原招标文件有不一致的地方时,应以会议文件为准。招标人应在提交投标文件截止时间至少15日前,将已澄清和修改部分以书面形式通知所有投标人。因此,投标人不得以未参加标前会议为由对招标文件提出异议,或要求修改标书和报价。招标人应在标前会议上宣布开标日期。参加会议的费用投标人自理。

(4)开标、评标与定标

① 物业管理开标。物业管理开标是指物业服务招标机构在预先规定的时间将各投标人的投标文件正式启封揭晓。物业管理开标的要点有两个,即开标人和开标时间。

开标人是指招标机构。参加开标的人员包括招标单位上级主管部门、当地招标投标管理机构、开户银行、标底编制单位有关人员、招标物业设计单位有关技术人员、投标企业代表(法人代表或委托代理人)和主要工作人员、法律公证部门。

开标时间是指预先约定的时间，即招标文件中规定的时间。通常情况下，开标时间安排在递交投标书的截止日之后 2～3 天内或紧接其后。如有特殊情况需要推迟的，必须事先以书面形式通知各投标公司。

② 物业管理评标。评标是指开标之后，评标委员会本着公开、公平、公正和诚实信用原则，对投标书进行评定，并由招标委员会选择标价较低、资信条件较好的投标企业进入合同签订谈判的阶段。

评标应在开标之后，顺序不能颠倒。评标组织机构为评标委员会，评标委员会可由招标单位组织具有相应专长的内部人员组成，或同时邀请相关专家参加，也可由专业咨询公司代理。

③ 物业管理定标。定标也称决标，是指招标人根据评标委员会对所有标书的筛选评定结果，进行再次评审并最终确定中标人的过程。定标程序包括评委会评审和招标人再评审。

评委会评审内容主要是服务质量、报价及补充说明、主要服务方式与特殊服务等。一般来说，招标人会根据评标委员会的评标结果，采用综合评议法进行定标。一般先选择报价最低的投标书，然后针对投标企业情况及投标书，包括报价予以综合评议，认为合理的，才予以定标。若通过综合评议，认为该投标书不能定标，则考虑下一份报价最低的投标书。这样，确定出中标企业。

3．结束阶段

招标人在最后选出中标人时，招标工作便进入结束阶段。这一阶段的最大特点是招标人与投标人由一对多的选拔与被选拔关系逐渐转移到一对一的合同关系。这一阶段的具体内容包括合同的签订与履行以及资料的整理与归档。

（1）合同的签订与履行

《招标投标法》规定，招标人与中标人应当自中标通知书发出之日起 30 日内，按照招标文件和中标人的投标文件订立书面合同。合同的主要条款不得背离标书的内容。中标人不与招标人订立物业服务合同的，投标保证金不予退还并取消中标资格，给招标人造成的损失超过投标保证金数额的，应当对超过部分予以赔偿；没有提交投标保证金的，应当对招标人的损失承担赔偿责任。招标人无正当理由不与中标人签订物业服务合同，给中标人造成损失，招标人应当给予赔偿。

（2）资料的整理与归档

由于物业服务合同的长期性，为了让业主或开发商能够长期对中标人的履约行为实行有效的监督，招标人在招标结束后，应对形成合同关系过程中的一系列契约和资料进行妥善保存，以便查考。通常这些文档资料主要包括招标文件、招标文件附件及图表、对招标文件进行澄清和修改的会议记录和书面文件、投标文件及标书、同招标方的来往信件和其他重要资料。

## 案例 4-1　该物业管理权选聘投标结果是否有效[①]

**打官司：缘于招标选聘物业服务企业**

2007 年 2 月 8 日，厦门市黄金大厦业主委员会采用邀请招标的方式选聘黄金大厦的物业服务企业，并公布了参与投标的物业企业和评审小组成员、评标日程安排等。2007 年 3 月 3 日，业主委员会根据评审结果向厦门水务物业管理有限公司发出《中标通知书》，确定水务物业为中标单位。同日，业主委员会告知原物业服务企业厦门市景象物业管理有限公司选聘结果，要求景象物业于 2007 年 3 月 31 日前腾出物业管理用房并与新物业服务企业——水务物业做好交接工作。景象物业认为业主委员会所进行的招投标行为存在违法现象，侵犯了包括其在内的投标人的合法权益，因此诉至法院，请求判决确认业主委员会所进行的选聘物业公司的投标结果无效。

**景象物业：选聘水务物业程序违法**

理由有二：一是根据《福建省物业管理招投标暂行办法》（以下简称《暂行办法》）第二十条规定，"评标委员会由招标人代表和有关物业管理评标专家组成，其中招标人代表以外的物业管理评标专家不得少于成员总数的 2/3"，但本案的招投标专家组成人员中并没有物业管理评标专家；其次，本案中被告业委会将招投标形式选聘物业服务公司的授权书和选举新一届业主委员会委员的表决书印制成一页，使许多业主在不知情的情况下签名；再次，在业主的投票中，存在假票，而且被告是在上届业主委员会已到期，新一届业主委员会未在相关行政主管部门备案的情况下开展本案的招投标工作，程序不合法。另外，本案还存在没有公开开标，投标单位有利害关系的人员担任评标成员等违法行为。

**业主委员会：选聘结果有效**

业主委员会认为，业委会委员的换届不影响该组织的合法存在。选聘新的物业服务公司的过程公开合法，选聘新的物业公司方案经过主管部门同意，并进行了公告，选聘程序均在招投标双方认可下进行。评委会依照招投标程序对参与投标的物业服务公司考察后进行了标书审阅、评议、现场介绍、答疑和最后评分，最后根据评分高低选聘水务物业中标。

原告所谓的有与投标单位有利害关系的人员担任评标成员指的是业主叶某，叶某虽是厦门水务集团公司基建部的员工，但并非参与投标的水务物业的员工，其与水务物业没有利害关系。《暂行办法》不能作为确定选聘结果无效的依据。因此，请求确认选聘结果有效，驳回原告的诉讼请求。

**湖里法院：选聘结果有效，驳回原告诉讼请求**

湖里法院经审理后认为，既然被告选择招投标方式进行物业服务公司选聘，其就应当

---

严格遵守《中华人民共和国招标投标法》规定的招标投标程序。被告在招标程序中虽然存在违反《招标投标法》的行为，但这些行为均不属于《招标投标法》规定导致中标无效的情形。《暂行办法》仅是地方政府规范性文件，不能作为法院认定招投标结果无效的依据，故原告的诉讼请求没有事实和法律依据。据此判令驳回原告的诉讼请求。

**厦门中院：景象物业诉求缺乏法律依据**

景象物业不服一审判决，上诉到厦门中院。中院经审理，确认了一审法院认定的事实和证据。中院认为：业主委员会是全体业主选出的代表业主所组成的自治组织，自成立时即可代表业主行使职权，向有关部门办理备案登记并非业主委员会成立的前提，所以，本案中业主委员会有权进行选聘物业公司的行为；选聘物业服务企业并非《招标投标法》所规定的必须进行招投标的项目，但业主委员会选聘物业服务企业的行为仍应当遵循公开、公平、公正的方式进行，其中一些程序可以参照《招标投标法》的规定。本案中，业主委员会在选聘物业服务企业的过程中向小区业主提前公开景象物业作为潜在的投标者、提前公布评标委员会成员名单的行为虽有不妥，但并不属于不公平、不公正的情形，从结果上看，也未出现影响小区业主利益的严重后果，不能成为认定此次招投标结果无效的理由；本案中，评标委员会的成员之一叶某是厦门水务集团公司基建部的员工，虽无直接证据证明其与参与投标的水务物业有利害关系，但从避嫌的角度出发，其作为评标组成人员确有不妥之处；业主委员会开标时，虽然并不具备所有投标人都在场的情形，但已有街道派来的监督人员及全体评审人员在场，尚属公正的情形，该行为并不影响本案招投标的结果；本案中，景象物业主张业主委员会的行为未得到 2/3 以上多数业主的授权以及业主委员会有伪造授权书的情形，但未提供充足的证据，对其主张，不予支持。综上，业主委员会在选聘物业服务企业时，在程序上虽有瑕疵，但从总体上看，整个招投标过程尚属公正、公开、公平，最终也得到了绝大多数业主的认可。业主委员会的行为并不属于相关法律规定的无效行为的情形，景象物业的上诉请求缺乏事实与法律根据，法院不予支持，判决驳回上诉，维持原判。

# 三、物业服务投标

物业服务投标是物业服务企业参与物业服务市场竞争的重要方式。物业服务投标要遵循一定的原则。

## （一）投标原则

物业服务投标应遵守真实性原则与正当竞争原则。所谓真实性，即投标书内容要真实，不能弄虚作假。所谓正当竞争，一是指参加投标的物业服务企业要反对其他参与竞投的物业服务企业进行不正当竞争行为，倡导物业服务投标企业遵守商业道德；二是参加竞投的物业服务企业要约束自己不作不正当竞争。

### （二）投标程序

物业服务投标程序一般包括准备、实施和结束三个阶段。

**1. 准备阶段**

**（1）取得从业资格**

从业资格是物业服务企业从事正常营业活动所必须具备的条件，也是物业服务企业参与投标前必须首先考虑的基本因素。物业服务企业作为独立经营、独立核算的法人机构，在国内从事投标业务，必须取得工商行政管理局所颁发的《企业法人营业执照》，以证明其合法经营资格；必须具备政府行业主管部门核准颁发的《物业服务企业资质证书》。

**（2）筹措资金**

物业服务企业的财力状况也是衡量其实力的重要因素，它必须要能满足公司投标全过程及中标后的管理需要。因此投标公司应根据自身财务状况及招标物业的管理所需资金，做好资金筹措准备。

投标企业可以考虑的资金来源渠道主要有资金积累和银行贷款。其中自有资金积累取决于物业服务企业的经营与盈利状况，而银行贷款则取决于公司的融资政策与信用状况。投标公司要根据招标物业规模、自身收益情况及成本来分析资金来源结构。

**（3）收集招标物业相关资料**

招标物业的相关资料是物业服务企业进行投标可行性研究必不可少的重要因素，因此，物业服务企业在投标初期应多渠道全方位搜寻第一、二手资料，包括招标公司和招标物业的具体情况和投标竞争对手的情况。资料来源大致有报刊杂志、网络信息和行业内交流等。

**（4）进行投标可行性分析**

### 专栏 4-1　如何进行投标可行性分析[①]

**一、招标物业条件分析**

首先，了解并区分招标物业的性质。因为不同性质的物业所要求的服务内容不同，所需技术力量不同，物业服务企业的优劣势也就有明显差异。不同的管理内容必然对物业服务公司提出不同的服务要求和技术要求，与此相适应，物业服务企业采取的措施、制定的方案也自然不同。

其次，了解特殊服务要求。有些物业可能会由于其特殊的地理环境、特殊的服务对象及某些特殊功用等，需要一些特殊服务。这些特殊服务很可能成为某些投标公司的竞投优势，因此，必须认真对待，考虑其支出费用、自身的技术力量以及可寻找的分包伙伴，从而形成优化的投标方案；反之，则应放弃竞标。

---

① 姜早龙，张涑贤. 物业管理概论[M]. 武汉：武汉理工大学出版社，2008.

再次，了解物业招标背景。有时招标文件会由于招标人的利益趋向而呈现出某种明显偏向，这对于其他投标公司而言是极为不利的。因此在阅读标书时，物业服务企业应特别注意招标公告中的一些特殊要求，做出优、劣势判断。例如，招标书上写明必须提供某项服务，而本地又仅有一家专业服务公司可提供该项服务，则投标公司应注意招标人与该专业服务公司是否关系密切，以及其他物业服务企业与该专业服务公司是否有合作关系等。

最后，了解物业开发商状况，包括开发商的技术力量和信誉度等。物业的质量取决于开发商的设计、施工质量。因此，物业服务企业通过对开发商已建物业质量的调查，以及有关物业服务企业与之合作的情况，分析判断招标物业开发商的可靠性，并尽量选择信誉较好、易于协调的物业开发商，尽可能在物业开发的前期介入，既能保证物业质量，又便于日后管理。

**二、本公司投标条件分析**

第一，分析以往类似的物业管理经验。具有类似物业管理经验的物业服务企业具有优于其他物业服务企业的管理方法或合作经验，这在竞标中极易引起开发商的注意。从成本角度考虑，以往的类似管理经验可以使物业服务企业在人员、设备管理或固定的业务联系方面节约许多开支。因此，投标者应针对招标物业的情况，分析本公司以往类似经验，确定本公司的竞争优势。

第二，分析人力资源优势。即公司是否有人才储备，在已接管物业中是否具有熟练和经验丰富的管理人员，或是否进行了人员培训。

第三，分析技术优势。即能否利用高新技术提供高品质服务或特殊服务，是否拥有如工程师、园艺师、护士等专业技术人员。

第四，分析财务管理优势。即公司在财务分析方面是否有完善的核算制度和先进的分析方法，是否拥有优秀的财务管理人才资源，是否能多渠道筹集资金，并合理开支。

第五，进行劣势分析。

**三、竞争者分析**

第一，潜在竞争者分析。指对可能参与竞投的物业服务企业进行分析，了解这些企业的资质状况、财务状况、人才结构、技术力量和社会信誉等。

第二，同类物业服务企业的规模及其现有接管物业的数量与质量分析。一般规模大的物业服务企业就意味着成熟的经验、先进的技术和优秀的品质，这在很大程度上将影响招标人的选择判断。物业服务企业正在接管的物业数量和所提供服务的质量则从另一方面更为真实地印证其实力的大小。

第三，当地竞争者的地域优势分析。当地的物业服务企业可以利用其熟悉当地文化和风俗的优势提供令业主满意的服务。与异地物业服务企业相比，他们可能具有与当地有关部门特殊关系的优势：一是可减少进入障碍；二是可利用以往业务所形成业务网络，分包物业管理，从而具有成本优势。

第四，经营方式差异。实体经营与分包经营具有不同的优劣势，将导致报价的相应差异，投标人可针对招标物业所在地、项目类型和服务要求等具体情况权宜从事。

### 四、风险分析

在国内从事物业服务投标，通常可能面临以下几个方面的风险。

第一，通货膨胀风险，指由于通货膨胀引起的设备、人工等价格上升，导致其中标后实际运行成本费用大大超过预算，甚至出现亏损的风险。

第二，经营风险，指物业服务企业由于自身管理不善或缺乏对当地文化的了解，不能提供高质量服务，导致亏损或遭业主辞退的风险。

第三，自然灾害风险。如水灾、地震等自然灾害发生而又不能构成合同规定的"不可抗力"条款时，物业服务企业将承担部分损失。

第四，其他风险。如分包公司不能履行合同规定义务，而使物业服务企业遭受经济损失甚至影响信誉的风险。

此外，当物业服务企业从事国际投标时，还可能面临政治风险。这些因素都可能导致物业服务企业即使竞标成功也会发生亏损。物业服务企业必须在决定投标之前认真考虑这些风险因素，并从自身条件出发，制定出最佳方案规避风险，将其发生的概率或造成的损失减少到最小。

2. 实施阶段

在通过资格预审之后，物业服务公司便可按以下步骤实施投标。

（1）购买并阅读招标文件

投标人要想取得招标文件必须向招标人购买，而取得招标文件之后如何阅读，成为关系到投标成败的重要环节。招标文件可能会由于篇幅较长而出现前后文不一致、某些内容表述不清的情况。若不能发现或不予重视，将可能影响投标文件的编制、影响投标的成功，甚至影响中标后合同的履行。因此，投标人必须认真仔细地阅读标书，并尽可能找出疑点，再按其不同性质与重要性，将其划分为"招标前由招标人明确答复"和"计入索赔项目"两类。

投标人还应注意要对招标文件中的各项规定，如开标时间、定标时间以及投标保证书等，尤其是图样、设计说明书和管理服务标准、要求和范围予以足够重视，仔细研究。

（2）标前调查与现场考察

招标人将按照招标程序组织投标人统一参观现场，并向他们做出相关的介绍，帮助投标人充分了解物业情况，以合理计算标价。

（3）制定管理服务方法及工作量

通常投标人可根据招标文件中的物业情况和管理服务范围、要求，详细列出完成所要求管理服务任务的内容、方法及工作量，为制定相应的管理方案打下基础。

（4）制订资金计划

资金计划应当在确定了管理服务内容及工作量的基础上制订。制订资金计划的目的，一是复核投标可行性研究结果；二是做好开标阶段向开发商或业主作承包答辩的准备。资金计划应以资金流量为依据进行测算，一般来说，资金流入应当大于流出，这样的资金计划安排对评标委员会才具有说服力。

（5）标价试算

以上工作完成后，投标者便可进行标价试算。管理服务费用在确定了工作量之后，即可用服务单价乘以工作量得出。服务单价的确定不可套用统一收费标准（国家规定了管理服务单价的除外），应根据不同物业的情况，结合竞争对手的状况，从战略战术上综合研究分析。

（6）标价评估与调整

对于试算结果，投标者必须经过进一步评估才能最后确定标价。

① 试算所用的基础数据可能部分是预测性的，部分为经验性的，不够精确可靠，估价人员应当对预测和经验数据的适用基础进行审查，必要时予以调整。

② 风险等不可预见费用是主观设定的，应在计算结束后予以复核，综合各渠道所得信息分析做出报价决策。

③ 可能由于估价人员的原因，致使估价偏高或偏低，对此要参考几个估价人员的估价结果，取平均值做出最终报价。

（7）办理投标保函

投标人一旦中标就必须履行相应的义务，为防止投标人违约给招标人带来经济损失，在报送投标书时，招标人通常要求投标人出具一定金额和期限的保证文件，以确保在投标人中标后不能履约时，招标人可通过出具保函的银行，用保证金额的全部或部分赔偿经济损失。投标保函通常由投标人开户银行或其主管部门出具。投标保函的期限、索赔及返还条件通常在投标人须知中规定。

投标保函的主要内容包括担保人、被担保人、受益人、担保事由、担保金额、担保货币、担保责任和索偿条件等。除办理投标保函外，投标人还可以保证金的形式提供违约担保。此时，投标人的保证金将作为投标文件的组成部分之一。投标人应于投标截止之日前将保证金交至招标机构指定处。投标保证金可以银行支票或现金形式提交，保证金额依据招标文件的规定确定。未按规定提交投标保证金的投标，将被视为无效投标。

（8）封送标书、保函

投标文件全部编制好后，投标人可派专人或通过邮寄将标书投送给招标人。所有投标文件都必须按投标文件中的规定，在投标截止时间之前送至招标人。

（9）参加开标及答辩会

招标单位在接到开标通知时，派主要负责人按时参加开标会，并参加招标单位的答辩。

答辩人要做好答辩的思想和资料准备，在有限的时间内充分阐述本单位的优势、投标的意图、对日后物业管理的基本设想、安排与措施，对投标报价的计算作必要的说明或补充，愿意承诺的优惠条件等，以争取获得最佳印象和较高的答辩分，为中标打下基础。

3．结束阶段

物业服务企业在收到中标通知书后，应在规定时间内，办妥履约保证和各种手续，并尽快与招标单位进行详细洽商，签订物业服务合同。同时，做好全面入驻物业区域的准备。投标结束后，投标单位应对投标活动进行总结分析，结算投标的有关费用，对投标的资料进行整理和归档。

### （三）物业服务投标书的编制

物业服务投标书是对投标人前述准备工作的总结，是投标人的投标意图、报价策略与目标的集中体现，其编制质量的优劣将直接影响投标竞争的成败。因此，投标人除了应以合理报价、先进技术和优质服务为其投标成功打好基础外，还应学会如何包装自己的投标文件，如何在标书的编制、装订、密封等方面给评委留下良好的印象，以争取关键性评分。

1．物业服务投标书的主要内容

《前期物业管理招投标管理暂行办法》及《北京市物业管理招标投标办法》规定，投标文件应当包括投标函、投标报价、物业管理方案和招标文件要求提供的其他材料。其中，物业管理方案是投标书的核心内容。

2．编制投标文件应注意的事项

（1）确保填写无遗漏，无空缺

投标人在填写投标文件时务必小心谨慎，投标文件中的每一空白都需填写，如有空缺，则被认为放弃意见；重要数据未填写，可能被作为废标处理。

（2）不得任意修改填写内容

投标人所递交的全部文件均应由投标人法人代表或委托代理人签字；若填写中有错误而不得不修改，则应由投标人负责人在修改处签字。

（3）填写方式规范

投标书最好用打字方式填写，或者用墨水笔工整填写；除投标人对错误处作必要修改外，投标文件中不允许出现加行、涂抹或改写痕迹。

（4）不得改变标书格式

若投标人认为原有标书格式不能表达投标意图，可另附补充说明，但不得任意修改原标书格式。

（5）计算数字必须准确无误

投标人必须对单价、合计数、分步合计、总标价及其大写数字进行仔细核对。

（6）报价合理

投标人应对招标项目提出合理的报价。

（7）包装整洁美观

投标文件应保证字迹清楚、文本整洁、纸张统一、装帧美观大方。

3．投标报价及技巧

投标报价是整个投标过程的核心，具有很强的政策性、技术性和专业性。报价高了不利竞争，低了未必取胜且无利可图，甚至亏损，只有低而适度的价格才能既中标又获利。这取决于经营管理费用的正确测定及确定合理的利润率。

（1）经营管理费用测算

① 前期介入服务中发生的开办费用测算，包括办公设备购置费、工程设备购置费、清洁设备购置费、通信设备购置费、安保设备购置费、商务设备购置费以及绿化设备购置费等。② 第一年度物业管理费用测算，包括物业服务人员的工资、福利费、办公费、邮电通信费、绿化清洁费、维修费、培训费和招待费等。③ 年度能源费用测算，包括水费、电费、锅炉燃油费等。④ 物业所具有的各项经营项目的经营收入预算，包括各项收入和利润分配等。⑤ 年度经营管理支出费用预算，包括人员费用、办公及业务费、公用事业费及维修消耗费等。

（2）确定合理利润率

物业服务企业是自负盈亏的企业，企业要生存，必须有利润。过分降低利润甚至亏损报价，不利于整个物业服务市场良性发展；利润太高，不利于在竞争中取胜。目前国内的通行做法，利润率是实际发生的物业服务费的 5%～15% 之间。

# 第三节　物业服务合同

## 一、物业服务合同的性质与特点

物业服务合同是指开发商或业主（委托业主委员会）与物业服务企业签订的由物业服务企业对建筑物和附属配套设施、设备及场地进行有偿管理服务的书面协议。

### （一）性质

当前学术界对物业服务合同的性质认定主要有委托合同说、服务合同说、混合合同说和独立合同说几种观点。委托合同说为通说，认为物业服务合同与委托合同的客体相同，且是一种双务、诺成及不要式合同，因此，物业服务合同是有偿委托合同的一种。服务合同说认为作为物业服务合同当事人的业主和物业服务企业在法律地位上是平等的，因此双方所签订的物业服务合同的性质应当定位于服务合同，而非委托合同。混合合同说认为物业服务合同不是单纯的某类有名合同，而是复合性的，其包含了委托合同、代理合同、承揽合同、服务合同等多种合同类型的特征，或者叫"复合性合同"。独立合同说则认为因为物业管理提供的是一种复杂的综合性的服务，与传统的合同类型中的客体都有所不同，所以这决定了物业服务合同是一种独立的合同，不属于合同法所规定的任何一种合同类型。

除上述的四种观点外，对物业服务合同的性质，还有雇佣合同说、承揽合同说等。雇佣合同说认为物业服务合同是业主出钱雇物业服务企业对小区内的相关事务进行管理，类似于过去的"管家"角色，当属于雇佣合同。承揽合同说认为在物业服务合同中，物业服务企业是按照业主的要求完成工作，在物业管理上达到了业主要求，为小区居民提供了一个优美安逸的生活环境，应该也可说是交付的劳动成果。

从法律规范来说，物业服务合同应为非典型合同，因为现行合同法未单设该类型合同。物业服务合同与合同法上的委托合同有类似之处，但又因具有自身特征而独立于委托合同。例如，物业服务合同具有特定的财产管理内容；物业服务企业作为物业服务合同的受托人，具有独立的法人资格，可以自己的名义来从事管理和服务活动；物业服务企业可以自行将物业服务合同中的专业服务项目委托他人完成等。物业服务合同的特殊性，决定了不能简单地将其适用于合同法中关于委托合同的规定。

### （二）特点

（1）物业服务合同是业主与物业服务企业双方意思表示一致的产物。物业服务合同中的业主通常是一个群体，即只有全体业主或业主大会而非单个业主或部分业主才具有选聘、解聘物业服务企业和制定、修改有关规章制度的权利。

（2）当事人相互信任是物业服务合同订立的前提，任何一方通过利诱、欺诈和蒙骗等手段签订的合同，一经查实，可依法起诉，直至解除合同关系。另外，业主是基于对特定物业服务企业的认可和信任才选聘该物业服务企业的，因此，物业服务企业不得将一个物业管理区域内的全部物业管理一并委托给他人。

（3）物业服务合同是有偿的，业主不但要支付物业服务企业在处理委托事务中的必要费用，还应支付物业服务企业一定的利润或酬金。

（4）物业服务合同既是诺成性合同又是双务合同。物业服务合同自双方达成协议时成立，故为诺成性合同。同时，物业服务合同又是双务合同，即当事人互享权利，互负义务。双方的权利义务是相对而言的，一方的权利就是另一方的义务。例如，享受物业服务是业主的权利，而提供物业服务则是物业服务企业的义务；收取物业服务费用是物业服务企业的权利，而支付物业服务费用是业主的义务。

（5）物业服务合同应到政府行政主管理部门备案。物业服务合同虽然是当事人自愿平等签订的，但由于物业管理涉及百姓日常生活和城市正常秩序，因此，物业服务合同必须向行政主管部门备案。

## 二、物业服务合同的分类

从总体上讲，物业服务合同有两种：新建物业的房地产开发商与物业服务企业签订的前期物业服务合同以及业主委员会与物业服务企业签订的物业服务合同。

### （一）前期物业服务合同

由于在实践中物业多"滚动开发"，因此，业主入住是一个逐渐的过程。从物业交付到业主成立业主大会之间一般还有一段时间，这段时间也需要物业服务企业提供物业服务。《物业管理条例》第二十一条就规定，"在业主、业主大会选聘物业服务企业之前，建设单位选聘物业服务企业的，应当签订书面的前期物业服务合同。"房屋出售前物业的产权属开发企业，所以，合同中的甲方是开发商（建设单位），乙方是其通过招投标选聘的物业服务企业。

### （二）物业服务合同

正如《物业管理条例》第二章所述，一般当业主入住达到一定比例时，应按有关规定及时召开业主大会，选举、组建业主委员会。业主委员会的设立，标志着前期物业管理的结束，物业管理进入正常的日常运作阶段，即由业主委员会代表全体业主实施业主自治管理。

业主委员会成立后，对原物业服务企业实施的前期物业管理要进行全面、认真、详细的评议，听取广大业主的意见，决定是续聘还是另行选聘其他的物业服务企业，并与确定的物业服务企业（原有的或另行选聘的）签订物业服务合同。其签订日期一般应在业主委员会成立3个月内，最迟不应迟于6个月。合同的甲方是业主委员会（代表所有业主），乙方是物业服务企业。甲方是委托方，乙方是受托方。物业服务合同的委托管理期限由双方协议商定，以年为单位，一般为3年。物业服务合同签订后，前期物业服务合同与前期物业服务协议同时终止。

从全国来说，原建设部于2004年制定了《前期物业服务合同（示范文本）》供合同双方参考。有些省市，如北京则根据自身物业管理行业的发展现状制定了《前期物业服务合同（示范文本）》和《物业服务合同（示范文本）》供合同双方参考。

## 三、物业服务合同的主体和内容

物业服务合同是确立业主和物业服务企业在物业服务活动中权利义务的法律依据，因此，要特别注意物业服务合同的主体和内容问题。

### （一）主体

物业服务合同的主体问题是一个复杂的问题。如前所述，在物业管理活动中存在多级委托代理关系，因此物业服务合同的订立涉及开发商、业主、业主大会、业主委员会和物业服务企业等多方。

物业服务合同的其中一方当事人是物业服务企业，这是毋庸置疑的，另一方当事人是谁应根据物业服务合同的类型来定。前期物业服务合同的另一方当事人为新建物业的开发商。但值得注意的是，《物业管理条例》第二十五条规定，"建设单位与物业买受人签订的买卖合同应当包含前期物业服务合同约定的内容。"这就是说，房产开发商同物业买受人签订物业买卖合同时，包含了双方之间转让前期物业服务合同的意思表示。因此，业主概括承受了前期物业服务合同的权利义务，前期物业服务合同对业主也产生拘束力。

物业服务合同的另一方当事人则为业主委员会。根据《物业管理条例》第十五条规定，业主委员会履行"代表业主与业主大会选聘的物业服务企业签订物业服务合同"的职责。由于物业服务合同是由业主委员会签订的，显然业主委员会是物业服务合同的当事人。但仍要注意的是，业主委员会仅是全体业主的代表，因此，物业服务合同的权利义务的承受者应当是业主。

### （二）内容

通过招投标签订的物业服务合同是物业服务企业接管并进驻物业、开展物业管理的法律依据，是规范物业服务企业与业主、业主大会和业主委员会之间权利义务关系的文件。应该包括以下内容。

1. 总则

总则是对物业服务合同总的说明，一般应当载明以下事项：一是合同的双方当事人；二是签订本合同的法律依据。

2. 物业服务事项

物业服务事项即物业服务企业为业主提供的服务的具体内容。主要包括：物业共用部位的维护与管理；物业共用设施设备及其运行的维护和管理；环境卫生、绿化管理服务；物业管理区域内公共秩序、消防、交通等协助管理事项的服务；物业装饰装修管理服务，包括房屋装修的安全和垃圾处理等管理工作；专项维修资金的代管服务和物业档案资料的管理。

3. 物业服务质量

物业服务质量是对物业服务企业提供的服务在质量上的具体要求。中国目前正在推行物业服务等级标准，当事人可以参照各等级服务标准来约定服务质量，根据服务质量来约定相应的服务费用。

4．物业服务费用

物业服务费用是业主为获取物业服务企业提供的服务而支付的费用。支付物业服务费用是业主的主要义务，当事人应在合同中明确约定物业服务费用的收费项目、收费标准以及收费办法等内容。

5．双方当事人的权利义务

合同双方在物业管理活动中的权利义务约定得越明晰，合同的履行就越简单，发生纠纷的几率也就越小。

6．专项维修资金的管理和使用

目前，专项维修资金主要是针对住宅物业而言的。专项维修资金对于保证物业共用部位和共用设施设备的维修养护，对于物业的保值增值，具有非常重要的意义。对于一个物业管理区域而言，专项维修资金总量是一个不小的数额。从产权上讲，专项维修资金属于物业管理区域内的业主所有，在实践上，专项维修资金大都由物业服务企业代管。为了发挥维修资金的作用，需要当事人在国家规定的基础上，对专项维修资金的管理和使用规则、程序等做出具体约定。按照《物业管理条例》第十二条规定，业主大会决定专项维修资金的筹集和使用，"应当经专有部分占建筑物总面积 2/3 以上的业主且占总人数 2/3 以上的业主同意"。

7．物业管理用房

必要的物业管理用房是物业服务企业开展物业服务活动的前提条件。当事人需按照《物业管理条例》的规定，在合同中对物业管理用房的配置、用途、产权等相关问题予以细化。

8．合同期限

物业服务合同属于在较长期限内履行的合同，当事人需要对合同的期限进行约定。物业服务合同的期限条款应当尽量明确、具体，或者明确规定计算期限的方法。

9．违约责任

违约责任是指物业服务合同当事人一方或者双方不履行合同，依照法律的规定或者当事人的约定应当承担的法律责任。违约责任是促使当事人履行合同义务，使守约人免受或少受损失的法律措施，也是保证物业服务合同履行的主要条款，对当事人的利益关系重大，应当予以明确。

10．附则

附则一般记录物业服务合同双方对合同生效、变更、续约和解除的约定。

此外，物业服务合同一般还应载明解决合同争议的方法以及当事人约定的其他事项等内容。

# 四、物业服务合同的变更与解除

在物业服务企业根据物业服务合同接管物业之后，可能会由于业主的要求或环境的变化导致合同的内容不再符合物业服务实际或合同不能被继续履行，这时就会发生物业服务合同的变更或解除。

## （一）物业服务合同的变更

物业服务合同的变更是指合同生效后，在履行过程中，因合同签订时所依据的主客观情况或条件发生变化，由双方当事人依据法律法规和合同规定对原合同内容进行的修改或补充。

物业服务合同是双方当事人协商一致而签订的，无双方重新约定或法定情形合同内容是不能变更的，但双方当事人在协商一致的情况下可以对合同内容进行变更。合同的变更有两种情况：一是一方先提出变更自己的权利义务，另一方只作与之相对应的变更，如业主委员会要求增加服务项目，物业服务企业相应地增加管理服务收费；二是双方同时提出合作变更，甲方变更某条款时，乙方做相应变更；乙方变更另外条款时，甲方也做相应变更。无论何种变更，均要求当事人双方协商一致。

物业服务合同变更后，应到行政主管部门备案。

## （二）物业服务合同的解除

物业服务合同的解除是指物业服务合同的当事人在具有法律效力的合同未全部履行之前终止该合同的效力。由于物业管理需要相对的持续性和稳定性，所以合同双方当事人都不应享有合同的任意解除权。一般情况下，物业服务合同的解除是由于一方不能正确履行合同中约定的义务，致使合同的继续履行变得困难，双方协议或单方决定解除合同。

物业服务合同解除的原因主要有以下几种情况。

1. 约定解除合同的条件成立

物业服务合同作为一种民事合同，完全可以根据意思自治原则约定一些合同解除的条件。当解除条件成立时，当事人可以解除合同关系。例如，在签订物业服务合同时约定，物业服务企业未在合同约定的期限内实现某种目标，业主委员会有权解除合同。

2. 事后协商解除

在物业服务合同履行过程中，双方可以协商解除合同，并且协商因解除合同而产生的损害赔偿问题。

3. 因物业服务企业的主体资格丧失而解除

物业服务企业有时会被吊销资质、解散、撤销或者破产，这样它不再具备签订合同的主体资格，一般而言，此时物业服务合同正常终止。

### 4. 合同期限届满

双方在物业服务合同中约定的期限届满，且又未约定续延合同期限时，合同关系终止。

## 案例4-2　从本案看前期物业服务合同的法律效力[①]

高某在某小区购买联体别墅后，虽然办理了交付使用手续，但一直未装修入住，谁知2009年8月，高某收到了法院传票，小区物业公司要求其给付物业管理费2 476元。高某认为自己没有入住，没有享受到服务，且物业服务合同是开发商与物业公司签订的，与自己无关，因此拒绝支付物业费。

在法庭上，对高某是否应当交费，原、被告双方意见不一。原告方认为，前期物业服务合同具有特殊性，高某虽然不是签订合同的当事人，但是高某向房产开发商买受房屋就视为高某已经概括承受了房产商在前期物业服务合同中的权利义务，对高某产生拘束力，故高某应当按约支付物业管理费。被告方则认为，高某没有签订物业服务合同，不应受该合同约束，且高某没有入住，故不必支付合同对价，应当驳回原告的诉讼请求。庭审中，承办法官向高某释明了前期物业服务合同的法律效力，在明晰了前期物业服务合同的法律效力后，高某主动交纳了物业费，小区物业公司撤回了起诉。

**评析：**

本案的关键在于，前期物业服务合同的主体及合同的法律效力。

高某的小区因入住率低的原因，至今仍未召开业主大会成立业主委员会，所以业主委员会还没有与小区物业公司订立物业服务合同。这种情况在现实生活中经常发生，由于业主委员会成立之前物业不能没有人管理，因此物业管理法律制度设计了前期物业服务合同来临时性地替代物业服务合同。依据《物业管理条例》第二十一条的规定，"在业主、业主大会选聘物业服务企业之前，建设单位选聘物业服务企业的，应当签订书面的前期物业服务合同。"前期物业服务合同的主体是建设单位和物业服务企业，业主不是合同的主体。从合同相对性原理而言，房产开发商与物业服务企业签订的合同不能对业主产生拘束力。为解决这个问题，《物业管理条例》第二十五条规定，"建设单位与物业买受人签订的买卖合同应当包含前期物业服务合同约定的内容。"也就是说，房产开发商同物业买受人签订物业买卖合同时，包含了双方之间转让前期物业服务合同的意思。因此，前期物业服务合同对业主产生拘束力的根据在于业主概括承受了合同的权利和义务。

本案中，高某在签订商品房买卖合同时，房产开发商就将已经签订的前期物业服务合同作为出售合同的附件，要求高某签字。高某在前期物业服务合同上签字后，合同当事人就变更为开发商委托的物业服务企业和高某双方。因此，该服务合同无疑具有法律拘束力，

---

[①] 金健峰. 从本案看前期物业服务合同的法律效力[N]. 江苏经济报，2009-09-16（B04）.

高某应当按照服务合同约定的交费标准支付物业费，而不能以未入住为由拒付。况且，小区的物业管理是由物业服务企业实施的统一的专业化管理，并不是只为一个或某几个业主单独提供服务，而是为整个小区提供绿化管理、清洁道路、保安服务等工作，因此高某因自身原因未入住该小区不能对抗物业公司按约履行合同义务后请求的收取费用的权利。

# 第四节　物业服务价格与收费

## 一、物业服务价格

从马克思的劳动价值论看，物业服务价格是服务产品价值的货币表现。而服务产品的价值同其他实物商品的价值一样，是由服务过程耗费的物化劳动转移的价值与活劳动新创造的价值两部分构成。其中活劳动新创造的价值仍可区分为必要劳动部分和剩余劳动部分，具体表现为职工劳动报酬和税金、利润两方面。物化劳动转移价值为服务过程中所耗费的原材料、燃料、设备等物料的价值。这些组成部分的货币形态，经过一定的分解和组合，转化为构成服务价格的各项因素，通常为成本、税费、利润。因此，物业服务价格应为上述三部分之和，即：物业服务价格=物业服务成本+法定税费+企业的利润。

### （一）物业服务价格的形式

《物业服务收费管理办法》第六条规定，"物业服务收费应当区分不同物业的性质和特点分别实行政府指导价和市场调节价。"小区业主可以与物业服务企业进行协商，确定最终的收费标准。

1. 政府指导价

物业服务收费实行政府指导价的，有定价权限的人民政府价格主管部门应会同房地产行政主管部门根据物业服务等级标准等因素，制定相应的基准价及其浮动幅度，并定期公布。具体收费标准由业主与物业服务企业根据规定的基准价和浮动幅度在物业服务合同中约定。

按照我国《中华人民共和国价格法》（以下简称《价格法》）的规定，政府指导价的确定应通过听证会，征求业主、物业服务企业和有关方面的意见后最终确定。同时，政府指导价的具体适用范围、价格水平，应当根据经济运行情况，按照规定的定价权限和程序适时调整。消费者、经营者可以对政府指导价提出调整建议。

2. 市场调节价

市场调节价，是指由经营者自主制定，通过市场竞争形成的价格。《物业管理条例》颁布后，物业服务市场调节价的形成主要通过招投标机制来实现。在招投标谈判中，业主和物业服务企业通过双方协商来确定物业服务价格，并将其结果在物业服务合同中进行约定。

### （二）物业服务价格的决定

在市场经济条件下，物业服务价格应由市场来确定。经济学理论认为，商品或劳务的市场价格由商品或劳务的供给和需求来确定。在物业服务市场，供给主体是物业服务企业，需求主体是业主。图 4-1 所示为物业服务均衡价格的形成图。业主在购买物业服务时，会有一个出价（如图中 $P_2$、$P_4$），称为需求价格；物业服务企业在提供物业服务时，也会有个要价，称为供给价格（如图中 $P_1$、$P_3$）。根据经济学的均衡价格决定理论，不管 $P_1$、$P_3$ 还是 $P_2$、$P_4$，都不是物业服务的均衡价格，因为无论在哪个价格下，都存在供不应求或供大于求的状况。在物业服务市场的自发调节下，一方面，业主会通过压低或抬高价格来得到他要购买的物业服务；另一方面，物业服务企业也会通过抬高或压低价格来供给它所要出售的物业服务服务量，最终形成均衡的物业服务价格水平（如图中 $P_0$ 所示）。

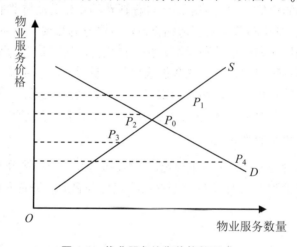

图 4-1　物业服务均衡价格的形成

## 二、物业服务收费

《物业服务收费管理办法》第二条所称物业服务收费，"是指物业服务企业按照物业服务合同的约定，对房屋及配套的设施设备和相关场地进行维修、养护、管理，维护相关区域内的环境卫生和秩序，向业主所收取的费用"。物业服务收费是物业服务价格的具体实现形式。

### （一）物业服务收费原则

《物业服务收费管理办法》第五条规定，"物业服务收费应当遵循合理、公开以及费用与服务水平相适应的原则。"在物业管理的实际运作中，物业服务收费特别是费用的计算与确定，要遵循以下几点。

### 1. 合理原则

合理原则是指在物业管理实际操作中，核定收费时应充分考虑物业服务企业的利益，既要有利于物业服务企业的价值补偿，也要考虑业主的经济承受能力。国内物业服务市场尚处于发展阶段，具体收费标准应当因地制宜、以物业服务发生的成本为基础，结合物业服务企业的服务质量、服务深度进行合理核定，使业主的承受力与物业服务实际水平、服务深度相平衡；同时要充分考虑不同档次、不同类别的物业，不同对象、不同消费层次的需要，体现优质优价、公平合理。

### 2. 公开原则

公开原则要求物业服务企业公开服务项目和收费标准，规范物业服务企业对用户提供特约有偿服务，并实行明码标价，定期向业主公布收支情况，接受业主监督。

公开包括事先公开和事后公开。事先公开是指收费标准要事先向业主明示，《物业服务收费明码标价规定》对此做出了详细规定。事后公开是指物业服务企业应当向业主大会或者全体业主公布物业服务资金年度预决算，并且每年不少于一次公布物业服务资金的收支情况。业主或者业主大会对公布的物业服务资金年度预决算和物业服务资金的收支情况提出质疑时，物业服务企业应当及时答复。

物业服务企业公开收费的义务可以视为业主的权利，业主作为物业服务的消费者，依据《消费者权益保护法》的有关规定，消费者享有知悉其接受的服务的真实情况的权利，有权根据服务的不同情况，要求经营者提供服务的内容、规格和费用等有关情况。物业服务企业应当按照政府价格主管部门的规定实行明码标价，在物业服务区域内的显著位置，将服务内容、服务标准以及收费项目、收费标准等有关情况进行公示。

### 3. 费用与服务水平相适应原则

费用与服务水平相适应原则，是指物业服务的收费标准应与服务质量相适应。也就是说，物业服务收费标准高，服务的项目就多，所提供的管理水平和服务质量也高；物业服务收费的标准低，所提供的服务内容就少，服务的要求就低。物业服务企业不可高标准收费、低质量服务，必须根据物业服务公司提供的服务质量、服务水平的不同采用不同的收费标准。物业服务企业要坚持质价对应、收费项目与收费标准对称，反对那些不追求提高服务质量和服务水平，只追求高收费的做法，以及不管服务质量好坏、服务水平的高低，一律按同一标准收费的方法。提供高质量、高水平的服务，则相应得到高额回报；享受高水平、高质量的服务，也相应要交纳较高的费用。

### 4. 合法竞争原则

物业服务作为一种有偿服务，在市场经济体制下，需要有其投资、生产、交易的市场，没有进入市场的物业服务不是真正的商品，物业服务纳入商品经济轨道，就必然形成物业服务市场。为了规范和推动物业服务市场的有序竞争，制定物业服务收费的合法竞争原则是十分必要的。国家支持和促进物业服务行业公平、公开、合法的市场竞争。维护正常的价格秩序，对价格活动实行管理、监督和必要的调控。

5. 政府监管原则

物业服务合同基本上属于格式合同，又称标准合同。所谓格式合同是指其条款由一方当事人为了与众多相对人订立合同而单方面事先制定，相对人只有接受与否的自由而无法就合同条款进行个别谈判。由于格式合同剥夺了相对人就合同具体条款进行谈判的自由，因此，为了保护相对人的利益不受不当的侵害，国家对格式合同进行特别管制，物业服务合同作为格式合同亦不例外，其中服务费用条款就属于受国家管制的一个主要内容。

**（二）物业服务收费方式**

《物业服务收费管理办法》第九条规定："业主与物业服务企业可以采取包干制或者酬金制等形式约定物业服务费用。"

1. 包干制

（1）包干制的概念

包干制是指由业主向物业服务企业支付固定物业服务费用，盈余或者亏损均由物业服务企业享有或者承担的物业服务计费方式。

（2）包干制下物业服务费用的构成

实行包干制时，物业服务费用的构成包括物业服务成本（$X_1$）、法定税费（$X_2$）和物业服务企业的利润（$X_3$）。

（3）包干制的特点

包干制的最大特点是无论管理好坏，经营盈亏均由物业服务企业承担，而与业主无关。实行包干制的前提是对物业服务费标准双方事先要有约定和承诺，即包干的具体额度。通常，实行政府指导价的物业，其物业服务收费实行包干制。当业主方对物业服务收费的测算和市场行情不甚明了时，往往对包干的额度把握不定，此时不宜实行包干制。

包干制是物业服务企业按照与业主双方约定的物业管理收费标准来收费，而不论管理得好坏、经营盈亏，物业服务企业的收费标准不变的一种合作模式。在这种模式下，节省的开支可能成为物业服务企业的利润。其特点是执行起来较为简单，利于小型的物业服务企业采用。同时，在业主委员会成员管理水平有限、精力有限的情况下，实行包干制省去了对物业服务企业进行账目监督和审计等问题，简便易行。

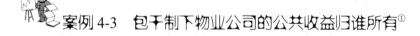

**案例 4-3　包干制下物业公司的公共收益归谁所有**[①]

2010 年 10 月，某物业公司与小区业主委员会签订了一份《物业管理委托合同》，约定

---

① 王占强. 物业管理：从入门到精通[M]. 中国法制出版社，2014.

小区物业服务收费实行包干制，业主按照 2.3 元/平方米·月的标准交纳物业费。运行一年后，由于人力成本、能源费上涨，物业公司亏损了 10 万元。经研究，物业公司将电梯全部招商做广告，还出租了两间地下室，取得收益 30 万元。除了弥补亏损外，还赚得了 20 万元的收益。在账目查询中，业主委员会发现物业公司有 30 万元的公共收益，随即要求物业公司将这部分收益交还业主委员会。物业公司认为，自进驻小区以来，物业公司亏损了 10 万元，用公共收益弥补亏损符合法律规定，如果要交还公共收益，只能交还 20 万元。那么，实行物业服务费用包干制的，公共收益部分能否用于弥补物业服务费的不足？公共收益到底归谁所有？

**专家解答：**

包干制是指由业主向物业服务企业支付固定物业服务费用，盈余或者亏损均由物业服务企业享有或者承担的物业服务计费方式。本案中，物业公司经营一年后，由于各种原因导致其亏损 10 万元。按照包干制的收费原则，这亏损的 10 万元应该由物业公司承担。30 万元的公共收益，系利用物业共用部位和共用设施设备的经营所得，应当归全体业主所有。因此，公共收益部分不能弥补物业服务费的不足。

2．酬金制

（1）酬金制的概念

酬金制是指在预收的物业服务资金中按约定比例或者约定数额提取酬金支付给物业服务企业，其余全部用于物业服务合同约定的支出，结余或者不足均由业主享有或者承担的物业服务计费方式。

（2）酬金制下物业服务费用的构成

实行酬金制方式，预收的物业服务资金包括物业服务支出（$X_1$）和物业服务企业的酬金（$X_4$）。预收的物业服务支出属于代管性质，为所交纳的业主所有。物业服务企业不得将其用于物业服务合同约定以外的支出。如果物业服务收费采取酬金制方式，物业服务企业或者业主大会可以按照物业服务合同约定，聘请专业机构对物业服务资金年度预决算和物业服务资金的收支情况进行审计。

（3）酬金制的特点

酬金制实质是实报实销制，物业服务企业按双方协商确定的预算预收基本费用，一个会计年度结束后进行决算并向业主多退少补。在这种模型下，物业服务企业只拿与业主事先约定好的酬金部分（酬金可事先约定提取比例或固定额度）。由于预收的物业服务支出是代管性质，所以采取酬金制，这笔支出不交纳相关税金。

从上述分析可以看出，酬金制更体现了市场经济的要求，更加透明化，一般较高档的物业适合选择酬金制的计费方式。

专栏 4-2　站在政策的"风口"更须顺势而为[①]

2014 年 12 月 17 日，国家发展改革委（以下简称"发改委"）印发通知，要求地方放开非保障性住房物业服务、住宅小区停车服务等 9 项商品和服务价格，鼓励市场通过竞争提供质优价廉的多样化服务，拉动消费，促进相关行业健康发展。一个月后，上海市发布了《关于加强上海市住宅小区综合治理工作意见的通知》和《上海市加强住宅小区综合治理三年行动计划（2015—2017）》（以下简称《通知》和《计划》），指出要建立物业服务市场机制：坚持市场化方向，按照"按质论价、质价相符"的原则，引导业委会和物业服务企业协商确定物业服务内容和收费标准。对协商困难的，鼓励双方委托社会中介机构进行评估，并根据评估结果最终确定物业服务内容和收费标准，推动形成公开、公平、公正的物业服务价格形成机制。

**一、政策带来的积极影响**

首先，我们要客观地看到这一次政策积极的一面。那就是从市场化的角度来看，价格放开有助于推动市场发挥作用，并减少政府对价格的干预。可以说，这既是物业管理行业多年来的呼声，也是顺应市场经济发展规律的必然选择。

2003 年，国家发改委与建设部联合下发 1864 号文，《物业服务收费管理办法》实施。之后，《物业服务成本监审办法》《物业服务收费明码标价规定》等一系列法规政策落地。客观来讲，这一系列办法的实施，通过对普通居住物业和政策性住房的物业管理，以政府指导价方式对其物业费价格实行监督和管理，对于规范物业服务收费，提升物业管理法制化水平，促进物业管理行业的发展，起到了重要的作用。2003—2013 年行业发展数据也可以证实这一点：截至 2013 年末，全国物业服务企业已经发展到 10.5 万家，物业服务企业从业人员达到 600 多万人。这里需要指出的是，随着社会经济的发展，物业管理的形势发生了变化，特别是物业管理市场化的快速发展，政府的物业服务费指导价格对质价相符信息反映的滞后性日益突出。例如，在上海政策放开前仍延用 2003 年制定的分等定级物业费标准，多年来物业费价格未做调整，而十年间物价翻了几翻，致使不少物业服务企业遭受到了服务成本刚性增长和服务价格缺乏弹性的双重挤压，企业经营出现困难。以上海市为例，从 2012 至 2014 年的一段时间，上海物业服务企业主动退出管理的小区约 220 多个。一些物业服务企业还陷入"亏损—降低成本—服务质量下降—业主不满—物业费调价难—亏损"的怪圈。

眼下，尽管政策的红利释放需要一段时间，但是，不少上海市的物业服务企业已经嗅到了商机，开始积极学习研究政策，并相应地对自身的服务和经营作出了调整，提升业主

---

[①] 李凤. 站在政策的"风口"更须顺势而为[J]. 中国物业管理，2015（3）.

满意度,推动物业费价格调整。依据《关于加强上海市住宅小区综合治理工作意见的通知》的要求,上海市的物业行业协会开始筹备建立物业服务信息发布机制,拟定期发布物业服务内容、服务标准和服务价格等参考信息。有人将房地产称为信心经济,事实上,物业管理也需要找回行业的自信——从这一次行业对价格政策的反映来看,或将是一个新的起点。

### 二、需重视和警惕的问题

价格是价值的反映。物业管理作为一种服务产品,与其他的商品一样,其价格当然是价值的反映。与此对应的是,一个被长期扭曲的价格机制松绑后,在其回归常态(价格客观反映价值)的过程中,需要重视和警惕以下两方面的问题。

一方面,需要重视和警惕现实当中价格背离价值的恶性竞争问题。伴随着物业管理市场化发展的三十多年,物业管理低价竞标带来的恶性竞争始终如影随形,甚至出现了"劣币驱逐良币"的现象。综合来看,这个问题既助长了部分物业服务企业不正当竞争的风气,也给业主形成了物业服务"低价优质"的错觉,误导了业主对物业管理的消费判断,并为日后的物业费价格纠纷埋下了隐患。对于这一问题,此次上海市在《通知》和《计划》中明确,将进一步加强物业服务企业资质管理,建立动态检查和企业资质升降奖惩机制;完善物业管理招投标管理,规范招投标代理行为;完善物业行业信用体系建设,加大物业服务企业和项目经理的诚信信息的公开力度,并将其纳入上海市公共信用信息服务平台,依法面向社会提供查询。

另一方面,国家发改委的此次政策也留了"尾巴"——放开的是"部分物业服务"的价格,而非"非保障性住房"的物业服务价格。例如,政策对前期物业服务由"各省级价格主管部门会同住房和城乡建设行政主管部门根据实际情况决定实行政府指导价"。事实上,对物业服务价格实行政府指导价依据的是《价格法》的"重要的公益性服务"有关规定,而在《物权法》出台之后,对基于业主物业财产权产生的物业管理不应继续实行政府指导价。在现实当中,物业费的价格一旦在前期物业服务合同中约定,哪怕这个价格并不合理,其在日后的调整会非常困难,有相关制度设计上的困难,更有与业主沟通的艰难。

此次上海在《通知》和《计划》中也明确,要引导业委会和物业服务企业协商确定物业服务内容和收费标准,明确了"非保障性住房"前期价格也予以放开,同时,对于"售后房"小区、保障性住房小区和未成立业委会的早期建设的商品房小区,要建立物业服务收费及相关事务的协商协调、指导监督和应急处置机制,到2017年年底前,基本实现"售后房"小区物业服务收费市场化。就此看来,上海市的探索和实践走在了前面。

### (三)物业服务收费的测算

### 1. 物业服务成本($X_1$)的构成

无论包干制还是酬金制,物业服务收费构成最主要的是物业服务成本或者物业服务支出（$X_1$）。其构成一般包括以下部分：（1）管理、服务人员的工资、社会保险和按规定提取的福利费等；（2）物业共用部位、共用设施设备日常运行、维护及保养费用；（3）物业管理区域清洁卫生费用；（4）物业管理区域绿化养护费用；（5）物业管理区域秩序维护费用；（6）办公费用；（7）物业服务企业固定资产折旧费用；（8）物业共用部位、共用设施设备及公众责任保险费用；（9）经业主同意的其他费用。

物业共用部位、共用设施设备的大、中修和更新、改造费用，应当通过专项维修资金予以列支，不得计入物业服务支出或者物业服务成本。

需要说明的是，在物业管理区域内，由物业服务企业接受委托代替收取供水、供电、供气、供热、通信、有线电视等费用的，其委托手续费应向委托单位收取，不得向业主收取手续费等额外费用。

2. 物业服务成本（$X_1$）的具体测算

物业服务成本的测算可用一个简单公式来进行：

$$X_1 = \sum_{i=1}^{9} x_i \quad (i=1, 2, 3, \cdots, 9)$$

式中：$X$——物业服务收费，单位：元/（月·平方米）；

$x$——各分项费用收费标准，单位：元/（月·平方米）；

$i$——分项项数；

$\sum$——对各分项费用算术求和。

（1）管理、服务人员的工资、社会保险和按规定提取的福利费等（$x_1$）。该项费用是指物业服务企业的人员费用。包括基本工资、社会保险和按规定提取的福利费、加班费和服装费。

该项费用的测算方法是根据所管物业的档次、类型和总收费面积，先确定各级各类管理、服务人员的编制数；然后确定各自的基本工资标准，计算出基本工资总额；再按基本工资总额计算上述各项的金额；汇总后即为每月该项费用的金额，最后分摊到每月每平方米。

（2）物业共用部位、公用设施设备日常运行、维修及保养费（$x_2$）。该项费用包括小区楼宇内共用部位及小区道路环境内的各种土建零修费；各类共用设施、设备的日常运行、维修及保养费，不包括业主拥有房产内部的各种设备、设施的维修、养护、更新费用；公用天线保养维修费用；高压水泵的运行、维修费用；冬季供暖费。这些费用按国家和当地的现行规定与标准另行收取。

（3）物业管理区域清洁卫生费用（$x_3$）。清洁卫生费，是指楼宇内共用部位及小区内道路环境的日常清洁保养费用。包括：① 清洁工具购置费；② 劳保用品费；③ 卫生防疫消杀费；④ 化粪池清淘费；⑤ 垃圾外运费；⑥ 清洁环节所需的其他费用。

可按实际情况计算出各项年总支出，求和后再分摊到每月每平方米收费面积。

（4）物业管理区域绿化养护费用（$x_4$）。小区环境内绿化的养护费用包括绿化工具费（锄头、草剪、枝剪、喷雾器等）、劳保用品费（手套、口罩、草帽等）、绿化用水费、农药化肥费用、杂草杂物清运费、补苗费、小区环境内摆设的花卉等项费用。

（5）物业管理区域秩序维护费用（$x_5$）。这里的秩序维护费是指封闭式小区公共秩序的维持费用，秩序维护包括小区日常的保安和交通、消防等秩序的维护，其费用主要体现在保安费用上。包括：① 保安器材装备费，即保安系统日常运行电费、维修与保养费；日常保安器材费（对讲机、警棍等）；更新储备金。② 保安人员人身保险费。③ 保安用房及保安人员住房资金。

上述费用按实际情况计算各项年总支出，求和后再分摊每月每平方米收费面积。

（6）办公费用（$x_6$）。办公费用是指物业服务企业开展正常工作所需的有关费用。包括：① 交通费（含车辆耗油、维修保养费、车辆保险费、车辆保养费、车辆养路费等）；② 通信费（电话费、传真费、传呼机服务费、电报费等）；③ 低值易耗办公用品费（如纸张、笔墨、打印复印等）；④ 书报费；⑤ 广告宣传社区文化费；⑥ 办公用房租金（含办公用房水电费）；⑦ 其他杂项。

上述各项费用一般按年先进行估算，汇总后再分摊到每月每平方米收费面积。对已实施物业管理的住宅小区，可依据上年度的年终决算数据得到该值。

（7）物业服务企业固定资产折旧费（$x_7$）。该项费用是指物业服务企业拥有的各类固定资产按其总额每月分摊提取的折旧费用。各类固定资产包括：① 交通工具（汽车、摩托车、自行车）；② 通信设备（电话机、手机、传呼机、传真机）；③ 办公设备（桌椅、沙发、电脑、复印机、传真机等）；④ 工程维修设备（管道疏通机、电焊机等）；⑤ 其他设备。

按实际拥有的上述各项固定资产总额除以平均折旧年限，再分摊到每月平方米收费面积。

（8）物业共用部位、共用设施设备及公众责任保险费用（$x_8$）。共用部位和共用设施设备及公众责任保险费用是《物业服务收费管理办法》实施后出现的一项新的收费内容，将成为今后物业支出的一项。其中共用部位、共用设施设备保险费用，是物业服务企业代替业主交纳的保险费用，公众责任保险费用是由于物业管理工作特殊性决定的一项保险费用。这两类保险费用通常据实计算。

（9）经业主同意的其他费用（$x_9$）。该部分费用为业主和物业服务企业共同协商决定的费用，如业主大会、业主委员会活动经费由全体业主分摊，经全体业主同意，可以将其按照面积分摊的方式计算在公共性服务收费中。但是，如果是个别业主的意愿（愿意多出一份力，提高小区内的物业服务质量），则可以让物业服务企业将该部分收入划入"赞助费用取得"，作为物业服务企业资金收入的一部分。

3. 法定税费（$X_2$）

物业服务收费如实行包干制，其费用第二部分是法定税费（$X_2$）。法定税费是指按现行税法，物业服务企业在进行企业经营活动过程中应缴纳的税费。物业服务企业享受国家第三产业的优惠政策，应缴纳的税费主要是营业税及附加，即两税一费。

（1）营业税。按企业经营收入的 5%征收。以物业服务成本作为基数再乘 5%即得每月每平方米应分摊的数额。

（2）城市维护建设税。城市维护建设税按企业营业税的 7%征收。

（3）教育附加费。教育附加费按营业税的 3%征收。

在计算营业税时，企业的经营总收入不包括物业服务企业代有关部门收取的水费、电费、燃（煤）气费、房租及维修资金，即对这些费用不计征营业税，但是对委托单位支付给物业服务企业的手续费部分要计征营业税。

4. 物业服务企业的利润（$X_3$）

物业服务企业作为独立的自负盈亏的经济实体，也应获得一定的利润 $X_3$。利润率由各省、自治区、直辖市政府物价主管部门根据本地区实际情况确定的比率计算。普通住宅小区物业管理的利润率一般不高于社会平均利润率。将 $X_1$ 与 $X_2$ 之和乘以利润率即得到每月每平方米建筑面积分摊的利润额。

5. 物业服务企业的酬金（$X_4$）

实行酬金制的物业服务企业，酬金的提取通常有两种计算方式，即固定提取比例和固定提取数额。

固定提取比例是指双方事先约定酬金提取的比例，如 8%、10%。此时要明确的是以实际年终决算的物业服务支出为计取基数，还是按事先约定的预收资金为计取基数。

固定提取数额，是指双方事先约定不管年终决算物业服务支出的多少，每年或每月提取固定数额的酬金。

 **本章小结**

1. 物业服务市场，是指围绕出售和购买以物业为对象的服务而进行的各种交易活动的总和。物业服务市场具有交换服务的非所有权性、生产与消费的同步性、服务品质的差异性、服务的综合性和连锁性以及服务需求的伸缩性等特点。一个完善的物业服务市场应由市场主体、市场客体以及市场机制三部分组成。

2. 物业服务招投标是国家鼓励的物业服务业务转移形式。物业服务中引入招投标是物业服务市场化的一种表现。为达到物业服务招投标的目的，必须在物业服务招投标中引入"公开、公平、公正、合理"的原则。物业服务招投标的程序一般包括准备、实施和结束三个阶段。

3．物业服务合同是房地产开发商或业主大会与物业服务企业所签订的，由物业服务企业提供物业服务的合同，它是确立业主和物业服务企业在物业服务活动中权利和义务的法律依据，应该把握好物业服务合同的具体内容，依法订立。

4．在市场经济条件下，物业服务价格应由市场来确定。在我国，物业服务价格表现为政府指导价和市场调节价两种形式。在实践中，物业服务价格通过物业服务收费来实现。

5．物业服务收费应遵循合理、公开、费用与服务水平相适应、合法竞争和政府监管等原则。在我国，物业服务收费可采用包干制或酬金制。在包干制下，物业服务费用由物业服务成本、法定税费和物业服务企业的利润构成；在酬金制下，物业服务费用由物业服务支出和物业服务企业的酬金构成。

 综合练习

一、基本概念

物业服务市场　物业服务招标　物业服务投标　物业服务合同　物业服务价格　物业服务收费

二、思考讨论题

1．简述物业服务市场的特点和构成。

2．物业服务市场管理的内容有哪些？

3．简述物业服务招投标的性质、目的、特点和原则。

4．简述物业服务招标的主体、方式和程序。

5．简述物业服务投标的原则和程序。

6．试述物业服务合同的特征和分类。

7．一般而言，物业服务合同包括哪些内容？

8．试分析在市场经济条件下物业服务价格的形成。

9．物业服务收费要遵循哪些原则？

10．物业服务收费的方式有哪些？在各方式下物业服务费用的构成有哪些？

三、案例分析题

1．某小区车辆被盗，业主诉至法院，法院认定物业服务企业在安保管理方面存在一定瑕疵，物业服务企业被判决承担部分车价 5 万元的赔偿。该小区实行酬金制收费，物业服务企业认为应由小区来承担这笔费用，而业委会认为既然物业服务企业收取酬金，就应用酬金来支付。

**案例分析与讨论：**

根据本章所学，分析和讨论酬金制的内涵和本案中物业服务企业的责任。

2. 2008 年以来，法院在审理物业服务企业与业主有关拖欠物业费的纠纷时出现了新的动向，即若物业服务企业的服务存在瑕疵，法院将判决业主打折交纳物业费，而此前只要物业服务企业不存在重大违约行为，法院一般判决业主全额交纳物业费。有以下案例[①]为证：（1）天津市南开区法院在审理一起物业服务公司与业主的物业费纠纷中，以涉案物业服务公司在多项服务中均未达到约定的质量标准为由，认定物业服务公司的服务确有瑕疵，对王先生应交物业费数额予以酌减，同时对物业服务公司主张的业主拖欠物业费的滞纳金请求也不予支持。南开区法院一审判决，王先生交纳所欠费用的 75%。（2）2008 年 6 月，上海市静安区 24 户业主因物业服务公司未对电梯水泵进行养护拒绝交纳物业服务费，物业服务公司将这些业主告上法庭，要求其支付物业费。法庭在调查中发现，该物业服务公司的服务确实有瑕疵，于是一审判决物业服务公司将物业费打 9 折。（3）2008 年 1 月，北京市丰台区法院在审理长辛店一小区物业服务企业起诉业主拖欠物业费的案件时，小区业主张女士当庭向法院反映小区物业服务存在问题。法院庭审结束后到小区现场勘验，确认物业服务企业虽然履行了大部分的服务义务，但在绿化、保洁、公共设施维修等物业服务方面存在瑕疵，认为张女士所交物业费应予以酌减，判决将其应交的四年物业服务费从 2 600多元减至 1 571.2 元，减少了 40%左右。

而 2010 年以来，对于空置房屋是否应该交纳物业服务费也引起各方争议。所谓空置房屋是指业主获得产权而未入住的、业主办理了入住手续未装修使用的、已装修使用后又无人入住的以及开发商尚未出售出租的房屋、车位及会所，开发商销售的尾房，被法院罚没、羁押的部分房屋，开发商用于抵债的债权房等。目前，不同利益人形成以下不同观点：（1）由于没有入住，物业服务费应该全免；（2）只认可交纳公共部位的物业服务费；（3）物业服务公司应该按入住人数收物业服务费；（4）业主和物业服务公司对半承担物业服务费。

**案例分析与讨论：**

根据本章所学，分析和讨论物业服务费的本质以及应该如何确定物业服务收费。

 **本章阅读与参考文献**

1. 郭淑芬，王秀燕. 物业管理招投标实务[M]. 第 2 版. 北京：清华大学出版社，2010.
2. 班道明，张宝秀，傅洁茹. 物业管理概论[M]. 第 2 版. 北京：中国林业出版社，

---

[①] 谢罗群. 瑕疵物业服务被判打折交费——行业发展面临又一新课题[J]. 城市开发，2008（23）.

2006.

3．黄安心．物业管理原理[M]．重庆：重庆大学出版社，2009.

4．周宇．现代物业管理实务[M]．北京：中国经济出版社，2009.

5．姜早龙，张涑贤．物业管理概论[M]．武汉：武汉理工大学出版社，2008.

6．季如进．物业管理[M]．第 2 版．北京：首都经济贸易大学出版社，2008.

7．王占强．物业管理：从入门到精通[M]．北京：中国法制出版社，2014.

8．陆华生．多主体参与确定物业服务价格[J]．现代物业·新业主，2010（2）．

9．王耘．完善物业服务收费定价机制的思考——以深圳市为例[J]．价格理论与实践，2008（8）．

10．马志．物业管理合同基本问题探析[J]．法制与社会，2008（11）．

11．辛伟民．前期物业管理招投标：3 个误区和 3 个对策[J]．中国物业管理，2007（7）．

12．王嘉吾．物业管理收费或可"有解"[J]．现代物业·新业主，2009（5）．

13．储春平．物业管理合同解除和变更的效力[J]．现代物业，2007（3）．

14．《前期物业管理招标投标管理暂行办法》（建住房[2003]130 号）。

15．《物业服务收费管理办法》（发改价格[2003]1864 号）。

16．《物业服务收费明码标价规定》（发改价检[2004]1428 号）。

17．《物业服务定价成本监审办法（试行）》（发改价格[2007]2285 号）。

# 第五章　前期物业管理

## 学习目标

通过对本章的学习，应掌握如下内容：
1. 前期物业管理的概念；
2. 物业接管验收的程序；
3. 物业的入伙流程；
4. 物业装修管理的内容。

## 导言

物业管理的根本宗旨是为全体业主和物业使用人提供管理与服务，以及保持良好的生活、工作环境，并尽可能满足他们的合理要求。在物业服务工作实践中，物业服务企业一般是在物业竣工验收后正常介入物业管理的。但是，物业服务企业也可以前期介入物业服务。

## 第一节　前期物业管理概述

### 一、前期物业管理的界定

我国最早出现"前期物业管理"的提法，是在 1994 年施行的《深圳经济特区住宅区物业管理条例》之中。该条例第二十四条规定，"开发建设单位应当从住宅区开始入住前六个月开始自行或者委托物业服务公司对住宅区进行前期管理，管理费用由开发建设单位自行承担"。

《物业管理条例》第二十一条规定，"在业主、业主大会选聘物业服务企业之前，建设单位选聘物业服务企业的，应当签订书面的前期物业服务合同。"也就是说，前期物业管理从建设单位选聘物业服务企业，签订书面的前期物业服务合同时起，到业主、业主大会选聘物业服务企业，签订新的物业服务合同位置。显然，物业服务企业在物业出售后至业主委员会成立并签订新的物业服务合同前这一期间，通过履行与开发商签订的前期物业服务合同，可以真正实现不可间断的物业全过程管理，切实提高物业管理水平。

## 二、前期物业管理的特殊性

前期物业管理的特殊性可以从以下两个方面来认识。

首先，前期物业管理的当事人包括三方，即开发商、前期物业服务企业和业主，他们之间形成了较为复杂的权责关系。从物业的供需关系来看，开发商是物业的生产者，而业主是物业的购买者，开发商和业主构成了物业的买卖关系；从物业服务的买卖关系来看，在物业未全部出售之前，开发商作为大业主，是物业服务的最大需求者，它与不断出售的物业的小业主们一样都是物业服务的买方，物业服务企业则是物业服务的供给者。前期物业服务合同需要反映三方当事人，即开发商、前期物业服务企业和业主的关系；而一般的物业服务合同所反映的则仅是业主与物业服务企业两方当事人之间的关系。

其次，前期物业管理在时间上具有过渡性。从《物业管理条例》对前期物业管理下的概念来看，前期物业管理具有明显的过渡性。从整体上看，它从开发商选聘物业服务企业开始，但从每一个购房人角度讲，它从签订购房合同时开始。实际上，前期物业管理包括从没有物业管理到正常情况下的物业管理的全过程。需要说明的是，前期物业管理的起始时间尽管不同，但其工作性质是一致的，总体来说，前期物业管理就是物业服务企业与业主委员会签订的物业服务合同生效之前，开发建设单位选聘的物业服务企业所实施的管理活动。

## 三、前期物业管理的工作内容

物业服务企业前期物业管理的工作内容，大致可归纳为以下几个方面。

### （一）草拟物业服务方案，承揽物业服务任务

通过对拟服务物业的可行性、可盈利性等分析，具体测算物业服务费用，并草拟物业服务总体方案。进而，通过投标竞争获得物业服务任务。

### （二）签订物业服务合同，建立与业主和物业使用人的联系

签订物业服务合同或协议后，物业服务企业应选派物业服务人员运作前期物业管理，与未来的业主和物业使用人建立联系，并认真听取其意见和建议。

### （三）参与工程建设，提出合理化建议

参与建筑安装工程的施工、检查、验收以及设备购置等环节，并就物业的结构设计、功能配置等提出合理化建议，为以后的物业管理创造良好的条件。

## （四）设计物业管理模式，草拟管理制度

设计物业服务企业的组织机构，制订将来物业管理的工作程序、员工培训计划以及第一个年度的物业管理财务预算等；草拟管理规约、住户手册等相应的物业管理文本。

## （五）建立服务的系统与网络

包括与社会专业服务部门就保安、保洁、绿化等洽谈并签订有关合同或协议；与街道、公安、交通、环保等部门进行联络、沟通；确定拟提供的代理租售业务、户内维修、清洁服务、送餐邮递等代办服务的项目。

## （六）办理移交接管与入伙事宜

通过拟订移交接管的程序、要求，筹备业主委员会，协助办理接管事项，做好物业交接准备。同时，借助办理物业的入伙手续，为物业的装修与服务打好基础。

当然，上述前期物业管理的基本内容会因物业及业主的具体情况而有所差异。

### 专栏 5-1　前期物业管理制度急待完善[①]

我国《物业管理条例》规定了前期物业管理制度，对如何实施前期物业管理服务做了很多细致的规定。但我们发现，物业管理的矛盾纠纷很大部分集中在前期物业管理上。因此，前期物业管理制度是否有尚需完善的地方？本文试图对现行前期物业管理制度做一简略思考。

1. 前期物业管理制度创设的动因分析

为了解决广大市民的居住问题，现代社会出现了许许多多的高层或多层建筑物。在我国，随着住房制度改革的推进，高层建筑物也大量出现，由此产生了一栋建筑物存在多个所有权人的情形，即所谓业主的建筑物区分所有权。区别于单一产权样态，建筑物区分所有权产权样态下，业主对建筑物内的住宅、经营性用房等专有部分享有所有权，对专有部分以外的共有部分享有共有和共同管理的权利。通俗地讲，业主的建筑物区分所有权是一种相对不可分割的产权形态，包含有共有和共同管理的内容。而物业管理则属于共同管理内容中非常重要的事项。即物业管理得"大家说了算"。

同时，我们看到，我国目前的房地产开发实践中，物业项目分期开发的情况比较普遍，业主是陆陆续续地入住。"大家说了算"的事因为"大家一直凑不齐"而被耽搁着，即目前法律所谓的业主大会或业主委员会这种业主团体无法短时间内组建，当然行使共同管理权利并非必然要求组建业主团体，但组建业主团体属于常态，从长远看也有利于共同管理权利更加便捷地行使。而这个过程，一个物业项目或一个物业管理区域内自首户业主入住

① 王占强. 前期物业管理制度急待完善[J]. 城市开发，2010（3）.

到项目开发完毕、业主基本入住完毕、业主团体组建完毕的过程，是一个相对较长的过程。但是，这个过程仍然非常需要物业管理。那怎么办呢？我们引入前期物业管理的概念，即在业主、业主大会选聘物业服务企业之前这段时期的物业管理。《物业管理条例》对前期物业管理设定了一系列制度。那么，目前这套前期物业管理制度的定位是否合理、准确呢？

**对现行前期物业管理制度的反思**

《物业管理条例》规定的前期物业管理制度包含前期物业服务合同、业主临时管理规约、前期物业管理招投标、物业承接验收手续、物业资料的移交、物业管理用房、物业的保修责任等内容。其中，前期物业管理招投标是前期物业管理制度最为重要的制度。法规规定前期物业管理实施招投标，国家提倡建设单位按照房地产开发与物业管理相分离的原则，通过招投标的方式选聘具有相应资质的物业服务企业。其中，住宅物业前期物业管理实施招投标作了强制性规定。长久以来，"谁开发、谁管理"成了我国地产界的物业管理模式，是一种"建""管"不分的模式。

有人认为，这种建管不分的模式缺乏明确的交接验收手续，建设单位前期开发过程中遗留的大量问题往往被掩盖下来，这些问题在物业管理的阶段暴露出来，导致物业服务企业在承接物业项目后不能正确地处理前期建设和后期维修、养护的关系，加大了物业管理的难度，容易引发纠纷。招投标制度的推行，打破了"谁开发、谁管理"的旧有管理模式，增加了前期物业管理的透明性，为物业服务企业创造了公平、公正、公开的市场竞争环境，有利于物业管理行业整体的健康发展。事实果然如此吗？

实际上，前期物业管理招投标制度不但没有解决建管不分模式下存在的问题，反而引发了一些新问题。前期物业管理招投标具有不同于一般招投标的特殊性。前期物业管理的招标人是建设单位，投标人是响应前期物业管理招标、参与投标竞争的物业服务企业，而中标的企业最终是为业主服务的。正是由于这种"三角关系"使得这种招标存在着很大风险，即招标人从自身利益而非业主利益出发开展招标活动。实践也在不断证明着这种风险的客观性。很多物业服务企业为了取得项目的管理权，也选择向建设单位妥协。在前期物业管理招投标过程中，除了业主的利益可以忽略不计，实际上物业服务企业也受制于建设单位。因此，不难理解建管不分模式下存在的问题依然存在甚或更加严重。

开发遗留问题仍然得不到解决。物业管理中三到五成的矛盾纠纷在于开发遗留问题。这些问题本应该在开发建设阶段而非物业管理阶段得到解决的，前一阶段没有解决后一阶段解决起来将更加困难。

前期物业服务合同不规范。由于欠缺利害关系人业主的意志表现，物业服务内容简略粗糙。物业服务合同中最为严重的问题当属物业费相关条款，目前，除了对经济适用住房等政策性住房有政府指导价之外，其他各类商品房都实行市场价，而物业服务合同中物业费的定价很难保证是经市场竞争后确定的。因此，物业服务和物业收费就很难保证是质价相符，这也是业主入住后最为关心的事情之一。物业交接验收仍不规范。这一方面是因为前面分析到的物业服务企业相对建设单位处于受制地位，另一方面很多物业服务企业为获得管理服务权不会因为相关资料不齐全或部分设施设备无法正常启用而放弃一个物业项目。况且，有些物业服务企业与建设单位有着千丝万缕的联系，甚至前身就是建设单位的一个部门，因此更加弱化了交接验收手续。另外，法律对交接验收手续缺乏操作性强的技术标准，相应处罚措施也不够。

物业服务企业管理服务难度变大。由于开发遗留问题一直被遗留了下来，直到业主入住才慢慢浮出水面，而此时建设单位已金蝉脱壳，选聘出了一个能够独立承担民事责任的物业服务企业。业主一般也往往选择将开发遗留问题迁怒于物业管理。因此，引发了物业费收取难的问题，而如果物业服务企业想继续经营就必须先解决开发遗留问题，从而增加了成本。最后，物业管理承担了很多不该承担也无法承担的非物业管理工作。

围绕房地产开发建设及管理的矛盾纠纷日趋复杂化。基于以上几点分析，建设单位、物业服务企业、业主及后来的业委会之间的矛盾纠纷全都拧在了一起，权利义务关系模糊不清，建设单位与物业服务企业经常互相扯皮，矛盾纠纷日趋复杂化。

2. 由分析看结论

前期物业管理是必需的。在本文的第一部分我们已经述及前期物业管理的重要性和必要性。因此，前期物业管理还必须有人提供。

前期物业管理的责任人应为建设单位。在现行前期物业管理制度中，建设单位、物业服务企业、业主三方各自的权责利都是不相统一的，因此，也就出现了前期物业管理的诸多问题。就建设单位而言，其取得了招投标选聘物业服务企业的权利，几乎没有相应的有效的责任制约，为己谋利侵害业主利益较易发生。业主应当享有被服务的权利，却没有选择服务对象的权利（当然有客观的原因），而且享受不到令其满意的服务。既然如此，反倒不如让建设单位同时承担行使选择权所对应的义务和责任，即如果因物业服务方的原因而引起矛盾纠纷，那么建设单位应当承担相应责任。同时，物业服务企业对建设单位负责。这样，其实是将"三角关系"简化了，权利义务关系随之明晰了。

3. 建管分离是大势所趋

将前期物业管理的责任人定位为建设单位绝不意味着建管不分，相反，必须不断推进建管分离。建设单位只是在前期物业管理这段定时期承担物业管理的责任，而且建设单位承担物业管理责任也并意味着由其实施具体的物业管理行为，其仍然可以选聘物业服务企进行管理或分享转包物业管理事项。真正的物业管理是应由业主自行选择的。前期物业管理阶段结束，便是业主行使选择权实施物业管理的开始。从社会分工的角度看建管分离是大势所趋。独立化、专业化的物业管理将逐渐形成并占领物业服务市场，这相对于建设单位自身提供的物业管理服务更具优势竞争力。市场化机制也呼唤建管分离。相对"谁开发、谁管理"模式，投标制度选聘专业公司提供物业服务本身是一大进步，只是多种因素导致在目前的前期物业管理阶段实施产生的效果并不理想。但我们不能因此否定招投标制度本身。当业主入住真正行使共同管理权后，理想的业主就极可能选择通过招投标选聘物业服务企业。

另外，推进建管分离应首先重视"建"的问题，遏制开发遗留问题，如此才能真正实现监管分离，实现建好且管好。

# 第二节　物业管理的超前介入

## 一、物业管理超前介入的概念

物业管理的超前介入是前期物业管理的前奏，对物业的前期管理及其后的服务工作起着重要的作用。

物业管理的超前介入是指物业服务企业在接管物业之前，参与房地产项目的投资立项、规划设计及施工建设等过程，并提出相应的意见和建议，以便建成后的物业能够更好地满足业主和物业使用人的需求。物业服务企业超前介入的咨询服务对象，主要是房地产开发商或投资商，其费用应由开发商承担。

具体来讲，物业管理超前介入的工作内容主要体现在房地产综合开发过程中的以下几个阶段。

### （一）投资立项阶段

房地产开发商在进行市场调查、项目经济评价时，听取专业的物业服务人员对该物业的市场定位，潜在业主的构成与消费水平，周边物业服务概况，本物业将来的服务内容、服务标准，以及成本、利润测算等建议。进而提高投资经济效益，减少投资风险。

### （二）规划设计阶段

物业管理工作的特点，要求其从业人员对于物业在使用与管理过程中细节问题的发现、处理具有特殊的敏感性和应变能力。因此，物业服务人员对于物业的结构设计、功能配置等提出的意见与建议，更加贴近业主和物业使用人的实际需求，有利于克服物业规划设计阶段可能形成的"先天不足"，为将来顺利开展物业管理工作打下坚实的基础。

### （三）施工建设阶段

物业服务人员通过参与设备购置、隐蔽工程施工验收、机电设备安装调试、管道线路的铺设、工程竣工验收等工作，可以监督、了解工程质量，全面掌握物业相关信息，同时为今后更好地实施物业管理奠定基础。

总之，物业管理的超前介入，对于完善房屋设计要求，监督施工质量，了解物业信息，便于将来物业的竣工验收、接管和服务等物业的全过程管理，具有积极的作用和意义。

## 二、物业管理超前介入的必要性

对物业管理进行超前介入具有以下几项重要意义。

### （一）使物业的使用功能更加完善

随着社会和经济发展，人们对物业的环境和要求越来越高，这使得房地产开发企业在开发过程中，除了执行国家的有关技术标准外，还应认识到物业的使用功能、物业布局的合理、建筑的造型、建材的选用、室内外的环境、生活的便利、安全和舒适等。由于物业服务企业在实际管理中接触不同类型、不同规模、不同管理模式的物业并直接与业主和物业使用人联系，了解他们的需要。因此，物业管理超前介入使物业的使用功能更加完善。

### （二）有利于后期物业管理的顺利进行

物业管理超前介入可以优化物业设计，减少、防止后遗症，物业服务企业经过一段时间的工作，可以同环保、水、电、煤气、通信、治安、绿化及行业主管部门建立工作联系，理顺工作渠道，有利于以后管理工作的顺利进行。因此，物业管理超前介入是房地产开发企业为优化建设项目，做好物业服务基础工作，提高行业全过程经营效益而共同协作的有效行为。

### （三）为接管验收物业、保证物业正常运行打下基础

由于物业服务企业对物业开发的前期介入，在物业验收接管之前，就对物业的土建结构、管线走向、设施建设、设备安装，特别是隐蔽工程等情况已有全面的了解，因此为物业的验收接管打下了基础，能保证物业管理工作衔接好，使物业安全启用、正常运行，为日后的物业管理、养护和维修带来了便利，也能使业主和物业使用人放心、安心。

### 案例 5-1　某社区缺乏物业管理的超前介入，引发诸多问题[①]

某社区是一个居住 7 600 多户、35 000 多人的大社区。承担该社区的物业管理企业是由某集团公司的房管处改制而成，其职工观念落后，物业管理遗留问题多，解决难度大，截至目前还采用的是传统的物业管理模式，经营机制落后，与现代物业管理企业相比，已不适应，差距较大。该社区现有住宅楼及公共设施，一般是建成经竣工验收后，移交给物业管理部门向职工分配入住和负责管理，在此之前的建设各阶段，物业公司从未参与。所以，存在很多难以解决的问题。现仅列举几个典型事例作以说明。

---

[①] 王明慧. 物业管理前期介入物业建设的必要性——以某社区为例[J]. 中外企业家，2014（7）.

1. 甲街坊 2007 年建成的 5 栋高层楼，电梯厅设计在整栋楼的中间，四周均为居室，形成封闭状，无窗户通风采光，如果停电或照明灯坏，电梯厅一片漆黑，居民上下楼进入电梯厅十分恐惧；并且需一天内 24 小时照明，灯具和电能消耗量很大，维护费用高；更糟糕的是，楼内一旦发生火灾，一层至顶层（26 层）相当于一个高烟囱，不仅不利于有毒烟气的排出，更有助于烟火的燃烧，对人的危害极大。纠其原因：设计思想错误，虽然每层多增加一户销售收入的眼前利益，但给业主及后期物业管理增加巨大的维护和管理成本。

2. 甲街坊地下配电室，每当下雨天气，配电室上方的顶板及配电柜底下的电缆线沟槽就大量渗漏水，造成严重供电安全隐患，每次需要耗用大量人工紧急排水处理。其主要原因：是地下配电室防水隐蔽工程施工质量太差造成。

3. 甲街坊近年来建成 7 栋高层楼，8 栋多层楼，若大的一个街坊，设计决策毫无瞻前性，既无自行车摩托车棚，也无地上地下汽车停车场，业主入住不久意见很大，日常住宅楼周围停满了各种车辆，小孩和老人一点活动空间都没有了，全被车辆挤占，目前已达到超饱和的状态。随着经济的发展，居民购车将越来越多，则停车问题更加严重，致使物业管理十分困难。

4. 乙街坊 2011 年底建成四栋高层楼，竣工后向物业移交时，送来一大堆二百多把的钥匙交给物业，物业接管后，当水电等设施出现故障进行维修时，维修人员不仅对水电管线的走向布局、电气开关、配电箱柜及供水阀门等所控制的路径很难搞得清楚，而且就连哪把钥匙开哪个设备间的门也是一塌糊涂，致使物业维修工作十分被动和困难。这显然是物业公司没有积极主动地提前参与物业设备安装、验收及技术交底所致。因篇幅有限，还有很多问题不便列举。

通过以上几个实际问题的分析可知，某社区之所以在物业建成业主入住后暴露出诸多质量问题和安全隐患，纠其原因，主要还是当时规划设计失误、建筑施工质量差、监督管理不严所致。那么，如何在以后的物业建设中避免和解决这些问题呢？一个比较有效的办法，就是要改革目前的物业管理模式，选派优秀、专业的物业管理技术人员，积极地提前介入物业建设项目，参与物业建设各阶段的监督管理，是解决某社区出现以上类似问题的非常有效的手段和重要措施。

## 三、物业管理超前介入的方式及工作内容

物业管理的超前介入因介入时间不同，其介入方式和工作内容也就会有差异。具体来说，有以下三种情况。

### （一）前期介入，积极参与物业的规划设计

前期介入是指物业处在规划设计阶段，开发建设单位聘请专业经验丰富的物业服务企业做顾问，参与规划设计，使设计在符合国家规范的前提下，尽可能地照顾到使用者的要

求以及日后管理的需要。物业服务企业前期介入的具体工作主要有：审阅设计图纸，提出有关楼宇结构布局和功能方面的改良建议；提出设备配置和容量以及服务方面的改良意见；指出设计中遗漏的工程项目。

### （二）中期介入，严格监理施工的每一环节

中期介入通常是指物业的土建结构已封顶，工程进入到设备安装和内部装修阶段，物业服务企业参与介入，一方面熟悉线路管道的铺设走向，另一方面对设备安装的质量进行监督，其作用类似监理。可见物业服务企业中期介入的主要工作就是监督施工质量。开发建设单位及监理公司的考虑的角度与物业服务企业的不尽相同。开发建设单位侧重于建设与设计是否相符，而物业服务企业则着眼于细处，既然介入了工程监管，对设备安装质量的把关不仅要着眼于验收调试，更要着眼于以后长远的使用。因此，物业服务企业监管不能放过一个小问题，以保证安装质量。

### （三）晚期介入，开始前期管理

晚期介入是指物业建设工程基本结束，工程开始竣工验收，物业服务企业准备接管验收的阶段性工作。晚期介入是物业服务企业由原来的顾问工作转入实质性管理工作的一个重要衔接阶段。

物业服务企业的超前介入工作一般不设固定人员进驻开发现场，工作方式可根据开发建设单位的需要确定。如定期参加开发建设单位的设计会议，或不定期与开发建设单位会晤、出谋划策等。

## 专栏 5-2　物业管理的早期介入节点[①]

开发商和设计者在开发新的物业时，与日后的管理者所站角度不同。开发商在物业的规划设计和建造过程中只考虑了房屋和配套设施建设时的质量和投资，而规划设计人员由于自身专业和角度的局限，在规划设计中的不足在所难免，由此会带来设施和设备配置得不完善或不合理，增加了投资，降低了使用效率，影响日后业主的正常生活，增加了物业管理工作的强度和难度等问题。

物业管理者作为物业的维护者，在长期的实际工作中对物业可能出现的种种问题比较了解，因此可以代表业主从管理者的角度对即将管理的物业进行审视，及时纠正规划设计中的不足，更好地满足业主的使用要求。因此，物业管理早期介入有利于优化设计，完善设计细节。

笔者走访了多家旧小区和新建小区，并根据日常工作经验从开发成本、物业服务及业

---

[①] 姜兆繁. 物业管理的早期介入节点[J]（上）、（下）. 现代物业，2010（1）-（3）.

主使用功能的角度出发，提出物业管理早期介入的具体介入点，以期有利于物业服务的长远发展。但所提的建议中并不适用所有小区，仅供参考。

1. 电气

（1）建议每幢楼宇应预留空调外机和空调孔位置，并考虑位置的大小和孔洞的位置及外露管的隐蔽处理。

（2）建议室内安装空气自动循环系统。

（3）建议组建小区局域网。

（4）建议设置等电位箱。

（5）建议设置楼宇门警报系统。

（6）建议采用人体感应开关。

（7）建议配置移动通信覆盖系统。

（8）建议充分考虑弱电箱的合理位置和容量。

（9）建议将部分背景音箱与提示牌合并使用。

（10）建议园区公告系统和粘贴栏合并使用。

（11）建议设置设备监控系统。

（12）建议设置自动抄表系统或采用IC卡表具。

2. 土建

（13）建议根据业主的需求设置室内红外报警系统。

（14）建议商住楼设计门市房单独的排烟系统。

（15）建议取消一楼厨房排烟道和厕所排气道。

（16）建议各种管井尽量不要设计在路面上。

（17）建议主路面不要铺设方砖。

（18）建议不要设置过大的直角弯。

（19）建议设计单独通往屋顶的通道，方便日后维修。

（20）建议设置会馆、幼儿园、购物街并充分考虑合理区位。

（21）建议楼道墙面先不粉刷只做基本处理，或直接铺设瓷砖。

（22）建议尽量不要设计带露台的顶楼。

（23）建议将地下车库的进出口设置在园区外部。

（24）东北地区建议合理设置冬菜晾晒场地和衣物晾晒装置。

（25）建议设置专门的宠物活动场地。

（26）建议考虑附近泄洪渠、市政污水河的合理位置。

（27）建议设置防水层排气孔。

（28）建议设置管道套管。

（29）建议建设单位预留材料给物业服务企业。

3. 绿化

（30）建议充分考虑绿化设计的品种的适宜性。

（31）建议充分考虑绿化灌溉时的取水位。

（32）建议充分考虑绿化排水问题。

4. 清洁

（33）建议每栋设置清洁用水点。

（34）建议设置垃圾中转站并在小区内设垃圾桶、垃圾车清洗点。

（35）建议设置管道阻燃圈。

（36）建议将园区四周栅栏设计成防翻越式。

（37）建议设置路口多功能反光镜。

5. 水暖

（38）建议将排水管直接导入地下蓄水池通道或污水井通道。

（39）建议采用挂式太阳能进行热水供应和取暖。

（40）建议安装温度调节阀和温度计量收费装置。

（41）建议在施工完毕时将所有的下水管口封闭。

6. 其他方面

（42）建议安装烟道助力系统。

（43）建议不要设置玻璃制品的雨搭、地下车库顶棚等。

（44）建议设置多功能信报箱。

（45）建议充分考虑停车位、车棚的数量。

（46）建议将水景的泵池设计在水景外部。

（47）建议各单元的天然气、自来水、暖气的主阀门不要设置在一楼室内。

（48）建议给在湖边或池塘边的楼宇安装灭蚊灯或种植驱蚊草。

（49）建议将广场附近的垃圾桶和景观花架合并使用。

# 四、物业管理超前介入与前期物业管理的界定

如何从时间上界定物业管理超前介入和前期物业管理呢？有些项目在房地产项目开发策划时就已开始超前介入，但绝大多数项目是在物业销售策划阶段开始超前介入。而真正的前期物业管理是在业主收楼前 3～6 个月内开始的实质性的管理工作。

从图 5-1 可看出，前期介入与前期物业管理的主要区别在于，是否已经确立了物业服务的委托合同关系，并以以下两点为标志。

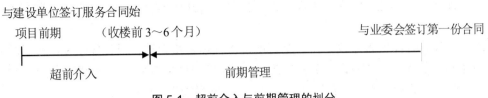

图 5-1　超前介入与前期管理的划分

### （一）是否拥有对于物业的经营管理权

物业管理的超前介入，多数是没有与开发建设单位签订物业服务委托合同，而是以咨询顾问的角色提出意见和建议。而前期物业管理活动，必须在与开发建设单位确立了委托关系后才进行，此时的物业服务企业已拥有了对该物业的经营管理权。

### （二）是否承担相应的民事责任

超前介入的物业服务企业，按照与开发建设单位约定的介入时机和程度等，从有利于将来的物业管理与服务等具体细节上，提出意见和建议的，真正的决策权属于开发建设单位。而前期物业管理活动中，物业服务企业已经受开发建设单位委托，履行物业管理职能，并应承担相应的民事责任。

应当看到，物业管理的超前介入对于切实提高物业管理水平有着重要的意义，并已经得到开发建设单位、物业服务企业以及政府有关部门认同、倡导与参与。随着物业管理相关法律法规和政策规范的不断健全，物业服务市场将更加规范，物业管理超前介入所产生的作用也将更大。

# 第三节　物业的接管验收

## 一、物业的竣工验收

物业通过竣工验收和接管验收以后，其管理工作就将全面正式启动。因此，物业服务企业应本着维护业主权益、对于今后物业管理工作负责的原则，依据有关的竣工验收和接管验收标准，认真做好物业的竣工验收和接管验收工作。

### （一）物业竣工验收的含义

竣工是指一个建筑工程项目经过建筑施工和设备安装后，达到了该工程项目设计文件所规定的要求，具备了使用的条件。工程项目竣工以后，承建单位需向建设单位办理交付手续。在办理交付手续时，需经建设单位或专门组织的验收委员会对竣工项目进行查验，在认为工程合格后办理工程交付手续，把项目移交给建设单位，这一移交过程称之为竣工验收。

竣工验收是全面检查建设工作，检查所建工程项目是否符合设计要求和工程质量好坏的重要环节。所有房地产项目，都要按照国家建设部 1990 年 9 月 11 日颁发的《建设项目（工程）竣工验收办法》（计建设[1990]1215 号）进行竣工验收。

**（二）物业竣工验收的种类**

物业的竣工验收，可分为以下四种类型。

1. 隐蔽工程验收

各项隐蔽工程完成后，在隐蔽前，开发单位与承建单位应按技术规范要求及时进行验收。在验收时，要以施工图的设计要求和现行技术规范为准。经检查合格后，双方在隐蔽工程检查记录上签字，作为工程竣工验收资料。

2. 分期验收

分期验收是指分期进行的工程项目或单元工程在达到使用条件，需要提前使用时所进行的验收。例如住宅区，每当一批房屋建成后，即可进行验收，以使完成的建筑产品及时投入使用，发挥其投资效益。

3. 单项工程验收

单项工程验收是指工程项目的某个单项工程已按设计要求施工完毕，具备使用条件，能满足投产要求时，承建单位可向开发单位发出交工通知。开发单位应先自行检查工程质量、隐蔽工程有关资料、工程关键部位施工记录以及有否遗漏情况等，然后由设计、承建等单位组织验收小组，共同进行交工验收。

4. 全部工程验收

整个建设项目按设计要求全部建成，并达到竣工验收标准时，即可进行全部工程验收。对于一些大型项目，在正式验收之前，要进行一次预验收。

经正式验收合格的物业，应迅速办理固定资产交付使用手续，并移交与建设项目有关的所有技术资料。

**（三）物业竣工验收的依据、标准及所提交的资料**

1. 竣工验收的依据

（1）上级主管部门的有关文件。

（2）开发商和建筑商签订的工程合同。

（3）设计文件、施工图纸和设备技术说明书。

（4）国家现行的施工技术验收规范。

（5）建筑安装统计规定。

（6）对从国外引进的新技术或成套设备项目，还应按照签订的合同和国外提供的设计文件等资料进行验收。

2．竣工验收的标准

（1）工程项目按照工程合同规定和设计图纸要求已全部施工完毕，达到国家规定的质量标准，能够满足使用要求。

（2）竣工工程达到窗明、地净、水通、灯亮及采暖通风设备运转正常。

（3）设备调试、试运转达到设计要求。

（4）建筑物周围 2 米以内的场地清理完毕。

（5）技术档案资料齐全。

3．竣工验收时所应提交的资料

在工程项目竣工验收前，承建单位应将有关技术资料系统整理、分类立卷，在竣工验收时交开发单位归档保管，以适应生产、维修的需要。竣工验收时，承建单位应提交的资料主要有：竣工工程项目一览表；设备清单；设备、材料证明；土建施工记录；设备安装调试记录；建（构）筑物监测记录；隐蔽工程验收记录；工程质量事故发生及处理记录；图纸会审记录；设计变更通知和技术核定单；工程项目竣工图；建（构）筑物的使用注意事项；其他重要技术决定和文件等。

## 二、物业的接管验收

物业接管验收是指物业服务企业根据接管验收标准，对移交的物业所进行的综合检验、收受管理的工作。物业的接管验收有不同类型，例如，按照接管验收主体的不同，有政府有关部门的接管验收、建设单位的接管验收、物业服务企业的接管验收；按照接管验收的标的物的不同，有新建物业、原有物业的接管验收。

### （一）物业接管验收的条件

根据《房屋接管验收标准》（建标[1991]69 号）和《物业承接查验办法》（建房[2010]165 号）的规定，新建房屋办理承接查验时，应具备以下条件。

（1）建设工程竣工验收合格，取得规划、消防、环保等主管部门出具的认可或者准许使用文件，并经建设行政主管部门备案。

（2）供水、排水、供电、供气、供热、通信、公共照明、有线电视等市政公用设施设备按规划设计要求建成，供水、供电、供气、供热已安装独立计量表具。

（3）教育、邮政、医疗卫生、文化体育、环卫、社区服务等公共服务设施已按规划设计要求建成。

（4）道路、绿地和物业服务用房等公共配套设施按规划设计要求建成，并满足使用功能要求。

（5）电梯、二次供水、高压供电、消防设施、压力容器、电子监控系统等共用设施设备取得使用合格证书。

（6）物业使用、维护和管理的相关技术资料完整齐全。

（7）法律、法规规定的其他条件。

原有房屋办理接管验收时，应当具备以下条件。

（1）房屋的所有权、使用权清楚。

（2）土地使用范围明确。

### （二）接管验收与竣工验收的不同

接管验收不同于竣工验收。接管验收是由物业服务企业依据《房屋接管验收标准》和《物业承接查验办法》，接管移交的物业所进行的验收。接管验收与竣工验收的区别在于以下方面。

1．验收目的不同

接管验收是在竣工验收合格的基础上，以主体结构安全和使用为主要内容的再检验；竣工验收是为了检验房屋工程是否达到设计文件和《建筑工程施工质量验收统一标准》（建标[2001]157号）等国家现行技术标准所规定的要求。

2．验收条件不同

接管验收的首要条件是竣工验收合格，并且供电、采暖、给排水以及道路等设备和设施能正常使用，房屋幢户编号已经被有关部门确认；竣工验收的标准是工程按设计要求全部施工完毕，达到规定的质量标准，能满足使用要求。

3．交接对象不同

接管验收是由物业服务企业接管建设单位或业主委员会移交的物业，竣工验收是由开发建设单位验收开发商移交的物业。

## 三、物业接管验收的两种情况

物业的接管验收有以下两种情况。

### （一）从建设单位接管验收

《城市新建住宅小区管理办法》（建设部第33号令）明确规定：建设单位在出售住宅小区房屋前，应当选聘物业服务企业承担住宅小区的管理，并与其签订前期物业服务合同。为加强前期物业管理活动的指导和监督，维护业主的合法权益，并使前期物业服务合同得以顺利履行，2010年10月，住房城乡建设部印发了《物业承接查验办法》，规范了物业承接查验行为，增强了物业承接查验制度的可操作性，并进一步明确了建设单位、物业服务企业和企业在物业承接查验活动中的权利和义务。

根据《物业承接查验办法》第二条的规定，所谓物业承接查验，是指承接新建物业前，物业服务企业和建设单位按照国家有关规定和前期物业服务合同的约定，共同对物业共用部位、共用设施设备进行检查和验收的活动。该活动是履行前期物业服务合同的一个主要内容和关键环节。

**（二）从业主委员会接管验收**

物业服务企业作为一种经营服务型企业，是受物业产权人及使用人委托实施管理的。也就是说，物业产权人及使用人有权选择管理者，这种权利集中体现在产权人及使用人代表大会上。

《城市新建住宅小区管理办法》明确规定业主委员会具有选聘和续聘物业服务企业的权利。首次选聘物业服务企业的工作一般由开发企业完成。业主委员会组成之后应对所选聘的物业服务企业进行考察，同时对物业服务企业的服务质量进行监督，管理水平低下的物业服务企业将会被业主委员会解聘。物业服务企业被解聘或者受聘合同到期未获续聘时，业主委员会可选聘其他物业服务企业接管物业管理工作。

### 专栏 5-3　勇者无惧且前行——兼论《物业承接查验办法》的战略意义[①]

2010 年 4 月 29 日，笔者有幸作为湖南省长沙市的代表之一参加了住房和城乡建设部组织的《物业承接查验办法》（以下简称《查验办法》）修改论证暨物业管理工作座谈会。

笔者认为，《查验办法》出台的战略意义远大于实践意义，有必要从以下三个层面重新审视。

1. 《查验办法》是中国物业管理行业特殊背景下的产物

物业质量是目前各地各种物业管理纠纷矛盾集中的重要环节。本来，作为市场交易的主体，物业服务企业接管物业的质量（尤其是共用部位的质量）已经在竣工验收环节得到了保障，物业服务企业的职责只是进一步了解功能使用的相关问题，根本不需要再签订什么查验协议，更不需行政主管部门牵扯其中。但是，当前物业竣工验收效果甚微，监管体制严重缺位，业主缺乏公共部位查验能力和查验意识，物业服务市场供大于求，物业服务企业与开发商地位严重失衡，物业服务企业出于不得已而将物业接管查验作为维护自身权益、降低代理风险、减少未来物业管理活动纠纷的重要手段，这一特殊历史背景为《查验办法》打下了深深的历史烙印。

需要说明的是，物业管理承接查验主要应该是对竣工验收（包括分户验收和公共部位验收）的核验，不能替代并承担竣工验收应该承担的责任。

2. 《查验办法》体现了行业主管部门对物业查验环节的关注和重视

与其说《查验办法》是政府主管部门下发的一种行政性指导意见，不如说是政府主管

① 黄蕾. 勇者无惧且前行——兼论《物业承接查验办法》的战略意义[J]. 现代物业，2010（6）.

部门的一种姿态和明示，其焦点直接指向物业服务企业与开发商的前期接管验收，从规范企业行为、合理界定各方权利与职责、促进行业良性发展的角度，要求物业服务企业必须重视前期查验并且承担相应责任。

笔者认为，《查验办法》的出台是一种"投石问路"，并且"一石激起千层浪"，届时，国内物业服务企业和整个行业必然将掀起一场轰轰烈烈的争论与思考。这个过程中，不仅会逐渐培养和提升物业服务企业管理者和业主对物业公共部位的查验意识，促使物业服务企业和业主逐渐重视公共部位的前期查验活动，规范前期物业查验整体工作流程，更会为长期以来处于"弱势群体"的物业服务企业在与开发商的利益博弈过程中增加若干筹码，为理清物业服务企业和开发商的权利与责任、降低企业风险提供较为明确的依据。在物业管理行业发展地区差异性巨大的现实环境下，一部全国性的《查验办法》对于提升我国物业管理行业的整体管理水平有着较为积极的意义。

3. 《查验办法》凸显了主管部门对物业管理行业可持续发展的方向性把握

政府主管部门对于物业管理市场的存在价值不仅在于监管和规范，更在于方向性的引导和行业整体可持续发展意识的培养，而物业查验正是维系整个物业管理活动、影响物业服务企业可持续发展的重要环节。因此，《查验办法》不仅不会是住建部物业管理行业"七大法规"的收官之作，反而可能是新一轮法制建设的开始。在这个层面上来说，其战略意义远远大于实际操作意义，换言之，《查验办法》的出台本身已经意义重大，而具体条款则更多是怎么做和怎么做得更好这些技术层面的事情，也就是要综合考量开发商权益与业主权益、行政主管部门和市场民事主体地位平衡的问题。

更进一步，在规范物业接管查验、确保物业本身质量之后，物业服务企业才有可能在明确企业权利与责任的前提下，从目前较为繁杂的业主投诉纠纷中逐渐解脱出来，有精力开展各种上下游的多种经营业务，逐步实现物业管理行业的产业升级，而这恰恰是整个行业亟待解决的重要问题。

基于以上三个层面的思考，我们就不难理解《查验办法》出台的真正含义。世事本身就是在应然和实然中往复发展，作为国家宏观市场的监管者应该在方向指引上发挥更加积极的作用，即允许并推动事物在应然和实然中存续演变，进而向更高层次循环式地上升。知易行难，明知一件事情难为却依然义无反顾地去完成，是需要莫大勇气的，这是出于对物业管理行业可持续发展的终极目的的企盼，是出于物业管理行业对国计民生发展的社会责任的清晰定位，更是出于对无数物业管理从业者坚定执业信念的广泛共识。

## 四、物业接管验收应移交的资料

物业接管验收时应该办理相关资料的移交工作。

**（一）新建房屋接管验收应移交的资料**

建设单位办理新建房屋的接管验收时，应当向物业服务企业提交以下资料。

1. 产权资料

项目批准文件；用地批准文件；建筑施工执照；拆迁安置资料；房地产平面图等。

2. 技术资料

工程项目竣工图（如总平面、建筑、结构、设备、附属工程及隐蔽工程管线的全套图样）；工程地质勘察报告；工程合同及开工、竣工报告；工程预决算资料；图样会审记录；工程设计变更通知及技术核定单（包括工程质量事故发生及处理记录）；隐蔽工程验收、签证记录；建筑物沉降及变形位移监测记录；永久性水准点位置及基础埋深；竣工验收合格证书；钢材、水泥等主要材料的质量保证书；新材料、构配件的鉴定合格证书；水、电、采暖、卫生器具、电梯、消防等设备的检验合格证书；砂浆、混凝土试块的试验报告；供水、供暖、供气的试压报告；园林绿化的图样；设备清单、安装记录、使用注意事项的说明、质保书和保修单，材料及设备供应商的资料；有关工程项目的其他重要技术决定和文件。

**（二）原有房屋接管验收应移交的资料**

办理原有房屋的接管验收时，移交人应当向物业服务企业移交以下资料。

1. 产权资料

房屋所有权证；土地使用权证；有关司法、公证的文书和协议；房屋分户使用清册；房屋设备以及定、附着物清册。

2. 技术资料

房地产平面图；房屋分间平面图；房屋及设备技术资料。

# 五、物业接管验收的程序

**（一）新建房屋接管验收的程序**

新建房屋接管验收的程序如下。

（1）建设单位书面提请接管单位进行接管，物业服务企业确定物业承接查验方案。

（2）建设单位移交有关图纸资料，接管单位对照接管验收和承接查验应具备的条件和产权资料、技术资料进行审核。在具备条件时，应于 15 天内签发验收通知，并约定验收时间。

（3）接管单位会同建设单位，对房屋主体结构、外墙、屋面、楼地面、装修、电气、水卫消防、采暖、附属工程及其他部分的质量与使用功能进行检验，并重点查验共用部位、共用设施设备。

（4）解决查验发现的问题，双方约定补偿和处理的责任。

（5）确认现场查验结果，并签订物业承接查验协议。

（6）经查验合格后，接管单位应在 7 日内签署验收合格凭证，并及时签发接管文件，办理物业交接手续。

### （二）原有房屋接管验收的程序

原有房屋接管验收的程序如下。

（1）移交人应书面提请接管单位接管验收。

（2）接管单位对照接管验收应具备的条件和产权资料、技术资料进行审核。在具备条件时，应于 15 天内签发验收通知，并约定验收时间。

（3）接管单位会同移交人对原有房屋的质量和使用功能进行检验。

（4）对检验中发现的危、损问题，属于危险房屋的，由移交人负责解决；属于损坏房屋的，由移交人与接管单位协商解决；属于法院判决没收并通知接管的，按法院判决办理。

（5）交接双方共同清点房屋、设备和其他附着物，核实房屋使用情况。

（6）经检验符合要求的房屋，接管单位应签署验收合格凭证，签发接管文件。

（7）如有产权转移，接管单位还应办理房屋所有权转移登记。

总之，不管是新建房屋，还是原有房屋，一旦物业服务企业签发了接管文件，办理了必要的手续以后，整个物业的接管工作便正式宣告结束。

## 六、物业接管验收中应注意的问题

物业的接管验收是直接关系到今后物业管理工作能否正常开展的重要环节，物业服务企业要高度重视，严格把关，特别要注意以下事项。

首先，依据《房屋接管验收标准》和《物业承接查验办法》，认真逐项验收。对于在验收中发现的问题，物业服务企业要及时记录，并请移交单位签字确认，以便明确责任，督促其整改。

其次，落实物业的保修事宜。建筑工程的质量保修期，一般从办理交接手续之日起算。而且，根据《建设工程质量管理条例》（国务院令第 279 号）第四十条的规定，"在正常情况下，建设工程的最低保修期限为：（1）基础设施工程、房屋建筑的地基基础工程和主体结构工程，为设计文件规定的该工程的合理使用年限；（2）屋面防水工程、有防水要求的卫生间、房间和外墙面的防渗漏为 5 年；（3）供热与供冷系统为两个采暖期、供冷期；（4）电气管线、给排水管道、设备安装和装修工程为 2 年。"物业服务企业应与建设单位以合同形式，明确保修项目的内容、进度、原则、责任及方式等。

再次，重视书面移交手续。物业服务企业应认真核对移交单位提交的技术资料、产权资料的完整性和真实性，尤其是发生工程设计变更后的图样资料。

最后，接管验收一定要写明接管日期，这是划清责任的界限。物业服务企业只对接管后的物业所产生的问题负责，如在保修期内，非人为因素的问题仍由开发商或施工单位负责。若由于开发商在施工验收合格后，未能及时移交物业服务企业接管，使物业服务企业接管后的设备保修期缩短，物业服务企业应向开发商提出，争取补回原来的保修期。

# 七、物业接管验收的标准

物业接管验收的标准包括以下两个方面。

## （一）新建房屋的接管验收标准

新建房屋接管验收标准具体要求如下。

1．主体结构

（1）地基基础的沉降不得超过建筑地基基础设计规范的允许变形值；不得引起上部结构的开裂或相邻房屋损坏。

（2）钢筋混凝土构件产生变形、裂缝，不得超过钢筋混凝土结构设计规范的规定值。

（3）木结构应节点牢固，支撑系统可靠、无蚁害，其构件的选用必须符合结构工程及验收规范规定。

（4）砖石结构必须有足够的强度和刚度，不允许有明显裂缝。

（5）凡应抗震设防的房屋，必须符合建筑抗震设计规范的有关规定。

2．外墙

外墙不得渗水。

3．屋面

（1）各类屋面必须符合屋面工程施工及验收规范的规定，排水畅通，无积水，不渗漏。

（2）平屋面应有隔热保温措施，三层以上房屋在公用部位设置屋面检修孔。

（3）阳台和三层以上房屋的屋面应组织排水，出水口、檐沟和落水管应安装牢固，接口严密，不渗漏。

4．楼地面

（1）面层与基层必须黏结牢固，不空鼓。整体面层平整，不允许有裂缝、脱皮和起砂等缺陷；块料面层应表面平整，接缝均匀顺直、无缺棱掉角。

（2）卫生间、阳台、盥洗室地面及相邻地面的相对标高应符合设计要求，不应有积水，不允许倒泛水和渗漏。

（3）木楼地面应平整牢固，接缝密合。

5．装修

（1）门窗应安装平正牢固，无翘曲变形，开关灵活，零配件装备齐全，位置准确，钢门窗缝隙严密及木门窗缝隙适度。

（2）进户门不得使用胶合板制作，门锁应安装牢固，底层外窗、楼层公共走道窗、进户门上的亮子均应装设铁栅栏。

（3）木装修工程应表面光洁，线条顺直，对缝严密，不露钉帽，与基层必须钉牢。

（4）门窗玻璃应安装平整，油灰饱满，粘贴牢固。

（5）抹灰应表面平整，不应有空鼓、裂缝和起泡等。

（6）饰面砖应表面洁净，粘贴牢固，阴阳角与线角顺直，无缺棱掉角。

（7）油漆、刷漆应色泽一致，表面不应有脱皮和漏刷现象。

6．电气

（1）电气线路安装应平整、牢固、顺直，过墙应有导管。导线连接必须紧密，铝导线连接不得采用绞接或绑接。采用管子配线时，连接点必须紧密、可靠，使管路在结构上和电气上均连成整体并有可靠的接地。

（2）应按套安装电表或预留表位，并有电器接地装置。

（3）照明器具等低压电器安装支架必须牢固，部件齐全，接触良好，位置正确。

（4）各种避雷装置的所有连接点必须牢固可靠，接地阻值必须符合电气装置安装工程施工及验收规范的要求。

（5）电梯应能准确地起动运行、选层、平层、停层，曳引机的噪声和振动声不得超过电气装置安装工程施工及验收规范的规定值。制动器、限速器及其他安全设备应动作灵敏可靠。安装的隐蔽工程、试运转记录、性能检测记录及完整的图样资料均应符合要求。

（6）对电视信号有屏蔽影响的住宅，电视信号场强、微、弱或被高层建筑遮挡及反射波复杂地区的住宅，应设置电视共用天线。

（7）除了上述要求外，同时应符合地区性"低压电气装置规程"的有关要求。

7．水、卫生、消防

（1）管道应安装牢固，控制部件启闭灵活，无滴漏。水压试验及保温、防腐措施必须符合采暖与卫生工程施工及验收规范的要求。应按套安装水表或预留表位。

（2）高位水箱进水管与水箱检验口的设置应便于检修。

（3）卫生间、厨房内的排污管应分设，出户管长不宜超过8米，并不应使用陶瓷管、塑料管，地漏、排污管接口、检查口不得渗漏，管道排水必须流畅。

（4）卫生器具质量良好，接口不得渗漏，安装应平正、牢固，部件齐全，制动灵活。

（5）水泵安装应平稳，运行时无较大振动。

（6）消防设施必须符合建筑设计防火规范、高层民用建筑设计防火规范的要求，并且有消防部门检验合格签证。

8．采暖

（1）采暖工程的验收时间，必须在采暖期以前两个月进行。

（2）锅炉、箱罐等压力容器应安装平正、配件齐全，不得有变形、裂纹、磨损、腐蚀等缺陷。安装完毕后，必须有专业部门的检验合格签证。

（3）炉排必须进行 12 小时以上试运转，炉排之间、炉排与炉膛之间不得互相摩擦，且无杂音，不跑偏、不受卡，运转应自如。

（4）各种仪器、仪表应齐全精确，安全装置必须灵敏、可靠，控制阀门应开关灵活。

（5）炉门、灰门、煤斗闸板、烟、风挡板应安装平正、开启灵活、闭合严密，风室隔墙不得透风漏气。

（6）管道的管径、坡度及检查井必须符合采暖与卫生工程施工及验收规范的要求，管沟大小及管道排列应便于维修，管架、支架、吊架应牢固。

（7）设备、管道不应有跑、冒、滴、漏现象，保温防腐措施必须符合采暖与卫生工程施工及验收规范的规定。

（8）锅炉辅机应运转正常，无杂声。消烟除尘、消声减振设备应齐全，水质、烟尘浓度应符合环保要求。

（9）经过 48 小时连续试运行，锅炉和附属设备的热工、机械性能及采暖区室温必须符合设计要求。

9. 附属工程及其他

（1）室外排水系统的标高、睿井（检查井）设置、管道坡度、管径均必须符合室外排水设计规范的要求。管道应顺直且排水通畅，井盖应搁置稳妥并设置井圈。

（2）化粪池应按排污量合理设置，池内无垃圾杂物，进出水口高差不得小于 0.5 米。立管与粪池间的连接管道应有足够的坡度，并不应超过两个弯。

（3）明沟、散水、落水沟内不得有断裂、积水现象。

（4）房屋入口处必须做室外道路，并与主干道相通。路面不应有积水、空鼓和断裂现象。

（5）房屋应按单元设置信报箱，其规格、位置须符合有关规定。

（6）挂物钩、晒衣架应安装牢固。烟道、通风道、垃圾道应畅通，无阻塞物。

（7）单体工程必须做到工完、料除、场地清，临时设施及过渡用房拆除清理完毕。室外地面平整，室内外高差符合设计要求。

（8）群体建筑应检验相应的市政、公建配套工程和服务设施，使其达到应有的质量和使用功能要求。

**（二）原有房屋接管验收的标准**

（1）以危险房屋鉴定标准和国家有关规定作为检验依据。

（2）从外观检查建筑整体的变异状态。

（3）检查房屋结构、装修和设备的完好与损坏程度。

（4）检查房屋使用情况（包括建筑年代、用途变迁、拆改添建、装修和设备情况）。评估房屋现有价值，建立资料档案。

# 第四节　入伙与装修管理

## 一、入伙的含义

所谓"入伙"就是业主领取钥匙，接房入住。我国香港地区称之为"入伙"，海南与广东一带也都沿用此用语。从权属关系看，入伙是开发商将已建好的物业及物业产权按照法律程序交付给业主的过程，是开发商和业主之间物业及物业产权的交接。但物业服务企业作为物业的管理者，有义务协助开发商和业主做好验房、付款、签约、装修和搬迁等入住相关事宜。按规定，当新建的房屋符合交付使用的条件，开发商或物业服务企业应适时向业主和使用人发出入住通知书，约定时间办理接房手续。通常业主和使用人应当在约定的时间期限内办妥房屋验收手续，如因特殊原因无法及时接房，必须征得开发商或物业服务企业同意。

业主和使用人办理完入住手续，完成对房屋的验收后，户内的所有管理责任将转移至业主和使用人身上，物业服务企业和业主与使用人共同管理和相互监督的关系已然形成。因此，移交时双方须完成一定的手续，以维护业主和使用人与物业服务企业之间的权利、义务。

入住是业主和使用人首次接收自己的物业，也是物业服务企业第一次与业主接触，是物业服务企业展示企业形象、服务水平、专业能力的最佳契机。因此，入住是物业管理整个管理程序中非常重要的一个环节，对物业服务企业取得业主和物业使用人的信任，留下美好的第一印象至关重要，对物业服务企业的品牌建设和可持续发展有着深远的影响。

## 二、入伙的流程

用户入伙是指住宅小区的居民入住或商贸楼宇中业主和租户的迁入。用户入伙是物业服务企业与服务对象的首次接触。为了入伙手续及日后管理工作的顺利进行，物业服务企业需要做大量的工作。首先，应及时将入伙通知书寄给业主；其次，应向业主发放业主手册，并举办学习班贯彻物业管理的各项规定，以便于日后管理。整个入伙流程如图 5-2 所示。

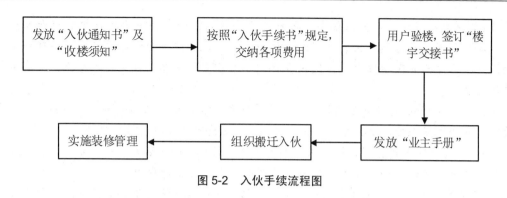

图 5-2　入伙手续流程图

# 三、入伙的手续文件

入伙的手续文件是指业主在办理入伙手续时所需知晓、参照和签订的有关文件。这些文件通常由物业服务企业负责编制、分发，以便业主按规定的要求去完成检验、付款、签约、搬迁、装修、入住等工作。

**（一）入伙通知书**

入伙通知书是通知业主在规定的时间办理入伙、进住等事宜的文书。它一般应载明办理手续的时间、地点，以及需事先阅读的文件等内容。为使入住工作有条不紊地顺利进行，物业服务企业在编制入伙通知书时，应注意以下问题。

（1）入伙通知书应注明物业区域内各幢、各层住户分期办理的时间，避免过于集中。

（2）注明业主因故不能按时前来办理时，所给予的机动办理时间。

（3）注明在机动时间不能办理的处理方法。

**（二）收楼须知**

收楼须知主要是告知业主在接收楼宇时应注意的事项，以及办理入伙手续时应携带的各种证件、合同和费用，以免因遗漏、往返，给业主造成不便。

物业服务企业在编制收楼须知时，应注意以下问题：

（1）提醒业主注意检查容易出现质量问题的地方，并明确投诉及处理。

（2）明确房屋质量的保修期以及相关费用的处理。

（3）明确入住手续的办理程序以及装修规定。

下面是一份收楼须知的范本。

**收楼须知**

我公司将为您提供良好的管理服务，现介绍有关收楼事项和程序，避免您在接收新楼时产生遗漏而引致不便。

（1）业主在接到"入伙通知书"之日起3个月内，到本公司办理产权登记和入伙手续。逾期办理者，每逾期1天，应交纳人民币＿＿＿＿元的逾期金。超过半年不办理登记手续的房产，由房产管理单位代管；代管3年仍不办理登记手续，视为无主房产，交有关部门依法处理。

（2）收楼时请认真查看室内设备、土建装修等是否损坏或未尽妥善。如有投诉，请在收楼时书面告知管理处。管理处将代表业主利益，就提出的投诉与楼宇承建单位协商解决。

（3）根据楼宇承建合同，楼宇保修期为1年，保修期间，如因工程质量所致，承建单位将为业主免费修理；如因业主使用不当，则由业主自行支付费用。

（4）业主有权对其住宅单位进行装修、维修，但应保证绝对不影响楼宇结构和公共设施。装修、维修前，业主须向管理处提出书面申请，获准后方可进行，并按规定由装修、维修承接者向管理处交纳一定的装修管理费。

（5）办理各项入伙手续的程序见"入伙手续书"。

××房地产开发公司

××物业公司

年　月　日

### （三）入伙手续书

入伙手续书是办理入伙手续的程序和安排，其目的是防止不必要的漏项或混乱。一般程序是：交付购房余款，审查入伙资格，交清各项物业管理费，办理接收楼宇事宜。

### （四）交款通知书

交款通知书是物业服务企业通知业主在办理入伙手续时，应该交纳的购房余款、预交管理费、装修管理费等各种款项及其具体金额的文件，进而提高手续的办理效率。

### （五）楼宇交接书

楼宇交接书是业主在确认可以接收所购买的物业后，与开发商签订的一份协议，以便开发商将该楼宇正式移交给业主。

楼宇交接书一般应说明以下事项：移交日期、质量及其保修、产权登记及相关税费等。

### （六）住户/业主手册

住户手册又称楼宇使用说明书或业主手册。它是由物业服务企业编制，分发给业主和物业使用人，有关该物业的管理及相关规定的规范性文件，以便明确物业服务企业与业主的权利和义务。

目前，国内的住户手册基本上由物业服务企业单方编制，而且各地尚没有统一的格式。但按其组成方式，可以分为单一文件式和汇编文件式两种形式：前者将内容按章、目排列，由一个综合性文件组成；后者将有关物业管理的单个文件汇总起来，系统排列成册。

### 专栏 5-4　物业交房时间点如何确定[①]

物业交房时间点的确定是确定小区业主缴交物业服务费用的主要指标，是关系到物业服务企业收费起点的重要问题。多年来，由于没有规范的相关执行文件对小区物业交房时间点进行明确规定，在处理这个问题时物业服务企业经常处于无所适从的尴尬境地。

近日，位于泉州市刺桐路的溢泉城市花园小区，因物业交房时间点从何时开始算起的争议而引发了业主与物业服务单位的矛盾。溢泉城市花园于 2007 年 11 月经竣工验收投入使用，10 月初，开发商根据购房合同发出通知要求业主于 11 月 1 日至 30 日前来办理物业交房手续，但业主直到 2009 年才来收房。物业服务公司依据惯例，将开发商通知规定时间段的最后一天作为物业服务收费的起算点，并要求业主结清所欠的物业服务费。但业主认为，物业交房时间应该是从业主来办理交房手续时开始，也就是从现在办理完手续后开始，其理由是业主没有前来收房就没有享受到物业服务单位的服务，也就没有交付物业服务费用的义务。由此，溢泉城市花园从交付使用至今已近两年，因"有争议"而欠下了一笔不小数目的物业服务费。

长期以来，由于在界定物业交房始于何时没有明确的规定，致使业主与物业服务企业之间在物业交房的理解上产生了分歧，也引发了物业服务费何时开始计时的争议，这个争议始终困扰着物业服务企业。

通过多年的物业服务实践，物业管理行业在小区物业交房的时间点界定上已基本形成了约定俗成的惯例，也就是物业交房时间的起算点为物业通过竣工验收后，业主在开发商通知的有效时间段内前来办理交房手续，认同了物业交付没有异议，并接管了相应物业的钥匙，业主的物业交房就意味着完成，物业服务收费也就由交付物业的钥匙开始起算；若业主延期收房，那么物业服务费用即以交房通知注明时间段的最后日期为起算点。

执行这个起算点的理由，是因为小区物业在通过竣工验收后，物业服务单位已进场开始了前期物业服务，相应的配套设施设备已基本投入使用，并且在交房期间，物业服务单位还要承受大量不可预见因素的影响，包括对大量外来装修人员的有效监管，工作任务相比日常常规服务更加繁重。业主如不在规定的时间内收房，并不意味着物业服务单位在提供小区的公共服务上有减少或减轻的可能。

近年来，随着社会经济的快速发展，房地产已不再是单纯的居住与办公功能，因其具有了更多的投资功能而成为了市民投资的热点。对于投资型的物业来说，在房屋未完成转让之前业主当然有暂时不收房的个人理由，但是期间的物业管理服务却照样享受，如果大量的业主不按时收房，故意通过延迟收房，一边等待房屋价格的最大收益时机，另一方面

---

① 黄永发. 物业交房时间点如何确定[J]. 现代物业，2009（11）.

还要剥削物业服务企业的劳动与付出，这显然有悖常理。

为了进一步规范物业服务收费行为，切实维护业主、物业服务企业的合法权益，福建省物价局、住房与城乡建设厅起草了《福建省物业服务收费管理办法（征求意见稿）》（以下简称《办法》），近日，泉州市房地产管理局转发并征求下属物业服务单位与小区业主委员会意见。《办法》第十五条规定，"物业服务费从物业交付买受人之日起按月收取"。由于物业服务实践中经常在理解交付日期上产生歧义，笔者建议《办法》应作如下修订：物业交付时间是指物业竣工验收后，根据购房合同约定的交付时间。期间开发建设单位发出书面通知，告知业主在约定的时间段内办理物业的交付，在业主办理相关手续后即为物业交付。若业主延迟接受物业交付，仍将以该时间作为物业交付时间，物业服务费用的起算时间亦以此交付时间的最后日期为准。

对于溢泉城市花园存在的业主延迟物业收房而与物业服务公司产生的矛盾，通过物业服务单位大量的沟通与宣传，阐明了物业服务的公共性特点，耐心细致地听取业主的不同看法，尊重业主的意见与不同观点，解释物业服务的困难，取得了业主的理解，业主也自觉地按开发商通知的最后日期交纳了相应的物业服务费。

# 四、装修管理

业主在接收楼宇后，有权对自己所购的物业进行装修。但是，其装修必须按有关的规定进行。这些规定包括建设部 2002 年 4 月颁发的《住宅室内装饰装修管理办法》（建设部令第 110 号）、地方性的装饰装修管理规定以及物业服务企业制定的《住户装修管理规定》等。

## （一）装修管理程序

一般来说，装修管理的程序如下。

1. 备齐资料

资料由装修人和装修企业分别准备和提供。一般包括物业所有权证明、申请人身份证、装修设计方案、装修施工单位资质、原有建筑、水电气等改动设计和相关审批，以及其他法规规定的相关内容。物业使用人对物业进行装修时，还应当取得业主书面同意。

2. 填写装修申报表

管理处应要求和指导装修人逐项填写装修申报表，各项申请要求明确无误，涉及专业部门（如水、电、气等）、建筑结构、消防等项目，要求写明地点、位置或改变的程度及尺寸等详细数据和资料，室内间隔及设备变动申报时，还应附相关图纸资料等。

3. 核查

管理处依所报申请，与原建筑情况进行确认与核实。

（1）管理处根据各项法规和规定进行装修申报表的核查，并应该在规定工作日内（一般为3个工作日）予以答复。

（2）超出管理处操作范围的，报上级主管部门并应该规定工作日内（一般为3个工作日）予以答复。

4．办理开工的一般手续

（1）装修人按有关规定向管理处交纳装修管理费和装修押金。

（2）为装修企业办理施工卡，如施工人员出入证等。

（3）备齐灭火器等消防器材，以防不测事件的发生。为防止装修人或装修企业不按要求办理，管理处当时或事后应监督检查。

（4）签署装修施工责任承诺书。

（5）发放装修施工许可证。

5．施工

装修施工期间需要特别注意施工时间、材料的进出口、施工要求、垃圾清运时间、公共环境保洁和施工人员的跟踪管理。

6．验收

管理处现场对照装修申报方案和装修实际结果进行比较验收，验收合格签署书面意见，以便装修人押金的退还办理。验收不合格，提出书面整改意见要求装修人和装修企业限期整改。发生歧义、无法统一意见或装修人拒不接受的，报请上级主管部门处理。

 **案例 5-2 十堰太和花园 496 户集中装修管理**[①]

物业装修管理是通过对物业装饰装修过程的管理、服务和控制，规范业主、物业使用人的装饰装修行为，协助政府行政主管部门对装饰装修过程中的违规行为进行处理和纠正，从而确保物业的正常运行使用，维护全体业主的合法权益。

十堰市太和花园小区总建筑面积 80 139 平方米，14 栋楼，共 42 个单元 496 户，系定向开发的高档住宅区。所有物业于 2005 年 12 月同时开工，2006 年 12 月同时竣工交付业主。业主都是同一单位职工。交付后单位统一规定装修期为 9 个月。如何服务和控制近 500 户同时装修是当时物业管理的重中之重。我们主要从以下几个方面进行了服务和控制。

**一、前期准备**

1．提前进场，收集图纸资料

工程竣工交付前几个月，物业服务中心相关工程技术人员即进入施工现场，检查发现问题，提出整改建议，参与分项工程和主体验收，搜集图纸，特别是水电气暖图、结构图，

① 龚涛．十堰太和 496 户集中装修管理[J]．现代物业，2009（8）．

整理并健全档案资料。

**2. 协助业主进行物业的接管验收**

交房时协助业主对室内的土建、水、电、气、装饰等进行接管验收，对发现的问题列出详细验收报告；对工程遗留问题和配套问题提出合理建议；对机电设备、公用设施、公共场地等逐项进行详细的接管验收。

**3. 编制各项规章制度和流程**

交房前编印《管理规约》《业主手册》等；建立业主档案并实施电脑化管理，设计入住办理手续流程并按流程布置现场，在交房现场营造喜庆气氛，展示员工精神风貌，办好房屋交接等各项手续。制定装修管理的各项规定，结合物业实际情况提供详细的装修方案供住户参考；编制装修申请流程规定，并严格按规定办理装修手续；制定装修巡视检查制度，防止、纠正违章行为。

**4. 对管理层员工进行多次系统培训**

如服务中心主任、工程部主管、负责装修监管的工程师和秩序维护员等，针对装修中可能出现的问题，制定解决方案。对该楼盘的几个不同户型的平面图、户型特点详细了解，根据以往的经验，分析业主装修时可能打掉的隔墙和改动的部位，提前统一规范要求，保证在装修审批尺度上一致。负责装修审批人员提前将业主可能打掉的隔墙计算好，并标识在不同户型的平面图上，这样在装修审批时能够及时准确地办理审批手续，原计划 7 天的审批时间，一般当天即可完成。提前召开业主代表大会讨论并达成共识，明确规定，不得安装太阳能、室外晾衣架、防盗网、花架。对设计外观的材料、颜色和样式等提前做出统一标准，以便在申请装修时能给业主一个明确的指引。如房屋在设计时缺一个空调机位，经报告和协商研究，由物业企业牵头专门制作统一空调室外机架，统一安装，确保楼宇外观的一致性。

**二、装修现场管理**

**1. 分工明确，责任到人**

由于是同一单位职工，为了不影响大家入住后的正常工作和休息，业委会规定了 9 个月的统一装修期，在此期间，同时装修，之后则不允许装修。考虑到 496 户业主同时装修，物业服务企业提前进行了周密的计划和人员安排。聘请专业技术人员进行装修监管，每人负责两栋楼，每天晚上召开碰头会，商量解决遇到的问题。

**2. 加强现场管理**

装修现场管理是对装修施工人员、施工现场的管理以及装修材料的把关控制。首先是对各类施工人员的管理。由于集中装修期间进入小区的人员既多且杂，为了严格管理，保障装修期间业主的人身和财产安全，我们提前制作了各类人员的出入证。秩序维护员可以根据出入证的不同分别对进出人员进行控制和管理，如业主的临时出入证、施工人员的出入证。装修工人的出入证在标注和颜色上就有明显的区别，这样既能分清各类人员从而便于管理，避免秩序维护员在确定不了进出人员身份时给业主带来不便，也让服务人员尽快熟悉和了解业主，从而为业主提供更细致、周到的服务。为了维护小区的良好环境，避免装修期间发生偷盗和损坏公共设施的现象，物业服务企业禁止装修施工人员在小区内留宿，每晚七点钟对小区进行清场，从根本上避免了装修期间业主家中被盗情况的发生。这一做法得到了广大业主的支持和理解，特别是早期装修的业主对这一做法很是赞同。

在装修现场监督管理上，除专职装修监管工程师外还培训了 7 名秩序维护人员，让他们参与装修现场巡视。巡视期间发现的违规苗头和现象要重点盯防，多沟通，多指导，多建议，站在业主的角度分析解决实际问题。要求每户将装修申报表、装修施工许可证、施工平面图、装修巡查表张贴在住户门内侧，以便巡查人员到现场检查时核对与申报项目是否相符，如有不符及时纠正。如在巡查中发现有业主擅自增加架空层，就不断与业主解释沟通，告知其做法对公共安全危害的严重性。为了尽量满足业主的合理要求，我们邀请设计院科学核算，安全监督，从根本上解决了业主需增加架空层一事。对申请装修的施工单位要求他们先做闭水实验，由装修监管人员负责检查、验证后方可进行施工，以免难以界定装修中造成的渗漏水责任。

3. 加强装修材料管理

由于本小区只有一个出入口，因此我们规定不符合小区装修要求的材料严禁进入小区，从源头上堵住了违章装修。

4. 垃圾清运按装修面积付款

对集中装修期间产生的大量垃圾，惯例是将清运承包给一个清运队，按运出装修垃圾车数来计算运费。实际操作中我们发现按惯例就要在垃圾清运的监管上花费很大的精力，既要有专门人员记录运出垃圾车数量，又要监督每车垃圾是否按要求装满，控制起来特别难，而且又很难预算出垃圾清运费是多少，稍有不慎，就容易出现亏损。为此我们结合太和花园的具体情况，按装修面积付款，垃圾清运承包商就会主动多拉快运。减少了管理中的很多环节，这也是太和花园在清运垃圾上的一个新的尝试。

5. 寻求政府支持

针对装修中出现的问题，首先积极寻求原设计单位的支持，主动请教有关技术问题，及时协助业主办理变更等手续；其次，积极寻求作为政府装饰行业主管部门的市装饰行业管理办公室、作为政府物业管理行业主管部门的市房管局的支持。并请各相关部门派员在现场办公，各相关部门（开发商、施工单位、装饰办、设计院、城管部门、房管局、派出所、业主单位、物业企业）每周召开一次现场会，便于及时处理相关事宜。发现违章装修后，即口头告知装修业主和装修施工单位，并下达整改通知书，拒不改正则报告市装饰办、市房管局等相关部门和新闻媒体到现场制止违章装修，并协助业主请相关专家现场指导其纠正违章行为。如一业主未报煤气单位擅自将煤气管道移位，我们口头告知，下书面通知，其拒不整改，后报相关部门，经多方面的指导和讲解，业主才将煤气管道恢复原样。为了不影响业主的装修整体效果，煤气公司专业技术人员按业主合理化要求对煤气管道进行了改装。这样既保证了安全，也满足了业主的要求。

目前太和花园装修高峰期已过，业主已经陆续入住将近三年，由于前期各项准备工作做得充分，装修管理工作开展得井然有序，各项违规装修都被控制在萌芽状态。到目前为止，没有一家因装修期间违规操作而引发纠纷。太和花园无论是外观还是公共设施都保持完好。业主对物业服务也有了较高的认同度。

**（二）装修管理要求**

（1）不得拆改原房屋的墙、柱、梁、楼板等主体结构部件。

（2）不得凿穿地面和房顶的水泥层。

（3）不得封闭阳台，不得改动外门窗，保持房屋外观的美观、统一。

（4）装修垃圾必须及时清运，倾倒到指定的地点。严禁向窗外、阳台外、楼梯、过道、天台等公共场所抛撒堆放。

（5）严禁将垃圾倒入下水管道内或将生活污水由雨水管道排出。

（6）按照管理处的要求，空调器安装在指定的位置，以保持外观统一、协调。空调出水必须接回阳台内或室内。

（7）装修施工应安排在上午 7:00—12:00、下午 14:00—20:00 时间内进行，以免影响他人休息。

（8）高层住户装修不得使用载人电梯装运建材、木料、工具等物品。

（9）需封闭阳台的，必须申报管理处同意方能施工。

（10）施工队人员应到管理处办理临时出入证，将临时出入证佩戴在胸前，并在指定的区域内活动。

（11）未经管理处同意，不得随意改动水、电管线走向。

（12）底层住户装修，不得在阳台违章搭建。

（13）临平台的阳台、窗户不能改装门。

**（三）押金及保证金**

（1）业主装修前须向管理处交付一定的装修保证金。

（2）装修施工队在办理临时出入证时，须向管理处交付一定的押金。

（3）装修施工结束后，由管理处派人对装修工程进行检查，如无违反本规定及物业辖区其他管理规定的行为，没有对他人财产和公共场地、设施设备等造成损害的，管理处将如数退还押金和保证金。

### （四）违规责任

（1）在装修施工中如有违反上述规定行为的，管理处有权视情节严重程度给予扣罚部分乃至全部押金和保证金的处罚。

（2）装修施工中有意或无意损坏公共设施设备和给他人财产、物品造成损害的，必须照价赔偿。

（3）因装修施工造成管道堵塞、漏水、停电、坠落等致使公共设施和他人利益损失的，装修户应负责修复（或承担修复费用），并视情况给予受损害者必要的赔偿。

（4）因装修施工造成外墙破坏、污染的，由装修户负责修补。

### （五）管理权限

（1）住户装修管理由所属物业辖区管理处全权负责。

（2）住户要求改动房内水、电管线走向的，须经物业服务企业工程部经理同意方能进行施工。

（3）住户要求封闭阳台，须经管理处同意方能进行施工。

（4）因特殊情况需在户内隔墙上开窗和开洞的，需经物业服务企业工程部经理批准。

（5）任何人均无权批准超过《住户装修管理规定》的装修行为。

（6）如施工队违反《住户装修管理规定》后，不听从物业服务企业的劝阻和安排，物业服务企业有权责令其停止装修行为。

 **案例 5-3　从华展国际公寓接撤管纠纷看行政监管**[①]

接撤管纠纷是诸多物业管理矛盾纠纷中最为严重的类型之一。此类纠纷涉及主体多，一般有开发建设单位前期物业公司、业委会新选聘物业公司、业主、业委会等多方主体。接撤管纠纷中的利益关系错综复杂，包括业主内部、业主团体内部也是如此。

从法律关系角度看，一个接撤管纠纷往往是民事、经济、行政甚至刑事等多种法律关系的混合体。而目前，接撤管纠纷解决机制又较为单一，主要依赖行政调处，但调处效果并不理想。那么，哪些因素导致了物业接撤管纠纷的发生呢？

1．典型案例——华展国际公寓接撤管纠纷

北京市朝阳区华展国际公寓业主大会于 2006 年选聘维弘（北京）国际商务服务有限公司提供物业服务，合同期为 2006 年 4 月 1 日至 2009 年 3 月 31 日。

2009 年 2 月，华展国际公寓业主召开业主大会会议，进行了业主委员会换届选举，并于 2009 年 3 月 6 日在安贞街道办事处完成了备案手续，该业主委员会委员共 7 人，任期三

---

① 王润声．从华展国际公寓接撤管纠纷看行政监管[J]．现代物业，2010（5）．

年。完成换届后，第二届业委会召开业主大会，选聘了新的物业公司——北京天适德信物业管理有限公司。3月9日，小区业委会未按原物业服务合同规定的解约需提前三个月告知物业公司，便直接通知维弘物业公司不再续约。

2009年10月27日，小区业主委员会借用北京天适德信物业管理有限公司的保安人员，强行对维弘（北京国际商务服务有限公司在华展公寓的物业管理办公用房、供暖设备用房、电梯机房、配电室等公共设施设备）进行接管。维弘（北京）国际商务服务有限公司随即组织人员阻止业主委员会的接管行为，双方发生对峙。

2. 接撤管纠纷的根源分析

上述接撤管纠纷案例较具典型性，基本能够反映当前接撤管纠纷的主要矛盾。笔者以为，引发物业接撤管纠纷的原因主要有以下两个。

根源一：业主组织不成熟，违法违规形成业主大会决议。由于缺乏完善的业主大会组织法和业委会组织法，作为小区最高权力机关的业主大会形同虚设，业主大会决议的形成往往把持在少数几位业委会成员手中。多数业主有"搭便车"的心理，令其对小区事务漠不关心，无法形成对业委会成员及其行为的有效监督。现行法律法规只规定业主大会、业委会"应当怎么做"，却未规定"不这样做的后果"，业主大会、业委会的活动缺乏制约和制裁手段，导致业委会、业主大会"违法无成本"和"违法不受处罚"。因此在利益驱动之下，业委会很容易违法形成符合特定利益的业主大会决议以上论述并不否定出于公益心而为全体业主谋福利的业主大会和业委会只在说明违法形成业主大会决议是非常简单的事情。因此，形成一份合法的具有公信力的业主大会决议存在现实困难。华展国际公寓案例中，业委会甚至不经业主大会决议擅自发出物业公司的解聘通知，反映出业主大会、业委会活动中存在着严重不合规范的问题。

根源二：物业公司违法违规操作。业主大会依法做出的关于选聘和解聘物业公司的决议，对于全体业主、业委会、被解聘物业公司和新选聘物业公司都具有拘束力。但出于利益考量、债务纠纷等原因，被解聘的物业公司经常不愿退出项目，且较多以业主大会决议不具有合法有效性为由。因此旧物业公司可能采取两种手段：一是坚决不退出项目，出现拒不撤出纠纷；二是自行或"委托"其他业主起诉业主大会决议违法，通过司法途径使业主大会决议的合法性和有效性问题得以拖延，公司可暂不退出项目。另一方面新选聘的物业公司急于接管，与不愿退出的旧物业公司发生冲突，便容易出现案例中强行接管的情况。物业公司提供或停止物业服务都必须基于合法的理由和依据，没有合法的接管依据而擅自实施接管行为，毫无疑问地应当认定为强行接管行为。

除以上两类接撤管纠纷，不完全交接也属拒不执行业主大会决议的纠纷类型。自愿退出或被解聘的物业公司在交接过程中不配合业委会和新物业公司，给交接工作制造障碍，因而出现不完全交接类纠纷。而目前对于拒不撤出及不完全交接行为的处罚，一是欠缺手段，二是仅有的手段无益于现实问题的解决。当然，物业接撤管纠纷的成因远不止上述两个根源。物业公司无力经营，前期物业准入制度缺陷，以及相关立法滞后等都可能导致纠纷的产生。同时应加强行政监管，瓦解接撤管纠纷。

对于已经出现的接撤管纠纷，建议由街道办事处（乡镇政府）、房地产行政主管部门及公安等部门联合调处，监控重要交接环节，确保交接工作有序进行。出现违反政策法规的行为，及时组织行政处理或处罚，尤其应当认真贯彻落实《北京市物业服务企业资质动态监督管理暂行办法》，重视物业公司信用档案管理，对于拒不撤出、强行接管及拒不移交有关资料的物业公司按规定进行扣分。在日常管理中，应当加强执法检查力度，高度关注有接撤管纠纷风险的物业项目，按季度开展接撤管纠纷专项执法检查。

另外，政府主管部门还应加强宣传引导和教育培训。一方面加强对街道办事处（乡镇政府）及社区居委会等部门的培训工作，使其更加规范有效地指导和监督业主大会及业委会解聘、选聘物业公司的活动。另一方面总结物业交接正反两方面经验，加强对业主、业委会及物业公司的宣传引导和教育培训，按照业主的事务由业主决策的原则，引导业主自行选择服务企业、服务方式及服务价格，逐渐增强业主理性参与公共事务的能力，培养业主建立人文精神和公共伦理，形成真正反映业主意愿的合法有效的业主大会决议。物业管理接撤管纠纷使得市场资源和要素无法有效配置，造成了大量行政资源的浪费，部分物业公司和业主也成为牺牲品。实现"接""撤"有序，呼唤制度的健全和创新，也需要政府、企业和业主正确认识各自的角色，从而共同促成物业服务市场的成熟。

 ## 本章小结

1. 前期物业管理是物业全寿命过程管理服务的第一个重要阶段。本章从前期管理概念的界定，指出前期物业管理应从当事人之间的关系和时间的过渡性两个方面来理解。

2. 前期管理与前期介入是不同的。两者的不同可表现物业管理权的拥有和管理责任承担两方面。前期介入分为早期、中期、晚期三个阶段。

3. 物业的竣工验收主要有隐蔽工程验收、分期验收、单项工程验收和全部工程验收等。每种验收都有一定的程序、条件和标准，并要提交相应的资料。

4. 物业的接管验收是以物业主体结构安全和满足使用功能为主要内容的再检验。物业接管验收的内容包括资料的验收和物业主体各部分的验收。物业的竣工验收与物业的接管验收在目的、条件、对象上有不同。

5. 所谓"入伙"就是业主领取钥匙，接房入住。入住是物业管理整个管理程序中非常重要的一个环节。业主在接收楼宇后，有权对自己所购的物业进行装修。但是，其装修必须按有关的规定进行。

 综合练习

一、基本概念

前期介入　物业竣工验收　物业接管验收　入伙　物业装修管理

二、思考讨论题

1. 前期物业管理的工作内容有哪些？

2. 物业接管验收的条件是什么？

3. 物业的入伙流程是什么？在入伙时物业服务企业应做哪些准备？

三、案例分析题

1. 南山某小区的物业服务企业是开发商的全资子公司，在承接物业进行管理中，开发商遗留下一系列的问题：开发商将小区的底层机房改造成为保安宿舍；没有预留足够的会所和物业管理办公面积等，出现了诸多的问题。业主将开发商的遗留问题归结到物业服务企业身上，以至于业主与物业服务企业的矛盾愈演愈烈，业主最后终于决定要解聘物业服务企业。

案例分析与讨论：

根据本章所学分析和讨论当业主将开发商遗留的问题归结到物业服务企业身上时，物业服务企业应该怎么办？

2. 2009年9月某天，某广场护卫员巡逻到二楼时，发现电梯门口堆放着一堆装修垃圾。经查询，确认是31楼装修中转移堆放到这里的废料（倘若在其转移过程中及时发现并予以制止，也许就少了下面这些麻烦）。于是，管理处有关人员主动登门，找到31楼的业主和装修人员，在进一步重申装修管理规定之后，通知他们马上想办法把丢弃的垃圾清理出去。随后，又数次提醒。尽管每次他们都满口答应，可就是不见其采取任何措施。

案例分析与讨论：

根据本章所学分析和讨论当业主推拖清理装修垃圾时，物业服务企业应该怎么办？

3. 某广场一位业主在装修时，向管理处多次提出更改顶层复式房室内的一根大梁。其理由是按常规该根梁应为正梁，但搞成了反梁，既占用室内空间又影响美观。并声称自己父亲是位高级建筑师，已计算出了有关参数、设计出了改梁图纸。对业主的这一要求，管理处根据《装修管理规定》耐心进行解释、说服，理所当然地加以和善的回绝。然而，这位业主就是听不进去，态度十分固执。三番五次找管理处都未得到应允，他干脆动了硬的："不管你们同不同意，我都要改。"双方都不让步，问题一下子僵在那里了。

**案例分析与讨论：**

根据本章所学分析和讨论当业主提出不合理装修要求时，物业服务企业应该怎么办？

4．某小区办理入住手续期间的一天，管理处接到某单元业主刘先生投诉，说家中所有木地板下有水往外冒。管理处立刻派维修工前去查看，在其家所有水龙头关闭的情况下，水表还在转，判定给水管有水渗入地板。管理处考虑到此木地板较贵重，估计损失在 2 万元以上；业主的客厅、主人房和客房全部进水，已给业主生活带来不方便。

**案例分析与讨论：**

根据本章所学分析和讨论当业主家中的地板发生渗水时，物业服务企业应该怎么办？

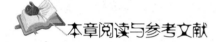 **本章阅读与参考文献**

1．姜早龙，张漱贤．物业管理概论[M]．武汉：武汉理工大学出版社，2008.

2．季如进．物业管理[M]．第 2 版．北京：首都经济贸易大学出版社，2008.

3．胡洁．物业管理概论[M]．北京：电子工业出版社，2007.

4．王秀云．物业管理[M]．北京：机械工业出版社，2009.

5．安静．物业管理概论[M]．北京：化学工业出版社，2008.

6．王占强．前期物业管理制度急待完善[J]．城市开发，2010（3）．

7．姜兆繁．物业管理的早期介入节点[J]．上．现代物业，2010（1）．

8．姜兆繁．物业管理的早期介入节点[J]．下．现代物业，2010（2）、（3）．

9．黄蕾．勇者无惧且前行——兼论《物业承接查验办法》的战略意义[J]．现代物业，2010（6）．

10．黄永发．物业交房时间点如何确定[J]．现代物业，2009（11）．

11．龚涛．十堰太和花园 496 户集中装修管理[J]．现代物业，2009（8）．

12．王润声．从华展国际公寓接撤管纠纷看行政监管[J]．现代物业，2010（5）．

13．王明慧．物业管理前期介入物业建设的必要性——以某社区为例[J]．中外企业家，2014（7）．

14．《房屋接管验收标准》（建标[1991]69 号）。

15．《物业承接查验办法》（建房[2010]165 号）。

# 第六章　物业基础管理

学习目标

通过对本章的学习，应掌握如下内容：
1. 房屋维修管理的意义和原则；
2. 房屋维修管理的内容；
3. 房屋完损等级，危房鉴定的有关规定和标准；
4. 物业设施设备管理的概念和意义；
5. 各类设备管理的基本内容。

导言

　　房屋具有地点固定、价值高和使用期限长等特点。在使用过程中，为了能够抵御和恢复由于各种因素的影响造成的损坏，保证业主和物业使用人的安全和正常使用，必须加强房屋的维修管理。房屋维修管理是物业服务企业日常经营活动的重要环节。房屋的价值、寿命、收益以及物业服务的效果在很大程度上依赖物业的维修管理。

## 第一节　房屋维修管理

### 一、房屋维修管理概述

　　房屋维修管理是物业管理中的基础性工作，其维修对象是房屋本身，其维修管理的目的是为了保障房屋的保值增值。房屋维修管理在过去又被称为房屋修缮管理，它是指物业服务企业为做好房屋维修工作而开展的计划、组织、控制、协调等管理过程。房屋维修管理的目的主要是为了保持、恢复或提高房屋的安全性，延长房屋的使用寿命，其次是改善或改变房屋的使用功能。经常性地及时地对房屋进行维修保养，是物业服务企业重要的基础性工作内容之一。

　　房屋竣工交付使用后，由于受各种因素的影响或作用而逐渐损坏。导致房屋损坏的原

因很多，基本上可分为自然损坏和人为损坏两类。自然损坏，如自然界的风、霜、雨、雪及空气中有害物质的侵蚀，虫害（如白蚁等）、菌类（如霉菌）的作用均会造成房屋损坏。自然损坏的速度，除洪水、地震、台风等情况外，一般是缓慢的。人为损坏，如在房屋建造期间由于设计缺陷或施工质量隐患，在房屋使用期间由于违规装修、改造、搭建及不合理地改变房屋用途或维修保养不善，都会使房屋遭到损坏。在实际中，以上因素往往是相互交叉影响或作用的，从而加剧了房屋损坏的程度和速度。因此，为减缓房屋损耗速度、延长房屋使用年限、维持和恢复房屋原有质量和功能、保障住用安全和正常使用，以达到房屋保值、增值的目的，物业服务企业开展好房屋维修管理工作是十分必要的。

房屋维修管理由于受原有房屋条件、环境的限制，只能在原有房屋基础上进行，维修设计与施工都只能在一定范围内进行，其维修活动与新建同类房屋建筑施工过程不同，维修技术不仅包括建筑工程专业及相关专业的技术，还包括独特的设计和施工操作技能，如房屋结构部分受损后的加固补强、防水堵漏等，以及随着时间的推移，房屋的各个部分，如主体结构、外墙、楼地面以及设备的零部件等都会有不同程度的损坏，需要根据损坏的程度进行小修、中修或大修。因此，房屋维修管理具有维修的限制性、独特的技术性和维修量大面广、零星分散等三个特点。

据此，在房屋维修养护时，应坚持服务至上、区别对待、爱护使用、注意保养、及时维修、安全合理、经济实用和有偿服务等原则；做到真正树立为业主服务的思想，建立、健全科学合理的房屋维修服务制度，保持房屋正常使用功能和基本完好；应综合考虑不同建筑结构、不同等级标准的房屋，采取不同维修标准，制定合理的维修计划与方案，严格按照国家规范和行业标准，合理使用人力、物力、财力，尽量做到少花钱、多修房、修好房。

房屋维修管理的具体内容包括房屋的安全检查、房屋维修的施工管理、房屋修缮的行政管理以及房屋的日常保养等内容。

## 二、房屋维修管理的意义和原则

物业服务企业认真对待房屋的维修管理，不仅有利于延长房屋的使用寿命，增强其使用的安全性能，也有利于美化环境，使物业服务企业在用户心中建立良好的形象和信誉，从而促进物业管理行业的发展。

### （一）房屋维修管理的意义

1. 做好房屋维修管理是房屋实现保值增值的保证

房屋如不及时养护、修缮和改建，就会使房屋过早损毁，从而缩短其使用寿命。只有通过房屋维修管理，对房屋进行适时的维修保养和改建，才能从根本上保证房屋使用功能的正常发挥，并保持其良好的物质性能和建筑形象，从而延长其使用寿命，使房屋实现保值和增值。

2．做好房屋维修管理是房地产经营顺利开展的基础

房屋建造完成后，出售和出租是其价值的实现形式。被出售的房屋虽然在价值上得到一次性补偿，但由于其使用时间较长，所以可能发生多次价值转移。这种价值的多次转移能否实现，就取决于房屋维修的好坏。同样，出租的房屋如果维修管理不好的话，租赁活动就会受到影响而终止，房屋价值的实现就随之终止或提前完结。因此，为了保证房屋价值的顺利实现，使房屋经营能够顺利开展，就必须进行房屋的维修管理。

3．做好房屋维修管理是物业服务企业实现"自负盈亏、自我发展"的前提

物业管理是微利行业，物业服务企业要想走"自负盈亏、自我发展"的道路，首先就必须搞好房屋维修管理。因为搞好房屋维修管理，能使物业服务企业在广大业主和住户中建立良好的信誉，塑造良好的企业形象，从而为占领市场，实现规模经济效益创造条件，也为多种经营打下扎实的基础。

### （二）房屋维修管理的原则

1．坚持"经济、合理、安全、实用"的原则

经济，就是在房屋维修过程中，节约与尽量合理使用人力、物力和财力，尽量做到少花钱，多修房。合理，是指修缮计划要定得合理，要按照国家规定与标准修房，不随意扩大修缮范围。安全，就是通过修缮，使物业不倒、不塌、不破，达到主体结构牢固，用户住用安全。保证物业不发生伤人事件，这是房屋维修的首要原则。实用，就是从实际出发，因地制宜，以适应用户在使用功能和质量上的需求，充分发挥房屋的效能。

2．采取不同标准、区别对待的原则

对于各种不同类型的房屋，要依据不同的建筑风格、不同结构以及不同等级标准，区别对待。在物业的保养、修缮与改造过程中，必须根据物业的现状，针对不同情况采取不同维修方案，以达到维修目的，实现物业的保值与增值。

3．维护房屋不受损坏的原则

这一原则强调的是"能修则修，应修尽修，以修为主，全面养护"的原则。各类房屋都是社会财富的重要组成部分，及时修缮旧损物业，对房屋注意保养、爱护使用，保持房屋正常的使用功能基本完好，维护房屋不受损坏，这是房屋维修管理工作的一项重要任务。

4．为用户服务的原则

房屋维修的目的是为了不断地满足社会生产和人民居住生活的需要。因此，在房屋维修管理上，必须维护用户的合法使用权，切实做到为用户服务；建立和健全科学合理的房屋维修服务制度；房屋维修管理人员要真正树立为用户服务的思想，改善服务态度，提高服务质量，认真解决用户急需解决的修缮问题。

5．修缮资金投资效果最大化的原则

房屋修缮资金的管理原则就是获得最大投资效果，少花钱，多修房，修好房。各类工

程维修费用的多少，必须确定一个合理的标准，不得随意浪费。

# 三、房屋维修管理的内容

房屋维修管理的主要内容包括房屋的安全检查、房屋维修计划管理、房屋维修技术管理、房屋维修质量管理、房屋维修施工管理、房屋维修施工监理和房屋维修档案资料管理七个方面。

## （一）房屋的安全检查

房屋的安全检查是房屋使用、管理、维护和修理的重要依据。定期和不定期地对房屋进行检查，随时掌握房屋健康状况，不仅能及时发现房屋的危损情况，抢修加固，解除危险，而且还能为科学地管理房屋和修缮房屋提供依据，正确地督导房屋使用，延长房屋的寿命。

## （二）房屋维修计划管理

物业服务企业应根据物业区域内房屋的实际情况以及各类房屋的建筑、设备、设施的保养、维修、更新周期等制订切实可行的房屋维修计划，并积极组织力量，保证计划的完成，确保物业的正常使用，维护业主和物业使用人的正当权益。

## （三）房屋维修技术管理

物业服务企业应根据《房屋维修技术管理规定》，组织查勘、鉴定，掌握房屋完损情况，按房屋的实际用途和完损情况，拟订维修方案；日常维护，有计划地组织房屋按年轮修；分配年度维修资金、审核维修方案和工程预决算，与施工单位签订施工合同；配合施工单位，适当安置住户，保证维修工作的顺利进行；监督施工单位按规定要求施工，确保工程质量；竣工后，进行工程验收；组织自行施工的维修工程的施工管理，进行工料消耗、工程质量的检查鉴定；建立健全房屋的技术档案，并进行科学管理等。

## （四）房屋维修质量管理

物业服务企业应根据《城市房屋修缮规定》《建设工程质量管理条例》及《房屋修缮工程质量检验评定标准》等，强化维修工程的质量监督、检查、验收与评定，完善维修工程的质量保修制度。

## （五）房屋维修施工管理

物业服务企业通过对维修工程的计划、组织、协调和监督，实现房屋维修的预定目标。而且，不论是物业服务企业的自有维修队伍，还是对外委托的专业维修队伍，均应做好具体维修施工作业的计划管理、组织管理、现场管理、质量与安全管理、机械设备与材料管理、成本管理等工作。

## （六）房屋维修施工监理

房屋维修施工监理是指物业服务企业将所管房屋的维修施工任务委托给有关专业维修

单位，为确保实现原定的质量、造价及工期目标，以施工承包合同及有关政策法规为依据，对承包施工单位的施工过程所实施的监督和管理。房屋维修施工监理一般由物业服务企业的工程部门指派项目经理负责，其主要管理任务是在项目的施工中实行全过程的造价、质量及工期三大目标的控制，进行合同管理并协调项目施工各有关方面的关系，帮助并督促施工单位加强管理工作并对施工过程中所产生的信息进行处理。

### （七）房屋维修档案资料管理

物业服务企业在制订房屋维修计划，确定房屋维修、改建等方案，实施房屋维修工程时，不可缺少的重要依据便是房屋建筑的档案资料。因此，为了更好地完成房屋维修任务，加强房屋维修管理，就必须设置专门部门和专职人员对房屋维修档案资料进行管理。房屋维修所需要的档案资料主要包括以下几个方面。

（1）房屋新建工程、维修工程竣工验收时的竣工图及有关房屋原始资料。
（2）现有的有关房屋及附属设备的技术资料。
（3）房屋维修的技术档案资料。

## 四、房屋的维修等级划分

为使物业服务企业掌握各类房屋的完损情况，并为房屋技术管理和维修计划的安排提供基础资料和依据，必须将房屋的结构、房屋完损等级、房屋维修标准和房屋维修工程等进行分类。

### （一）房屋结构的分类

我国房屋建筑结构分为四类七等，具体如下。

1. 钢筋混凝土结构

钢筋混凝土结构是指全部或承重部分为钢筋混凝土结构，包括框架大板与框架轻板的房屋。

2. 砖混结构一等

砖混结构一等是指部分为钢筋混凝土，主要是砖墙承重的结构。外墙部分砌砖、水刷石、水泥抹面或涂料粉刷，并设有阳台，内部设备齐全的单元式住宅或非住宅。

3. 砖混结构二等

砖混结构二等是指部分为钢筋混凝土结构，主要是砖墙承重的结构。外墙是清水墙，没有阳台，内部设备不齐全的非单元式住宅或其他房屋。

4. 砖木结构一等

砖木结构一等是指材料上等、标准较高的砖木（石料）结构。这类房屋一般是外部有装修，内部设备完善的庭院式或花园式洋房等。

5. 砖木结构二等

砖木结构二等是指结构正规，材料较好，一般外部没有装修处理，室内有专用上、下水等设备的普通砖木结构房屋。

6．砖木结构三等

砖木结构三等是指结构简单，材料较差，室内没有上、下水等设备，较低级的砖木结构房屋。

7．简易结构

简易结构是指如简易房、平房、木板房、土草房、砖坯房、竹木捆绑房等建筑结构简单的房屋。

### （二）房屋完损等级的分类

房屋的完损等级要结合当地的实际情况，根据各类房屋的结构、装修和设备的完好或损坏程度等进行分类。一般将房屋的完损等级分为完好房、基本完好房、一般损坏房、严重损坏房和危险房等五类。

1．完好房

其特点是：结构构件安全可靠，整体性好；屋面或板缝不漏水；装修和设备完好、齐全完整，管道通畅，现状良好，使用正常；有一定的陈旧现象或个别构件有允许值之内的轻微损毁，但不影响居住安全和正常使用，通过小修即可恢复的房屋。

2．基本完好房

其特点是：结构构件安全，基本牢固，虽有少量部件的损坏程度稍稍超过设计允许值，但能保持稳定；屋面或板缝局部渗透；装修、设备的个别部件或零件有影响使用的破损，通过在原有构件或部位上进行修补、涂抹（油漆）等维修即可恢复使用功能。

3．一般损坏房

其特点是：局部构件变形、裂缝、腐蚀或老化，强度不足；屋面或板缝局部漏雨；装修局部有破损，油漆老化，设备管道不够畅通；水、卫、电气管线、器具和部件有部分老化、损坏或残缺，需要进行中修或局部大修更换部件的房屋。

4．严重损坏房

其特点是：部分结构构件有明显或严重倾斜、开裂变形或强度不足，个别构件已处于危险状态；屋面或板缝严重漏雨；设备陈旧不齐全，管道严重堵塞，水、卫、电气管线、器具和零部件残缺及严重损坏，需要局部整修、更新等大修的房屋。

5．危险房

其特点是：主体构件强度严重不足，稳定性很差，随时有可能倒塌，采用局部加固修理仍不能保证安全；已经丧失维修价值；因结构严重损坏需要拆除、翻修的整栋房屋。

### （三）房屋维修标准

1．主体工程

主体工程主要是指屋架、梁、柱、墙、楼面、屋面以及基础等主要承重构件的维修。

当主体结构损坏严重时，不论修缮哪一类房屋，均应要求牢固、安全，不留隐患。

2．木门窗及装修工程

木门窗应开关灵活，不松动，不透风；木装修应牢固、平整、美观，接缝严密。一等房屋的木装修应尽量做到原样修复。

3．楼地面工程

楼地面工程的维修应牢固、安全、平整，不起砂，拼缝严密不闪动，不空鼓开裂，以及地坪无倒泛水现象。

4．屋面工程

屋面工程必须确保安全，不渗漏，排水畅通。

5．抹灰工程

抹灰工程应接缝平整，不开裂，不起壳，不起泡，不松动，不剥落。

6．油漆粉饰工程

油漆粉饰工程要求不起壳、不剥落、色泽均匀，尽可能保持与原色一致。对木构件和各类铁构件应进行周期性油漆保养。各种油漆和内、外墙涂料，以及地面涂料，均属保养性质，应制定养护周期，达到延长房屋使用年限的目的。

7．水、电、卫、暖等设备工程

房屋的附属设备均应保持完好，保证运行安全，正常使用。电气线路、电梯、安全保险装置及锅炉等应定期检查，严格按照有关安全规程定期保养。对房屋内部电气线路破损老化严重、绝缘性能降低的，应及时更换线路。当线路发生漏电现象时，应及时查清漏电部位及原因，进行修复或更换线路。对供水、供暖管线应作保温处理，并定期进行检查维修。水箱应定期清洗。

8．金属构件

金属构件应保持牢固、安全，不锈蚀，损坏严重的应更换，无保留价值的应拆除。

9．其他工程

对属房地产管理部门管理的庭院，原有院墙、院墙大门、院落内道路、沟渠下水道损坏或堵塞的，应修复或疏通。

### 案例 6-1　示范项目是如何"炼"成的[①]

2010 年 1 月 22 日，本刊记者走访了北方大厦，重点就其"全国物业管理示范大厦"评定过程中的相关问题采访了项目负责人。北方大厦位于北京市宣武区广安门南街甲 12 号，矗立于西南二环内侧，建筑总高度 81 米，地上二十层，地下二层，区域建筑面积为

① 邹楠. 示范项目是如何"炼"成的——北方大厦创"全国物业管理示范大厦"硬件整改工作介绍[J]. 中国物业管理，2010（2）.

33 834 平方米。北方大厦是一幢综合性写字楼，于 1996 年初建成并投入使用。

记者：请介绍一下北方大厦的相关背景以及通过"全国物业管理示范大厦"评定的相关情况。

北方物业：北方物业开发有限公司是中国北方工业公司的控股子公司。公司成立于 1993 年，具备物业服务企业二级资质，通过了质量、环境、职业健康安全管理体系认证。北方大厦自建成以来一直由北方物业开发有限公司承担物业服务与管理工作，经过多年来公司全体员工勤奋努力和精心维护，北方大厦物业项目于 2009 年 6 月被住房和城乡建设部授予"全国物业管理示范大厦"称号。参与考评时，北方大厦项目已投入使用 13 年，硬件的整改和完善是工作的重点和难点。

记者：您刚才所提到的硬件整改问题，具体制订了怎样的整改计划？在整改过程中又遇到了哪些问题？

北方物业：公司于 2000 年通过了 ISO 9002 质量体系认证，2009 年，公司通过了 ISO 9001:2008、ISO 14001:2004、OHSMS 18000 管理体系认证。北方物业开发有限公司结合自身实际情况，确立了评"全国物业管理示范大厦"的目标，并将之列入到年度计划，成立了领导小组下设内业组、环境组、设施设备组等在内的 3 个专项小组，开始开展硬件的检查工作。根据北方大厦硬件状况，公司于 2008 年年初，多次组织员工参观学习同行业"全国物业管理示范大厦"的活动与培训，对照"全国物业管理示范大厦标准及评分细则"，制订大厦硬件的整改和完善计划。将大厦硬件分为房屋建筑和设施设备两大类；不同房屋建筑又按照内部、外部及院区设施分类；设施设备按照系统（供电、空调、给排水等）分类。通过全面的查找与分析，北方大厦硬件主要存在的问题包括：建筑物装饰陈旧、地下建筑物漏雨、设施设备外观陈旧、设施设备磨损、标识不规范、强弱电电气线路走线不规范等。结合查找出的问题，公司编制硬件整改实施计划，确定整改措施、责任人与整改期限，确保在"全国物业管理示范大厦"考评前完成各项整改工作。北方物业员工在保障大厦物业正常运转和服务的同时，全体动员，经过近半年的辛勤努力和无私奉献、加班加点、任劳任怨，出色地完成各项整改工作。

记者：结合项目的实际情况，硬件整改工作主要包括哪些方面？

北方物业：根据北方大厦硬件状况，公司组织了专门的小组进行仔细排查之后，列出了存在的问题，并提出了整改计划，主要包括以下六个方面内容。

1. 建筑物装饰陈旧问题

针对局部墙面污损、开裂问题，公司在建筑物日常维护中进行修补和粉刷；针对自建成后一直未作整体修缮的部位，如地下车库、大厦内楼梯间、换热站等处，进行大量的集中粉刷，粉刷面积近 3 万平方米。集中粉刷采取公司维修人员、包清工及整体外包三者相结合的方式实施，既保证了整改时限，同时又降低了维修费用。针对部分机房为水泥地面的情况，公司采取粉刷地坪漆的方式，改善机房环境。

2. 给排水、供暖、消防等管道外观陈旧问题

公司组织全体工程人员进行表面除锈及刷漆、保温修补或更新等工作，既对管道实施了全面检查，同时完成了整体维护保养工作。在粉刷、油漆之后，公司组织全体共青团员、青年骨干利用节假日开展施工后的开荒、保洁工作，清理地面、管道上的涂料和油漆，清洁设施设备表面，各处环境焕然一新。

3. 地下建筑物漏雨问题

地下建筑物漏雨问题一直是困扰我们的难题，公司经过多次、多方案的堵漏施工均未彻底解决，又邀请防水协会专家、专业施工单位到现场进行查勘、会诊，专家建议最好是在漏水部位的建筑物外侧实施维修，在内部堵漏很难解决问题，且成本不低。而在建筑物外侧实施维修工作需要挖掘院区路面，将严重影响业主的正常办公秩序和交通秩序。鉴于上述原因，公司采用了引流、装饰遮挡以及加大装饰修缮频次的方式，排除漏雨带来的安全隐患，改善由于漏雨导致房屋装饰和设施设备污损、锈蚀的状况。

4. 设施设备外观陈旧、磨损问题

对设施设备进行全面保养和修缮，对表面重新油漆，对磨损零配件进行更新或维修，保证各项设施设备的技术指标符合规范标准。

5. 标识不规范问题

大厦的标识存在不齐全、制作样式不统一、标注内容不齐全等问题，通过参观学习其他"全国物业管理示范大厦"，公司按照标识规范标准重新制作标识，包括建筑物、设施设备、管线、安全警示等各类标识共计 2 000 多个，将管理区域的全部标识进行更新、统一。

6. 强、弱电电气线路走线不规范问题

电气线路走线不规范不仅影响美观，而且还存在火灾、电击伤人等严重安全隐患。北方大厦已经使用 13 年，既存在基建留存的问题，也存在日后改造遗留的问题。笔者所在公司针对存在的问题，严格按照规范标准，拆除私接乱拉电线、飞线等，安装线槽、线管规范布线。北方物业建功北里住宅小区的供电由北方大厦配电室供给，北方大厦通往建功北里北方住宅小区（3.5 万平方米）的三根 185 平方米电缆，在基建时就设置成从大厦三层平台飞线横跨大厦院区南侧主干道，进入院区就能看到三根悬挂电缆，不仅影响美观，而且由于安装时间较长，电缆连接固定的安全问题日益凸显。通过咨询供电公司，重新布置、连接该段线路，改造费用约为 35 万元。公司工程维修人员开动脑筋、集思广益、勇于创新，通过对大厦内部结构的熟悉，找到了一条捷径，通过地下管廊、"北方大厦"项目全体员工合影废弃的烟筒重新布置该段电缆，不用重新走线或接长电缆。方案经反复研讨确定后，做好人员、材料及停电的准备工作，共调动 30 多名员工，大家齐动手，切断、移动、固定电缆和制作电缆接头，利用一天时间紧张、忙碌地完成了三根电缆的重新布置工作，恢复了住宅楼的正常用电。

此项工作改变了长期以来不规范飞线的状况，有效地改善了院区环境，而且将室外长期暴露的电缆固定于地下管廊，增加了电缆的使用寿命和安全系数。

**（四）房屋完损等级评定方法**

房屋完损等级是指对现有房屋的完好或损坏程度划分的等级，即现有房屋的质量等级。评定房屋完损等级是按照统一的标准、统一的评定方法，对现有整幢房屋进行综合性的完好或损坏的等级评定。

1．钢筋混凝土结构、混合结构、砖木结构等房屋的完损等级的评定方法

（1）房屋的结构、装修、设备等组成部分各项完损程度符合同一个完损标准，则该房屋的完损等级就是分项所评定的完损程度。

（2）房屋的结构部分各项完损程度符合同一个完损标准，在装修设备部分中有一、二项完损程度下降一个等级，其余各项仍和结构部分符合同一完损标准，则该房屋的完损等级按结构部分的完损程度来确定。

（3）房屋结构部分中非承重墙或楼地面分项完损程度下降一个等级完损标准，在装修或设备部分中一项完损程度下降一个等级完损标准，其余三个组成部分的各项都符合上一个等级以上的完损标准，则该房屋的完损等级可按上一个等级的完损程度来确定。

（4）房屋结构部分中，地基基础、承重构件、屋面等项的完损程度符合同一个完损标准，其余各分项完损程度可有高出一个等级的完损标准，则该房屋完损等级可按地基基础、承重结构、屋面等项的完损程度来确定。

2．其他结构房屋完损等级的评定方法

其他结构房屋是指竹、木、石结构、窑洞、捆绑等类型的房屋（通称简易结构）。此类结构的房屋，在评定完损等级时按以下两种方法来确定。

（1）房屋结构、装修、设备等部分各项完损程度符合同一个完损标准，则该房屋的完损等级就是分项的完损程度。

（2）房屋结构、装修、设备三部分中绝大多数项目完损程度符合同一个完损标准，有少量分项高出一个等级完损标准，则该房屋完损等级按绝大多数分项的完损程度评定。

3．房屋完损等级评定的要求

（1）对整幢房屋进行综合评定。

（2）以实际完损程度为依据评定，而不能以建造年代或原始设计标准的高低为依据。

（3）掌握好评定等级的决定因数，以结构部分的地基基础、承重构件，以及屋面中最低的完损标准来评定。

（4）严格掌握完好房标准和危房标准。

（5）对重要房屋评定等级严格复核测试。

（6）对正在施工的房屋，要求做施工前房屋评定。

4．房屋完损等级评定的基本做法

房屋完损等级评定的基本做法可分为定期和不定期两种方法。

（1）定期评定一般是每隔 1～3 年（或按各地规定）对所管房屋逐幢进行一次全面的完损等级评定。

（2）不定期评定就是随机地在某个时间内对房屋状况进行抽查。

**（五）房屋维修工程的分类**

房屋维修工程可分为小修工程、中修工程、大修工程、翻修工程和综合维修工程五类。

1．小修工程

小修工程又叫零修工程或养护工程，是指物业服务企业为确保房屋正常使用，保持房屋原来的完损等级而对房屋在使用中正常出现的小的损坏进行及时修复的预防性养护工程。这类工程用工少、费用少，综合平均费用占房屋现时造价的 1%以下。其特点是项目简单、零星分散、量大面广、时间紧迫。

2．中修工程

中修工程是指房屋少量主体构件已损坏或不符合建筑结构的要求，需要牵动或拆换进行局部维修以保持房屋原来的规模和结构的工程。这类工程工地比较集中，项目较小而工程量比较大，有周期性，适用于一般损坏房屋，其一次维修费用低于该房屋同类结构新建造价的 20%。及时地开展中修工程是保持房屋基本完好的有力保证。

3．大修工程

大修工程是指无倒塌或只有局部倒塌危险的房屋，其主体结构和公用生活设备的大部分已严重损坏，虽不需全面拆除，但必须对其进行牵动、拆换、改装、新装，以保证房屋基本完好或完好的工程。这类工程的工程地点集中、项目齐全，具有整体性。其费用为该房屋同类结构新建造价的 25%以上。经大修后的房屋，一般都应达到基本完好房的标准。

4．翻修工程

翻修工程是指原来的房屋需要全部拆除，另行设计，重新建造或利用少数主体构件在原地或移动后进行更新改造的工程。这类工程投资大、工期长，但费用较低。经过翻修后的房屋必须达到完好房屋的标准。

5．综合维修工程

综合维修工程是指成片、多幢或多面积、较大的单幢楼房，大部分严重损坏而进行的有计划的成片维修和为改变片（幢）房屋面貌而进行的维修工程。综合维修工程的费用应是该片（幢）房屋同类结构新建造价的 20%以上。经过综合维修工程的房屋应达到基本完好或完好的标准。

**（六）房屋日常养护**

房屋维修日常养护是指物业服务企业对房屋建筑的日常保养和护理，以及对出现的轻微损坏现象所采取的必要修复等保养措施和护理过程。房屋养护工作包含的内容有房屋零星损坏日常修理、季节性预防保养以及房屋的正确使用维护管理等工作，这是物业服务企业对业主和物业使用人最直接、最经常、最持久的服务工作。

1. 房屋维修日常养护的类型和内容

房屋维修日常养护可分为小修养护、计划养护和季节性养护三种类型。

（1）房屋小修养护的内容

① 木门窗维修及少量新作；支顶加固；接换柱脚；木屋架加固；木衍条加固及少量拆换；木隔断、木楼地楞、木天棚、木楼梯、木栏杆的维修及局部新作；细木装修的加固及局部拆换；装配五金等。

② 给水管道的少量拆换；水管的防冻保暖；废水、排污管道的保养、维修、疏通及少量拆换；阀门、水嘴、抽水马桶及其零配件的整修、拆换；脸盆、便器、浴缸、菜池的修补拆换；屋顶压力水箱的清污、修理等。

③ 瓦屋面清扫补漏及局部换瓦；墙体局部挖补；墙面局部粉刷；平屋面装修补缝；油毡顶斜沟的修补及局部翻做；屋脊、泛水、檐沟的整修；拆换及新作少量天窗；天棚、橡档、雨棚、墙裙、踢脚线的修补、刷浆；普通水泥地的修补及局部新作；室外排水管道疏通及少量更换；明沟、散水坡的养护和清理；井盖、井圈的修配；雨水井的清理；化粪池的清理等。

④ 楼地板、隔断、天棚、墙面维修后的补刷油漆及少量新作；维修后的门窗补刷油漆、装配玻璃及少量门窗的新做油漆；楼地面、墙面刷涂料等。

⑤ 白铁、玻璃钢屋面的检修及局部拆换；钢门窗整修；白铁、玻璃钢檐沟、天沟、斜沟的整修、加固及少量拆换。

⑥ 电线、开关、灯头的修换；线路故障的排除、维修及少量拆换；配电箱、盘、板的修理、安装；电表与电分表的拆换及新装等。

（2）房屋计划养护的内容

房屋的结构、部件等均有一定的使用期限，超过这一期限，房屋的结构、部件就容易出现问题。因此，对房屋进行有计划的定期检修保养，以延长房屋的使用寿命，保证房屋的正常使用，就是房屋的计划养护。

计划养护从性质上来看是一种房屋保养工作，它强调要定期对房屋进行检修保养，才能减少房屋的毛病，更好地为业主和使用人的生产、生活服务，延长房屋的使用寿命。计划养护任务一般要安排在报修任务不多的淡季。如果报修任务较多，要先保证完成报修任务，然后再安排计划养护任务。房屋计划养护是物业服务企业通过平常掌握的检查资料或房屋完损等级状况，从物业管理角度提出来的养护种类。一般楼宇设施的养护、翻新周期如表 6-1 所示。

表 6-1　一般楼宇设施的养护、翻新周期

| 设　　备 | 事　　项 | 周　　期 |
|---|---|---|
| 楼宇内、外墙 | （1）走廊及楼梯粉刷 | 每 3 年 1 次 |
|  | （2）修补粉刷外墙 | 每 5～6 年 1 次 |
| 沟渠 | （1）清理天台雨水筒及渠闸 | 每周 1 次 |
|  | （2）清理明渠及沙井沉淀物 | 每 2 周 1 次 |
| 栏杆 | （1）检查锈蚀的窗框、栏杆、楼梯扶手 | 每月 1 次 |
|  | （2）油漆 | 每年 1 次 |
| 楼宇附加装置 | （1）屋顶覆盖物 | 20 年 |
|  | （2）窗 | 20 年 |
|  | （3）门 | 20 年 |
|  | （4）五金器具 | 20 年 |
| 修饰 | （1）墙壁 | 15 年 |
|  | （2）地板 | 10 年 |
|  | （3）天花板 | 20 年 |
| 装修 | （1）外部 | 5 年 |
|  | （2）内部 | 5 年 |

（3）房屋季节性养护的内容

房屋季节性养护是指由于季节性气候原因而对房屋进行的预防保养工作。其内容包括防汛、防台风、防冻、防梅雨和防治白蚁等。季节和气候的变化会给房屋的使用带来影响，房屋的季节性预防养护，关系着业主和使用人的居住和使用安全以及房屋设备的完好程度，所以，这种预防养护也是房屋养护中的一个重要方面。房屋养护应注意与房屋建筑的结构种类及其外界条件相适应。砖石结构的防潮，木结构的防腐、防潮、防蚁，钢结构的防锈等养护，各有各的要求，各有各的方法，必须结合具体情况来进行。

2．房屋维修日常养护的程序

（1）项目收集

日常养护的小修保养项目主要通过管理人员的走访查房和住户的随时报修两个渠道来收集。

① 走访查房是服务人员定期对辖区内住户进行走访，并在走访中查看房屋，主动收集住户对房屋维修的具体要求，发现住户尚未提出或忽略掉的房屋险情及公用部位的损坏部位。为了加强管理，提高服务质量，应建立走访查房手册。

②　物业服务企业主要通过设立报修接待中心、组织咨询活动、设置报修箱等途径接受住户报修。

（2）编制小修工程计划

物业服务企业通过走访查房和接待报修等方式收集到小修工程服务项目后，应分轻重缓急和维修人员情况，做出维修安排。对室内照明、给水排污等部位发生的故障及房屋险情等影响正常使用的维修，物业服务企业应及时安排组织人力抢修。暂不影响正常使用的小修项目，均由物业服务人员统一收集，物业服务企业应编制养护计划表，尽早逐一落实。

（3）落实小修工程任务

物业服务人员根据急修项目和小修养护计划，开列小修养护单。物业小修养护工程凭单领取材料，并根据小修养护单上的工程地点、项目内容进行小修施工。对施工中发现的房屋险情维修人员可先行处理，然后再由开列小修养护单的物业服务人员变更或追加工程项目手续。

（4）监督检查小修养护工程

在小修养护工程施工中，物业服务人员应每天到小修工程现场解决工程中出现的问题，监督检查当天小修工程完成情况。

### （七）房屋维修工程考核指标

房屋维修工程考核指标是考核房屋维修工程量、工程质量及房屋维修管理服务质量的重要指标。主要有以下几种指标。

1. 房屋完好率

房屋完好率是完好房屋的建筑面积加上基本完好房屋的建筑面积之和，占总的房屋建筑面积的百分比。一般要求房屋完好率达到50%～60%（新房屋除外）。其计算公式为：

$$房屋完好率 = \frac{完好房建筑面积 + 基本完好房建筑面积}{总的房屋建筑面积} \times 100\%$$

2. 大、中修工程质量合格（优良）品率

大、中修工程质量合格（优良）品率是指报告期经评定达到合格（或优良）品标准的大、中修单位工程数量（建筑面积表示）之和，与报告期验收鉴定的单位工程数量之和的百分比。一般要求大、中修工程质量合格品率达到100%，优良品率达到30%～50%。其计算公式为：

$$大、中修工程质量合格（优良）品率 = \frac{报告期合格（优良）品建筑面积之和}{报告期验收鉴定建筑面积} \times 100\%$$

3. 小修工程的考核指标

小修工程的考核指标主要有定额指标、服务指标、安全指标和经费指标。

（1）定额指标

它包括人工定额和材料定额。

① 人工定额是指每个小修养护人员应完成的小修养护工程量。人工定额是考核小修养护人员劳动生产率利用效果的指标。当小修养护工人的劳动生产率大于或等于人工定额时，就说明劳动生产率利用效果较好，就能达到降低小修养护成本的目的。

② 材料定额是指完成一定的合格小修养护工程所需耗用的材料量，是考核小修工程材料成本降低率的一个指标，也是考核小修养护工程是否充分利用旧料的一个重要指标。一般来说，小修工程中的材料消耗不超过或低于材料消耗定额指标，就说明小修工程降低材料成本的措施是有效的。

（2）服务指标

它包括走访查房率、小修养护计划完成率和小修养护及时率。

① 走访查房率是指物业服务企业每月走访查房户数与所辖区内住（用）户总户数的百分比，可分为月度走访查房率和季度走访查房率。在计算走访查房率时，若在月度（季度）内走访同一户超过一次的均按一户计算。一般要求管理员月走访查房率大于50%以上，季走访查房率等于100%。其计算公式为：

$$月（季）走访查房率 = \frac{当月（季）走访查房户数}{辖区内住（用）户总数} \times 100\%$$

② 小修养护计划完成率是指物业服务企业当月完成的属小修养护计划内项目的户次数和当月养护计划安排的户次数之比。小修养护计划完成率一般要求达到80%以上，遇到特殊情况或特殊季节可统一调整养护计划率。其计算公式为：

$$月养护计划完成率 = \frac{当月完成计划内项目户次数}{当月养护计划安排的户次数} \times 100\%$$

③ 小修养护及时率是当月完成的小修户次数与当月全部报修中的应修户次数之比。一般来说，月（季）小修养护及时率要达到99%以上。其计算公式为：

$$月（季）维修养护及时率 = \frac{当月完成的小修养护户次数}{当月全部报修中应修的户次数} \times 100\%$$

式中，当月（季）全部检修报修中的应修户次数是指剔除了经专业人员实地查勘后认定不属小修养护范围，并已作其他维修工程安排的和因故不能安排小修的报修户次数。

（3）安全指标和经费指标

① 安全指标是考核小修养护工程是否确保住（用）和小修安全的指标，包括事故率、违章率，要求小修工程中的事故率和违章率降为最低。

② 经费指标是考核小修养护工程是否节约使用小修工程经费的指标，一般是指实际使用小修养护的费用与计划或预算的小修养护费之比。

# 第二节　物业设施设备维修与管理

## 一、物业的设施设备管理

物业设施设备管理是指物业服务企业的工程管理人员通过熟悉和掌握设施设备的原理性能，对其进行保养维修，使之能够保持最佳运行状态，有效地发挥效用，从而为业主和物业使用人提供一个更高效和更安全、舒适的环境。

物业服务企业的设施设备管理工作是物业管理的基础，是物业服务企业最经常、最持久、最基本的工作内容之一，在物业管理工作中占有很大的比重。一般情况下，现代物业项目都拥有电梯、中央空调、发电机组、消防系统、通风、照明和出入监控系统等设施设备，这些设施设备的工作正常与否，直接决定了物业项目功能发挥的正常与否。因此，物业工程管理人员必须熟悉和掌握物业内设施设备的原理性能，通过维修和保养，保持所有的物业设施设备处于良好的技术状态，有效地发挥其功能，延长其使用寿命，并尽可能地减少人力和能源、材料的消耗，以达到物业的保值增值目的。

### （一）物业设施设备的分类

物业设施设备是房屋建筑内部附属设施设备的简称，它是构成房屋建筑实体的有机组成部分。

物业设施设备是根据住户的要求和物业的用途来设置的，不同用途的物业其设施设备配置不同。住宅的设施设备一般由水、电、煤气、卫浴和电梯等组成，现代写字楼的设施设备则还包括中央空调、网络智能系统等。通常，我们对物业设施设备做如下的分类。

1. 供水设施设备

供水设施设备是指用人工方法提供水源的设施设备，由供水箱、供水泵、水表、供水管网构成，组成生活给水系统、生产给水系统、消防给水系统。

2. 排水设施设备

排水设施设备是指用来排除生活污水和屋顶雨雪水的设施设备，包括排水管道、通风管道、清通设备、抽升设备、室外排水管道等。根据接纳污（废）水性质，房屋的排水管道可分为生活污水管道、工业废水管道、室内雨水管道，组成生活污水排水系统、生产污水排水系统、雨（雪）水排水系统。

3. 热水供应设施设备

热水供应设施设备主要包括淋浴器、供热水管道、热水表、加热器、循环管、自动温度调节器、减压阀等。

**4．消防设施设备**

消防设施设备是指房屋设施设备中的消防装置部分，包括供水箱、消防箱、兰花喷头、灭火机、灭火瓶、消防龙头、消防泵等。

以上四个方面的设施设备组成房屋的给排水系统。

**5．供暖、供冷、通风设施设备**

（1）室内供暖设施设备包括锅炉、壁炉、鼓风机、水片、回龙泵等设施设备。

（2）室内供冷设施设备包括冷气机、深井泵、空调机、电扇、冷却塔、回龙泵等设施设备。

（3）室内通风设施设备包括通风机、排水门及一些净化除尘设施设备等。

**6．燃气设施设备**

房屋的燃气设施设备包括煤气灶、煤气表、煤气管道、天然气管网等。

**7．电气工程设施设备**

房屋建筑电气工程设施设备主要包括以下几方面。

（1）供电及照明设施设备。这是指给房屋提供电源及照明的各种装置，包括电源柜、电表、总开关、供电线路、户外型负荷开关、户内型漏电保护自动开关、照明器等。

（2）弱电设施设备。这是指给房屋提供某种特定功能的弱电设施设备与装置，随着现代化建筑水平的提高，房屋的弱电设施设备越来越多。目前主要包括通信设施设备、广播设施设备、共用天线设施设备及闭路电视系统、自动监控及报警系统设备等。

（3）电梯设施设备。这是高层建筑中不可缺少的垂直运输设施设备，包括电梯机房、轿厢、井道等部分。

（4）防雷装置。防雷装置包括接闪器、引下线和接地装置等。

**（二）物业设施设备管理的意义**

物业设施设备管理的意义具体包括以下几点。

（1）物业设施设备管理在为人们提供良好的工作、学习及生活环境中，起到基础性管理的作用，并提供了有利保障。

（2）物业设施设备管理是实现物业高效率发挥使用功能，促进物业与设备现代化、规范化的强有力手段。

（3）物业设施设备管理是提高现有设施、设备性能完好率，延长设备使用寿命，节约资金投入，保障设备安全运行的保证。

（4）物业设施设备管理是城市文明建设和发展的需要，对文明卫生、环境建设与物质文明建设起到保驾护航的作用。

（5）物业设施设备管理能强化物业服务企业的基础建设。

# 二、物业设施设备的保养与维修

物业设施设备的保养是指对设施设备所进行的常规性的检查、养护、添装、维修和改善等工作。物业设施设备的维修是指通过修复或更换零件，调整精度、排除故障、恢复设施设备原有功能的技术活动。

## （一）物业设施设备的保养

物业服务企业对设施设备的保养，通常分为以下几种形式。

### 1. 日常保养

日常保养是指物业服务企业对房屋建筑内部的附属设施设备进行的常规性养护、维修工作。具体内容为操作人员每天必须进行的例行保养工作，主要是进行定期检查、清洁，及时排除小故障等工作。

### 2. 一级保养

一级保养是指由设施设备操作人员与设备维修人员按计划进行保养维修工作。主要包括对设施设备进行局部解体，进行清洗、调整，按照设施设备磨损规律进行定期保养。

### 3. 二级保养

二级保养是指设备维修人员对设施设备进行全面清洗、部分解体检查和局部修理，更换或修复磨损件，使设施设备能够达到完好状态的保养。

### 4. 设施设备点检

设施设备点检是指根据要求用检测仪表或人的感觉器官，对设施设备的某些关键部位进行的有无异状的检查。通过日常点检和定期点检，可以及时发现设施设备的隐患，避免和减少突发故障，提高设施设备的完好率，降低维修成本。

设施设备的日常点检由操作人员随机检查，日常点检内容主要包括：运行状况及参数安全保护装置；易磨损的零部件；易污染堵塞，需经常清洗更换的部件；在运行中经常要求调整的部位；在运行中经常出现不正常现象的部位。

设施设备的计划点检一般以专业维修人员为主，操作人员协助进行。计划点检内容主要有：记录设施设备的磨损情况，发现其他异常情况；更换零部件；确定修理的部位和部件及修理时间。

## （二）物业设施设备的维修

设施设备的维修一般分为以下几种形式。

### 1. 零星维修工程

零星维修工程是指对设施设备进行日常保养、检测及为排除运行故障而进行的局部维修。通常只要修复、更换少量易损零件，调整较少部分机构和精度。

**2．中修工程**

中修工程是指对设施设备进行正常的和定期的全面检修，对设施设备进行部分解体修理和更换少量零部件，保证设施设备能恢复和达到应有的标准和技术要求，使设施设备能正常运转到下一次修理。更换率一般为 10%～30%。

**3．大修工程**

大修工程是指对设施设备进行定期的全面的检修，对设施设备进行全面的解体修理和更换主要的零部件，使设施设备基本恢复原有性能。更换率一般超过 30%。

**4．设施设备更新和技术改造**

在设施设备使用到一定的年限后，因技术性能落后、效率低下、耗能大或污染日益严重，必须更新设施设备，进行提高和改善技术性能的维修。

此外，还有故障维修，是指设施设备在使用过程中发生突发性故障后的紧急修复。

**（三）设施设备保养与维修中应注意的事项**

物业服务企业在进行设施设备保养与维修时，应注意以下几个方面。

**1．熟悉设施设备的运行情况**

物业服务企业能否管理好物业设施设备关系到业主的切身利益，关系到物业能否保值增值。掌握物业设施设备的运行管理，工作人员首先应熟悉小区（大楼）的各类管线、结构的分布情况，因为它是设施设备与终端业主之间的联系纽带；同时，工作人员还需熟悉设施设备的结构原理、工作方式，对各类发电机组、变压器、水泵等设施设备性能要做到了如指掌；对新接管的物业，要加强设施设备接管验收，对设施设备运行情况进行跟踪、监测、记录，消除设施设备存在的隐患。日常管理要根据物业设施设备运行的负载变化，如夏季为业主用水、用电高峰期和夏季天黑较晚的特点，工作人员可对路灯进行合理、适时调度，通过物业设施设备负载能力和调配特点，发掘设施设备潜能，做到物尽其用，充分发挥设施设备的使用价值。

**2．建立设施设备管理体系**

俗话说"没有规矩，不成方圆"，要做好物业设施设备管理就必须建立和完善设施设备管理体系，对设施设备进行规范化、标准化、专业化的管理，具体如下。

（1）建立设施设备管理质量体系。设施设备管理是一项长期性、综合性的工作，对设施设备管理要引入 ISO 9001 质量管理体系，如建立机房管理制度，供、配电管理制度，设施设备维修制度等；对设施设备进行规范化、标准化管理操作并严格执行，做到责任到岗、任务到人，用科学化的管理来提高服务质量和管理水平。

（2）建立绩效考核机制。为了提高工作效率和服务质量，应建立设施设备管理考核、督察机制；制定设施设备管理考核标准，如设施设备上要有设施设备卡和设施设备台账，水泵阀门开启要灵活不得渗漏，设施设备房要保持清洁不得堆放杂物等；要定期、不定期对各小区（大楼）的工作人员进行现场检查、考核，做到优胜劣汰，赏罚分明，调动员工的工作积极性，增强企业凝聚力和向心力。

（3）建立设施设备档案。物业的设施设备结构复杂、管线纵横，对设施设备原始档案要进行归档、汇总、登记造册，对设施设备系统的资料，如竣工图等进行保管，对系统中一些常出现问题的重点部位拍照并在资料中予以注释，为以后解决问题提供依据。如发电机等一些重大设施设备发生故障需原生产厂家维修时，通过设施设备台账及时与生产厂家和联络人取得联系，为设施设备及时维修赢得宝贵时间。对设施设备建立设施设备卡、设施设备台账、技术档案等，按照档案管理要求，实行专业化和科学化管理，使设施设备管理适应现代化管理需求，同时为设施设备的及时维修，确保设备的完好与安全使用提供科学依据。

3. 坚持日常保养与科学计划维修相结合

设施设备在于管理，好的设施设备若得不到及时维修保养，就会常出故障，缩短其使用年限。对设施设备进行维修保养是保证设施设备运行安全，最大限度地发挥设施设备有效使用功能的必要措施。因此，对设施设备进行维修保养，要做到以预防为主，坚持日常保养与科学计划维修相结合，具体如下。

（1）坚持做到"三好、四会、五定"。"三好"，即对设施设备用好、修好、管理好；"四会"，即对设施设备会使用、会保养、会检查、会排除故障；"五定"，即对设施设备进行清洁、润滑、通风，检修时做到定人、定点、定时、定质和定责。对重要的设施设备采用预防性维修，防止设施设备出现故障，对一般设施设备做好日常维修保养。

（2）注重安全管理。对设施设备进行维修保养时，要以人为本，做好安全管理工作，操作人员应严格按照操作规程和制度开展工作。如操作人员在检修电气设备时，应做好必要的防护，操作人员使用个人防护工具，在闸刀上挂"有人操作、禁止合闸"等标识牌，提高安全意识，防止意外事故发生。设施设备管理最基本和最重要的要求是保证设施设备体系运行安全、用户使用安全和操作人员操作安全。

（3）结合实际、降耗节能。物业服务企业必须建立适合于自身特点的设施设备维修保养方案，遵循"安全、经济、合理、实用"的原则，有计划、有步骤地进行，做好设施设备的预防性维修保养，将设施设备故障隐患消灭在萌芽状态。同时，在物业设施设备维修中提出节能改造可行性方案，尽可能采用节能设施设备、经济适用且品质优良的材料，修旧利废、合理更新，达到降耗节能、延长设备使用寿命的目的，从而降低设备运行维修费用，培养管理队伍的创新精神，维护业主的权益。

4. 以人为本，提高员工综合素质

一流的设施设备有赖于一流的管理人才，在智能化程度较高以及硬件设施配备完善的物业中，高素质的专业人才在设施设备管理中的作用尤显突出。因此，以人为本，合理开发和利用人才，精心培育一支技术精湛、作风优良的管理队伍是做好设施设备管理的精髓。

而培养一支高水平的管理队伍，应坚持做到以下几方面。

（1）树立质量服务意识。物业管理是服务性行业，员工即使有一流的技术，但如果没有为业主服务的意识也搞不好物业设施设备管理。因此，应该培养员工的服务意识和责任心，至真至诚为业主服务，确保设备运行安全。

（2）提高员工业务技能。员工业务技能的高低直接反映出服务质量和工作效率，对各岗位专业操作人员做到岗前培训、持证上岗、在岗轮训，对员工做好传、帮、带，即根据设施设备性能特点由老员工搭配新员工，老员工带新员工，公司技术骨干人员将理论联系实际，对设施设备进行现场操作，指导相关人员。通过各种途径，切实提高相关人员的业务技能，使员工能满足岗位要求。

总之，随着物业管理内外环境的不断改善，各物业服务企业在物业设施设备管理中结合自身设施设备运行状况，总结设施设备运行管理经验，创新发展，加强高新技术应用，降耗节能，提高设施设备的使用率和完好率，为业主创造一个良好的工作和生活环境，使其物业保值增值。

# 三、物业设施设备管理的内容

物业设施设备管理的内容包括以下几方面。

## （一）物业设施设备的基础资料管理

物业设施设备的基础资料管理的主要内容是建立设施设备原始资料档案管理和重要设施设备维修资料档案管理。

1. 设施设备原始资料档案管理

设施设备在接管后均应建立原始资料档案。这类档案主要有：验收文件，包括验收记录、测试记录、产品与配套件的合格证、订货合同、安装合同、设施设备安装图与建筑结构图、使用维护说明等；建立设施设备卡片，应记录有关设施设备的各项明细资料，如房屋设施设备编号、名称、类别、规格、技术特征、附属物所在地点、建造年份、开始使用日期等。对于设施设备原始资料档案管理一般采用房屋设备卡片形式。

2. 重要设施设备维修资料档案管理

重要设施设备维修资料包括：报修单，每月统计一次，每季装订一次，房屋维修管理部门负责保管以备存查；运行记录，值班人员填写的设施设备运行记录每月一册，每月统计一次，每年装订一次，由物业服务企业设施设备运行部门保管好，以备存查；考评材料，定期或不定期地检查记录奖罚情况、先进班组、个人事迹材料，每年归纳汇总一次并装订保存；技术革新资料，设施设备运行的改进、设施设备革新、技术改进措施等资料，由设施设备管理部门汇总存查。

**（二）物业设施设备的运行管理**

物业设施设备运行管理的主要内容是：建立合理的运行制度和运行操作规定、安全操作规程等运行标准及文明安全运行的管理，并建立定期检查运行情况和规范服务的制度等。

在物业管理中，设施设备运行管理是管理过程中的重要一环，它关系到物业使用价值的体现，是支撑物业管理活动的基础。设施设备运行不好，不但会直接影响业主的生活质量和生活秩序，而且会严重影响物业服务企业的社会声誉，它的重要性和原因就在于以下几方面。

其一，物业内部环境是一个相对封闭的人造小环境，小区和大厦建造标准越高，居住办公条件越高档，与外部环境相对隔离的程度就越大，供电、供水、电梯、空调、通风、排污、照明、消防、安全、监控等楼宇环境要素对系统设施设备运行的依赖性就越强。

其二，设施设备运行成本在物业管理运作中占有相当大的比重，尤其是大厦的设施设备运行管理。设施设备运行管理的好坏，直接关系到业主和租户的利益，同时也关系到物业服务企业的效益。

其三，业主、租户的满意程度是评价物业服务企业服务质量和管理水平的综合尺度，用户满意程度的第一直觉几乎都与设施设备运行的优劣有关。

因此，物业管理活动的功能、效益和质量三个方面，都反映出设施设备运行管理在物业管理活动中的重要地位。

做好物业设施设备的运行管理工作应从以下三个方面着手。

**1．熟悉物业设施设备的运行特点**

支撑物业设施设备运转的硬件一般由各类管线结构、各类驱动转换设备、终端设备和环境四个部分构成。

物业设施设备运行体系是一个庞大的系统，对其了解熟悉是一个由表及里、由浅入深、由静到动、由知其然进而知其所以然的长期过程。作为物业服务企业保障设施设备运行管理和操作的每一位员工，都应当把熟悉认识物业设施设备运行体系当作本职工作来对待。对不同熟悉程度的员工，要求是：生疏者勤，由生到熟；熟悉者精，由熟及巧。这样，逐渐使从事设施设备运行管理的全体员工对管理对象的认识做到"心中有数，有案可查，有据可依"，使设施设备运行管理工作建立在扎实的基础上。

**2．熟悉物业设施设备的运行目标**

物业设施设备运行目标从物业管理行业角度来看，应包括安全性、可靠性、舒适性、经济性四个方面。

**（1）安全性**

安全是设施设备运行管理的第一要求，没有安全，就没有一切。保证安全的主要措施有：① 思想上高度重视，行动上处处小心；② 严格按章办事；③ 定期检测、试验，进行预防性检修、维护。

（2）可靠性

物业设施设备运行的可靠性表现在以下两个方面。

① 设施设备保障能力。包括设施设备容量、备用设施设备容量；设施设备运行参数的稳定性、可调节性；管线布置的合理程度，以及终端设施的完好率等。② 管理能力。良好的管理往往可以弥补设施设备配置的一些先天缺陷。反之，混乱的管理就可能抑制设施设备能力，使原本可以满足需求的设施设备配备感到不足，形成浪费。在设施设备运行体系已经配置完成且不易更改的情况下，使设施设备保障能力得到充分发挥，必须做到"三严"：严格的管理制度；严密的运行计划（包括突发事件应对计划）；严肃的工作作风。

（3）舒适性

从物业管理行业服务性的特点看，舒适性目标是物业设施设备运行管理必备的目标之一。舒适性是最能体现物业管理行业服务特点的一项指标，也是反映物业管理员工工作细腻性的一项指标。舒适性指标包括两个方面：一方面是指标满足性，即功能满足程度；另一方面是感官满足性，即感觉满足程度。

（4）经济性

物业服务企业在提供服务的同时，必须讲效益。经济性对物业设施设备运行的要求是：① 必须在满足安全、可靠、适度舒适的前提下实现经济性目标。② 节能是实现经济性目标的主要途径。能源费用是物业设施设备运行费用的主要部分，节省能源费有两种方式：一是利用能源的可替代性，采用适用的经济能源；二是省能。③ 易损零配件和耗材的耐用性。④ 维修保养方便。

3．熟悉物业设施设备运行管理的主要内容

（1）建立和完善标准体系

根据设施设备所在物业的特点和服务对象，结合设施设备本身的技术要求，制定与之相适应的运行标准，是搞好物业设施设备运行的首要工作。

标准的制定是一个动态的、不断完善的过程。设施设备运行管理标准的制定，是以"变"求"不变"。所谓"变"，是指标准修订、完善的动态过程；"不变"，是通过完善标准、贯彻执行标准，实现设施设备运行管理的目标，使物业设施设备始终在良好运行的最佳状态不变。

（2）预防性措施

由于物业管理设施设备运行的连续性特点，各种预防性措施在物业设施设备运行管理中处于特别重要的地位，包括：① 预防性试验；② 预防性检修；③ 突发事件应变方案；④ 巡检、点检、定检。

对于管、线等系统，预防性措施的重点是巡检和点检，定期保养。特别是楼宇管井多，管路器件多，容易疏漏。对于管件或电路分支节点等易发生故障的节点，可逐步建立完善的节点台账，实行"位式"管理，其主要内容是：① 逐件建立台账，一一对应，有据可查，防止疏漏；② 合理制定巡检路线和巡检项目，抓住重点，明确主次；③ 制定保养周期，分批轮检，不疏不漏；④ 采用保养合格检验及期限标贴方法，便于检查。

（3）技术革新改造

由于受物业结构和运行条件限制，技术革新改造在物业运行管理中的地位不十分突出。因此，在物业设施设备管理中，应大力提倡小改革，大力提倡"三新"推广应用，克服物业条件限制，发挥科技进步的作用。

（4）保险

物业管理作为新兴的产业，管理寓服务之中，而物业服务企业又受聘于人，解决这一难题的最好办法是树立风险意识，用业主的钱帮业主买财产险、机损险。一旦发生物业设施设备损坏，可立即通知保险公司索赔，以减轻物业服务企业的经济压力，确实保障设施设备正常运行。

（5）组织措施

所有类型的设施设备运行管理都一样，离不开人，人是各项因素中最活跃的因素。因此，无论物业设施设备现代化水平如何，都绝不可以忽视员工思想、技术、技能、技巧的作用。重视技术能力培养、思想建设和组织建设，其中主要的方法是加强员工培训。

## 专栏 6-1  电梯事故首负责任 行业无法承受之殇[①]

近年来，我国各地的恶性电梯责任事故不断发生。2012 年，广东省质量监督管理局（以下简称"质监局"）依照国家《特种设备安全管理法》，以维护消费者权益、发生电梯责任事故后快速帮扶受害者和维持社会稳定为由向广东省省委、省政府汇报，得到认可后又做了大量的策划准备工作，最终广东省人民政府于 2014 年 5 月 1 日以政府令的形式颁发了《关于印发广东省电梯安全监管体制改革方案的通知》（粤府函[2014]106 号），其中设定了电梯"使用管理人"的定义，对实施了物业管理区域的"使用管理人"直接定义为物业服务企业，并作为广东省改革开放前沿地区电梯安全监管的亮点和改革成果。

1. 广东物业管理行业反对《方案》落地执行

《广东省电梯安全监管体制改革方案（草案）》（以下简称《方案》）出台后，华南理工大学和广东外语外贸大学受有关单位委托，以《方案》为基础正式起草《广东省电梯安全管理条例》（以下简称《条例》）。现阶段，该《条例》由广东省质监局正式提交给广东省人大法工委征求意见，听证后将提交广东省人大全会通过。不过，《方案》和《条例》的出台

---

① 李健辉. 电梯事故首负责任 行业无法承受之殇[J]. 中国物业管理，2015（2）.

都遭到了广东省物业管理行业的强烈反对。

广东省物业管理行业协会（以下简称"广东物协"）在得知消息后认为，《方案》及《条例》的颁布出台，既没有广泛听取广东省物业管理行业的意见，也没有采纳省广东住建厅的反对意见，而是将带有浓厚的推卸质监局部门监管责任意味的政策，强加给了物业服务企业和业主（没有物业管理的社区）。广东物协立即组织了广泛而深入的讨论，认为事态严重，在2014年6月至10月期间相继多次邀请广东省人大法工委、住建厅领导，分别赴上海和本省各地调研。

调研发现，上海也遇到了与广东类似的问题，上海市质监局希望上海市政府参照广东的做法制定电梯事故使用权者首负责任制度，但遭到上海市房管局强烈反对而暂时未能推进。据悉，目前我国北京市、重庆市、福建省、江西省和广西壮族自治区等多个直辖市、省都在等待广东《条例》的颁布实施，且广东省质监局号称《条例》得到了国家质监总局的认可，未来将在全国推广。为此，广东省物协完成调研之后，组织省、市各级物业管理协会及1 000多家物业服务企业联名书面向广东省人大强烈表达了对《方案》的反对意见，引起了广东省人大领导及法工委的高度重视，也为《条例》出台前广泛听取物业管理行业的意见奠定了基础。

2. 让"使用管理人"承担首付责任的实质是质监局推卸责任

电梯作为国家确定的特种设备，授权给质监部门从设计、生产、安装、维修、检测和维护保养等各个环节进行行业监管，而省质监局在《条例》中设定"使用管理人"承担电梯责任事故的首负责任，其核心在于当电梯发生安全责任事故后，暂时无法界定责任之前，由"使用管理人"先行垫付受害者的所有经济赔偿，然后再依责任事故界定结果向过错方追讨。无疑，这是省质监局在假借维护消费者权益和帮扶弱者之名，行转嫁和推卸自身监管责任给物业管理行业之实。对于大多数小区来说，这是省质监局将电梯事故的首负责任强加给了物业管理行业。事实上，作为国家确定的特种设备之一——电梯，其安全监管责任，无论从上位法的规定来看（物业服务企业无权进行维修而必须委托具备专业资质的专业公司维护），还是从行业的实际状况来看（物业服务企业对电梯的设计、生产、安装、维修、检测和维护保养等各个环节均无能力控制），都显示了省质监局此举明显是在转嫁责任和维护自身的局部利益，甚至存在严重的部门立法和寻租的痕迹。

3. 《条例》征求意见过程中的各方意见

由于广东省人大在《方案》颁布之后，从调研和书面反映等渠道，得知广东省物业管理行业对"使用管理人"承担电梯事故的首负责任持强烈反对意见后，对省质监局提交的《条例（草案）》予以了充分重视，于2014年11月和2015年1月组织了两次对《条例（草案）》的听证会。在两次听证会上，广东物协和深圳物协的代表与省质监局代表进行了激烈的辩论，省质监局方面也感觉到了巨大的压力和挑战，事前多次向广东省人大乃至全国人大进行游说，全力希望将政府令形式的《方案》转化为地方立法的《条例》。两次听证会各方的主要观点有：质监局方面坚持认为实施物业管理区域的电梯"使用管理人"一定是物业服务企业，是电梯使用的末端和事故发生后的最接近人，出于维护消费者权益、保护受害者、帮扶弱者和维护社会稳定的考虑，确定"使用管理人"承担责任事故的首负责任，非常有效，是广东省电梯安全管理改革的重要成果，得到了国家质检总局的认可，值得推广。

广东物协方面对质监局方面的观点坚决反对，主要理由是电梯从设计、生产、安装、维修、检测和维护保养等各个环节，上位法都明确规定由具备专业资质的企业负责，物业服务企业无权从事任何具体工作，且电梯的责任事故在上述多个环节都会造成事故原因，质监部门作为国家授权的负有行政监管责任的部门，将首付赔偿责任直接转嫁给另外一个不具备资格的物业服务企业或者业主（没有实施物业管理的区域），存在明显的推卸和转嫁责任的行为，指出质监局所谓的"改革成果"或"亮点"，根本上就是一个败笔，必须纠错和预防广东省立法的倒退，在全国造成负面影响。同时，广东物协列举了大量会同省人大、住建厅赴上海及我省各地市调研的大量事例说明指定物业服务企业承担电梯事故的首负责任根本不可行。

广东省人大感觉到《条例（草案）》争议非常大，于2015年1月9日组织了有全国人大代表、律师、省法院法官等代表参加的第二次听证会。参会的15位专家中有11位从立法法、上位法和地方性立法权及其未来法院难以执行等方面，都阐述了自己的意见，支持广东物协的观点。不支持广东物协的4位专家分别是省质监局的3位代表和法律顾问。

4. 11位支持广东物协观点的与会专家的主要意见

《条例》草案违反上位法，如《物权法》和《民法》等，在法理和逻辑性上都存在问题，且超越了地方立法的权限。其中，个别专家认为食品企业和生产厂家使用了违法违规的材料，造成了人身伤害，食品制造企业要承担首付责任，与服务行业和电梯的安全管理存在本质不同，不适宜采用首负责任的立法。此外，对于没有实行物业管理的小区，由全体业主承担首付责任，非常难以操作，如省法院民庭审判长列举高空抛物导致人身财产损失相关纠纷的判决案例，指出在无法界定过错责任方的情形下，法院做出了全体业主承担赔偿责任的判决，但法院在为受害人追讨民事赔偿责任时都很难执行，这样的制度设计将会带来更为复杂的民事纠纷。同时，一些与会代表还认为如果让物业服务企业或者业主承担了首付赔偿责任，是否会更加纵容电梯的设计、生产、安装、维修、检测和维护保养环节企业的不负责任，导致电梯责任事故更加频繁？客观地讲，广东物协2015年在1月9日的第二次听证会上赢得了主动，但是省质监局代表在会上进一步发言，认为东莞、广州试行电梯"使用管理人"承担责任事故的首负责任后，超过63%的物业服务企业主动购买电梯责任险，受害者也得到了及时的帮扶，维护了社会稳定。事后我们再次组织调研，并非物业服务企业购买电梯责任险，而是近年电梯事故多发之后，维保企业为降低风险自行购买，广东物协也及时将调研情况书面报告了广东省人大法工委。

2015 年 1 月 9 日的第二次听证会交锋激烈，各方坚持自己的观点，省人大非常重视，但由于省质监局高度重视和游说，并以此作为改革成果进行推广，造成省人大法工委虽然认为有失公平，但还是要广泛听取各方意见，并决定于 2015 年 1 月 31 日在广东电视台进行录播的电视辩论。省住建厅安排仍然由广东物协代表出场，与省质监代表进行面对面辩论。2015 年 1 月 31 日的电视辩论，各方仍然坚持自己原来的观点。此外，广东物协方面还认为广东省实际上目前仍然有超过 50% 的物业没有实施物业管理，质监局将这些物业电梯的使用管理人直接定义给业主，业主按照上位法的规定要将电梯交给维保企业维护管理，而一旦发生电梯责任事故，却要由全体业主先行承担首负责任，这明显是不合理的，在现实中也非常难以操作，所以我们强烈要求应该用纳税人的钱或者由电梯公司和维保单位共同建立社会救济基金来承担电梯事故的首负赔偿责任，但质监局方面对此予以反对，认为纳税人的钱不能用在个别纳税人身上。目前，事件的最新进展是，省人大将把电视辩论的录像带到广东省两会上播放，供两会代表在投票表决《广东省电梯安全管理条例》时参考。

5. 行业重托，坚持维权

中物协会长沈建忠一直非常关注《条例（草案）》的听证情况，多次询问进展情况并提出一定要拨乱反正，认为《条例（草案）》违反国家法律法规的相关规定，广东省绝对不能给行业健康发展开坏头，中物协将全力支持广东物协，必要时请求住房和城乡建设部会同广东省住房和城乡建设厅共同参与和支持行业维权。

笔者个人认为：首先，明确物业管理行业的责任边界非常重要，如果电梯责任事故首负责任由物业服务企业承担在广东以地方立法形式被突破，未来消防、治安、交通甚至煤气泄漏是否都会被突破，而强加给物业服务企业承担首负赔偿责任；其次，广东省作为物业管理行业的发源地，绝对不能开严重损害行业健康发展的先河，特别是省质监局还将推荐这一做法给国家质检总局在全国推广，这势必会给全国物业管理行业的健康发展带来更为严重的后果，因此，全行业必须全力以赴予以制止。

## （三）物业设施设备的维修管理

设施设备的维修管理是指根据设施设备的性能，按照一定的科学管理程序和制度，以一定的技术管理要求，对设施设备进行日常养护和维修、更新。设施设备维修管理的内容包括设施设备的定期检查、日常保养与维修制度、维修质量标准、维修人员管理制度等。

1. 设施设备的定期检查

为了保证物业设施设备能够为业主提供满意的服务，对于设施设备的运行要由专业人员进行定期的检查。定期检查可分为日检、月检、季（半年）检、年检。

（1）日检。日检属巡视检查维护，对设施设备房及设施设备周围环境进行清洁，检查设施设备有无漏水、漏油等现象，如实记录运行数据。

（2）月检。月检属预防性检查，对设施设备性能进行检查，对检查出的故障隐患部位进行修理或调整，保证设备正常运行。

（3）季（半年）检。季检属维护性检查，对设施设备进行清扫、加油、调试。

（4）年检。年检属恢复性检修，对设施设备局部解体，着重检查设施设备的电气性能、机械性能和精度；视状况更换主要零部件及附属装置。

2．日常保养与维修制度

（1）日常保养

① 保持设施设备的清洁，经常定期和不定期地做好设施设备的清理工作，这样可以及时发现设备在长期使用过程中出现的振动松动现象，可以有效地避免故障的发生。

② 在使用设施设备的过程中，要经常观察设施设备的运行情况，如果出现异常的声音、操作的失误，以及设施设备进入保护状态时，先找原因或打电话到公司客服部咨询。在确定无故障的情况下，才能继续使用设施设备。

③ 设施设备的保养，加油的部位，可以参考设施设备标示、设施设备说明书或打电话到公司客服部询问。

（2）维修制度大致可分为四个阶段

① 事后修理。即设施设备发生故障后再进行修理。

② 预防维修。它要求设施设备维修以预防为主，在使用过程中做好维护保养和检查工作，根据零件磨损规律和检查结果，在发生故障前有计划地进行修理。这种维修制度可以缩短设施设备停修时间，提高设备利用率。

③ 生产维修。生产维修是以提高企业经济效益为目的的维修制度，即在维修时对结构进行改革。

④ 设施设备综合管理。在维修预防的基础上发展、完善而形成的。

多数企业采用的是计划预修制和计划保修制。其主要内容是：日常保养、一级保养、二级保养、计划大修。采取有计划地三级保养和大修理的方法，叫计划保修制。

3．维修质量标准

房屋的附属设施设备均应保持完好，保证运行安全，正常使用。电气线路、电梯、安全保险装置及锅炉等应定期检查，严格按照有关安全规程定期保养。对房屋内部电气线路破损老化严重、绝缘性能降低的，应及时更换线路。当线路发生漏电现象时，应及时查清漏电部位及原因，进行修复或更换线路。对供水、供暖管线应作保温处理，并定期进行检查维修。水箱应定期清洗。

4．维修人员管理制度

（1）所有机电设施设备操作，维修人员必须严格执行国家有关安全操作规程，并树立"安全第一"的思想，既要保证设施设备的安全运行，又要保证工作人员安全。

（2）新上岗、转岗的机电维修人员必须经过技术培训、考核，熟悉所辖楼宇的设施设备情况后，才能上岗工作。

（3）设施设备房应该配置安全操作用品。例如，配电房配置绝缘手套，并要认真保管。

（4）工作人员进入设施设备房内严禁吸烟。

（5）非电气工作人员未经允许，不得私自进入变、配电房。

（6）对于设施设备正常运行参数定时检查记录，若参数异常，必须及时处理。

（7）电气部分维修，必须严格按停电、验电、检修、检查无误后方能送电。注意严禁将金属物、工具等遗留在设备上，以防事故发生。

（8）熟悉掌握触电急救方法及步骤。

# 四、具体设施设备的维修与保养

具体设施设备的维修与保养主要包括供配电设施设备的维修与保养、供暖设施设备的维修与养护、给排水设施设备的维修与保养、电梯的维修与保养以及楼宇自动化技术设施设备的维修与保养五个部分的内容。

### （一）供配电设施设备的维修与保养

（1）《供配电设施设备维修保养年度计划》的制订。

① 每年的 12 月 15 日前，由工程部主管组织变配电组长/值班电工一起研究、制订《供配电设施设备维修保养年度计划》，并上报公司审批。

② 《供配电设施设备维修保养年度计划》制订的原则如下。

- 供配电设施设备使用的频度。
- 供配电设施设备运行状况（故障隐患）。
- 合理的时间（避开节假日、特殊活动日等）。

③ 《供配电设施设备维修保养年度计划》应包括如下内容。

- 维修保养项目及内容。
- 具体实施维修保养的时间。
- 预计费用。

（2）对供配电设施设备进行维修保养时，应严格遵守《供配电设施设备安全操作标准作业程序》，按《供配电设施设备维修保养年度计划》进行。

（3）高压开关柜、变压器的主要维修保养项目由外委完成，外部清洁及部分外部附件的维修保养由变配电室值班电工负责，低压配电柜的维修保养由变配电室值班电工负责。

（4）变压器维修保养。包括：① 外委维修保养。每年的 11 月份委托供电公司对住宅小区内所有变压器进行测试、试验等项目的维修保养，此项工作由变配电室值班电工负责监督进行，并将结果记录在《供配电设施设备维修保养记录表》内。②外部维修保养。每年的 4 月份、10 月份对小区内所有变压器外部进行一次清洁保养。

（5）高压开关柜维修保养。每年 12 月份委托供电公司对小区内所有高压开关柜进行一次维修保养，此项工作由变配电房管理员负责监督进行并记录在《供配电设施设备维修保养记录表》内。

（6）低压配电柜维修保养。每年的 4 月、10 月份对小区内的所有低压配电柜内外都进行一次清洁，先用压缩空气进行吹污、吹尘，然后用干的干净抹布擦拭。其中包含刀开关维修保养、熔断器维修保养、交流接触器维修保养、自耦减压启动器维修保养、电容器维修保养、热继电器维修保养、断路器（自动空气开关）维修保养、二次回路维修保养、主回路维修保养。

（7）供配电设施设备的维修保养时间不允许超过 8 小时。如必须超过 8 小时，则机电处电工填写《申请延时维修保养表》，经机电处主管审核、物业经理批准后方可延时。

（8）对计划中未列出的维修保养工作，应由机电处主管尽快补充至计划中，对于突发性设施设备故障，先经机电处主管口头批准后，可以先组织解决而后写出事故报告并上报公司。

（9）变配室值班电工应将上述维修保养工作清晰、完整、规范地记录在事故报告内，配电室组长应于每次维修保养后的 3 天内将记录整理成册后交机电处存档，保存期为长期。

（10）停电管理。供配电设施设备因检修等原因需要停电时，应由机电处主管填写《停电申请表》，经管理处主任批准后通知管理部，由管理部提前 24 小时通知有关住户。如因特殊情况突然停电，应在恢复供电 12 小时内向有关住户做出解释。

**（二）供暖设施设备的维修与养护**

工程部管理组通过对过去一年设备运行情况录的总结，结合运行组与维修组的意见，负责组织制订《供暖设施设备维修养护年度计划》，工程部经理负责审核该计划并检查该计划的执行情况。供暖设施设备维修组具体负责该计划的实施，公共事务部负责通知有关用户关于停止供热的情况。

1. 锅炉房内燃烧机的维修养护

燃烧系统内的电动机、风机、油泵、点火电极、喷嘴、光电探测器、点火变压器、电磁阀以及控制器等每季度应进行一次维修养护，其具体内容如下。

（1）电动机及风机。检查电动机接线是否锈蚀或松动，检查电动机电容是否已变形膨胀或开裂，检查电动机与风机联轴器是否牢固可靠；对电动机轴承、风机加注润滑油；绝缘电阻如果低于 0.2 欧姆则应进行处理；清洁电动机、风机上的污物、灰尘。

（2）油泵。检查油泵与电动机的联轴器是否牢固可靠，油泵进、出油管是否漏油，用表测试出油压力，最高不允许超过 2 兆帕，然后清洗进油油滤，清洁油泵外表。

（3）点火电极。检查点火电极烧蚀是否严重，如是则应更换同规格点火电极，调整到合理位置并清洁。

（4）喷嘴。清除喷嘴上的碳化物、污物，若喷嘴磨损严重，则应更换。

（5）光电探测器、点火变压器。检查其是否已老化，若是则应更换同规格光电探测器、点火变压器。

（6）电磁阀。用干净柴油清洗电磁阀，以免堵塞，若已老化或损坏，则应更换。

（7）控制器。用干布擦拭（或用空气吹）来清洁控制器，若控制器损坏则应更换。

2．锅炉本体的维修养护

锅炉本体的维修养护每半年进行一次，常用的保养方法有湿法保养和干法保养，一般在锅炉停运时进行保养。

3．锅炉附属装置维修保养要领

锅炉附属装置的维修保养一般每季度进行一次。

（1）水泵机组。维修养护时应对水泵轴承加注润滑油，磨损比较严重的应更换。检查水泵压盘根处是否漏水成线，如是则应重新加压盘根。检查联轴器是否牢固可靠，旋转水泵轴，若有卡住、碰撞现象则需更换叶轮。

（2）电气控制系统。消除水位控制电极、热电阻上的污垢；并模拟超低水位、超温试验，检查动作是否灵敏；检查电控箱里的各元件是否动作可靠，接线头有无松动，号码管是否清晰脱落。对于附属闸阀，检查储油箱、热水箱、闸阀是否漏水，开关是否灵活。清除储油箱里的污物和积水，清除热水箱里的污物。

4．室内外供热管网的维修养护

室外供热管网每半年维修保养一次，应仔细检查保温层是否脱落，是否有漏水现象，地沟内通风、照明设施是否完善正常，管道上阀门开启是否灵活，伸缩器是否动作可靠，地沟盖板是否断裂，出现问题应及时修补。

室内供热系统一般在采暖期到来之前试暖时进行维修养护，若出现问题，由用户报修，维修人员依程序进行维修处理。

**（三）给排水设施设备的维修与保养**

（1）《给排水设施设备维修保养年度计划》的制订。

① 每年的 12 月 15 日之前，由工程部主管组织水泵房组长与机电维修员一起研究制订《给排水设施设备维修保养年度计划》，并上报公司审批。

② 制订《给排水设施设备维修保养年度计划》的原则如下。

➡ 给排水设施设备使用的频度。

➡ 给排水设施设备运行状况（故障隐患）。

➡ 合理的时间（避开节假日、特殊活动日等）。

③ 《给排水设施设备维修保养年度计划》应包括如下内容。

▸　维修保养项目及内容。

▸　备品、备件计划。

▸　具体实施维修保养的时间。

▸　预计费用。

（2）水泵房机电维修员对给排水设施设备进行维修保养时，应按《给排水设施设备维修保养年度计划》进行。

（3）广场内主供水管（内径 100 毫米以上加压管）爆裂、主供水管上闸阀拆换，以及控制柜内变压器、PC 中央处理器的维修保养由外委完成，其余维修保养由水泵房机电维修员负责。

（4）水泵机组维修保养。每年 4 月、10 月，水泵房机电维修员应对小区内所有水泵机组进行一次清洁、保养。

（5）控制柜维修保养。每年 5 月、11 月，水泵房机电维修员应对广场内水泵房的控制柜进行一次清洁、保养。

（6）闸阀、止回阀、浮球阀、液位控制器维修保养。

（7）潜水泵或排污泵维修保养。

（8）明装给排水管维修保养（每年 10 月进行一次）。

（9）每次给排水设施设备的维修保养时间计划不允许超过 8 小时。如必须超过 8 小时，则应由机电处主管填写《申请延时维修保养表》，并经管理处主任批准后方可延时。

（10）对于计划中未列出的维修保养工作，应由工程部主管尽快补充至计划中；对于突发性的设施设备故障，先经工程部主管口头批准后，可以先组织解决而后写出事故报告并上报公司。

（11）水泵房机电维修员应将上述维修保养工作清晰、完整、规范地记录在《维修保养记录表》内，并于每次维修保养后的 3 天之内由水泵房组长整理成册后交机电处存档，保存期为长期。

（12）停水管理。给排水设施设备因维修保养等原因需要停水时，应由机电处主管填写《停水申请表》，经物业经理批准后通知管理部，由管理部提前 24 小时通知有关用户。如因特殊情况突然停水，应在恢复供水 12 小时内向有关用户做出解释。

## 专栏 6-2　"修水管找物管"和用水合同制[①]

大连市新闻报道："弃管自来水设施日益增多，自来水公司举行新闻发布会进行法律

---

① 清源."修水管找物管"和用水合同制[J]. 现代物业，2010（4）.

解读：'建筑物墙外 1.5 米'以外的供水设施产权属于自来水公司，室内水管维修还得找物业服务公司……"。鉴于此事具有普遍意义，事关业主、物业服务企业和供水企业的利益，关乎国家法制建设、国计民生和建设和谐社会，有感于下，以资参考。

1. 过渡阶段供水设施的维修责任

住房分配的计划经济时代，供水设施的维修责无旁贷地全由供水单位承担。而社会进入住房制度改革和物业管理发展的初期阶段，有的物业公司承担了业主的供水管线维修工作。但当物业管理行业发展到比较成熟的阶段，物业服务企业对其职责有了正确认识后，有的物业公司便拒绝了业主维修供水管线的要求。改革大潮中，当公用事业开始转入市场经济时，便出现供水单位推卸部分比较模糊的责任给其他市场主体的现象，给业主造成一些生活的不便也就在所难免，故应与时俱进，用以人为本的科学发展观审视现实，加快法制建设，完善并实施城乡用水的供用合同制度，使供水事业步入市场经济发展轨道。

2. "1.5 米"不是所有权的划分界限

按城市供水设施建设工程的实际，开发商既向政府交纳了含供水工程的城建基金，又支付了供水主管至建筑物的"三次管网"建设费，以及建筑物内的全部工程款项；并且全部供水设施均经自来水公司验收合格后方开阀供水。开发企业在销售房产时，已将这些含有供水管线建设费用的成本转移给了业主，故业主是建筑区划内供水设施的最终产权所有人，而供水设施的"建筑物墙外 1.5 米"，仅是该地方规定的在房产开发的工程中供水设施施工的分界而已，即"建筑物墙外 1.5 米"以外的供水工程由自来水公司施工，"1.5 米以内的由建筑开发单位施工，而非供水设施的产权分界"。所以自来水公司以"1.5 米"确定供水管线的维修责任范围是没有道理的。

3. 自来水公司是供水设施的用益物权人

由于供水为公用事业，业主虽是供水设施的所有权人，但按《中华人民共和国物权法》第一百一十七条的规定，自来水公司则应是供水设施的用益物权人。即业主为了用水必须出资建设供水设施，把建成的供水设施交给自来水公司管理（专营），自来水公司则无偿地获得了使用权成为用益物权人；与此同时，也就自然形成了实质上的"供用水合同"。另外，《中华人民共和国合同法》虽要求实施供用水合同，但因无实施细则而至今仍未实现。

4. 自来水公司应尽供水设施的维修义务

按《中华人民共和国合同法》的要求，以及供水技术的专业和公用事业性，供水单位为保证业主的用水需要，必须承担供水设施的维修责任（肖海军，《物业管理与业主权利》，2006；李帝扶，《物业管理维权宝典》，2007）。据大连媒体报道，在 2010 年大连两会上，供水单位领导承诺改善民生，改造住宅老旧生锈供水钢管，这也说明供水单位清楚自身的责任和义务。在我国快速的城市化和市场化的社会转型期，出现某些理解和行为上的偏差不足为奇，但却不应以其垄断企业的强势地位，便可以订立利于一己的"行规"，或实行双重标准，举行所谓解读法律的新闻发布会。市场经济条件下，责、权、利是统一并相辅相成的。倘若我花钱买车白给你拉出租赚钱；当我要乘车时不但要交费，车坏了还要我出钱修，恐怕没有这种道理。

5. 防止"计量改革"侵犯消费者权益

因目前政府对住宅公用事业计量的监管尚未实施，致国内某些地方自来水公司以其垄断的强势地位，制定仅为维护其自身利益而侵害广大业主知情权和消费权益的"行规"——为本企业的几个抄表工省事，或以防止业主计量"作弊"为由，令新建楼房和改进的自来水表均须集中设在楼外的几个井内并加锁，导致计量仪表及其管线均被隐蔽，业主分不清也看不见计量仪表和管线，只能按其通知量值付款。民生大宗消费还不如零售商店可看秤，付款公开透明，业主的消费知情权与监督权完全被剥夺。如果水表后的入户管道发生破裂跑水或被分流，业主无疑有被张冠李戴的风险；至于维修，可能又以其专营为由而另需付款了。

6. 尽快完善并实施《供用水合同》

当务之急应尽快明确业主在供水管线上的物权与责任义务关系，制定《供用水合同实施细则》并强制执行。在目前应明确自来水公司对供水设施的维修义务；供水设施的管辖范围应以业主的户墙（或户门口）分界，但水的共用立管在户内者则以水表为界，界外设施由供水单位负责，界内设施由业主负责；管辖范围内的工作含设施的维修、大修、改造、管理等。公用事业应尽快由计划经济转入市场经济，限制自来水公司的垄断权利，制止借供水计量改革之机侵害消费者权益。地方的规定均应服从于以上原则，并探索新的供水设施建设资金渠道、产权属性和管理方式。

7. 尽快改进并完善室内供水设施的设计和建设

就大连地区而言，目前新建筑的室内供水设施虽已大都实现了"共用立管在户外水表出户"设计和建设，但因缺少防寒措施致设施被冻坏跑水，不仅造成供水单位、物管和业主的经济损失，还严重影响业主生活。共用立管即使在户内，也因近年采暖分户后个别业主将房空置停暖而被冻坏。故应尽快改进并完善室内供水设施的设计和建设，实施有效的防冻措施。将供水设施设在户外的共用管道井中，个别业主停用则可以从管井关闭户阀，并借采暖管道等的散热保温，应是行之可靠的防冻办法。但当无采暖设施时，则应采用其他如电热带等保温措施，更需物管的精心管理。

### （四）电梯的维修与保养

电梯的使用为人们开发利用空间提供了方便。电梯的普及又为城市的繁荣提供了有利条件。但是，电梯也会发生故障，给人们带来不便。加强电梯的维修管理，使电梯迅速排除故障，恢复电梯正常运行，是非常必要的。搞好电梯维修的管理就是建立《电梯维修保养的标准》和相应的电梯维修管理制度，确保电梯维修保养工作的顺畅实施。

### 专栏 6-3　新检验规则下住宅电梯的整改重点①

电梯作为业主日常生活常用的垂直运输工具，直接关系到业主的人身安全。为了规范电梯的监督检验和定期检验，确保电梯的安全使用，2009 年 12 月 4 日国家质检总局颁布了《电梯监督检验和定期检验规程——曳引与强制驱动电梯》（以下简称《新检验规则》），并于 2010 年 4 月 1 日起施行，2002 版《电梯监督检查规程》同时废止。

目前，江苏省住宅物业电梯占电梯使用总量的 90%左右，参照《新检验规则》有 50%左右的电梯需要"补课"才能运行，否则视为检验不合格，电梯不具有安全使用条件，将被责令整改、暂停使用。从当前电梯的使用、运行情况来看，需要"补课"的电梯主要存在以下三个方面的问题亟待整改。

（1）电梯没有安装语音对讲系统和能够自动再充电的应急照明，一旦业主被困后无法和轿厢外通话，同时停电困人轿厢内因没有照明而增加营救难度。

《新检验规则》规定，针对电梯使用出现的困人事故，增加电梯安装方面新要求。例如，电梯轿厢内应当装设语音对讲系统和应急照明；正常照明电源中断时，能够自动接通紧急照明电源，该电源能够自动再充电。

（2）大部分物业服务企业的电梯相关档案资料不全，如日常维护保养记录年度自检记录或者报告、应急救援演习记录、运行故障和事故记录等文字资料。其中应急救援演习记录只有绝少数物业服务企业能提供。由于没有进行过应急救援演习，自然也就没有演习记录。

《新检验规则》规定，质监部门检查电梯时，使用单位和维保单位必须提供日常维护保养记录、年度自检记录或者报告、应急救援演习记录、运行故障和事故记录等新内容。

（3）在许多住宅小区，发生电梯困人事故后，物业服务企业和业主第一反应就是拨打 110，或者自行组织人员强行救援，虽然救出了被困人员，但是破坏了电梯部分设施，导致了不必要的经济损失和纠纷。

《新检验规则》规定，电梯发生事故后，救援主体是电梯维保单位。维保单位熟悉电梯性能，救援过程中能确保被困人员安全，而且无须破损电梯任何设施。物业服务企业在认真学习国家电梯《新检验规则》的同时，应结合小区电梯设备日常运行等实际情况，制定切实可行的维修、维护等管理措施，以确保电梯设备的安全可靠运行和业主的人身安全。

（1）物业服务企业应严格按照电梯验收规范和《新检验规则》把好新建住宅小区电梯的验收、交接关，从源头上确保电梯的整体质量。

（2）新建住宅小区交付使用前，物业服务企业应监督和敦促建设施工单位按照《新检

---

① 陆善辉. 新检验规则下住宅电梯的整改重点[J]. 现代物业，2010（5）.

验规则》中对电梯的要求，完善电梯的硬件设施。交付使用后保修期内的电梯硬件设施的完善，仍然由电梯生产、安装单位负责，其费用由建设单位协调解决；保修期外由电梯维保单位负责，其费用从电梯维修资金中支出。

（3）定期拜访用户、收集用户反馈信息，并进行维保工作的质量抽查、监督管理，收集整理并建立电梯日常维护、保养记录，年度自检记录或者报告，运行故障和事故维修处理记录等文字、图片档案，积累电梯的使用和故障情况，以及维保、大修（包括更换零部件）等的原始数据资料。并通过对这些数据资料的统计、分析，对影响电梯可靠性的因素（如电梯突停、易于磨损或故障的零部件等），提前进行预处理或更换易损件；采取积极、预防性的维修、保养措施。

（4）制订应急救援预案，定期组织维修单位与小区业主进行电梯困人应急救援演习，同时对业主加强电梯突发故障应急救援处理与被困人员自救等方面知识的宣传、教育，一旦发生困人事故，立即通知专业的维保单位，及时解救被困人员，并做好应急救援演习和实发事故的相关资料的记录、整理和归档工作。

### （五）楼宇自动化技术设施设备的维修与保养

随着科技的飞速发展，现代科技产品和智能化设施设备大量进入高档楼宇和小区，为了能够更好地提供优质的物业服务，物业服务企业对于楼宇自动化技术设施设备的一般管理和维修保养工作如下。

1．楼宇自控系统维修保养

（1）每天监控 NCU（网络控制器）状态，发现故障立即处理。

（2）每天使用相应工具软件扫描电脑硬盘。

（3）保养情况记录于楼宇自动控制系统设施设备检查表上。

2．综合布线系统维修保养

（1）配线架跳线的压接只能使用专用工具，配线架没有用的跳线应拆除。

（2）清除配线架、光纤机架、楼层配线架上的灰尘，保持设备清洁。

（3）检查配线架上的标志，发现缺失马上补充。

（4）工作完成后填写通信路线设施设备检查表。

3．楼层防盗对讲机维修保养

（1）室内听不到铃声

① 检查主机按钮开关是否接触良好，否则应更换按钮开关。

② 检查室内分机待机转换开关是否接触良好，如有问题则应整修处理。

③ 通过上述两个步骤如仍不振铃，则应重点检查振铃放大电路，直至故障排除。

（2）不能对讲

① 检查通话线是否接触良好，如有问题重新焊接。

② 检查室内分机扩音器、扬声器是否正常，如不正常则应更换。

③ 检查室内分机放大电路，重点检查三极管直至故障排除。

（3）不能开楼下大闸门

① 检查锁舌是否灵活，如阻滞则应加润滑油。

② 检查开锁磁线圈接线是否良好、线圈是否烧坏，如发现问题则应重新接好线头或更换电磁线圈。

③ 检查分机开锁按钮是否接触良好、开锁继电器是否动作可靠、开锁电路有无损坏的元器件，如有问题则应逐一检查并排除故障。

（4）主机无电源

① 检查桥式整流二极管有无损坏，如损坏则应更换同规格二极管。

② 多检查电源变压器是否烧坏，如是则应更换同规格的变压器。

4. 可视对讲机维修保养

（1）无图像、声音，但开锁正常

① 调节亮度电位器观察屏幕有无光栅，如有光栅则应检查室内机与门口机的图像信号连接是否接牢，否则应重新接好（烫锡、焊接）。

② 如调节亮度电位器屏幕仍无光栅，此时应检查室内机电路板，包括震荡电路、推动电路、输出电路、图像显示电路等逐级检查，直至故障排除。

（2）通话无声音

① 检查听筒与室内机的界限是否牢固，否则应重新接好（烫锡、焊接）。

② 调节音量电位器，如扬声器里有交流声发出，则说明室内机的放大电路有问题。室内机放大电路包括音频输入电路、牵制放大电路、攻防电路，此时应逐级进行检查直至故障排除。

 **本章小结**

1. 房屋维修管理工作主要包括对房屋的日常养护，对破损部位的及时修缮，以及对不同等级房屋功能的恢复、改善和装修。房屋维修管理的内容包括房屋的安全检查、房屋维修的施工管理、房屋修缮的行政管理、房屋的日常保养以及房屋维修档案资料的管理等。房屋的维修标准和经济技术指标是房屋维修管理的科学依据，因此，应严格按国家颁布的有关规定执行。

2. 物业设施设备管理是物业管理中的一项重要的基础管理工作，是物业服务企业最经常、最持久、最基本的工作内容之一，在物业管理工作中占有很大的比重。

 综合练习

### 一、基本概念

房屋的结构　房屋完损等级　房屋维修标准　房屋维修工程　房屋维修日常养护　房屋完好率　物业设施设备

### 二、思考讨论题

1. 国家建设部门颁布的《房屋完损等级评定标准》将房屋完损等级分成哪五类？其基本标准是什么？

2. 物业服务企业接受住户报修的途径有哪些？

3. 房屋维修管理的考核指标有哪些？

4. 物业设施设备是怎样分类的？

5. 物业设施设备维修工程是怎样分类的？

6. 物业设施设备管理的意义、特点和方法是什么？

### 三、案例分析题

1. 某大厦 16 条雨水干管垂直贯穿 32～5 层主人房阳台板后，从 4 层阳台顶部弯出墙外连通污水干线，唯一的检修疏通孔就在弯部。要实施检修疏通，必须穿行于 4 层的居室，这就不可避免地会给主人带来或多或少的不便。因而，许多人不愿给予配合。一次，管理处准备对其中一条雨水干管进行清淤，维修人员两次上门联系，都被业主拒之门外。维修主管又第三次登门做工作，还是没有做通。业主认为管道清淤总是折腾她家，强调管理处应当拿出一劳永逸的方案，并要求同管理处主任会面。

**案例分析与讨论：**

根据本章所学分析和讨论当业主不愿配合公共部位维修时，物业服务企业应该怎么办？

2. 23 岁的陈小姐 2009 年准备入住新居时，发现报警系统无法使用，门窗也无法正常关闭，9 月 26 日，她向小区物业服务企业提出了投诉。物业服务企业接到投诉后即派人员对其门窗和报警系统进行检查、试验，确定维修事宜。经物业服务企业联系，门窗制造厂商上门维修。两个月后，陈小姐的委托代理人会同物业服务企业及门窗制造厂商共同签署了一份备忘录，确认报修之门窗已修复。6 天后，室内报警系统经维修后也交陈小姐正常使用，然而矛盾并未就此解决。2010 年 9 月，陈小姐将小区物业服务企业告上法庭。她在诉状中称自己的新居早在 2009 年 5 月就已装修完毕，但由于报警系统、门窗故障，加之物业管理混乱，无法提供正常维修服务，致使自己迟了半年才搬入新居，要求物业服务企业赔偿损失 4.2 万元。

**案例分析与讨论：**

根据本章所学分析和讨论业主以新居有瑕疵而状告物业服务企业并要求索赔有没有法律依据，物业服务企业在本案中应该怎么办？

3. 2009年秋天的一个上午，3楼某室业主给某物业服务企业打来电话，说发现厨房和洗手间内的地漏返水，污水已淹没大厅的部分木地板，要求即刻处理。几分钟后，维修工即带着工具赶到现场，但此时污水已经退去。随后，清洁工也闻讯赶来了，并根据业主的要求迅速将厨房内物品搬出进行了保洁。然后，主管及时安排有关人员尽快更换木地板和橱柜，同时协调责任方与业主就赔偿问题达成共识。业主对物业服务企业的处理表示满意。问题解决了，但污水管返水因何而起呢？

**案例分析与讨论：**

根据本章所学分析和讨论当污水管道返水时，业主和物业服务企业应该怎样应对？

4. 一天深夜，某业主回到某小区4号居民楼，搭乘电梯回家。谁料电梯刚运行到一半，就突然失控下坠，载着某业主一直坠落到电梯井井底，某业主当场昏迷。几小时后，某业主被人发现并送入医院救治，由于出现了头痛发晕、呕吐鲜血的症状，医院诊断其为应急性胃溃疡合并出血。伤愈后，某业主随即向该小区物业服务企业索赔，要求其支付医疗费、营养费、精神损失费等。

**案例分析与讨论：**

根据本章所学分析和讨论当物业管理区域内出现电梯坠落伤人时，物业服务企业应该承担的责任。

 **本章阅读与参考文献**

1. 姜早龙，张漱贤. 物业管理概论[M]. 武汉：武汉理工大学出版社，2008.
2. 季如进. 物业管理[M]. 第2版. 北京：首都经济贸易大学出版社，2008.
3. 胡洁. 物业管理概论[M]. 北京：电子工业出版社，2007.
4. 王秀云. 物业管理[M]. 北京：机械工业出版社，2009.
5. 安静. 物业管理概论[M]. 北京：化学工业出版社，2008.
6. 邹楠. 示范项目是如何"炼"成的——北方大厦创"全国物业管理示范大厦"硬件整改工作介绍[J]. 中国物业管理，2010（2）.
7. 清源. "修水管找物管"和用水合同制[J]. 现代物业，2010（4）.
8. 陆善辉. 新检验规则下住宅电梯的整改重点[J]. 现代物业，2010（5）.
9. 李健辉. 电梯事故首负责任 行业无法承受之殇[J]. 中国物业管理，2015（2）.

# 第七章 物业综合管理与服务

## 学习目标

通过对本章的学习，应该掌握如下内容：

1. 物业综合管理的概念；
2. 保洁管理的质量标准和绿化管理的范围；
3. 车辆管理和停车场管理的要求；
4. 安全管理的内容与消防管理人员的主要职责；
5. 物业管理服务的评价体系与相关的物业管理服务质量优秀标准和达标要求。

## 导言

物业服务企业除了完成房屋及附属设备、设施管理的基本业务之外，还要进行物业综合管理与服务。物业综合管理是指除房屋维修管理和设施设备管理之外的各项管理服务工作，主要包括环境管理、车辆与停车管理、安全与消防管理等各项综合管理和物业服务的质量与考评。物业综合管理主要是针对物业业主和使用人的服务与管理，通过综合管理，保证业主和使用人有正常、良好的工作和生活秩序，为业主和使用人创造优美舒适的工作和生活环境。

# 第一节 物业环境管理

## 一、物业环境的概念和种类

物业环境是指与业主和物业使用人生活、生产和学习有关的，直接影响其生存、发展和享受的各种必需条件及外部因素的总和。物业环境是城市环境的一个组成部分，是属于城市大环境范围内的某个物业区域范围的小环境。

### （一）物业环境的内涵

物业环境是指以人类为主体的环境，有广义和狭义之分。广义的环境包括自然环境、次生环境、工程环境和社会环境。狭义的环境是指次生环境。

1．自然环境

自然环境也称原生环境，是由自然界的生物及其生存环境所组成的。其中含有对人类有用的自然资源，也含有对人类不利的自然灾害，如地震、火山、海啸、洪水等。

2．次生环境

次生环境是指被人类活动改变的自然环境，如城市上空被污染的大气，城市内部被绿化的荒坡、空地或被破坏的林木草地。

3．工程环境

工程环境是指由人工建造的房屋、道路和各项设施等组成的人工环境。

4．社会环境

社会环境是指由政治、经济、文化等各种社会因素所构成的，是人与人之间各种社会联系及联系方式的总和。

**（二）物业环境的种类**

物业环境按照物业类型的不同，可以分为生活居住环境、办公环境、商业环境和生产环境等。

1．生活居住环境

生活居住环境是业主或使用人最直接接触的、接触时间最长的生活环境，包括内部居住环境和外部居住环境。

（1）内部居住环境，是指居住建筑的内部环境。影响住宅区内部居住环境的因素有以下几种。

① 住宅标准，是指面积和质量标准。面积标准是指平均每户建筑面积和平均每人居住面积的大小；质量标准是指设备完善程度，如卫生设备、煤气、供电、供热、电话等。

② 住宅类型，是指是别墅、公寓、一般平房，还是多层或高层楼房等。

③ 隔声，是指居室上下或前后左右的隔声，以及对电梯、管道及外部噪声的防护。

④ 隔热和保温，是指夏天住宅要隔热，冬天要保温。

⑤ 光照，是指自然采光和人工照明的状况。

⑥ 日照，是指居室内获得太阳的直接照射。

⑦ 通风。一般是指自然通风。

⑧ 室内小气候，是指室内的气温、相对湿度和空气流动速度。

⑨ 室内空气质量和二氧化碳含量。

（2）外部居住环境，是指住宅和与业主或使用人生活密切相关的各类公共建筑、公用设施、绿化、院落和室外场地等，它与内部居住环境有机地组成完整的生活居住环境。影响住宅区外部居住环境的因素有居住密度、公共建筑、市政公共设施、绿化、室外庭院和各类活动场所、室外环境小品、大气环境、声环境和视环境、小气候环境、邻里和社会环境、环境卫生状况。

2. 办公环境

办公环境包括办公室标准、办公室类型、隔声、隔热和保温、光照、日照、通风、室内小气候、室内空气质量和二氧化碳含量、绿化种植情况、市政公共设施、社会环境以及环境卫生状况等内容。另外，还包括室内景观设备、办公设备、办公区域的治安状况、办公人员的思想文化素质以及相互关系等。

3. 商业环境

商业环境包括商用办公室标准、办公室类型、隔声、隔热和保温、光照、日照、通风、室内小气候、室内空气质量和二氧化碳含量、绿化种植情况、市政公共设施、声环境和视环境、环境卫生状况等内容。另外，还包括室内各种环境小品、商业设施、商业人员的服务态度和水平等。

4. 生产环境

生产环境包括通风、日照、光照、绿化种植情况、市政公共设施和建筑密度等。另外，它还包括各种生产设施和条件。

## 二、物业环境管理的内容

物业环境管理是指物业服务企业对所管物业区域内所有环境的管理，物业服务企业通过为业主和使用人提供保洁服务、绿化管理和污染的防治等业务活动，为业主和使用人提供整洁、舒适和美观的居住和工作环境。

物业环境管理的内容主要包括保洁管理、绿化管理、物业环境的污染与防治。物业环境的污染与防治对物业服务企业来说，分属于各个部门的管理。例如，锅炉废气的超标排放，归属工程部管理；垃圾的堆放和清运归属保洁部管理。所以，物业服务企业环境管理的职能部门主要是保洁部和绿化部。

## 三、物业环境的保洁管理

在物业区域中，良好的环境卫生带来的舒适和幽雅，具有视觉上的直观性，给业主及使用人带来心理上的舒适感，因而成为物业服务水平的重要指标。整洁的物业区域环境需要常规性的保洁管理。

### （一）保洁管理的含义

保洁管理是指物业服务企业通过宣传教育、监督治理和日常保洁工作，保护物业区域环境，防止环境污染，定时、定点、定人进行垃圾的分类收集、处理和清运，通过清扫、擦拭、整理等专业性操作，维护辖区所有公共地方、公共部位的清洁卫生，保持环境整洁，提高环境效益。

保洁管理的形式主要有两种：一种是委托管理形式，由物业服务企业委托清洁公司进行专业的保洁服务；另一种是物业服务企业自行设置保洁部负责物业区域内的清洁卫生工作。

### （二）保洁管理的机构设置

保洁管理由物业服务企业自己承担时，其管理工作由保洁部执行，机构设置根据所管物业类型、面积及清洁对象的不同而灵活设置。管理规模小的物业服务企业一般设置一个公共卫生清洁班，直接由部门经理负责。管理规模较大的物业服务企业，在保洁部下设置三个班：楼宇清洁服务班、公共区域清洁班和高楼外墙清洁班。

### （三）保洁管理的范围

保洁管理的工作范围为受委托的物业管理区域内的室内和室外的环境卫生，重点工作内容是对"脏、乱、差"的治理。保洁管理的职责范围具体如下。

1．公共区域

在物业辖区中，公共区域的卫生保洁，包括楼宇的前后左右、道路、广场、空地、绿地等平面位置的卫生保洁。

2．共用部位

共用部位是指楼宇在垂直方向的保洁，包口楼梯、走道、电梯间、大厅、平台和建筑物外观的卫生保洁。

3．垃圾处理

垃圾处理是指住宅区的生活垃圾和生产经营过程中废弃物的分类收集、处理和清运。

### （四）保洁管理的主要内容

保洁管理的主要内容包括以下三个方面。

1．健全和完善管理制度

科学完善的管理制度是顺利完成保洁工作的保证。物业服务企业应该以国家和地方有关法律法规为依据，制定本企业的保洁管理工作规章制度。

2．制订保洁工作计划

保洁工作计划是实施保洁工作的依据。

3．进行卫生设施建设

卫生设施是做好保洁工作的物质基础。卫生设施包括以下几方面。

（1）环卫车辆。包括清扫车、洒水车、垃圾运输车等。

（2）便民设施。包括垃圾清运站、分类垃圾箱等。

#### （五）保洁管理的质量标准

保洁管理的质量标准为"五定"、"七净"、"六无"和"当日清"。

1．"五定"

"五定"是指保洁卫生工作要做到定人、定地点、定时间、定任务、定质量。

2．"七净""六无"

"七净""六无"是指清扫保洁的标准。"七净"是指在物业管理区域内做到路面净、路沿净、人行道净、雨（污）水井口净、树根净、电线杆净、墙根净；"六无"是指在物业管理区域内做到无垃圾污物、无人畜粪便、无砖瓦石块、无碎纸皮核、无明显粪迹和浮土、无污水脏物。

3．"当日清"

"当日清"是指清运垃圾要及时，当日垃圾当日清。要采用设置垃圾桶（箱）、采取垃圾分类、袋装的方法集中收集垃圾。

## 四、物业环境的绿化管理

绿化具有保护和改善居住环境、陶冶情操和修身养性等作用。联合国确定的可以达到保障人类健康的城市人均标准是 50～60 平方米。物业服务企业通过行使组织、协调、督促和宣传教育等职能，并通过建绿、护绿及养绿活动，创造清洁、安静、优美、舒适的生活环境和工作环境。

#### （一）绿化的功能

绿化管理是指绿地建设和绿化养护管理。良好的绿化可以实现下述功能。

1．防风、防尘，保护生态环境

绿化能够吸附尘埃、降低风速、阻挡风沙。

2．降低噪声、净化空气，改善居住环境

绿色植物能够吸收二氧化碳，释放出氧气，增加空气中的氧气含量。部分植物还可以吸收空气中的有毒有害气体，净化空气。不同高度的植物搭配种植，可以形成绿色声障，吸收和降低噪声。

3．调解温度和湿度，改善小气候，缓解城市"热岛效应"

绿色植物通过蒸腾作用，增加周围空气的湿度，吸收热量，降低气温。对于缓解城市由于人造热源过多，人口、车辆密集，建筑物集中等原因造成的"热岛效应"具有一定的作用。

4．美化物业区域和城市环境

良好的园林绿化不仅可以使城市充满生机，而且能够为业主和使用人的工作、学习、生活创造清新、优美、舒适的环境。

5．提供休闲健身场所，陶冶道德情操

在绿地中，儿童游戏、成人休闲、娱乐，老人锻炼身体，绿地为业主和使用人提供了丰富生活、消除疲劳、增进人们彼此联系与交往的场所。

### （二）绿化管理的范围

根据中国城市绿化分工的有关规定，居民小区道路红线之内的部分归房管部门或物业服务企业绿化和养护管理；小区内部没有路名的道路绿化归房管部门或物业服务企业绿化和养护管理。物业辖区内绿化系统由以下部分组成。

1．公共绿地

公共绿地是指物业范围内公共使用的绿化用地，如居住区公园。

2．公共建筑和公用设施绿地

如物业范围内的学校、医院周围的绿地。

3．住宅旁和庭院绿地

如住宅楼与楼之间的绿地。

4．街道绿地

如居住区内主干道两旁的树木。

5．垂直绿化

如屋顶、阳台、墙面等处的绿化。

### （三）绿化管理的机构设置

绿化管理形式有两种：一是委托管理，即由物业服务企业委托专业绿化公司进行专业性的绿化管理；二是物业服务企业设置绿化部，负责物业辖区的绿化养护和管理工作。绿化部至少下设一个养护组，如需要也可设置花圃组和服务组，花圃组和服务组均可对外直接经营为企业创收。

### （四）绿化管理工作的主要内容

1．绿地建设

绿地建设包括新辟绿地、恢复和整理绿地以及提高绿地级别。新辟绿地主要由房地产开发公司负责；恢复和整理绿地主要是指原有绿地由于自然因素或人为因素的影响以及失管失养所造成损害部分进行整治和修复工作。提高绿地等级是根据业主的要求，对原有绿地进行全面升级改造。

2．绿地养护管理

绿地养护管理即对辖区内的绿地进行浇水、施肥、除草、灭虫、修剪、松土和维护等活动。绿地养护的特点是经常性、针对性和动态性。

3. 室内绿化布置

在商场、写字楼、办公楼、高档的公寓以及工厂厂房，业主或使用人都会要求进行室内的绿化布置。室内的绿化布置要求根据环境的不同选择不同的植物，既要与周围的环境相配，又要适合植物的生存；同时注意经常调换，将某些植物拿回基地进行滋养补壮。

除上述主要管理内容外，绿化管理还涉及绿化管理养护员的管理培训，遵循"实用、经济、美观"的原则进行对树木的选择与配置，以及制定相应的绿化管理规定等内容。

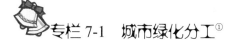 **专栏 7-1　城市绿化分工**[①]

绿地、树木的管护责任按照下列规定确定。

（1）公共绿地由绿化行政主管部门负责落实。其中，城市道路、公路、河道用地范围内的绿地分别由各有关主管部门或者区、县绿化行政主管部门负责。

（2）单位所属绿地，由该单位负责。

（3）居住区、居住小区内依法属于业主所有的绿地由业主负责，业主可以委托物业服务企业进行管护。

（4）建设工程范围内保留的树木，在建设期间由建设单位负责。

（5）铁路、湖泊、水库等用地范围内的绿地由各有关主管部门负责。

（6）村庄绿地由村民委员会或者村集体经济组织负责。

# 五、物业环境的污染与防治

随着社会经济的发展，环境污染日益严重，人类的生存环境正日益恶化。为了给业主和物业使用人创造一个清洁、安静、舒适、优美的生活环境，物业服务企业不可忽视物业环境污染的防治工作。

环境污染是指人们将其在生产、生活和其他活动中产生的废弃物或者有害物质过量地排入环境，其数量和浓度超过了环境的自净能力或生态系统的负载限额，导致环境质量下降或恶化的现象。污染防治是指控制人类活动向环境排放污染物的种类、数量和浓度。

## （一）大气污染与防治

人类活动向大气中排放各种有毒、有害气体和烟尘等污染物，超过了一定界限，影响了人类健康，造成了大气污染。据统计，已经产生的大气污染物大约有 100 多种，其中主要有二氧化硫、氮氧化物、一氧化碳、二氧化碳和粉尘等。

---

① 参见《北京市绿化条例》（北京市人民代表大会常务委员会公告第 7 号）第三十九条。

1. 大气污染的原因

造成物业环境大气污染的主要原因有以下几方面。

（1）直接以煤炭作为能源燃烧，导致烟尘、二氧化硫、二氧化碳的过量排放。

（2）燃油机动车辆超量排放尾气。

（3）基建工地扬尘以及物业维修和装修造成的粉尘污染。

（4）不当燃烧，如焚烧垃圾、沥青以及燃放烟花爆竹等。

（5）辖区内工业企业在生产过程中排放的废气和粉尘。

2. 大气污染的防治途径

防治大气污染的根本方法是从污染源着手，通过大力消减污染物的排放量来保证大气环境的质量。但是目前的经济技术条件还不足以彻底根治污染源。因此，大气环境的治理需要采取多种措施，进行综合防治。

（1）合理利用环境自净条件，保护空气环境。一是做好空气环境规划，科学利用空气环境。根据大气自净条件，定量、定点、定时地向大气排放污染物，保证大气中的污染物浓度超过环境目标的前提下，合理利用大气环境资源。二是选择有利于污染物扩散的排放方位，如采用高烟囱和集合烟囱排放。三是搞好绿化建设，发展绿色植物，减少扬尘和增加物境的自净能力。

（2）采用空气污染控制技术。一是改变能源结构，推广新能源和清洁能源。中国的大气污染，主要是煤烟型污染，因此要大力提倡使用煤气、天然气、沼气等清洁燃料，并大力开发太阳能、风能等新能源。二是发展集中供热。城市气化和集中供热是城市环境综合整治的重要内容。在物业环境中采取区域集中供暖供热，有着明显的经济效益和环境效益。

（3）加强空气环境管理。一是禁止在物业辖区内焚烧沥青、油毡、橡胶、塑料、皮革、落叶和绿化修剪物等能产生有毒有害气体和恶臭气体的物质。特殊情况下确需焚烧的必须报经当地环保部门批准。二是严格控制管区内工业生产向大气排放含有毒物质的废气和粉尘。对确需排放的必须经过净化处理后达标排放。三是加强车辆管理，限制机动车辆驶入管区，既能减少尾气排放量，又能减少噪声。四是物业在维修、装修时，尽量采取防止扬尘的措施。五是平整和硬化地面，减少扬尘。

（4）加强对空气污染的监测。物业环境中空气污染的防治很重要的内容之一就是对空气质量进行监测。

**（二）水体污染与防治**

水体污染是指排入水体的污染物在数量上超过了该物质在水体中的本底含量和自净能力，即水体的环境容量，破坏了水中固有的生态系统，破坏了水体的功能及其在人类生活和生产中的作用，降低了水体的使用价值和功能的现象。

1．产生水体污染的原因

水体污染有两个主要原因：第一，人类的活动使大量污染物质或直接或间接排入水体，使水体的物化性质及生物群落发生变化，从而降低水体的使用价值；第二，水体中的生物群落在适当的条件和外界因素影响下，大量孳生有害微生物，成为危害人体健康的疾病源。

2．水体污染防治的途径

物业环境中水体的污染，主要是由于工业废水和城市污水的任意排放以及疏于对二次供水的管理而造成的。因此，要控制和进一步消除水的污染，必须从控制废水的排放入手，将"防""治""管"三者结合起来。有效控制物业环境中水体污染的基本途径有以下几个方面。

（1）减少污染源排放的工业废水量。可采取的措施有以下几项。

① 改革生产工艺。尽量不用或少用水，尽量不用或少用易产生污染的原料、设备及生产工艺。

② 重复利用废水。尽量采用重复用水及循环用水系统，使废水排放量减至最少。

③ 回收有用产品。尽量使流失至废水中的原料和成品与水分离，就地回收，这样做既可减少生产成本，增加经济收益，又可大大降低废水浓度，减轻污水排放带来的负担。

（2）降低污水的有害程度。在目前的社会生产条件下，产生工业和生活污水是不可避免的。为了确保水体不被污染就必须在废水排入水体之前，对其进行妥善处理，使水质达到排放标准和不同的利用要求。污水处理的方法有多种，例如物理处理法、化学处理法、物理化学法和生物处理法等。

（3）加强生活饮用水二次供水卫生管理。生活饮用水二次供水，是指通过储水设备和加压、净化设施，将自来水转供业主或使用人生活饮用的供水形式。为了有效地防止污染，物业服务企业必须设专人对供水的水源以及蓄水池、水箱和管道进行管理，定期对蓄水池和水箱进行清理，按照规定进行消毒，确保达到饮用标准。负责饮用水的管理人员要经过专业培训后才能上岗。

**（三）固体废弃物污染与防治**

固体废弃物就是一般所说的垃圾，是人类生产、生活和其他活动中产生的，在一定时间和地点不再需要而丢弃的固态、半固态或泥态物质。目前，城市居民的生活垃圾、商业垃圾、市政维护和管理中产生的垃圾，以及工业生产排出的固体废弃物，数量急剧增加，成分日益复杂。世界各国的垃圾以高于其经济增长速度2～3倍的平均速度增长。

固体废弃物呆滞性强，扩散性弱，它对环境的影响主要是通过水、土、气进行的。它既是水体、空气和土壤环境的污染源，又是接受污染的环境，往往是许多污染成分的终极状态。所以，对固体废弃物污染防治的途径，重点应放在管理上。就物业管理而言，主要防治措施有以下几点。

（1）全过程管理。坚持实行谁生产废弃物，由谁承担相应义务的原则，从产生、排放、收集、运输、存储、综合利用、处理到最终处置的全过程，在每一个环节都实行控制和监督管理，并提出防治要求。

（2）物业服务企业建立垃圾的分类收集系统，逐步实现"三化"（无害化、减量化、资源化）。

（3）对垃圾处理要及时，防止二次污染，有条件的可自己处理，没有条件的应把垃圾送到城市垃圾处理中心集中处理。对无机垃圾，可采用填埋处理方式；对有机垃圾、动植物尸体等可经过高温灭菌无害化处理，制成有机肥输送农田。

（4）有害垃圾不得混入生活垃圾，大件生活废弃物应按照规定时间到指定收集场所投放。

（5）粪便纳入城市污水处理系统。

（6）沟泥要进行固液分离、固体干化科学处理，提高无害化处理率，然后输送到农林生态系统。

**（四）噪声污染与防治**

噪声污染是指人类活动产生的环境噪声超过国家规定的分贝标准，妨碍人们工作、学习、生活和其他正常活动的现象。我国《城市区域环境噪声标准》中规定：一般居住区和文教区的白天噪声标准是 50 分贝，夜间是 40 分贝；工业集中区白天是 65 分贝，夜间是 55 分贝。但目前，随着工业和交通运输的发展，噪声超标现象越来越严重，已经干扰了人们的生活，甚至影响健康，成为环境污染的重要因素之一。

1．产生噪声污染的原因

（1）交通运输噪声。物业区域内的道路和紧邻物业周边的城市道路，以及其上空的各种交通工具发出的噪声，造成直接污染，是物业区域主要噪声来源之一。

（2）建筑施工噪声。在物业区域外若有建筑工地，各种机械操作带来的严重震动和噪声等公害，使物业环境受到间接污染，对附近居民的生活造成很大的干扰。物业区内本身的维修和装修活动，也会产生施工噪声。

（3）工业噪声。工业噪声大，而且连续时间长，不仅直接给生产工人带来危害，对附近居民也有很大影响。

（4）社会生活噪声。主要包括商业设施噪声、教育设施噪声和居民生活噪声三类。例如，户外农贸市场的嘈杂声、小区内卡拉 OK 的歌唱声、中小学广播喇叭声、儿童的哭闹声等。

2．物业环境噪声污染的控制措施

（1）禁止在住宅区、文教区和其他特殊地区设立产生噪声污染的生产、经营项目。

（2）禁止在夜间（一般指晚 22:00—次日晨 6:00 内）从事施工作业，以免影响他人休息，特殊情况除外。

（3）禁止机动车在禁止鸣笛区域内鸣笛。控制机动车辆驶入物业区内，对于允许驶入的车辆，控制车速以减少噪声，并禁止鸣喇叭。

（4）控制辖区内文化娱乐活动声响，使用音响设备、乐器时，应采取有效措施控制音响，不得影响他人的正常生活。

# 第二节　物业车辆与停车管理

## 一、车辆与停车管理概述

车辆是联系物业区域与外部的载体，道路是联系物业区域与外部的通道。在物业管理中对车辆和道路的管理是非常重要的内容。随着人民生活水平的提高，车辆在逐年增加。车位不足、车辆乱停乱放、车辆被盗、行车事故等事件在一些物业管理区域时有发生。这些问题的存在，不仅破坏了物业周围的环境，给用户的工作、生活带来不便且造成用户的财产损失和安全隐患。因此，物业服务企业必须重视车辆与停车的管理。

车辆与停车管理的目的是：建立良好的交通秩序和车辆停放秩序，保证物业业主的不受损坏和失窃；同时，管理和维护物业区域内的道路，实际上是对车辆的动态管理和静态管理。物业车辆停车管理的主要内容有道路管理、交通管理、车辆管理和停车场管理。但不同的物业，车辆停车管理有不同的侧重点。下面以居住物业为主，具体介绍车辆停车管理的主要内容。

## 二、道路管理

道路管理是车辆与停车管理的重要基础。

### （一）道路的分级

根据功能要求和居住物业规模的大小，区域内道路一般分为 3 级或 4 级。

（1）居住区级道路，是指居住区的主要道路，用以解决居住区的内外联系。车行道宽度不应小于 9 米，红线宽度一般为 20～30 厘米。

（2）居住小区级道路，是指居住区的次要道路，用以解决居住区内部的联系。车行道宽度一般为 7 米。

（3）居住组团级道路，是指居住区内的支路，用以解决住宅组群的内外联系。车行道宽度一般为 4 米。

（4）宅前小路，是指通向各户或各单元门前的小路，一般宽度为3米。

（5）林荫步道，是指在居住区内可设有专供休闲、漫步的林荫小径。

**（二）道路规划布置的基本要求**

（1）居住区内部道路主要为本居住区服务，不应有过境交通穿越居住区，不宜有过多的车道出口通向城市交通干道。

（2）道路走向要便于职工上下班，住宅与最近的公交站之间的距离不宜超过500米。

（3）应充分利用和结合地形，如尽可能结合自然分水线和汇水线，以利于排除雨水。

（4）车行道一般应通至住宅每个单元的入口处。

（5）尽端式道路长度不宜超过120米，在尽端处应便于回车，回车场地应不小于12×12米。

（6）如车道宽度为单车道时，则每隔150米左右应设置车辆会让处。

（7）道路宽度应考虑工程管线的合理铺设。

**（三）道路管理的主要工作内容**

道路及其设施在使用过程中，会受到交通负荷及自然条件的影响，而产生磨耗或破坏；人为原因也会对设施产生影响，如挖路埋管、私搭乱建、沿路开店、个别人有意无意地损坏设施等。因此，物业服务企业应建立专门的道路及设施的养护、维修队伍，承担以下具体工作任务。

（1）掌握各类设施的布局、结构情况。

（2）负责对道路的日常巡查，随时发现、纠正违反物业管理规定的现象，并根据管理规定做出相应的处理。

（3）执行物业服务企业下达的道路维修计划。

（4）负责道路设施的日常养护工作，随时了解设施的运行状况，发现异常及时上报和处理。

# 三、交通管理

物业区域内的交通管理，就是处理好人、车、路的关系，在可能的情况下做到人车分流，保证物业区域内的交通安全、畅通，重点是机动车辆的行车管理。对于居住物业，物业服务企业除了要加强对司机和广大住户的宣传教育外，还要制定居住区道路交通管理规定。其具体内容主要有以下几方面。

（1）建立机动车通行证制度，禁止过境车辆通行。

（2）根据区域内道路情况，确定部分道路为单行道，部分交叉路口禁止右转弯行车。

（3）禁止乱停放车辆，尤其在道路两旁。

（4）限制车速，铺设减速墩，确保行人安全。

（5）在物业管理区域内发生交通事故时，应及时报请公安交通管理部门处理。

# 四、车辆管理

物业区域内的车辆管理主要是对机动车、摩托车和自行车的管理。车辆管理的主要职责是禁止乱停乱放和防止车辆丢失、损坏以及车辆管理。因此，必须建立起严格的管理制度，包括门卫管理制度和车辆保管规定。

## （一）门卫管理制度

这里的门卫包括停车场的门卫和物业区域大门的门卫。为了保证物业区域内的宁静和行人的安全及环境的整洁，要坚持车辆出入验证制度，以控制进出物业区域的车辆，发现问题及时上报。停车场门卫一般设两人，一人登记收费，一人指挥车辆的出入和停放。

## （二）车辆保管规定

物业服务企业要与车主签订车辆停放管理合同协议，明确双方的责任。对物业区域的车辆实行统一管理，对摩托车、自行车管理和机动车管理要制定具体规定，对外来车辆也应有相应规定。

# 五、停车场管理

停车场管理是物业综合管理的重要内容之一。

## （一）停车场位置的规划与建设

物业服务企业对停车场的规划，要因地制宜，既要和物业区域相协调，又要符合实际需要，一般来说，要考虑以下几点。

1. 经济实用

建设停车场需要一定资金，物业服务企业投资建设，不仅是为物业租用者提供停车服务，也希望能回收资金并获得利润。这样，规划时既要考虑建设成本，又要考虑建成后能否充分利用。

2. 适宜性

停车场应成为整个物业协调一致的组成部分，而不能成为有碍观瞻、妨碍交通的障碍。要做到因地制宜，物业服务企业必须对所管物业区域的环境（建筑格局道路交通等）有一个全面的了解，特别对原有停车场有所研究。这样，规划停车场位置时就能避免失误，较好地实现停车场的因地制宜，使停车场成为物业区域的一景。

## （二）停车场的内部要求

停车场（包括车库）内的空间环境不同，车辆类型也不同，因此，对停车场的内部设计必须提出相应的要求。一般包括以下几点。

**1.车场的光度要求**

无论从方便车主，还是从防盗考虑，停车场内的光线都应充足，使车主能清楚地找到停车位，清楚地识别自己的车辆；使物业服务人员能轻易地发现盗窃车辆的案犯；还便于消防管理的实施等。实现光线充足，可以利用自然光，也可以利用灯光，或将二者结合起来。

**2.停车场的设施要求**

为保持通道畅通无阻，方便存放和管理，停车场应建在比较醒目、容易找到的地方，同时要安置足够的指示信号灯，还要有适当的提示标语。另外，停车场内必须设置齐全完备的消防设备。停车场应安装电话，供发生意外情况时报警使用。如有特殊要求，还可在车辆出入路口处设置管制性栏杆，以供使用。

**3.停车场的区位布置要求**

车辆可分为机动车和非机动车。机动车可分为摩托车和汽车等。非机动车可分为自行车、三轮车和助动车等。各种类型、规格的车辆如果都存放在一起，既不利于车主进行存放，也不利于管理人员进行管理。为此，物业服务企业应把停车场的区位进行划分。把停车场内停车位置划分为机动车区和非机动车区两个大的区域，其各自大小、比例以及是否再细分，可根据所管物业区域车辆的情况和可能外来的车辆情况而定。

## 案例7-1 广州水浸车库所涉法律责任①

2010年5月7日，广州市突降特大暴雨，暴雨导致广州市区35个停车场被淹，1 409台车辆受到不同程度的损坏。受损车辆被拖车拖出后，一般都送到附近的4S店进行维修。那么，维修产生的修理费究竟由谁来赔偿？车库的开发商、政府相关职能部门、物业服务公司在这次车库水浸事故中应否承担责任？笔者借鉴北京、上海、广州等地法院对类似案件的判决情况，试从法律角度对水浸车的损失作一些剖析，希望能为相关当事人理性索赔提供一些参考意见。

**1.保险公司是否应对车辆损失承担全部的赔偿责任**

大部分保险公司的车损险都明确规定，因雷击、暴雨、洪水、雹灾和海啸等造成保险机动车的全部损失或部分损失，保险人将负责赔偿，但也有一条免责条款为"发动机进水后导致的发动机损坏除外"，这就是俗称的"涉水险"。"涉水险"在部分保险公司又被称作"附加发动机特别损失险条款"，该款保险的保险责任包括被保险机动车在积水路面涉水行驶、在水中启动所造成的发动机直接损失，是机动车商业附加险之一。一般来说，

---

① 周滨，程磊. 广州水浸车库所涉法律责任[J]. 现代物业，2010（6）.

只要车主购买了车辆损失险，就都可以向保险公司索赔，主要的赔偿范围包括发动机清洗、更换零部件、电子器件、车辆内饰等。汽车被水淹后，如果未经必要处理而启动车辆，导致发动机损坏，保险公司不负赔偿责任。如果车主没有投保"附加发动机特别损失险"，则针对发动机进水损坏部分的损失不能获得赔偿。保险公司在赔偿车主损失后，将取得对造成损失的"第三者"追偿的权利，即代位求偿权，保险公司可以向相关的责任主体追究其赔偿责任。

例如，在 2005 年上海的东方曼哈顿住宅小区，中国平安和太平洋保险等十多家财产保险公司赔偿完车主损失后，就联合将小区的物业服务公司上海高力国际物业服务有限公司告上法庭，要求其承担责任。

2. 突降暴雨导致车库雨水倒灌是否属于"不可抗力"

《民法通则》第一百五十三条规定，"本法所称的'不可抗力'，是指不能预见、不能避免并不能克服的客观情况。"第一百零七条规定，"因不可抗力不能履行合同或者造成他人损害的，不承担民事责任，法律另有规定的除外。"根据上述规定，不可抗力是免除民事责任的法定事由，构成不可抗力必须具备以下要件。

（1）不可预见的偶然性。不可抗力所指的事件必须是当事人在订立合同时不可预见的事件，它在合同订立后的发生纯属偶然。在正常情况下，判断其能否预见到某一事件的发生有两种不同的标准：其一是客观标准，即在某种具体情况下，一般理智正常的人能够预见到的，该合同当事人就应当预见到。其二是主观标准，就是在某种具体情况下，根据行为人的主观条件，如当事人的年龄、发育状况、知识水平、职业状况、受教育程度以及综合能力等因素来判断合同当事人是否应该预见到。

（2）不可控制的客观性。不可抗力事件必须是该事件的发生是因为当事人不可控制的客观原因所导致的，当事人对事件的发生在主观上既无故意，也无过失，主观上也不能阻止它发生。当事人对于非可归责于自己的原因而产生的事件，如果能够通过主观努力克服它，就必须努力去克服，否则就不足以免除其责任。根据广州市新闻媒体的报道和气象台的提示，在暴雨来临之前，一般会由气象部门做出预警提示。而且，根据广州市在每年四五月份都会发生季节性局部暴雨的通常情况，物业服务公司对于暴雨来袭应是根据日常生活经验可以预见的。5 月 7 日的暴雨一小时最大雨量为 99.1 毫米，三小时连续降雨量达到 199.5 毫米，远远超过广州市历史上一小时的最大降水量 90.5 毫米和三小时的最强降雨量 141.5 毫米。物业服务公司对降雨是能够预见的，只是对如此特大级别的降雨没有预见。考虑到降雨的突发性、雨量的不可预测性，在认定相关当事人责任时可以考虑免除保管人的部分责任。但暴雨突至不属于完全不可预见，而且，暴雨导致积水灌入停车场至停车场被淹没并非瞬间发生，这个过程需要一定的时间。在此期间内，物业服务公司是可以采取一些有效措施加以防范的，故暴雨并不必然导致停车场被淹没，并非完全不能克服的客观情况。凡是基于外来因素发生的，而事件的发生虽是客观的，但当事人能够预见而由于疏忽或过失没有预见，或者未尽最大努力加以防止的，不属于"不能预见"和"不能克服"的客观情况，物业服务企业以"不可抗力"作为完全免责事由可能不会被法院采纳。

3. 开发商是否应对车主的损失承担责任

如果停车场存在排水设计不符合规范和不当之处，导致车库的使用功能存在严重瑕疵，则开发商应对车主的损失承担部分责任。至于车库是否在排水设计和施工上符合设计要求，可以由法院委托相关的专业评估公司进行鉴定。如果鉴定后，发现车库符合设计规范，则开发商不应对车主损害承担赔偿责任。对于开发商应承担的产品责任与物业服务企业应承担的管理责任要进行区分。如果属于开发商提供的车库存在设计缺陷或瑕疵时，应由开发商承担瑕疵担保责任。但如果是因为物业承接验收后，物业服务企业怠于履行保养、维护义务导致车库功能出现重大瑕疵，则应由物业服务企业承担责任。

4. 物业服务企业是否应对车主损失承担责任

物业服务企业是否应对车主损失承担赔偿责任，应从车主与物业服务企业之间存在的保管合同法律关系分析。《合同法》第三百六十五条规定，"保管合同是保管人保管寄存人交付的保管物，并返还该物的合同。"第三百六十九条规定，"保管人应当妥善保管保管物。"第三百七十四条规定，"保管期间，因保管人保管不善造成保管物毁损、灭失的，保管人应当承担损害赔偿责任，但保管是无偿的，保管人证明自己没有重大过失的，不承担赔偿责任。"第一百零七条规定，"当事人一方不履行合同义务或者履行合同义务不符合约定的，应当承担继续履行、采取补救措施或者赔偿损失等违约责任。"

笔者认为，若车主车辆停放在地下车库，并交纳车辆保管费，则车主与物业服务企业之间形成保管合同法律关系。如果物业服务企业没有尽到谨慎的保管义务，则应对车主的损失承担损害赔偿责任。如何判断物业服务企业是否尽到了谨慎的保管义务呢？一般从物业服务企业事前防范和事后防御两个方面进行考察。事前防范一般包括暴雨来临之前是否在小区进行了必要的提示或公告，是否对停车库的排水系统进行了检修，保证其正常功能，是否准备了沙袋等拦水工具等。事后防御主要是指在暴雨倒灌车库后，是否及时通知了车主。如果车主无法通知到，是否采取了必要的措施，如播放小区广播或直接至业主住处敲门提示等。在发现水浸后，是否及时关闭防水门，是否准备了沙袋拦水，是否及时准备水泵抽水，是否拨打消防等求救电话等。如果物业服务企业在雨水倒灌后，及时采取了相应的排险措施，但仍无法排除险情，应减轻或免除其部分赔偿责任。

5. 其他相关责任人是否应承担赔偿责任

在广州市中海康城车库浸水事故中，有的业主认为车库浸水与小区附近的车陂涌的改造有关。因车陂涌改造需将堤岸加高，但因种种原因没有施工，导致车库浸水。如果业主欲追究负责车陂涌改造的水务局的责任，则应提起侵权之诉。因水务局与车主无直接的合同关系，如果车主欲追究水务局的民事责任，应将其作为共同被告提起侵权诉讼。至于水务局是否应承担赔偿责任，因导致车库被淹没的原因比较复杂，如果各方争执不下，可以由法院委托专业的鉴定机构对车库浸水的原因进行鉴定，根据鉴定结论来分析浸水原因，从而确定责任各方的分摊比例。

6. 车主选择侵权之诉还是违约之诉

根据《合同法》第一百二十二条的规定，"因当事人一方的违约行为，侵害对方人身、财产权益的，受损害方有权选择依照本法要求其承担违约责任或者依照其他法律要求其承担侵权责任。"发生侵权责任和违约责任竞合时，车主可以选择其中一种责任起诉。对于违约责任，中国《合同法》规定了无过错责任原则，车主不负举证责任，而违约方必须证明其没有过错。侵权责任一般是采用过错责任原则，受害人应对侵权人行为的过错承担举证责任。违约的赔偿原则是填补损失原则，不能要求精神损害赔偿；侵权赔偿则可以超越损失，可以提出精神损害赔偿等非物质损害的赔偿。两种责任的归责原则和举证责任不同，车主可以选择有利于己方的方式追究相关当事人的责任。如果车主欲起诉除有保管合同关系的物业服务公司之外的责任主体，应选择侵权之诉进行诉讼，以最大限度维护其合法权益。

在车库水浸车事故发生后，广州市物业管理行业协会发出紧急通知，要求广州市的相关物业服务企业将灾情发生前后采取的排险、抢险、救助措施整理成报告材料，以待其后与相关的政府部门进行协调解决车辆损失的赔偿问题。此次因暴雨导致损害的车辆众多，将会产生巨额的维修费。如果全部由物业服务企业来承担车主的损失，可能会导致物业服务企业不堪重负，企业陷入无法继续经营的状态。如果物业服务企业因无法承担巨额的赔偿款项而撤离小区，将可能导致小区物业服务秩序的混乱，进而影响业主的正常生活。

笔者认为，法院在处理该类案件时，应结合当前的社会环境和和谐维稳的大局，既要考虑车主的实际损失的赔偿问题，又要考虑到物业服务行业微利经营的现状，以及判决生效后的实际执行问题。法院应结合物业管理的法律法规的规定，正确引导纠纷的处理，为各方当事人提供公正合理的解决途径。

### （三）停车场管理的基本要求

对停车场进行管理要把握以下原则。

1. 场内车位划分明确

停车场内要用白线框明确划分停车位。车主必须按要求使用车位，需经常停放的车辆，存放在固定车位，并办理交费手续；外来车辆和临时停放的车辆，须有偿使用非固定车位。

2. 场内标志清楚

为了便于管理，停车场一般分别设立进出口。进出口的标志必须醒目明确，场内行驶路线要用护栏、标志牌、地面白线箭头指示清楚。

3. 车辆进出停车场管理严格

车辆进入停车场要验证发牌，并做登记；驶离停车场时要验证收牌，对外来车辆计时收费。同时，管理人员应做好现场的车辆引导、行驶、停放与疏散工作。

4. 车辆防盗和防损坏措施得力

为避免停车场内车辆被盗和车辆碰撞事件的发生，车辆管理要加强对车辆进入的登记与车况检查，实行 24 小时值班制度和定期定时的巡查制度；同时提醒车主服从管理人员的指挥和安排，在规定车位停放车辆，离开时锁好车门，将防盗调至警备状态，随身带走贵重物品。

# 第三节　物业安全与消防管理

## 一、安全管理概述

物业安全管理是指物业服务企业采取各种措施和手段，保证业主和使用人的人身财产安全，维持正常的生活和工作秩序的一种管理活动。其主要内容包括治安管理和消防管理。物业服务企业对物业的安全管理，既可以交给专业公司管理，也可以自己组织管理。

### （一）治安管理的含义和特点

治安管理是指物业服务企业为防盗、防破坏、防流氓活动、防意外及人为突发事故而对所管理的物业进行的值班、监视、巡逻等一系列管理活动。治安管理的对象主要是人为造成的事故与损失。

治安管理的目的是保障物业管理区域内的财产不受损失，人身不受伤害，维护正常的工作和生活秩序。为了达到这一目的，物业服务企业必须从治安管理的"硬件"和"软件"两方面下工夫。所谓硬件，是指治安管理工作所需要的全套设备；所谓软件，是指专职治安人员及其实现治安管理所采取的一系列制度、规定及措施。

治安管理具有以下两个特点。

1. 治安工作难度大

一些大型商住区或高层综合楼宇不但楼幢多、楼层高、面积大、进出通道多，而且区内公司多，餐厅、歌舞厅、电影院、健身房和球馆等娱乐场所也较多，从而使区域内人员流量大，进出人员复杂，这些情况给制定和落实安全措施带来一定的困难。同时，众多的单位又有各自的管理部门，物业服务企业不可能干预过多，因而其治安形势严峻，治安工作难度较大。

2. 治安工作服务性强

物业管理的任务就是为用户提供优质服务和高效管理，创造安全、文明、整洁、舒适的环境。物业治安管理是物业管理的一部分工作内容，从本质上讲，是向业主或物业使用人提供安全防范服务。因此，作为物业服务企业的保安人员，要做好自己的本职工作，其首要任务就是坚持"服务第一、用户至上"的服务宗旨，强化服务意识，努力提高治安服务水平，认真做好治安防范工作。

### （二）治安管理的机构设置

治安管理机构根据物业管理的不同类型、不同规模，其设置也有所不同。一般来说，物业管理规模越大，物业类型及配套设施越多，其治安机构设置越多。

按保安人员工作性质和工作任务的不同，保安部下设办公室、门卫班、安全巡逻班、电视监控班、消防班、车场保安班等。

这种机构设置的优点是每个班治安任务专一，便于熟练地掌握工作业务，也便于治安设备的管理。其缺点是由于各专业班人员工作时间分成早、中、晚班及轮休等，因而不利于治安工作的统一管理。

根据安全保卫工作的性质，有的物业服务企业对保安部采取"四班三轮转"的分班方式，保证 24 小时各岗有人值班。这种分班方式是将不同工作性质的人员按照每一班次的工作需要分成四个班组，每天有三个班组分别上早班、中班、夜班，一个班轮休：每个班都有消防、巡逻、门卫、电视监视、车场、内巡等保安员。这种分班方式的最大特点是便于治安工作的统一管理，但是要求班长应具有较全面丰富的保安工作经验。

### （三）治安管理的内容

（1）贯彻执行国家《治安管理条例》的有关方针、政策及规定，建立物业辖区治安管理体系和工作制度。

（2）建立健全治安管理机构和人员配备，制定并完善岗位责任制及各项保安工作制度。

（3）在封闭的物业管理区域或一些楼宇的出入口设置门卫，实行 24 小时值班制。

（4）建立正常的巡视制度，确定重点保卫目标，发现和排除各种不安定的因素；及时处置各种违法犯罪行为。

（5）熟悉辖区内业主和使用人的情况，掌握辖区内治安特点，维护辖区内保安秩序，预防和查处安保事故，保护辖区物业及业主或使用人的人身财产安全。

（6）每天按规定时间巡视辖区安全，并做好记录。

（7）完善治安管理的技术防范措施，建立防盗报警系统和电视监控系统，物业管理区域内 24 小时监控系统开通，设专人值班，定点监控录像，对可疑情况跟踪监视。

（8）为安保人员配备必要的安保器具，并为安保人员办理人身保险。

（9）积极组织开展以"五防"（防火、防盗、防破坏、防爆、防自然灾害）为中心的安全法纪教育，定期对保安人员进行业务培训。

（10）制定治安管理的应急预案，定期组织演练，对突发事故妥善处理，组织对较大案件的调查处理工作。

（11）对刑事案件和恶性事故、住户斗殴以及醉酒者或精神病人闹事等治安紧急事故及时处理。

（12）密切联系辖区内住户，发动群众，搞好群防群治。

（13）与周边单位建立联防联保制度，并与街道和当地派出所建立良好的工作关系。

**（四）对治安管理人员的要求**

治安管理人员的素质决定了物业治安管理的质量，因此，安保人员必须做到以下几方面。

（1）模范遵守国家的法律、法规及公司的各项规章制度。

（2）服从管理，听从指挥，廉洁奉公，同违法犯罪分子作斗争。

（3）文明礼貌，行为规范，尽力为业主和使用人提供优质服务。

（4）忠于职守，精通业务，熟悉业主和使用人的基本情况，掌握物业管理区域内的结构布局、设备性能情况，及时、正确地处理各种突发事件。

（5）认真做好值班记录，仔细填写每日工作报告和特别工作报告，严格遵守交接班制度。

### 专栏 7-2　《保安服务管理条例》对行业的影响①

国务院总理温家宝 2009 年 10 月 1 日签署第 564 号国务院令，公布《保安服务管理条例》（以下简称《条例》），这是中国保安业实际存在二十多年来首次确立的法定制度。《条例》发布后，各界人士都发表了肯定性的评论。笔者仅针对《条例》中涉及物业管理服务的影响部分发表看法。

1.《条例》对物业保安的限制性和保护性规范使得保安员权责利更加明晰。

（1）《条例》规定了物业保安及保安从业单位服务过程中可以采取的措施和不能越权的部分。过去，社会上确实存在保安人员以执法者自居，扣押他人身份证和其他证件、非法殴打他人的个别现象；物业保安也存在越权对盗贼进行限制人身自由、侮辱、殴打的现象；个别小区由于物业管理权纠纷，两公司保安相互对抗并且有肢体摩擦和语言侮辱的行为……导致这些乱象的直接原因之一即是保安管理制度的缺失。根据《条例》第二十九条和第三十条的规定，保安人员为履行职责，可以进行查验证件、巡逻检查、维护秩序等行为，但不得扣押证件、限制人身自由、搜查他人身体或者侮辱、殴打他人等行为；第二十六条规定，保安从业单位不得指使、纵容保安员阻碍依法执行公务、参与追索债务、采用

---

① 申革联.《保安服务管理条例》对行业的影响[J]. 现代物业，2010（1）.

暴力或者以暴力相威胁的手段处置纠纷。通过《条例》的明确规定，特别是禁止性规定，广大保安从业人员就对自己的行为界限有了明确的认识，保安业管理者和组织者也在行动上有了"红线"。

（2）《条例》还规定了物业保安人员在履行职责时如果给他人造成不法侵害，应该由保安公司或者保安从业单位承担法律责任，这既保护了受害人的利益，也明确了保安职务过失的连带责任。过去，一些保安人员在侵犯他人合法权益后，雇佣者或者保安公司通常以"这是保安人员的个人行为"为由，拒绝承担责任，而很多侵权的保安人员要么逃走，要么以无力赔偿为由拒绝赔偿，最终受害的是被侵权人。通过《条例》的明确规定，加大了保安公司或雇佣公司的民事责任，这符合公平性原则，使得今后的保安公司或雇佣者更加谨慎管理保安人员，监督他们依法、依规办事。

（3）《条例》规定保安公司或雇佣公司应为保安员投保意外伤害保险，这就进一步保障了保安员的权利。国内自设立保安岗位以来，各地保安人员在服务经济发展、促进社会和谐、协助维护社会治安工作中发挥了日益重要的作用，成为一支重要、积极的社会安全防范力量。但是《条例》出台前，各地对保安员权益保障明显不力。据不完全统计，仅2007年全国就有4 700多名保安员负伤，60名保安员牺牲。而保安员的待遇很低，不少保安员牺牲负伤后得不到应有的保障。为此，《条例》规定，保安从业单位应当根据岗位的风险程度为保安员投保意外伤害保险。保安员因工伤亡或者被批准为烈士的，依照国家有关工伤保险和烈士褒扬的规定享受工伤保险和抚恤优待。

2.《条例》对物业保安着装统一和准入门槛进一步提高

这使得物业保安迈向管理正规化、标准化的行列，为提高保安队伍素质和保安服务质量，促进保安服务业又好又快发展创造了良好的法制环境。过去，法律上并没有规定保安员必须经过公安机关批准，因此物业保安不是公安机关管理下的保安，只是实施物业管理的一项职能。中国物业管理协会曾发文，建议各物业服务企业将"保安员"改称"秩序维护员"，因为物业服务企业招用的"保安"并非真正意义上的保安，其职责仅是维护物业管理区域内的秩序。这就使得物业保安管理很难统一规范行为，在着装上也是五花八门。现在《条例》规定保安服务包括物业服务企业招用人员在物业管理区域内开展的门卫、巡逻、秩序维护等服务时，保安员上岗应当着保安员服装，佩带全国统一的保安服务标志。《条例》还规定，年满18周岁，身体健康，品行良好，具有初中以上学历的中国公民可以申领保安员证，从事保安服务工作。申请人经设区的市级人民政府公安机关考试、审查合格并留存指纹等人体生物信息的，发给保安员证。对于有下列情形之一的，不得担任保安员：（1）曾被收容教育、强制隔离戒毒、劳动教养或者3次以上行政拘留的；（2）曾因故意犯罪被刑事处罚的；（3）被吊销保安员证未满3年的；（4）曾两次被吊销保安员证的。

可见，物业管理行业的保安不再是保安行业的边缘人，他们与其他保安一样，享有《条例》规定的权责利，这对于提高物业管理行业保安的待遇和素质起到一定的作用。

《条例》赋予物业保安新的规范以及精神和物质上的待遇，与物业服务公司的生存、发展和利润空间密切相关。

（1）《条例》第四条规定，保安服务公司和自行招用保安员的单位（以下统称保安从业单位）应当建立健全保安服务管理制度、岗位责任制度和保安员管理制度，加强对保安员的管理、教育和培训，提高保安员的职业道德水平、业务素质和责任意识。各地物业管理单位也应当在行业协会制定的物业保安服务管理制度和地方保安服务管理条例框架下制定切合小区物业管理的保安服务管理制度。

（2）各地物业服务公司和地方政府应当严格遵守条例要求的对保安员给予的福利和待遇。物业管理小区的保安履行的职责其实是在分担政府的部分基层管理责任，如小区综合治理、防火防灾防盗、纠纷协调等，因此，《条例》第五条规定，保安从业单位应当依法保障保安员在社会保险、劳动用工、劳动保护、工资福利、教育培训等方面的合法权益，并在第七条规定，对在保护公共财产和人民群众生命财产安全、预防和制止违法犯罪活动中有突出贡献的保安从业单位和保安员，公安机关和其他有关部门应当给予表彰、奖励。

（3）部分物业服务公司在利润微薄甚至亏损的情况下，面临保安工资的近倍上涨和"三金"的开支，需要对公司的发展战略和措施进行调整。公司开源节流的战略面临的是与小区业主之间的进一步沟通和协调以及对小区安防的重新调整。据了解，广州地区普通住宅物业公司自行招用的保安工资一般在800～1200元之间，而保安公司的保安人员，月薪基本在1600元以上，而且缴有"三金"，这两者的工资差价必将由物业公司承担。因此，目前各地物业服务公司最头痛的事情是，物业管理费用的上调受控于政府指导价，但业主对服务质量的要求是不断的提高，政府的规范制度也使得公司的日常开销大幅提高。在一些地段较好的小区，还可以通过服务项目的开发缓解资金的紧张，但对于一些偏僻地段的小区和管理范围较大、额定的保安数目较多的小区来讲，这是一笔难于落实的支出，这直接影响公司的利润和今后的发展。为此，有必要根据新规和新形势敦促政府物价部门对政府指导价进行重新调整。

但是，业主面对新增加的物业管理费用会安于沉默吗？笔者认为，物业管理服务质量和水平的提高既有赖于公司管理水平的提高，更有赖于公司管理人员素质和水平的提高。面对水涨船高的各项开支，政府是否应该给予社区服务行业一定的政策扶持和补贴？这不单是物业管理者要考虑的问题，也是政府社会公共管理应该覆盖的范畴。

## 二、消防管理

消防管理在物业管理中有非常重要的地位。物业区域内一旦发生火灾，业主和物业使用人的生命和财产势必受到侵害。因此，重视消防管理工作是物业安全使用和社会安定的重要保证。

## （一）消防管理的目的与方针

消防工作包括防火、灭火两个方面。消防管理的基本目的就是预防物业火灾的发生，最大限度地减少火灾损失，为业主和使用人的生产和生活提供安全环境，增强城市居民的安全感，保证其生命和财产的安全。

中国消防管理的方针是"预防为主，防消结合"。消防工作在指导思想上，应把预防火灾放在首位：要采取一切行政的、技术的和组织的措施，防止火灾发生。同样，物业的消防管理也是立足于火灾的预防上，从人力、物力、技术等多方面充分做好灭火准备，以便在发生火灾时，能够迅速而有效地将火扑灭。

## （二）消防管理机构的岗位职责

物业服务企业的消防管理机构一般从属于公司的安全保卫部门，即在保安部下设消防班，在业务管理上从属于专业部门管理。消防管理机构及人员的岗位职责主要有以下几方面。

（1）负责管理、指导、督促、检查、整改所辖区域内的消防工作。

（2）落实各项防火安全制度和措施，严格贯彻执行消防法规。

（3）组织消防宣传教育，加强业主和使用人的消防意识。

（4）负责所辖区域内动用明火作业的签批和现场监护工作。

（5）定期巡视、试验、检查、大修、更新各种消防设施和器材，指定专人管好所辖区域内的各种消防设施设备和器具。对消防设施的故障和不足，应专门报告给主管领导，并做出维修计划。

（6）定期检查所辖区域内的要害部位，及时发现和消除火险隐患。

（7）负责消防监控报警中心，24小时日夜值班，做好值班记录和定期汇报工作。发现火警火灾时，要立即投入现场指挥和实施抢救。

## （三）消防管理的主要内容

消防管理的主要内容有消防宣传教育、队伍建设、制度制定、设施器材配备与管理、紧急情况下的疏散。其核心是三落实，即队伍落实、制度落实、器材落实。

### 1. 建立高素质的消防队伍

建立消防队伍是消防工作的组织保证。物业服务企业应建有专业与业余相结合的消防管理队伍，即组成以物业服务企业为主、物业业主为辅的物业消防系统。

### 2. 建立专职消防队伍

物业服务企业应根据所管物业的类型、档次、数量设立相应的专职消防管理队伍，负责消防工作的管理、指导、检查、监督与落实。其主要任务和目标是进行消防值班、消防检查、消防培训、消防器材的管理与保养，协助公安消防部门的灭火工作。

3．建立义务消防队伍

物业服务企业应该在企业内部和物业业主中选定人员，组成义务消防队。义务消防队是基层群众性的消防组织，是中国消防力量中的一个重要组成部分。对于商业物业义务消防队员人数一般不应少于总人数的10%。义务消防队的主要工作是预防火灾。

4．制定完善的消防制度

消防制度一般包括以下六个方面。

（1）消防中心值班制度

消防中心值班制度是指消防值班人员的工作制度，包括工作责任和要求，交接班制度，定时巡查制度，发现火灾隐患的处理程序，消防设备、设施的定期检查与保养制度等。

（2）防火档案制度

对具体物业一定要建立详细的消防档案，对防火检查的结果、消防设备的运行状况、重点消防部位、前期消防工作概况等都要记录在案，以备随时使用。此外，还要根据档案记载的前期消防工作概况，定期进行研究，不断提高防火、灭火的水平和效率。

（3）消防岗位责任制度

消防责任制是以各级领导负责的逐级责任制，从企业负责人到普通员工都负有防火责任，都是具体的责任人。要建立健全防火制度和安全操作制度。每年年初由物业服务企业召集物业管辖内的单位和住户签订《防火责任书》，确定消防联络员名单，并确定职责，层层明确责任，建立全方位的监督体系。

（4）消防安全检查制度

为预防火灾，确保业主和物业的安全，必须进行消防安全检查。特别是在重大节假日、火灾易发季节每年都要进行消防工作检查，重点检查其消防制度的落实情况、设施与设备的完好情况和火灾隐患的防范情况等。

（5）消防培训制度

定期或不定期进行消防训练，无论对专职消防队伍，还是义务消防队伍都是非常必要的。训练内容主要是模拟火灾现场进行灭火、抢救伤员及财产的训练、演习。

（6）其他有关消防的规定

主要有以下几点：① 消防设施、设备的使用、管理、维修规定。② 公共通道、楼梯、出口等部位的管理规定。③ 房屋装修、装潢中明火的使用规定。④ 电气设备安全使用的规定。⑤ 易燃、易爆物品的安全存放和运送规定等。

5．管理消防设施、设备

消防设施和器材是灭火工作的物质基础，是确保人身安全、财产不受损失和少受损失的重要保证。对此主要的工作有以下几方面。

（1）消防设施和器材的配置。物业服务企业要根据管理区域的范围和特点，配置合适数量设施和器材。主要有灭火器、消防栓、自动喷淋系统、火灾自动报警系统等。

（2）消防设施和器材的管理。消防设施和器材一般在发生火灾时才会使用，平时要注意管理，必须保证设施与器材始终处于完好的状态，做到随时可以启用。

（3）高层建筑的消防管理。我国规定 8 层以上或者高达 24 米的建筑物为高层建筑。加强建筑的消防工作是物业服务企业消防管理的一个重要方面。高层建筑消防管理的主要措施有以下几方面。

① 防火分隔。消防部门要对高层建筑进行内部分区，设置防火和防烟区域；对电梯井、管道等也要进行分隔。

② 做好安全疏散的准备工作。消防人员要经常检查楼房公共通道，提醒客户不要把闲杂物品堆放在楼道内；还要检查消防供水系统，保证消防用水输送到必要的高度；解除客户对火灾的过分恐惧心理，以便安全疏散。

③ 设置自动报警设施。物业管理消防部门要在楼房适宜部位安装固定灭火装置，如装置自动喷水、卤代烷、二氧化碳等固定灭火设备。

④ 设置火灾事故照明和疏散标志。在高层建筑的楼梯间、走道、人员集中场所和发生火灾时必须坚持工作的地方（如配电房、消防控制室等）设有事故照明，在人员疏散的走道楼梯等处设有灯光显示的疏散标志。疏散标志的电源应用蓄电池，其他事故照明也可使用城市电网供电。

**（四）火灾发生时的处置方法**

一旦火灾发生而又无法控制时，应按以下程序及时进行处置。

1．迅速报警

发生火灾时要迅速拨打"119"电话，听到对方应答后，立即讲清火灾发生的详细地点和单位名称，说明着火点旁边有什么明显的特征，如建筑物或其他标志；讲清着火部位、可燃物的名称、火势大小和范围；同时，要明确回答对方的提问，并告知对方自己的电话号码，以便及时联系。在挂断电话后，要派人在交叉路口引导消防车辆进入现场，明确介绍火场情况和水源情况。

2．拉响警报

发现火灾后要立即拉响警报，按动紧急电铃。一是通知人员迅速撤离危险区域，做好人员疏散工作；二是组织群众紧急救灾。

3．紧急扑救

要迅速切断与灭火无关的电源，关闭燃气总开关，将易燃、易爆物品撤离起火现场，并积极有效地启用灭火器材，努力扑灭初起之火。同时，利用物业内的分隔装置，如防火卷闸帘等将事故现场隔断，防止火灾扩大。

4．把好大门

在火灾现场要防止无关人员涌入，保证火灾灭火通道畅通，防止犯罪分子混入趁火打劫，防止与起火有牵连的纵火犯罪嫌疑人逃离现场。

# 第四节　物业服务的质量与考评

## 一、物业服务评价的内容

物业管理是房地产业的组成部分，属于第三产业，与其他服务行业一样，有其独特的服务质量标准。物业服务企业的全部工作就是要为业主和住用人创造"整洁、文明、安全、方便"的生活和工作环境，确保业主和使用人能在宁静、舒适、温馨、优美的生活和工作环境中生存、享受和发展各项事业。总的来说，提高物业价值和在法律允许前提下让业主和使用人满意是物业服务质量的根本标准。

对服务产品质量如何进行评价，这是服务质量管理专家多年来一直研究的问题。物业服务质量的评价可以从条件评价、过程评价和目标评价等方面进行。

### （一）条件评价

条件评价即对物业服务的"硬件"和"软件"进行评价。所谓"硬件"是指物业是否按规划要求建设，包括建筑物及配套的共用设施设备是否完善和是否符合规划指定用途，管线是否地下化，消防系统设施设备是否齐全，小区绿化是否配置得当等。硬件条件建设主要是开发建设企业的责任，但物业管理的早期介入，主要就是要从规划设计阶段全面细致地反映物业管理能得以顺利实施的各种需要，以及在以往管理实践中发现的规划设计上的种种问题或缺陷，将它以咨询报告的形式提交给设计单位并且责成其在设计中予以纠正。因此，物业是否按规划要求建设，从另一个侧面也反映了物业管理的早期介入是否有足够的力度。

所谓"软件"是指物业服务的各项规章制度以及各个岗位的服务规范是否已经建立，人员配备与素质是否符合要求。物业服务的"软件"是保证物业服务各项工作能够有序进行的基础，因此，物业服务企业对这项工作都十分重视。服务规章制度和服务规范的制定有多种形式。现在很多物业服务企业都导入了质量标准，以此来帮助物业服务企业建立一套规范、系统、科学的服务程序和管理制度，提高服务质量意识和质量保证能力，为业主提供高品质的服务。人员配备与素质也是能否提供物业优质服务的另一重要基础。任何物业服务企业如果缺乏一批高素质的、专业知识结构合理的员工，就难以保证各项服务质量标准一丝不苟地执行。现在物业管理行业内已普遍开始执行管理人员与专业技术人员持证上岗制度，以保证从业人员的最起码的素质。有些大型物业服务企业已经拥有一些硕士以上学位的管理人员。但总体上看，如何解决好人员配备与素质要求，还是多数物业服务企业面临的一项艰巨任务。

### （二）过程评价

过程评价主要是对物业服务企业是否能按服务规范要求及时提供服务进行评价，包括是否有对物业服务的关键过程进行监控，对不合格服务是否有能力进行识别，对不合格的服务采取预防和纠正措施等。相对于物业服务企业而言，是指是否有服务和设备运行、维修的记录，是否有按工作规程和服务流程，在指定的时间内提供物业及各种设施设备的维护、治安防范、清洁卫生、绿化养护等服务，并接受业主投诉和妥善处理投诉。物业服务的提供过程，是保证物业服务质量的关键，也是物业服务企业日常工作的主要内容。在各种质量标准或评价标准中，对服务提供过程都相当重视。

物业服务多发生在服务人员与业主的互动过程中，业主的配合程度受到很多不可预见因素的影响，对服务人员按照规程提供服务经常会产生一些干扰，因而对潜在的不合格的服务采取预防和纠正措施就尤其重要。

### （三）目标评价

目标评价主要是检查最终的服务产品是否已经达到了预定的要求。对于物业服务，可以通过一些能够看得见或感觉得到的管理效果，并结合业主的主观感受来进行评价。具体来说，就是通过建筑外观、室外广告、道路交通、清洁卫生、园林绿化、治安防范等方面的管理给人的总体印象、物业及公用设施设备的养护水平以及业主对服务的满意程度等三个方面来反映服务目标是否已经实现。

因此，目标评价是物业服务质量评价的重点，也是提供物业服务的出发点和归宿。在各种各样的服务产品质量评价方案中，目标评价都占有很重要的地位。

## 二、物业服务质量评价的类型

物业服务质量评价按照评价的主体不同，可以分为自我评价、业主评价、第三方评价和行业评价。

### （一）自我评价

物业服务企业的自我评价，是强化质量管理，提高物业管理服务质量，确保管理服务质量达到预定目标的重要措施。自我评价还可以配合质量监控和职工考核一起进行。引入质量标准的物业服务企业在编写物业管理工作规程文件中，都包含了一个"物业管理及经营（租赁）工作抽检与考核规程"，主要是通过抽检考核各部室（管理处）物业服务质量是否符合规定的要求，并对每个项目公正客观地评分。如与职工考核结合的自我评价，主要是根据员工的岗位责任，订出更详细、更具体的考核方案，由各部室主管直接负责考核工作，考核结果与奖惩制度挂钩。一般来说，企业的自我评价大都属于过程评价的范畴。

### （二）业主评价

业主是物业的所有权人，对物业服务企业的服务意识、服务过程和服务质量有权进行监督。因此，业主对物业服务质量的评价信息具有极其重要的作用，尤其是业主的投诉率和满意率，均兼有过程评价和目标评价的性质。

### （三）第三方评价

第三方评价，是指导入质量标准的企业，在通过第三方，即认证机构在现场进行全面审核检查后，对该企业贯彻 ISO 9000 质量标准所做出的总体评价，以及每年由认证公司所进行的复评。这类第三方评价主要是过程评价。

### （四）行业评价

行业评价实际上也属于第三方评价的范畴，但上述的认证机构评价主要是根据各物业服务企业自身的资源。在不同的企业中，管理水平、服务对象及订出的质量标准会有差异，但却符合各自的"适宜性质量"，因而可比性较差，很难判别它们之间物业服务的优劣。而行业评价的指标体系是对各物业服务企业提供的服务进行及格评价和水平评价。

在我国，建设部及各个省市先后制定了相关的物业服务质量优秀标准和达标要求。

1. 建设部制定的《全国物业管理示范住宅小区（大厦、工业区）标准及评分细则》

为了提高物业管理水平，逐步实现物业管理的规范化、标准化，推动物业管理行业的规范发展，建设部自 1990 年就开始在全国范围内开展物业管理达标评比活动，树立优秀物业管理项目典型。为此，早在 1990 年建设部就颁布了《全国城市文明住宅小区标准》，1995年颁布了《全国优秀管理住宅小区标准》，1996 年又进一步发布了《全国城市物业管理优秀住宅小区达标评分细则》。1997 年又专门针对各种大厦的物业管理发布了《全国城市物业管理优秀大厦标准及评分细则》。以上标准及细则已先后停止执行。

2000 年，建设部本着高标准、严要求以及操作简便的原则对原标准进行了修订，并于2000 年 5 月 25 日以建住房物第 008 号文发布了新的标准《全国物业管理示范住宅小区（大厦、工业区）标准及评分细则》。新标准从 2000 年开始执行。

标准及评分细则对全国物业管理示范项目标准做出了非常具体的规定，设定总分值为100 分，按各管理项目分解。在考评验收中，对不符合标准条款要求的部分，扣除相应分值最后累计得出总分。

建设部在《关于修订全国物业管理示范住宅小区（大厦、工业区）标准及有关考评验收工作的通知》（建住房物[2000]008 号）中指出，从 2000 年起建设部只对申报全国物业管理示范项目进行考评验收，并授予"全国物业管理示范项目"称号。各地应在每年 7 月 30日前将参加全国物业管理示范项目考评验收的项目名单及《全国物业管理示范项目申报表》

报建设部。修订后的标准在条款设置和评分细则上都有较高的要求。各地在进行考评验收时，在质量和数量上都应从严掌握，使评选出来的物业管理项目真正体现先进性和示范性。凡是上报建设部的项目，省（自治区、直辖市）预评预验分值不得低于 98 分。各地对物业管理项目考评验收是否设立"示范""优秀"两个档次，视本地物业管理发展情况自行确定。全国物业管理示范项目每三年进行一次复验，对复验不达标的，取消"全国物业管理示范项目"称号。

全国物业管理示范项目申报基本条件如下。

（1）参评项目符合城市规划建设要求，配套设施齐全。住宅小区、工业区建筑面积 8 万平方米以上，别墅 2 万平方米以上，大厦 3 万平方米以上且非住宅建筑面积占 60%以上，入住率或使用率达 85%以上。

（2）取得"省（自治区、直辖市）级物业管理示范项目"称号一年以上。

（3）物业服务企业已建立各项管理规章制度。

（4）物业服务企业无重大责任事故。

（5）未发生经主管部门确认属实的有关收费、服务质量等方面的重大投诉。

2．中国物业管理协会制定的《普通住宅小区物业管理服务等级标准（试行）》

为了提高物业管理服务水平，督促物业服务企业提供质价相符的服务，引导业主正确评判物业服务企业的服务质量，树立等价有偿的消费观念，促进物业管理规范发展，中国物业管理协会受建设部房地产司的委托，根据国家发展与改革委员会会同建设部颁布的《物业服务收费管理办法》（发改价格[2003]1864 号），制定了《普通住宅小区物业管理服务等级标准（试行）》（中物协[2004]1 号），作为与开发建设单位或业主大会签订物业服务合同，确定物业服务等级，约定物业服务项目、内容与标准，以及测算物业服务价格的参考依据。

该标准为普通商品住房、经济适用住房、房改房、集资建房、廉租住房等普通住宅小区物业服务的试行标准。物业服务收费实行市场调节价的高档商品住宅的物业服务不适用该标准。该标准根据普通住宅小区物业服务需求的不同情况，由高到低设定为一级、二级、三级三个服务等级，级别越高，表示物业服务标准越高。

3．业主与物业服务企业约定的服务质量标准

《物业管理条例》规定，业主委员会与业主大会选聘的物业服务企业订立的书面物业服务合同应当对物业管理事项、服务质量、服务费用、双方的权利义务、专项维修资金的管理与使用、物业管理用房、合同期限、违约责任等内容进行约定。物业服务企业应按照国家和地方政府有关法律法规的要求，与业主、业主大会或业主委员会约定具体的服务质量标准，不仅应将服务质量标准载明于书面物业服务合同，还应按照《物业服务收费管理办法》的要求，在物业管理区域内的显著位置，将服务内容、服务标准以及收费项目、收费标准等有关情况进行公示。

### 专栏 7-3　物业管理示范项目考评验收工作体会[①]

为了检验物业管理发展的总体水平和成果，原国家建设部于1995年8月开始对各省申报的"全国物业管理优秀示范项目"进行验收考评。从1995年开始，笔者有幸作为考评组成员多次参与考评验收工作，现就全国物业管理优秀示范项目的考评验收工作体会与同行分享。

1995年开始采用的示范项目标准，包括小区十四大项、大厦十五大项细则，由考评人员逐项对照是否符合来打分，至1999年底终止。2000年以后又颁布了新的评分标准：小区八大项、大厦工业园区九大项，考评人员对照各项细则评分，决定是否评上全国物业管理示范小区、大厦、工业园区。

从考评的过程和专家打分的结果来看，以下四点值得物业服务企业在创建国优项目时注意。

（1）要深刻理解"国优"项目评选的意义和作用，端正参评的动机，明确参评目的。国家为什么要评选物业管理"国优"示范项目，就是要通过评选工作促进物业服务质量的提升，以便更好地为业主提供服务。只有端正动机，物业服务企业一些提升服务质量的工作才会持久长效，物业服务质量才能稳定。

（2）要做好细致严密的设备设施管理工作。做好设施设备的管理工作是物业管理的核心工作，也是做好其他物业服务工作、成为"国优"项目的前提和保障，更是保证业主能够正常在小区居住生活的基础。因此，考评组专家在检查时对设备设施的管理工作一向给予了高度的关注和重视。

（3）要用心关注业主的多样化、个性化需求。物业服务公司工作的核心在于为业主提供高质量的服务。而随着业主生活水平的提高，对各种服务的需求也越来越多元化、个性化，这也决定了物业服务企业必须为小区业主提供多元化、个性化的服务。也只有如此，小区的业主满意度才会相应不断提高。从考评的情况看，大多数参评项目的物业服务企业在这方面都做得比较好。

（4）要用心关怀业主精神文化生活，加强社区精神文明建设。要成为国优项目，除了做好小区的清洁卫生、日常维修、秩序维护等基础服务之外，还必须关心业主的精神文化生活，这也是物业管理国优示范项目考评的重要内容。近年来，大多数物业服务企业在这方面做得都不错，但也有一些企业受成本上涨的影响，在此方面投入还不够。

在考评中，笔者也发现不少项目的实施标准已经超越了现行的考评标准。这是因为：一是现在使用的标准已经有十多年的历史了，行业在不断地进步；二是企业为生存，在竞

---

[①] 李卓章. 物业管理示范项目考评验收工作体会[J]. 中国物业管理，2014（5）. 有删减。

争中发展起来了，社会的服务需求也日益增多，超越原定标准是正常的。例如：（1）写字楼里办公照明的光亮度与人体感受的舒适度，物业管理人员能够掌握好并跟踪服务；（2）照明系统尽可能采用欧朗LED灯，其寿命长又可以降能耗；（3）采用具有身份识别功能的设施，了解业主信息，以便提供必要的便利服务；（4）重视制冷空调通风系统的环保、定期清洗，确保空气的良好质量；（5）注重建筑楼宇门窗的通风和保温性能，如窗户贴膜夏天能降温而冬天则可升温；（6）节约水资源的提示服务。

通过对申报项目的考评，可以看出物业服务企业管理的专业程度、服务效果以及企业行为文化的成熟度，也领略到企业的用人制度、分配制度以及竞争机制和奖罚机制。

 **本章小结**

1. 物业服务企业除了完成房屋及附属设备、设施管理的基本业务之外，还要进行物业综合管理与服务，主要包括环境管理、车辆与停车管理、安全与消防管理等各项综合管理和物业服务的质量与考评。

2. 物业环境管理主要包括保洁管理、绿化管理以及物业环境污染与防治。保洁管理是指物业服务企业通过宣传教育、监督治理和日常保洁工作，保护物业区域环境，防止环境污染。绿化管理是指绿地建设和绿化养护管理。物业环境污染与防治的主要内容包括：大气污染产生的原因及其防治途径、水污染产生的原因及其防治途径、固体废弃物污染产生的原因及其防治途径和噪声污染产生的原因及其防治途径。

3. 物业车辆停车管理的主要内容有道路管理、交通管理、车辆管理和停车场管理。

4. 治安管理是指物业服务企业为防盗、防破坏、防流氓活动、防意外及人为突发事故而对所管理的物业进行的值班、监视、巡逻等一系列管理活动。治安管理的对象主要是人为造成的事故与损失。消防工作包括防火、灭火两个方面。

5. 物业管理服务质量的评价体系包括条件评价、过程评价、目标评价、自我评价、第三方评价、业主评价和行业评价。在我国，建设部及各个省市先后制定了相关的物业管理服务质量优秀标准和达标要求。

 **综合练习**

**一、基本概念**

物业环境　保洁管理　绿化管理　环境污染　车辆管理　物业安全管理　消防管理
物业管理服务质量的评价

## 二、思考讨论题

1. 物业综合管理的概念是什么？
2. 物业服务企业怎样才能提供优质的安全管理？
3. 物业环境管理的内容是什么？
4. 大气污染防治的途径有哪些？
5. 物业环境中噪声污染控制的措施有哪些？
6. 简述停车场管理的基本要求。
7. 火灾发生时的正确处置方法是什么？
8. 怎样有效考评物业服务企业的服务质量？

## 三、案例分析题

1. 某花园前原来有一片敞开式绿地。绿地上亭榭多姿，曲径通幽，池水泛光，花木含情。春、夏、秋的傍晚时分，众多住户和游客都喜欢在这里驻足小憩，装点着深南东路上这道亮丽的风景线。然而，其中也有一些不太自觉的人，随意在草地上穿行、坐卧、嬉戏，导致绿地局部草皮倒伏、植被被破坏、黄土裸露，不得不反复补种和重植，成为小区物业管理中的一个难题，想了许多办法，都未奏效。

**案例分析与讨论：**

根据本章所学分析和讨论当有人逗留损毁物业管理区域内的公共绿地时，物业服务企业应该怎么办？

2. 夜里10点左右，某小区地下车库值班护卫员报告××号楼的一位业主，只购买了一个车位，却在车库停了两辆车。护卫员劝其将未购车位的车开走，但业主对护卫员不予理睬，将车子锁好后扬长而去。无奈，护卫员只好求助楼间护卫员使用对讲系统同其联系，要求其将车子开出车库。业主对护卫员的行动先是采取了不接对讲的方式，后来对护卫员进行谩骂，甚至扬言谁再打他家的对讲，就用开水倒下来烫谁。

**案例分析与讨论：**

根据本章所学分析和讨论物业服务企业应该怎样进行车辆管理？对出现强占车位的现象应该怎样处理？

3. 吴先生入住某小区一高层住宅还不到1个月。一天，吴先生家因烟头引起纸篓内纸张燃烧，其家人急忙跑到楼层消防栓处，打开水源开关，拉着软管一边向屋里跑，一边打开喷枪开关，结果喷枪内滴水未出。幸亏楼层灭火器箱内有几只灭火器，在闻讯赶来的周围邻居和物业服务企业值班保安员的帮助下，及时扑灭了火。后经了解，消防栓喷不出水，是因为小区内有居民盗用消防栓里的水，物业服务企业担心水费超标，所以擅自将消防栓的阀门关掉了。于是，吴先生向该小区物业服务企业投诉，要求赔偿经济损失。

**案例分析与讨论：**

根据本章所学分析和讨论物业服务企业进行消防管理的重要性以及在本案中物业服务企业的责任和义务。

4. 某小区业主李某，上班回家后发现自己的住房被盗贼光顾，房内的财物损失上万元，盗贼已经逃之夭夭，负责小区安全的保安没能提供有力的线索，门卫也没有陌生来访人员的登记记录。李某认为，物业服务企业与小区业主签订的合同中承诺小区为封闭式管理，自己交纳了物业管理费，自己住宅的安全却没有得到保护，于是将物业服务企业告上了法庭。不久，在警方全力追查下，盗贼被抓获。该盗贼供认自己是从小区的一个忘记上锁的侧门进入小区行窃的。

**案例分析与讨论：**

根据本章所学分析和讨论当业主住房被盗时，物业服务企业是否应该赔偿？

 本章阅读与参考文献

1. 姜早龙，张涑贤. 物业管理概论[M]. 武汉：武汉理工大学出版社，2008.
2. 季如进. 物业管理[M]. 第2版. 北京：首都经济贸易大学出版社，2008.
3. 胡洁. 物业管理概论[M]. 北京：电子工业出版社，2007.
4. 王秀云. 物业管理[M]. 北京：机械工业出版社，2009.
5. 安静. 物业管理概论[M]. 北京：化学工业出版社，2008.
6. 周滨，程磊. 广州水浸车库所涉法律责任[J]. 现代物业，2010（6）.
7. 申革联.《保安服务管理条例》对行业的影响[J]. 现代物业，2010（1）.
8. 李卓章. 物业管理示范项目考评验收工作体会[J]. 中国物业管理，2014（5）.

# 第八章 物业服务企业的管理

## 学习目标

通过对本章的学习，应掌握如下内容：
1. 物业服务企业的性质和资质管理；
2. 物业服务企业人员的招聘与绩效考核；
3. 物业服务企业管理资金的来源与主要用途；
4. 物业服务企业的质量认证体系。

## 导言

　　物业服务实质上是对业主共同实务进行管理的一种活动，带有公共产品的性质。在物业管理区域内，物业服务企业要依照全体业主的授权，约束个别业主的不当行为，如制止违章大建及违章装修、制止扰乱公共秩序及危害环境卫生等，以维护全体业主的利益和社会公共利益，物业服务企业还有与业主长时间保持密切联系的特点，企业的素质及其管理水平的高低，直接影响到业主的生活环境和工作质量。

　　物业管理具有一定的专业性，随着经济的发展和科技的进步，新技术、新产品在房地产开发建设中被广泛采用，物业的智能化程度越来越高，这也要求物业服务企业具有一定数量的管理和技术人员，具有先进的工具及设备，建立科学、规范的工作秩序，对价值量巨大的物业资产实施良好的管理与维护。

# 第一节 物业服务企业的设立与资质管理

## 一、物业服务企业的设立

　　由于物业服务企业是有明确经营宗旨和章程，有必需的人员、资金和场地，具有独立的法人资格，自主经营、独立核算、自负盈亏，独立承担民事责任的经济实体。因此，物业服务企业的设立要遵循一定的法律依据。

### （一）建立物业服务企业的可行性研究

设立物业服务企业之前，进行充分合理的论证和可行性研究，以保证物业服务企业建立后能够生存并经营良好。

1．市场调查

市场调查的主要内容包括物业服务市场需求、物业服务市场供给、业主和使用人对物业服务的要求以及国家和地方政府相关的法律法规。

一般情况下，物业服务市场需求调查的主要内容有：当地的社会经济状况；一定地域内的现有物业总量；每年增加的物业量；未来物业服务的发展方向及发展趋势等。物业服务市场供给调查的主要内容有：现有物业服务企业的数量、种类、规模和经营管理状况；业主或使用人对物业服务质量、水平、服务项目与结构等的需求与变化趋势。

2．综合分析

市场调查的结果必须经过分析研究，才能作为决策的依据。从已有的数据和资料中，分析和发现出有用的、真实的部分。一般情况下，物业服务需求大于供给，并且2～3年后仍能保持盈利时，物业服务企业的建立即可行。否则，需要慎重。

除了分析已有的数据和资料外，物业服务企业的资质条件也是综合分析必须涉及的内容。例如国家或地方政府对物业服务企业注册资金、专业技术人员数量、办公地点及经营地点的具体要求等。

3．编写可行性研究报告

核心业务可行性研究报告是可行性研究的过程和结果的文字表达，是决定是否设立物业服务企业的主要依据。报告的主要内容是：市场调查情况分析、自身所具备的资质条件分析、建立物业服务企业的前景预测、未来物业服务经济效益的分析及最终结论等。

### （二）设立条件

现代物业服务企业大都是以公司的形式出现，因此，申请设立物业服务企业应该按照《中华人民共和国公司法》约定的条件执行。

1．有限责任公司的设立条件

按照《中华人民共和国公司法》第二十三条规定，设立物业管理有限责任公司，"应当具备下列条件：（1）股东符合法定人数；（2）股东出资达到法定资本最低限额；（3）股东共同制定公司章程；（4）有公司名称，建立符合有限责任公司要求的组织机构；（5）有公司住所"。

2．股份有限公司的设立条件

《中华人民共和国公司法》第七十七条规定，设立物业管理股份有限公司，"应当具备下列条件：（1）发起人符合法定人数；（2）发起人认购和募集的股本达到法定资本最低限额；（3）股份发行、筹办事项符合法律规定；（4）发起人制定公司章程，采用募集方式设立的经创立大会通过；（5）有公司名称，建立符合股份有限公司要求的组织机构；（6）有公司住所"。

### （三）设立程序

物业服务企业设立的程序一般包括资质审批、工商注册登记、税务登记和公章刻制四个步骤。

（1）根据《中华人民共和国公司法》规定的设立条件，准备好有关资料和文件。

（2）向所在地房地产行政主管部门提出书面申请。以北京为例，北京市颁布的《物业服务企业经营资质审批规定》第五条规定，设立物业服务企业要按照下列程序办理审批手续。

① 申请单位向所在区、县房地局提出申请。涉外物业服务企业的设置直接向市房地局申请。申请采用书面形式，并须填写《物业服务企业审批申请表》。

② 区、县房地局接到申请后，先进行初步审查，经审查合格，在 15 日内报市房地局审批，市房地局应当在 10 日内做出是否批准的规定。经批准，核发《物业管理资质合格证书》。

（3）向所在地工商行政管理机关申请法人注册登记和开业登记，领取营业执照。

（4）取得上述有关证件后，物业服务企业还要持有关证件到税务部门办理税务登记，到公安部门办理公章登记和刻制。

上述程序结束后，物业服务企业即可合法地开展物业服务各项业务。

## 二、物业服务企业经营资质的办理

企业资质主要是为了界定、查验、衡量企业具备或拥有的人力、物力和财力情况，包括企业的注册资金，拥有的固定资产、职工人数、技术力量、经营规模以及经营水平等，是企业实力和规模的证据。

### （一）物业服务企业资质等级标准

《物业服务企业资质管理办法》把物业服务企业分为三个资质等级。按照该管理办法第五条的规定各资质等级物业服务企业的条件如下。

1．一级资质企业

（1）注册资本人民币 500 万元以上。

（2）物业服务专业人员以及工程、管理、经济等相关专业类的专职管理和技术人员不少于 30 人。其中，具有中级以上职称的人员不少于 20 人，工程、财务等业务负责人具有相应专业中级以上职称。

（3）物业服务专业人员按照国家有关规定取得职业资格证书。

（4）管理两种类型以上物业，并且管理各类物业的房屋建筑面积分别占下列相应计算基数的百分比之和不低于 100%。计算基数是：① 多层住宅 200 万平方米；② 高层住宅

100 万平方米；③ 独立式住宅（别墅）15 万平方米；④ 办公楼、工业厂房及其他物业 50 万平方米。

（5）建立并严格执行服务质量、服务收费等企业管理制度和标准，建立企业信用档案系统，有优良的经营管理业绩。

2．二级资质企业

（1）注册资本人民币 300 万元以上。

（2）物业服务专业人员以及工程、管理、经济等相关专业类的专职管理和技术人员不少于 20 人。其中，具有中级以上职称的人员不少于 10 人，工程、财务等业务负责人具有相应专业中级以上职称。

（3）物业服务专业人员按照国家有关规定取得职业资格证书。

（4）管理两种类型以上物业，并且管理各类物业的房屋建筑面积分别占下列相应计算基数的百分比之和不低于 100%。计算基数是：① 多层住宅 100 万平方米；② 高层住宅 50 万平方米；③ 独立式住宅（别墅）8 万平方米；④ 办公楼、工业厂房及其他物业 20 万平方米。

（5）建立并严格执行服务质量、服务收费等企业管理制度和标准，建立企业信用档案系统，有优良的经营管理业绩。

3．三级资质企业

（1）注册资本人民币 50 万元以上。

（2）物业服务专业人员以及工程、管理、经济等相关专业类的专职管理和技术人员不少于 10 人。其中，具有中级以上职称的人员不少于 5 人，工程、财务等业务负责人具有相应专业中级以上职称。

（3）物业服务专业人员按照国家有关规定取得职业资格证书。

（4）有委托的物业管理项目。

（5）建立并严格执行服务质量、服务收费等企业管理制度和标准，建立企业信用档案系统。

### （二）物业服务企业的资质管理

物业服务企业的资质是企业实力、规模、业绩和诚信的综合反映，是国家对物业服务市场准入管理的重要标志。物业服务企业资质的条件、分级、申请、审批、动态管理等均应当属于物业服务企业资质管理制度的内容。物业服务企业从事服务业务的条件包括：有符合国家规定的注册资本；有与其从事物业服务活动的专业技术人员；有一定的从事物业管理的经验。

在现阶段对物业服务行业实行市场准入制度，严格审查物业服务企业的资质，是加强行政监管、有效解决圈中投诉、改善物业服务市场环境的必要手段。

1. 物业服务企业资质管理的必要性

物业服务企业资质管理是《物业管理条例》设定的行政许可，《物业管理条例》之所以规定实行物业服务企业资质管理制度，是基于以下几个方面的考虑。

（1）针对当前中国物业管理的发展现状，有必要加强对物业服务企业的资质管理，把好市场准入关。近几年来，物业服务行业迅速发展，但是，物业服务市场存在不同程度的混乱现象。不少物业服务企业体制、机制有缺陷，管理不规范，服务不到位，乱收费，业主对这些问题的投诉上升，反映比较激烈。实行市场准入制度，通过资质管理，对不同管理规模、服务水平、市场竞争能力的企业核定相应的资质等级，有助于扶植一批机制新、规模大、成本低、质量高、实力强、信誉好的物业服务品牌企业；通过资质年检和资质动态管理，可以及时清理、整顿管理水平低、经营不规范、社会形象差的企业。对物业服务行业实行市场准入制度，严格审查物业服务企业的资质，是现阶段加强行政监管、规范企业行为、有效解决群众投诉、净化物业服务市场的必要手段。

（2）针对物业服务企业的服务特征，有必要对物业服务企业建立市场准入和清出制度。物业服务企业，尤其是居住类型物业服务企业，提供的管理和服务与居民生活密切相关，直接影响到居民的生活质量、人身健康和生命财产安全。物业管理具有公共产品的性质，实质上是对业主共同事务进行管理的一种服务活动。一般来说，物业服务企业按照合同约定，既负责物业共用部位和共用设施设备的维修养护，也承担物业管理区域范围内公共秩序的维护责任。如果主管部门对物业服务企业缺乏有效的监管，则可能导致业主的权益和社会公共利益受到损害，引起社会的不安定。

物业服务企业是一种以较少自有资本而管理庞大资产的企业。一般情况下，企业运营成本较低，企业注册资本相对较少。无论是物业管理，还是物业资产管理，物业服务企业的抗风险能力都较弱。实行资质管理，有助于提高物业服务企业的管理服务水平，有助于防范企业经营风险，有助于发挥物业管理的社会效益。

（3）针对物业管理的专业特征，需要实行企业资质审批制度。物业服务企业提供的服务，表现在消费者面前的，更多的是维护公共秩序，如保安、保洁等，但其最基本的服务负责房屋及其设施设备的维护管理。随着经济的发展和科技的进步，建设领域不断涌现新技术、新产品，物业的智能化程度越来越高，这就要求物业服务企业具有掌握管理技术和硬件技术的专业人员，具有先进的管理工具及设备，建立一定的专业性。实行市场准入和清出制度，有利于物业服务行业适应产业结构调整升级的趋势和现代城市发展的需要，有利于推进物业服务行业的技术进步。

2. 资质等级的申请

按照《物业服务企业资质管理办法》第九条的规定，申请核定资质等级的物业服务企业，应当提交下列材料。

（1）企业资质等级申报表。

（2）营业执照。

（3）企业资质证书正、副本。

（4）物业管理专业人员的职业资格证书和劳动合同，管理和技术人员的职称证书和劳动合同，工程、财务负责人的职称证书和劳动合同。

（5）物业服务合同复印件。

（6）物业管理业绩材料。

新设立的物业服务企业，其资质等级按照最低等级核定，并设一年的暂定期。

3．资质等级的审批

物业服务企业的资质管理实行分级审批制度。国务院建设主管部门负责一级物业服务企业资质证书的颁发办法和管理；省、自治区人民政府建设主管部门负责二级物业服务企业资质证书的颁发和管理，直辖市人民政府房地产主管部门负责二级和三级物业服务企业资质证书的颁发和管理，并接受国务院建设主管部门的指导和监督；设区的市人民政府房地产主管部门负责三级物业服务企业资质证书的颁发和管理，并接受省、自治区人民政府建设主管部门的指导和监督。

资质审批部门应当自受理企业申请之日起20个工作日内，对符合相应资质条件的企业颁发资质证书；一级资质审批前，应当由省、自治区人民政府建设主管部门或者直辖市人民政府房地产主管部门审查，审查期限为20个工作日。

4．资质等级的动态管理

物业服务企业资质实行年检制度。各资质等级物业服务企业的年检由相应资质审批部门负责。符合原定资质等级条件的，物业服务企业的资质年检结论为合格。不符合原定资质等级条件的，物业服务企业的资质年检结论为不合格，原资质审批部门应当注销其资质证书，由相应资质审批部门重新核定其资质等级。资质审批部门应当将物业服务企业资质年检结果向社会公布。

5．资质等级的业务规模管理

一级资质物业服务企业可以承接各种物业服务项目。二级资质物业服务企业可以承接30万平方米以下的住宅项目和8万平方米以下的非住宅项目的物业服务业务。三级资质物业服务企业可以承接20万平方米以下住宅项目和5万平方米以下的非住宅项目的物业服务业务。

### 案例 8-1  "候补"资质补正前期合同有效[①]

穗鑫物业管理有限公司于 2007 年 6 月成立，于 2008 年 11 月取得三级物业服务资质，

---

① 程磊．"候补"资质补正前期合同有效[J]．现代物业，2010（1）．

并接受开发商穗鑫发展公司委托为广州市穗鑫花园提供前期物业服务，约定服务期限为 2007 年 7 月到 2010 年 7 月，住宅部分的收费为每平方米每月 1.8 元，业主在每月的 12 日之前交纳物业服务费。

王家俊是小区 23 栋业主，于 2007 年 12 月开始拖欠物业服务费。经穗鑫物业管理有限公司（以下简称穗鑫公司）多次催缴，业主以穗鑫公司没有取得物业服务资质合同无效为由拒绝交纳物业服务费。穗鑫公司多次催缴未果后，于 2009 年 9 月 21 日将业主诉至法院，要求被告王家俊交纳从 2007 年 12 月到 2009 年 9 月期间的物业服务费及相应的滞纳金。

争议焦点：物业服务企业不具备物业服务资质，其与开发商签订的物业服务合同是否有效？

## 一、律师观点

1. 物业服务企业虽不具备物业服务资质，但不宜直接认定物业服务合同无效

国务院《物业管理条例》第三十二条规定，"从事物业管理活动的企业应当具有独立的法人资格；国家对从事物业管理活动的企业实行资质管理制度，具体办法由国务院建设行政主管部门制定"。第六十条规定，"违反本条例规定，未取得资质证书从事物业管理的，由县级以上地方人民政府房地产行政主管部门没收违法所得，并处 5 万元以上 20 万元以下的罚款；给业主造成损失的，依法承担赔偿责任"。根据上述规定，如果物业服务企业没有取得物业管理资质证书而从事物业服务的，应受到行政主管部门的行政处罚，这属于行业监管的行政法管理范畴。在民事法律领域，如果物业服务企业没有取得物业服务资质而为业主提供了物业服务的，是否有权向业主收取物业服务费呢？

《最高人民法院关于适用〈中华人民共和国合同法〉若干问题的解释（一）》第四条规定，合同法实施以后，人民法院确认合同无效，应当以全国人大及其常务委员会制定的法律和国务院制定的行政法规为依据，不得以地方性法规、行政规章为依据。《物业管理条例》属于国务院颁布的行政法规，违反行政法规的合同是无效的。那么，物业服务企业没有取得物业服务资质而为业主提供物业服务的行为是否属于违反行政法规的"强制性规定"呢？

2009 年 5 月 13 日施行的《最高人民法院关于适用〈中华人民共和国合同法〉若干问题的解释（二）》第十四条规定，"合同法第五十二条第五项规定的'强制性规定'，是指效力性的强制性规定"。2009 年 7 月 7 日，《最高人民法院印发〈关于当前形势下审理民商事合同纠纷案件若干问题的指导意见〉的通知》第十五条规定，"人民法院应当注意根据《合同法解释（二）》第十四条之规定，注意区分效力性强制性规定和管理性强制性规定。违反效力性强制性规定的，人民法院应当认定合同无效；违反管理性强制性规定的，人民法院应当根据具体情况认定其效力。"第十六条规定，"人民法院应当综合法律法规的意旨，权衡相互冲突的权益，诸如权益的种类、交易安全以及其所规制的对象等，综合认定强制性规定的类型。如果强制性规范规制的是合同行为本身，即只要该合同行为发生即绝对地

损害国家利益或者社会公共利益的，人民法院应当认定合同无效。如果强制性规定规制的是当事人的'市场准入'资格而非某种类型的合同行为，或者规制的是某种合同的履行行为而非某类合同行为，人民法院对于此类合同效力的认定，应当慎重把握，必要时应当征求相关立法部门的意见或者请示上级人民法院。"物业服务资质制度属于规制物业服务企业的"市场准入"资格的管理性强制性规定，法院在审理该类民事纠纷时应慎重认定此类合同的效力，不宜一律认定未取得资质期间的物业服务合同无效。

2. 物业服务企业后来取得了物业管理资质，应适用合同效力的补正原则认定合同有效

司法实践中经常出现这样的问题：物业服务企业签订合同时虽然不具备相关的资质，但在合同签订的一段时间后取得了相关的资质，那么其所签订的合同效力如何认定？对此，笔者认为应适用合同效力的补正原则来加以解决，即当事人事后取得相关资质的，可以认定合同有效。《最高人民法院关于审理建设工程施工合同纠纷案件适用法律问题的解释》第五条规定，"承包人超越资质等级许可的业务范围签订建设工程施工合同，在建设工程竣工前取得相应资质等级，当事人请求按照无效合同处理的，不予支持"。由此可见，资质问题可以通过一定的方式补正。本案中，穗鑫公司虽然在签订合同时没有取得物业服务资质，但是在合同履行一段时间后取得了物业服务三级资质证书，具备了物业服务行业市场准入的条件，可以认定其与建设单位签订的前期物业服务合同是有效的。

**二、法院判决**

原告在 2008 年 11 月之前虽未取得物业服务资质，但其根据与开发建设单位签订的物业服务合同提供了物业管理服务，被告也实际享受了原告提供的物业服务。且原告于 2008 年 11 月已经取得了三级物业服务资质证书，证明原告已经具备了相应的物业服务条件。因此，被告应当按照前期物业服务合同的约定向原告交纳物业服务费。故法院判令被告向原告交纳从 2007 年 12 月到 2009 年 9 月期间的物业服务费及逾期交纳的滞纳金。

# 第二节　物业服务企业的人力资源管理

## 一、人力资源管理的含义及主要内容

随着物业管理市场的规范和发展，高素质的物业管理专业人才对物业服务企业越来越重要。能否对人力资源进行有效开发和管理，成为物业服务企业极其重要的战略问题。

### （一）人力资源管理的含义

人力资源是社会经济资源的重要组成部分，社会经济资源包括自然资源、人力资源、

物力资源以及资金、知识、信息和技术等。人力资源一般是指蕴含在人体内的一种生产能力，以及具有这种能力的人，而生产能力是指在劳动活动中可资运用的体力和脑力的总和，是存在于劳动者身上的、以劳动者的数量和质量表示的资源。

人力资源管理是指组织为了实现既定的目标，运用现代管理措施和手段，对人力资源的取得、开发、保持和运用等方面进行管理的一系列活动的总和。

### （二）人力资源管理的主要内容

人力资源管理服务于企业的总体战略目标，是一系列管理环节的综合体。人力资源管理的主要内容包括以下几方面。

1. 人力资源战略规划

企业为适应内外环境的变化，依据企业总体发展战略，并充分考虑员工的期望而制定的企业人力资源开发与管理的纲领性长远规划。人力资源战略规划是企业人力资源开发与管理活动的重要指南，是企业发展战略的重要组成部分，也是企业发展战略实施的有效保障。

2. 人力资源管理的基础业务

对任职要求进行界定和说明，岗位分析的结果是形成每一个工作岗位的职位描述、任职资格要求、岗位业务规范；岗位评价是对企业各工作岗位的相对价值进行评估和判断，岗位评价的结果是形成企业不同工作岗位的工资体系。岗位分析和岗位评价就如一个产品的说明书和产品标价，使员工"明明白白工作""清清楚楚拿钱"。

3. 人力资源管理的核心业务

核心业务包括招聘、培训、绩效考核、薪酬管理。招聘是人力资源管理核心业务的首要环节，它是企业不断从组织外部吸纳人力资源的过程，它能保证组织源源不断的人力资源需求；培训是企业人力资源开发的重要手段，它包括对员工的知识、技能、心理素质等各方面的培训，它是企业提升员工素质的重要保障；绩效考核是指运用科学的方法和标准对员工完成工作数量、质量、效率及员工行为模式等方面的综合评价，从而进行相应的薪酬激励、人事晋升激励或者岗位调整，绩效考核是实施员工激励的重要基础；薪酬管理是企业人力资源管理的一个极为重要的方面，它主要包括薪酬制度与结构的设计、员工薪酬的计算与水平的调整、薪酬支付等内容，它是企业对员工实施物质激励的重要手段。

4. 人力资源管理的其他工作

企业人力资源管理还包括其他一些日常事务性业务内容，如人事统计、员工健康与安全管理、人事考勤、人事档案管理和员工合同管理等。

## 二、物业服务企业人力资源管理的主要内容

物业服务企业人力资源管理的主要内容包括对企业员工进行的计划、组织、领导、控

制，到对人力资源的充分发掘，合理利用、培养与发展等丰富的内容。本书主要介绍物业服务人员的素质要求、物业服务企业员工的招聘、物业服务企业员工的培训和物业服务企业员工的绩效考核几个方面。

### （一）物业服务人员的素质要求

物业服务人员除具备基本的职业素质之外，还需具备物业管理师资格。

#### 1. 物业服务人员的基本素质与要求

物业服务企业的工作人员通常可分为高级管理人员、中级管理人员和一般员工三个层次。其中，高级管理人员是指物业服务企业的正、副总经理，总经理助理和"三总师"（总会计师、总经济师和总工程师），他们是企业的决策层；中级管理人员是指企业的各部门经理、各专业的主要负责人，他们是物业服务企业的管理层和组织者；而一般员工则是物业服务企业服务的具体操作者。上述三个层次的物业服务人员应具备的基本素质和要求如下。

（1）品德素质。物业服务人员要有良好的思想品德，特别是要有较高层次的职业道德修养，也就是要有爱岗敬业、诚实守信、办事公道、服务群众和奉献社会的精神。

（2）业务素质。一名合格的物业服务人员，首先应该具有较高的业务素质，也就是说，要有所从事的专业岗位的必备知识和相应的工作能力，尤其是物业服务企业的中高级管理人员，更应是复合型的人才。

（3）文化素质。物业服务人员应接受良好的教育，知识面要宽，接收信息、快速反应的能力要强。要了解一定的经济学、美学、法学和社会学等学科知识。这样在工作中才能与业主或物业使用人沟通思想，交流感情，以达到相互理解、相互尊重的目的。

（4）审美素质。物业服务人员的审美素质是较高层次的素质。审美素质能够帮助物业服务人员更好地为业主、使用人服务，最大限度地满足业主、使用人的精神需求。

（5）身心素质。身心素质是指生理素质与心理素质。良好的身心素质，具体表现为物业服务人员的健康体魄、旺盛的精力；仪表端正、热情大方；知难而进，不怕挫折。无论生理和心理，都有较强的适应社会的能力。

#### 2. 物业管理师制度

为了规范物业管理行为，提高物业管理专业人员素质，维护房屋所有权人及使用人的利益，根据《物业管理条例》及国家职业资格证书制度的有关规定，人事部、建设部于2005年制定了《物业管理师制度暂行规定》（以下简称《暂行规定》）及《物业管理师资格考试实施办法》，自2005年12月1日起施行。《暂行规定》第三条规定，"本规定所称物业管理师，是指经全国统一考试，取得《中华人民共和国物业管理师资格证书》，并依法注册取得《中华人民共和国物业管理师注册证》，从事物业管理工作的专业管理人员。"

（1）物业管理师必备的知识和能力。《暂行规定》中规定，物业管理项目负责人应当由物业管理师担任。物业管理师应当具备以下执业能力：掌握物业管理、建筑工程、房地产开发与经营等专业知识；具有一定的经济学、管理学、社会学、心理学等相关学科的知识；能够熟练运用物业管理相关法律、法规和有关规定；具有丰富的物业管理实践经验。

（2）物业管理师的领导艺术。物业管理师应具备如下的领导艺术。

① 及时制定企业的经营目标与发展规划。物业服务企业的经营目标和发展规划是企业前进的方向和动力，没有目标和规划的企业，就像是一艘在茫茫大海中漫无目的航行的船。同时，物业服务企业管理人员还要看准市场形势的瞬时变化，及时制定企业的经营目标和发展规划，否则，时机稍纵即逝，也就很难提高其市场竞争力。

② 善于发现人才、使用人才。物业服务市场的竞争是管理服务的竞争，说到底也就是人才的竞争。人才是企业生死存亡的关键，有了人才，就有了物业服务企业发展的实力；没有人才，物业服务企业将失去竞争的条件。因此，物业服务企业管理人员一定要重视发现、培养、选拔和真心使用人才，知其所长，用其所长。要让人才以企业为家，以物业管理为终身事业。不会发现人才、使用人才的物业服务企业经理，不可能把物业服务企业带好。

③ 组织制定并执行一套科学的规章制度。没有一套健全的规章制度，物业服务企业就难以处理在经营管理中出现的问题和纠纷，也很难奖勤罚懒，激发员工的积极性和创造性。所以，物业服务企业管理人员一定要注意抓好制度建设，特别要注意抓好分配制度、奖惩制度、责任制度。要通过这些制度，把企业中的一切工作落实到人，并把工作业绩与各项物质利益相挂钩。

④ 积极协调对内、对外关系。目前，中国社会主义市场经济还处在建设阶段，物业管理在中国开始的时间也并不长，加之受传统价值观念与礼仪观念的影响，物业服务企业要想顺利开展物业管理经营活动，没有地方政府及相关部门的领导和支持，没有广大业主的充分理解，没有企业内部员工的积极配合，显然是不可能的。作为物业服务企业的管理人员，要充分认识到协调对内、对外关系同企业生存与发展的密切关系，并积极创造条件，亲自带领企业各级干部加强各种公关活动，努力营造一个良好的物业管理环境。

⑤ 抓关键工作。物业管理的经营活动内容比较繁杂，大到房屋及其设备的维修养护，小到居民的柴、米、油、盐、酱、醋、茶等，每一件工作，物业服务企业都要做细、做好。但作为物业服务企业的管理人员，不能事无巨细、亲力亲为，而要去抓那些影响物业服务企业生存和发展，以及关系到企业在社会上的声誉等大事，只有把这些大事做好，抓好企业的经营决策，才能保证物业服务企业的健康稳定发展。

⑥ 关心员工利益。作为物业服务企业的管理人员，其作用主要是制定经营决策、驾驭企业全局、指挥与领导等，而决策的贯彻执行需要广大员工的艰苦工作与努力，没有广大员工的具体劳动，再好的决策也只能是空想。从这个角度看，员工提供服务的积极性直接关系到经理决策贯彻执行的程度与效果，甚至关系到企业的市场竞争力。所以，物业服务企业的管理人员一定要时刻关心员工的利益，千方百计满足员工各种合理的要求，要让员

工感到自己是企业中的重要一员，是企业的主人，从而增强责任感和事业心，以利于企业管理服务活动的顺利进行。

（3）物业管理师资格考试。物业管理师资格考试实行全国统一大纲、统一命题制度，原则上每年举行一次。

《暂行规定》第九条对报名条件进行了规定，"凡中华人民共和国公民，遵守国家法律、法规，恪守职业道德，并具备下列条件之一的，可以申请参加物业管理师资格考试：① 取得经济学、管理科学与工程或土建类中专学历，工作满 10 年，其中从事物业管理工作满 8 年。② 取得经济学、管理科学与工程或土建类大专学历，工作满 6 年，其中从事物业管理工作满 4 年。③ 取得经济学、管理科学与工程或土建类大学本科学历，工作满 4 年，其中从事物业管理工作满 3 年。④ 取得经济学、管理科学与工程或土建类双学士学位或研究生班毕业，工作满 3 年，其中从事物业管理工作满 2 年。⑤ 取得经济学、管理科学与工程或土建类硕士学位，从事物业管理工作满 2 年。⑥ 取得经济学、管理科学与工程或土建类博士学位，从事物业管理工作满 1 年。⑦ 取得其他专业相应学历、学位的，工作年限及从事物业管理工作年限均增加 2 年。"

物业管理师资格考试科目为《物业管理基本制度与政策》、《物业管理实务》、《物业管理综合能力》和《物业经营管理》。《物业管理师资格考试实施办法》第五条规定，"符合《暂行规定》有关报名条件，并于 2004 年 12 月 31 日前，评聘工程类或经济类高级专业技术职务，且从事物业管理工作满 10 年的人员，可免试《物业管理基本制度与政策》、《物业经营管理》2 个科目"。

物业管理师资格考试成绩实行 2 年为一个周期的滚动管理办法，参加全部 4 个科目考试的人员必须在连续两个考试年度内通过全部科目；免试部分科目的人员必须在一个考试年度内通过应试科目。

考试合格通过后，将取得人事部、建设部印发的《资格证书》。取得《资格证书》的人员，必须经注册后方可以物业管理师的名义执业。建设部为物业管理师资格注册审批机构，省、自治区、直辖市人民政府房地产主管部门为物业管理师资格注册审查机构。

取得《资格证书》并申请注册的人员，应受聘于一个具有物业管理资质的企业，并通过聘用企业向本企业工商注册所在省的注册审查机构提出注册申请，注册审查机构一般自受理注册申请之日起 20 个工作日内做出审批决定。

物业管理师资格注册有效期为 3 年，有效期届满需要继续执业的应按申请注册程序申请延续注册。

物业管理师的执业范围包括：制定并组织实施物业管理方案；审定并监督执行物业管理财务预算；查验物业共用部位、共用设施设备和有关材料；负责房屋及配套设施设备和相关场地的维修、养护与管理；维护物业管理区域内环境卫生和秩序；法律、法规规定和《物业管理合同》约定的其他事项。

物业管理项目管理中的关键性文件必须由物业管理师签字后实施，并由其承担相应的法律责任。物业管理师应当妥善处理物业管理活动中出现的问题，按照物业服务合同的约定，诚实守信，为业主提供质价相符的物业管理服务。

《暂行规定》第三十三条提到，"物业管理师应当接受继续教育，更新知识，不断提高业务水平。每年接受继续教育时间应当不少于 40 学时。"

**（二）物业服务企业员工的招聘**

物业服务企业员工的招聘基本内容包括制定招聘计划和组织实施招聘。

1．制定招聘计划

根据物业服务企业的发展战略、管辖项目类型、物业面积大小、业主构成等情况制定招聘计划。主要内容包括以下几方面。

（1）计划招聘的人员数和人员结构，包括专业结构、学历结构等。

（2）各类人员的招聘条件。

（3）招聘信息发布的时间、方式与范围。

（4）招聘的渠道。

（5）招聘的方法。

2．组织实施招聘

（1）招聘方式

物业服务企业员工的招聘主要有两种：内部招聘和外部招聘。其中内部招聘的方式主要是内部提升、内部调用、岗位轮换。外部招聘的方式主要是熟人介绍、发布广告信息、从人才机构获取信息。

（2）招聘程序

① 公布招聘信息。物业服务企业通过一定渠道或选择一定方式，公布招聘信息，包括招聘时间、招聘岗位、招聘人员的数量及相关的资格要求等。

② 对应聘者进行初审。初审是对应聘者是否符合职位基本要求的一种资格审查，目的是筛选出背景和潜质都与职位所需条件相当的候选人，通过审阅和筛选简历进行。

③ 确定选拔方法。物业服务企业根据招聘岗位的特征、参加招聘人员的能力与素质、应聘者的数量来确定选拔方法。常用的选拔方法有面试、心理测验、知识测验和劳动技能测验。

④ 人员的录用。人员录用是招聘的最后环节，主要涉及人员选择后的录用事宜，包括通知录取人员、签订试用合同、安排员工的初始工作、试用和正式录用。

**（三）物业服务企业员工的培训**

物业服务企业的员工直接面对业主或使用人，员工的基本素质与表现会直接影响到所提供的服务质量，直接影响到业主或使用人对物业服务水平的评价。所以，物业服务企业的各级管理者必须高度重视和加强员工的经常性培训、教育及日常管理和引导。

一般员工通常由物业服务企业自己培训，国家有上岗要求的专业性、技术性岗位的人员需要参加政府有关行业主管部门组织的专业培训，并经考核合格后持证上岗。

1. 培训的分类及内容

（1）上岗培训

上岗培训分为岗前培训和试用培训。岗前培训是指在新员工上岗前，为其提供基本的知识培训，目的是使新员工了解公司的基本情况，熟悉公司的各项规章制度，掌握基本的服务知识。试用培训是对新员工在试用期内，在岗位上进行的基本操作技能的培训，以使新员工了解和掌握所在岗位工作的具体要求。

岗前培训的内容包括公司发展史、公司概况及规章制度、公司组织架构、企业文化、职业礼节礼貌、物业管理基础知识、安全常识等。试用培训的内容包括岗位工作职责及工作要求。

上岗培训是员工上岗之前进行的全面培训，培训时间至少应该在 3 个月以上。

（2）在职培训

在职培训是为在职员工学习履行职责所必需的知识和技能所进行的经常性的短期培训。其培训内容主要针对员工的工作要求而定，通常包括工作技能培训、管理技巧和语言培训。具体的培训形式有以下几种。

① 轮转学习：要求员工除学习本岗位知识外，轮流到相关岗位学习。

② 总结经验：对于物业管理的经验教训进行总结，取其精髓，去其糟粕。

③ 专题培训：为达到某一专门目的或解决某一专门问题而组织专题介绍、交流和探讨。

④ 外派培训：外派培训是提高物业服务企业员工素质的一个重要途径。物业服务企业的外派培训包括：企业性外训，即企业工作发展需要所需的外派培训；岗位性外训，即员工工作岗位性质所需的外派培训；个人性外训，即员工个人发展需要所需的外派培训；奖励性外训，即企业为奖励员工而外派其参加的培训。

2. 培训的组织与实施

物业服务人员的培训是物业管理工作的重要组成部分。物业服务企业应有专人负责，最好有 1 名主管领导分管，并设立专门的机构负责培训工作。该机构的主要工作是：（1）根据企业发展规划、工作需要和员工的实际情况，制订并执行长期的培训安排；（2）确定各级人员的培训要求，听取各部门的培训需求，制订相应的训练计划；（3）组织实施各种培训课程和活动；（4）收集培训资料，编制符合企业经营管理特点的基础教材；（5）维护培训设备与场地，充分开发与利用各类培训资源；（6）做好员工的培训档案管理工作等。

在组织安排内部员工培训工作中，要坚持三个原则，即统一规划、分步实施、逐步推开的原则；实行多层次、多形式、多渠道培训的原则；先培训、后上岗的原则。

**（四）物业服务企业员工的绩效考核**

物业服务企业通过绩效考核，对员工在一定时期内思想、技能、业务情况做出全面的检查和总结，为其他人事管理工作提供依据。同时，正确评价员工的德才表现和工作绩效是实施奖惩、任用、工资、培训等项工作的必要依据。物业服务企业推行绩效考核能够提高服务水平，促进经营业绩。

1．绩效考核的概念及原则

（1）绩效考核的概念

绩效考核也称成绩或成果测评，绩效考核是企业为了实现生产经营目的，运用特定的标准和指标，取科学的方法，对承担生产经营过程及结果的各级管理人员完成指定任务的工作实绩和由此带来的诸多效果做出价值判断的过程。

（2）绩效考核的原则

物业服务企业在进行员工的绩效考核时，需要遵循的原则主要有公开性原则、客观公正原则、公平与可接受原则和可行性原则。

2．物业服务企业绩效考核的方法

对物业服务企业的业绩考核方法，一般有客观型和主观型。

（1）客观型考核方法

客观型考核方法主要依靠两类指标的考核：一是生产性或质量性指标，如工作质量。二是个人性指标，如出勤率、事故率等。这种指标貌似客观、定量、有一定的信度，但是事实上，工作业绩受环境、机会等影响较大，有时看似公允的考核，实际信度并不高。从事脑力劳动的技术人员和管理人员的业绩很难有效转变为直接可以测量的指标。所以，这种方法一般适用于一线从事体力劳动的员工，或者作为主观型考核方法的补充。

（2）主观型考核方法

主观型考核方法受考核者经验和主观判断的左右，但应用较广，适用于包括管理等专业人员的各类员工。在考核中采用多种方法，从不同角度进行重复考核，仔细测评被考核者的各种工作行为，能够提高信度。

3．物业服务企业绩效考核的实施过程

物业服务企业的绩效考核实施过程如下。

（1）确定考核内容。绩效考核是以岗位职责和任务为依据的，这样才能保证企业各部门职责明确。工作任务书是确定考核内容的基本文件，企业的工作程序文件和规章制度也可作为考核内容对员工进行考核，并尽可能量化。

（2）选择考核者。绩效考核者包括直接上级、同级同事、直辖下级、客户、外聘专家或顾问。一般会成立考核小组对员工进行考核。

（3）分析考核结果。对员工的考核结果进行分析，为员工的晋升、降职、调职和离职提供依据，为员工的薪酬决策提供依据。

（4）反馈考核结果。考核结束后，应该组织对员工绩效考核的反馈，以达到鼓励先进、处罚落后、调动员工积极性的目的。

（5）业绩考核的管理。与考核有关的基础管理工作，是指员工对企业有价值创造活动的记录、评价的数据或文字资料。

# 第三节　物业服务企业的财务管理

## 一、物业服务企业财务管理概述

物业服务企业在经营管理中，不仅要用实物形式，而且要用价值形式来实现物业的生产、流通、交换和消费，要按一定的方式供给一定的货币资金，用来进行周转和购置物资设备，以便物业经营管理和服务的正常进行。

### （一）企业财务管理的含义

企业财务管理是企业为了取得最大的效益，按照资金运动规律和国家财经政策，筹集、运用、分配和监督企业资金，处理企业同各方面的财务关系的一项经济管理工作，是企业管理活动的基础和中心。

物业服务企业财务管理是指物业服务企业的财务活动，是协调、处理各方面财务关系的一项经济管理工作。

### （二）企业财务管理的内容

财务管理是企业管理的基础和中心，其主要内容包括资金的筹集、资金的投放及资金的收回和分配三个方面。

1. 资金的筹集

为满足企业生产活动的需要，以不同的方式从各种渠道取得资金，称为企业的资金筹集。物业服务企业是以盈利为目的的经济实体，而从事生产经营的必要条件是具有一定数量的资金。成功的企业经营要求企业获取资金并有能力及时偿付账款，使资金流动顺畅，在流动中实现保值、增值。

物业服务企业可以通过发行股票、吸收直接投资等方式筹资，也可通过向银行借款、发行债券、租赁、应付款项等方式取得资金。但不同时期，不同来源的资金，其使用成本也不相同。企业如果不慎重选择筹资方式，可能造成过多的筹资费用，而增加企业经营风险。所以，物业服务企业的财务管理部门在进行筹资决策时，必须对各种筹资方式的资金成本加以比较和抉择，使一定时期的资金来源及其数量与经营需求相一致。

2. 资金的投放

物业服务企业筹集资金的目的是为了把资金运用于生产经营活动，以便获得盈利。物业服务企业可以把筹集到的资金用于购置固定资产、流动资产等形成对内投资，也可以用于购买其他企业的股票、债券，或与其他企业联营形成对外投资。

3．资金的收回和分配

物业服务企业通过生产经营取得营业收入，收回资金。营业收入，扣除营业成本和税金后，剩余部分为企业的营业利润。营业利润、投资净收益和其他净收入构成企业的利润总额，在交纳所得税后应按规定的程序进行分配。首先弥补亏损，其次提取公积金和公益金，最后向所有者分配利润。

物业服务企业的筹资管理、投资管理和利润分配管理三个方面相互联系、相互依存，共同构成企业财务管理的基本内容。

# 二、物业服务资金的来源

物业服务资金按其来源可分为住宅专项维修基金、物业服务费、物业经营性收入和国家财政补贴四种类型。

## （一）住宅专项维修基金

住宅专项维修资金是指专项用于住宅共用部位、共用设施设备保修期满后大修、中修及更新、改造的资金。

共用部位，是指根据法律、法规和房屋买卖合同，由单幢住宅内业主或者单幢住宅内业主及与之结构相连的非住宅业主共有的部位，一般包括住宅的基础、承重墙体、柱、梁、楼板、屋顶以及户外的墙面、门厅、楼梯间、走廊通道等。

共用设施设备，是指根据法律、法规和房屋买卖合同，由住宅业主或者住宅业主及有关非住宅业主共有的附属设施设备，一般包括电梯、天线、照明、消防设施、绿地、道路、路灯、沟渠、池、井、非经营性车场车库、公益性文体设施和共用设施设备使用的房屋等。

住宅专项维修基金的筹措，因物业种类不同而不同。

1．商品住宅维修基金的筹措

商品住宅的业主、非住宅的业主按照所拥有的物业的建筑面积交存住宅专项维修资金，每平方米建筑面积交存首期住宅专项维修资金的数额为当地住宅建筑安装工程每平方米造价的 5%～8%。每平方米建筑面积交存的首期住宅专项维修资金的数额，由直辖市、市、县人民政府建设（房地产）主管部门根据本地区情况确定并公布。

2．公有住房售后的维修基金筹措

出售公有住房的，业主按照所拥有物业的建筑面积交存住宅专项维修资金，每平方米建筑面积交存首期住宅专项维修资金的数额为当地房改成本价的 2%。售房单位按照多层住宅不低于售房款的 20%、高层住宅不低于售房款的 30%，从售房款中一次性提取住宅专项维修资金。

### （二）物业服务费

物业服务费是业主与物业服务企业在物业服务合同中约定的，由业主和非业主使用人向物业服务企业交纳的物业服务费用。物业服务费是保证日常物业管理工作正常运转的主要资金来源。

物业服务费牵涉面广，对社会影响较大。为规范城市住宅小区物业服务的收费行为，维护国家、物业服务企业、业主或非业主使用人的合法权益，促进物业管理事业的健康发展，《物业管理条例》第四十一条规定，"物业服务收费应当遵循合理、公开以及费用与服务水平相适应的原则，区别不同物业的性质和特点，由业主和物业服务企业按照国务院价格主管部门会同国务院建设行政主管部门制定的物业服务收费办法，在物业服务合同中约定。"

### （三）物业经营性收入

物业管理小区内的商业用房，属小区配套设施，这些物业的产权属全体业主共有，可采取灵活多样的方式，委托物业服务企业经营。如对商业用房，可采取租赁经营的方法，业主委员会收取租金，由物业服务企业经营或委托经营；或由业主委员会与物业服务企业核定一个承包数，超额分成，业主委员会将收入按照业主大会的决定并入物业管理维修基金或弥补物业管理费的不足。

物业服务企业还可利用自身的优势，依靠可靠的信息来源，开展物业代租代购，代办产权转移等中介服务；承接室内装修装饰工程等，作为盈利手段之一。

### （四）国家财政补贴

由房管站（房管所）改制的物业服务企业，主要从事直管公房的物业管理工作，在一定的时期内政府会给予适当的财政补贴。此外，创建文明小区，是社会主义精神文明建设的重要组成部分，物业服务企业和当地政府都十分重视，有的还会得到政府的财政补贴。如深圳市有规定，市、区财政对全市规则创建的文明小区分别一次性投入启动奖金，每个小区市财政出资 3 万元，区财政出资 2 万元。

## 三、物业服务资金的使用原则

物业服务企业是受业主委员会的委托提供物业服务的，物业服务费是业主预付给物业服务企业用于委托物业服务的费用，资金所有权属于业主，物业服务企业在使用物业服务资金时应遵循以下原则。

### （一）"必要合理"原则

物业服务收费是业主预付的，属于业主，要事前预算，事后核算，数量有限，物业管理资金的使用应当贯彻"必要、合理"的原则，把有限的物业服务资金用在必要的物业服务项目上。

### （二）"服务第一"原则

为业主服务是物业服务企业的本质和宗旨，物业服务企业是接受业主的委托对其提供服务（管理其物业），物业管理的资金使用必须贯彻"服务第一"的原则，确保物业服务资金的使用与物业服务范围相适应，与提供服务的质量一致。

### （三）"计划使用"原则

物业服务资金筹集后必须妥善管理，实行分类储存，全面安排，计划使用，避免因用资失控而导致业主（或非业主使用人）以及物业服务企业自身蒙受损失。物业服务企业资金的使用应短期与长期兼顾，物业具有由新到旧，最后更新的物质自然寿命周期，物业处于寿命周期中的不同阶段、物业服务资金的需求情况也不同。当物业交付使用后，物业管理处于起步阶段，需要投入的新项目较多，资金需求量大；处于成熟期的投资项目少，收入项目多，资金需求较少，但对物业日常维护保养方面，物业服务资金需求逐渐呈上升趋势；在衰退期，物业服务资金主要使用于对物业的大修与更新，资金需求量最大。因此物业服务企业应制定资金使用的长期规划和年度预算。

物业维修基金的使用，要为业主精打细算，一方面要加强例行的保养，延长房屋及各种设施的使用寿命；另一方面应按自然寿命周期有计划地轮流对物业进行大修和设备更新，以保证其安全运行、有效使用。例如，房屋的外墙粉刷，一般为 5 年一次，内墙的翻新为 15 年一次，屋顶覆盖层及门、窗的翻新为 20 年一次，电线的更新为 25 年一次，而电梯的更新为 20 年一次。物业服务企业应根据具体楼宇所选用的设备、材料型号的质量推算其使用年限。房屋及其设备的大修、更新计划由物业服务企业编制后，交业主委员会审核同意实施。

### （四）"合理收益"原则

物业服务企业是自主经营、自负盈亏、自我发展的经济实体，其经营管理活动以盈利为目的，在资金使用时，应贯彻合理收益的原则，尽可能降低管理的成本，节约管理费用，保证实现合理报酬、合理收益。

### （五）"民主管理"的原则

物业服务资金的使用应当充分尊重业主的意见，增加透明度，使物业服务费和维修基金的收入、管理、使用进入良性循环。物业服务企业应接受业主的监督，业主委员会有权审核物业服务企业制订的物业管理财务年度计划、财务预算和决算，物业服务企业要定期向业主公布收入和支出的账目表，接受全体业主的监督。

**案例 8-2 使用住宅专项维修资金必须经业主表决同意吗**[①]

北京市某住宅小区建于 2008 年，自 2011 年开始各栋楼的外墙瓷砖出现局部空鼓、脱落现象，2012 年一场大雨过程中还发生过墙砖脱落砸坏业主机动车的事故，导致了业主和物业公司之间的矛盾纠纷。物业公司项目经理基于安全考虑，打算尽快动用住宅专项维修资金进行维修。物业公司首先向鉴定部门提交对管理小区外墙进行鉴定的申请，鉴定站的鉴定结论是："2013 年 11 月 2 日，我站技术人员对某住宅小区 2 号楼各层外墙装饰砖进行现场勘察，发现局部空鼓、脱落和渗水，严重影响居民正常住用及出行安全。依据《北京市城镇住宅楼房大、中修定案标准》（京房地修字[1999]第 930 号）、《北京市城镇房屋完损等级评定实施规定》（京房修字[1994]第 495 号）及《北京市住宅专项维修资金使用审核标准》（京建发[2010]272 号）中关于外墙装饰层的各项规定，建议：对北京市某住宅小区 2 号楼外墙装饰砖进行大修处理，维修面积为 14 647 平方米。"鉴定完毕后，物业公司项目经理联系了一家施工单位，该单位勘查现场后，向物业公司上报了一份工程预算书，载明"工程预算总金额为 3 121 241.28 元，该楼建筑面积为 36 972.77 平方米。工程费用分摊标准为：工程预算金额/建筑面积=84.42 元/平方米。"

做完相关鉴定和预算后，物业公司向房管局提出了使用 3 121 241.28 元住宅专项维修资金维修外墙的申请。房管局审批同意了物业公司的申请，资金中心将资金划转到了施工单位。2014 年 3 月 20 日施工单位入场施工，细心的业主同时发现物业公司在楼梯厅贴出了《使用住宅维修资金的通知书》，部分业主感到气愤："明明没同意物业公司使用维修资金，凭什么就使用了呢？"部分业主认为，外墙脱落、空鼓属于房屋质量问题，应由开发商出资维修。即便是需要使用住宅专项维修资金也应当首先经过业主同意，这是《物权法》的规定。未经业主同意，物业公司使用维修资金的行为属于贪污挪用。个别业主开始到处上访，还将房管局告到其上级部门，认为物业公司无权使用维修资金，房管局审批违法。

**案例评析**

本案是一起住宅专项维修资金使用纠纷案件，焦点问题是使用住宅维修资金是否必须事先征得业主同意。

1. 本案使用住宅专项维修资金无须事先征得业主同意

按照《物权法》、《物业管理条例》和《住宅专项维修资金管理办法》的相关规定，使用住宅专项维修资金的相关规定，使用住宅专项维修资金应当经专有部分占建筑物总面积三分之二以上的业主且占总人数三分之二以上的业主同意。但是，该规定仅针对一般情况。如果属于紧急情况，很多地方都规定了简化程序，无须征得业主同意。

---

[①] 王占强. 物业管理经典案例与实务操作指引[M]. 北京：中国法制出版社，2014.

按照北京市住房和城乡建设委员会、北京市财直接申请使用维修资金，房管局的审批是合法的。政局、北京市审计局、北京市住房资金管理中心《关于简化程序方便应急情况下使用住宅专项维修资金有关问题的通知》（京建法[2013]20号）规定，"为保证物业管理区域内发生《北京市物业管理办法》（市政府令第219号）第34条规定的6种危及房屋使用安全的紧急情况时，物业共用部分、共用设施设备能够得到及时维修，本着"确保安全、明确职责、减少交叉、规范程序、方便使用、依法追责"的原则，根据《物权法》、《住宅专项维修资金管理办法》（建设部、财政部令第165号）、《北京市物业管理办法》、《北京市住宅维修资金管理办法》（京建物[2009]836号）的有关规定，现就我市住宅专项维修资金应急使用有关问题通知如下："实施应急维修需要使用住宅专项维修资金的，无须经住宅专项维修资金列支范围内专有部分占建筑物总面积三分之二以上的业主且占总人数三分之二以上的业主同意，但业主委员会应当在物业管理区域内的显著位置就专项维修资金用于应急维修的有关情况告知业主；没有业主委员会的，由物业服务企业告知。"《北京市物业管理办法》第三十四条规定，"发生下列危及房屋使用安全的紧急情况，需要立即对共用部分进行维修、更新、改造的，按照有关规定使用专项维修资金：（1）屋面防水损坏造成渗漏的；（2）电梯故障危及人身安全的；（3）高层住宅水泵损坏导致供水中断的；（4）楼体单侧外立面五分之一以上有脱落危险的；（5）专用排水设施因坍塌、堵塞、爆裂等造成功能障碍，危及人身财产安全的；（6）消防系统出现功能障碍，消防管理部门要求对消防设施设备维修、更新、改造的。"

本案中，鉴定部门的鉴定结论是建议对北京市某住宅小区2号楼外墙装饰砖进行大修处理，维修面积为14 647平方米，符合《北京市物业管理办法》第三十四条第（四）项的规定，即"楼体单侧外立面五分之一以上有脱落危险"，依法无须经住宅专项维修资金列支范围内专有部分占建筑物总面积三分之二以上的业主且占总人数三分之二以上的业主同意。

2. 应急使用住宅专项维修资金应当告知业主

本案申请使用住宅专项维修资金虽然无须征得业主同意，但应当对业主履行告知义务，小区如果已成立了业主委员会，业主委员会应当在物业管理区域内的显著位置就专项维修资金用于应急维修的有关情况告知业主；没有业主委员会的，由物业服务企业告知。按照20号文的规定，"应急维修工程完工后，业主委员会、物业服务企业或者其他组织维修的范围，应将工程使用住宅维修资金总额及业主分摊费用情况在物业管理区域内的显著位置告知业主，业主提出质疑的，组织单位应给予明确书面答复。"可见，在应急使用住宅专项维修资金之前和完毕后，都应当向业主履行告知义务。

综上，本案物业公司可以不经业主同意直接申请使用维修资金，房管局的审批是合法的。

# 四、物业服务资金的主要用途

物业服务资金主要用于以下几个方面。

### （一）共用部位、共用设施设备的修理及更新、改造耗费支出

物业的维修养护是物业管理中重要的环节，也是物业服务资金的主要用途。提高物业的价值和使用价值，延长物业的使用年限，延缓物业的自然损耗，增加业主的投资回报，就有赖于完善的物业维修养护措施和技术。

房屋共用部位、共用设施设备的维修养护，既是物业管理公共性服务的主要内容，也是物业服务企业接受业主委托服务后义不容辞的责任。按照《住宅专项维修资金管理办法》的规定，住宅专项维修资金只能专项用于住宅共用部位、共用设施设备保修期满后的维修和更新、改造，对于房屋及设施设备的小修（零修）工程的费用，是应由有关业主进行分摊，还是由正常的物业服务费用中开支，由于小修（零修）的额度上限难以明确，所以目前的执行办法也各不相同。如深圳市房屋本体维修基金管理规定中，就确定本体基金的30%用于房屋本体共用部位中修以上的维护工程；而公用设施专用基金用于购买管理用房、垫支购买部分商业用房和住宅区公用设施的重大维修工程（含改造）项目。公用设施的小修费用则由物业服务费支出。建设部《物业管理委托合同示范文本》中第二十六条，关于房屋共用部位，公用设施、设备、公共场地的小修、养护费用亦无明确规定，意即可由物业服务企业和业主委员会协商约定。在目前实际操作中，房屋共用部位和公用设施、设备的小修、养护费用，大部分都是由物业服务费用中开支的，由业主分摊的尚属少数。

明确共用部位、共用设备设施的大、中、小修资金来源和运作状况，有利于物业服务企业对资金的使用实行有效控制和使用，确保物业的正常维修养护，使物业能保值增值。

### （二）物业服务企业各类人员的工资和福利支出

物业服务也是一种商品，业主或非业主使用人需提供等价的货币相交换，业主或非业主使用人缴交的物业服务费中含有经营服务过程中活劳动消耗的补偿，即物业服务人员和服务人员的工资，以及包括有关规定提取的养老保险金、医疗保险费、住房公积金、待业保险金、工会经费和教育经费等福利支出。

### （三）物业服务企业原材料消耗、设备折旧及办公费支出

物业服务企业中的物化劳动支出表现为服务过程中原材料的消耗和固定资产的损耗。原材料的损耗主要是指房屋共用部位日常保养和小修小补所需的建材，设备维修保养中的润滑油和易损零配件，绿化补种的树苗费，养护所用的肥料、农药，卫生保洁用的清洁剂及虫害消杀剂，保安工作消耗的低值易耗品等。设备折旧主要是指办公室所用的固定资产，保安所需的防盗警报通信器材，绿化清洁机械及小型器械的折旧。办公费主要是指交通费、通信费、公共关系费等。与一般的工业产品成本不同，服务商品生产过程中原材料消耗及使用设备相对比较少，物业服务企业所拥有的固定资产物质自然寿命及技术寿命比较短，故折旧年限也比较短。

### （四）机电、消防设备的委托维护费和年检费

物业内的电梯、中央空调等机电设备，为了充分利用厂家售后服务的优惠条件，大多数都委托厂家在保修期后继续承担日常保养维护及年检，而高压电气设备、自动喷洒灭火装置的维护与年检则属于行业管理的范畴，也需要委托行业内定点单位进行年检和维护。这些费用的支出在写字楼及商业物业管理费中所占份额较大，而居住物业只有高层住宅需要电梯维护和年检。

### 案例8-3 专项维修资金不能用于设备的日常维修养护①

广州市海晶花园业主委员会对小区2008年3月到2009年3月期间的专项维修资金进行审计时，发现海晶物业服务公司在业主不知情的情况下，挪用了小区的物业专项维修资金5.4万元，遂要求物业服务公司在小区内公示专项维修资金的使用明细表并附上情况说明。

物业服务公司称5.4万元维修资金是用于小区共用设施和设备的日常维护和保养，属于正常合理使用范畴。业主委员会向物业服务公司发函要求物业服务公司返还被挪用的5.4万元专项维修资金。海晶物业服务公司拒绝返还，业主委员会在业主大会的授权下作为原告将海晶物业服务公司诉至法院，要求被告海晶物业服务公司将5.4万元专项维修资金返还给原告。

**一、争议焦点**

（1）物业服务公司能否将物业专项维修资金用于小区共用设施和设备的日常维修和养护？

（2）业主委员会是否是本案适格的诉讼主体？

**二、本文观点**

1. 物业服务公司将物业专项维修资金用于日常的共用设施设备的维修和养护违反了专项维修资金专款专用的原则

国务院《物业管理条例》第五十四条规定，专项维修资金属于业主所有，专项用于物业保修期满后物业共用部位、共用设施设备的维修和更新、改造，不得挪作他用。《物业管理条例》第六十三条规定，违反本条例的规定，挪用专项维修资金的，由县级以上地方人民政府房地产行政主管部门追回挪用的专项维修资金，给予警告，没收违法所得，可以并处挪用数额2倍以下的罚款；物业服务企业挪用专项维修资金，情节严重的，并由颁发资质证书的部门吊销资质证书；构成犯罪的，依法追究直接负责的主管人员和其他直接责任人员的刑事责任。据此，专项维修资金的用途法定明确，违规处罚办法清晰。建设部、财

---

① 周滨. 专项维修资金不能用于设备的日常维修养护[J]. 现代物业，2010（1）.

政部发布的《住宅专项维修资金管理办法》第十八条也对专项维修资金的使用办法作了明确的规定。那么，在本案中，物业服务公司将专项维修资金用于日常共用设施设备的维修、养护是否符合"专款专用"的规定呢？

国家发展改革委、建设部关于印发《物业服务定价成本监审办法（试行）》的通知（发改价格[2007]2285 号）第七条规定，物业服务定价成本由人员费用、物业共用部位共用设施设备日常运行和维护费用、绿化养护费用、清洁卫生费用、秩序维护费用、物业共用部位共用设施设备及公众责任保险费用、办公费用、管理费分摊、固定资产折旧以及经业主同意的其他费用组成。第九条规定，物业共用部位共用设施设备日常运行和维护费用是指为保障物业管理区域内共用部位、共用设施设备的正常使用和运行、维护保养所需的费用。不包括保修期内应由建设单位履行保修责任而支出的维修费、应由住宅专项维修资金支出的维修和更新、改造费用。根据上述规定，物业共用部位、共用设施设备的日常运行和维修费用包括在物业服务企业的物业服务定价成本之中，应由物业服务企业自行承担。住宅专项维修资金支出的维修和更新、改造费用不包括在物业服务的定价成本之中。因此，物业服务企业将专项维修资金用于设施设备日常的维修和养护违反了专项维修资金"专款专用"的原则，对全体业主构成侵权。海晶物业服务公司理应返还被其非法挪用的 5.4 万元专项维修资金。

2. 业主委员会有权作为原告提起侵权之诉

2004 年，广东省高级人民法院审判委员会第 160 次会议通过了《关于业主委员会是否具备民事诉讼主体资格问题的批复》，该批复的主要意见为：经房地产行政主管部门备案登记的业主委员会，对房地产开发单位未向业主委员会移交住宅区规划图等资料，未提供配套共用部位、共用设施专项费，公共部位维护费及物业管理用房、商业用房引起的纠纷，以及全体业主与物业服务公司之间因住宅小区物业管理引起的纠纷，可以自己的名义提起诉讼。广东省高级人民法院在此批复中明确了业主委员会的民事诉讼主体资格。本案中，原告是经房地产行政主管部门备案登记合法成立的业主委员会，物业服务公司违法使用专项维修资金的行为属于"全体业主与物业服务公司之间因住宅小区物业管理引起的纠纷"，业主委员会可以以自己的名义提起诉讼。《中华人民共和国物权法》第七十九条规定，"建筑物及其附属设施的维修资金，属于业主共有。"因物业专项维修资金属于全体业主共有，业主委员会作为全体业主利益的代表，有权在业主大会的授权下，向法院提起诉讼。

**三、法院判决**

物业共用部位、共用设施设备的日常运行和养护费用应由物业服务公司从业主交纳的物业服务费中开支，不得从专项维修资金中支出。被告的行为违反了物业专项维修资金"专款专用"的原则。原告作为全体业主利益的代表，有权在业主大会的授权下提起诉讼。被告非法挪用住宅专项维修资金的行为构成侵权。法院判令被告将挪用的 5.4 万元专项维修资金返还给原告。

### （五）物业服务企业的利润和国家税收

物业服务企业作为独立的商品生产者，从事生产经营的目的是要获得利润。企业要以收入弥补支出，向国家上缴税金并不断扩大再生产，在取得良好社会效益的同时提高经济效益，所以物业服务资金中，应含有支付国家税收及物业服务企业利润的部分。

目前，物业服务企业按国家对第三产业的税收优惠，在税种、税基和免税方面都有明确规定，只需交纳两税一费，即营业税按经营总额 5% 征收；城市建设维护税按营业税 7% 征收；教育附加费按营业税的 3% 征收。对于物业服务企业代有关部门收取水费、电费、燃（煤）气费、维修基金等不计征营业税。

政府投资建设或给予政策优惠建设的物业，物业服务费免收企业营业税，普通住宅（解困房、房改房）的物业服务收费，其标准低于或等于管理维护开支成本的，由当地行政主管部门报同级人民政府批准，免收企业营业税。

物业服务企业的利润称为管理酬金或佣金，各地方政府或行政主管部门根据当地的实际情况大多数都对利润率作了规定，一般最高不超过物业服务成本的 12%。有些省、市对不同资质的物业服务企业的最高利润率做出分级限制标准，随着物业服务市场化程度的提高，物业服务行业的整体利润率必将趋向社会平均利润。

# 五、成本和费用

成本和费用是企业生产经营过程中的货币表现。对成本和费用的管理是物业服务企业财务管理的核心内容，成本和费用核算是否准确、真实、合理，关系到经营成果的计算是否正确，直接影响国家、企业和职工个人的利益分配。它对于加强企业的经营管理，提高经济效益，增强企业的市场竞争能力，都具有重要作用。

### （一）营业成本

物业服务企业的营业成本，是指企业在从事物业管理活动中，为物业产权人、使用人提供维修管理和服务所发生的各项直接支出。

1. 营业成本的构成

物业服务企业的营业成本包括直接人工费、直接材料费和间接费用等项目。

（1）直接人工费

直接人工费是指在直接从事物业管理活动中，为物业产权人、使用人提供维修管理和服务所发生的各项直接支出，包括直接人工费、直接材料费和间接费用等项目。

（2）直接材料费

直接材料费是指在从事物业管理活动中直接消耗的各种材料、燃料和动力、零件、低值易耗品、包装物等。

（3）间接费用

间接费用是指物业服务企业为组织和管理本辖区物业管理活动所发生的各项支出以及其他不能直接归属某个项目的费用。包括物业服务企业管理人员的工资、奖金、津贴和补贴、职工福利费、劳动保护费、办公费、差旅费、邮电通信费、交通运输费、水电费、取暖费、固定资产折旧费及修理费、租赁费、财产保险费、保安费、绿化维护费、低值易耗品摊销以及其他费用等。此外，营业成本还包括物业服务企业所属各物业管理单位（非法人实体）经营共用设施设备，如经营停车场、游泳池、各类球场等共用设施支付的有偿使用费和对管理用房进行装饰装修发生的各项支出等。

2．进行营业成本核算应注意的几个问题

物业服务企业进行营业成本核算时，应注意以下两个问题。

（1）实行一级成本核算的企业，为简化成本核算，可以不设间接费用，所发生的各项支出直接计入管理费用。

（2）《财务管理规定》中确定的营业成本是针对物业服务企业的主营业务来讲的。企业主营业务以外的其他附营活动，如企业从事的工业生产、运输、商业贸易、物资供销、饮食服务等，其成本核算比照相关的行业财务制度执行。但对其他附营活动无论怎样核算，均要作为其他业务支出纳入物业服务企业的经营收支体系管理。

**（二）期间费用**

物业服务企业的期间费用是指与企业经营没有直接关系或关系不密切，不需要在各个会计期分摊而直接计入当期损益的费用，主要包括管理费用和财务费用。

1．管理费用

管理费用是指企业行政管理部门为管理和组织经营活动而发生的费用，包括公司经费、工会经费、职工教育经费、劳动保险费、待业保险费、董事会费、咨询费、审计费、诉讼费、排污费、绿化费、税金、土地使用费、技术转让费、技术开发费、无形资产摊销、开办费摊销、业务招待费、团体会费、独生子女补助费、坏账损失、存货的盘亏毁损和报废（减盘盈）损失以及其他管理费用等。此外，企业总部支付的管理用房有偿使用费和企业总部对管理用房进行装饰装修发生的各项直接支出，也作为管理费用核算的开支项目。

2．财务费用

财务费用是指企业在经营活动中为筹集资金所发生的各项费用，包括企业生产经营期间发生的利息支出（减利息收入）、汇兑净损失、金融机构手续费以及筹集资金发生的其他财务费用等。

做好财务费用的管理和核算，必须把握以下两点：（1）企业生产经营期间发生的筹资费用，计入财务费用；（2）筹建期间发生的筹资费用，应分别按不同情况处理，属于费用性支出的计入开办费，属于资本性支出的，如与购建固定资产有关，在固定资产尚未办理竣工决策或尚未交付使用之前，计入有关的固定资产购建成本。

### （三）不得列入成本和费用的项目

物业服务企业购置和建造固定资产、购入无形资产和其他资产的支出，不得列入成本费用。购建固定资产、无形资产所发生的支出属于资本性支出，不能混同于费用性支出列入成本、费用。购建固定资产所发生的支出只能通过固定资产折旧方式从当期收入中补回。至于其他资产属于有专门用途或因其他原因参与企业生产经营周转的资产，在财务上也不得列入成本、费用项目。

# 六、营业收入及利润

经营成果是物业服务企业一定时期内经营业绩的综合反映。如何确认营业收入，营业收入怎样分类，包括哪些内容，是物业服务企业准确核算经营成果的基础，也是物业服务企业财务管理工作中必须解决的理论问题。

### （一）营业收入

物业服务企业的营业收入，是指物业服务企业从事物业和其他经营活动所取得的收入。根据物业服务企业的经营特点，应按下列原则对物业服务企业的营业收入进行分类：凡为物业产权、使用人提供服务，为保持房屋建筑物及其附属设施设备完好无损而进行维修、管理所得的收入作为主营业务收入；凡主营业务以外，从事交通运输、饮食服务、商业贸易等经营活动所取得的收入作为其他业务收入。

1. 主营业务收入

主营业务收入包括物业服务收入、物业经营收入和物业大修收入三项。

（1）物业服务收入是指物业服务企业利用自身的专业技术，为物业产权人、使用人提供服务，为保持房产物业完好无损而从事日常维修、管理活动而取得的收入。管理收入划分为公共性服务费收入、公众代办性服务费收入和特约服务收入三块。

（2）物业经营收入是指物业服务企业经营业主委员会或者物业产权人、使用人提供的房屋建筑物及其附属设施取得的收入，如房屋出租收入和经营停车场、游泳池、各类球场等共用设施的收入。

（3）物业大修收入是指物业服务企业接受业主委员会或者物业产权人、使用人的委托，对房屋共用部位、共用设施设备进行大修等工程施工活动所取得的工程结算收入。

2. 其他业务收入

其他业务收入，是指企业从事主营业务以外的其他业务活动所取得的收入。包括房屋中介代销手续费收入、无形资产转让收入、材料物资销售收入、废品回收收入和商业用房经营收入等。

（1）房屋中介代销手续费收入

这里是指物业服务企业受房地产开发商的委托，对其开发的商品从事代理销售活动而取得的手续费收入，称为房屋中介代销手续费收入，作为其他业务收入处理。

（2）无形资产转让收入

无形资产和有形固定资产一样，属于可供企业长期使用的资产。但无形资产是一种特殊的长期资产，与固定资产有较大区别，转让方法也不尽一致。一般而言，固定资产转让是所有权的转让，无形资产转让情况比较复杂，按是否入账可分为已入账的无形资产转让和未入账的无形资产的转让；按转让方式可分为所有权转让和使用权转让。为便于核算、简化手续，无论是否入账的无形资产转让，也无论是所有权还是使用权的转让，无形资产的转让收入均作为其他业务收入处理。

（3）材料物资销售收入

材料物资销售收入是指企业不需用的材料物资对外出售所取得的收入。

（4）商业用房经营收入

商业用房经营收入是指企业利用业主委员会或者物业产权人、使用人提供的商业用房，从事经营活动所取得的收入，如开办商店、饮食店、美容美发、彩扩中心、歌舞厅等为物业产权人、使用人提供方便所取得的经营收入。这些服务项目不是维持住宅小区和商业楼宇等正常运转所必需的基本服务，相对维持住宅小区和商业楼宇的正常运转而言，属于较高层次的服务项目，因此，不能列为企业的主营业务收入，只能作为其他业务收入处理。

3. 房屋出租收入与商业用房经营收入的区别

房屋出租收入作为主营业务收入（物业经营收入）处理，商业用房经营收入则作为其他业务收入处理。这主要是由于物业服务企业的经营特点所决定的。

一般来说，物业服务企业往往根据经营需要，对商业用房要重新进行改造，添加一部分经营设施，增加这些房屋的经济功能，以从事营业性经营活动。这种商业用房经营收入绝不仅仅是房屋本身所带来的收益，而是由于企业利用房屋作为载体从事某种营业性经营活动所带来的一种收益。

因此，它不能与房屋出租收入混为一谈，只能依据其相关的财务制度核算，作为物业服务企业的其他业务收入处理。为此，物业服务企业利用物业产权人、使用人提供的房屋所获取的收入，应分别按不同情况处理：一是物业服务企业不对业主委员会或者物业产权人、使用人提供的房屋再行添加任何设施，而直接用出租收取的房屋租金应作为主营业务收入中的物业经营收入处理；二是一旦物业服务企业根据经营需要，对业主委员会或者物业产权人、使用人提供的房屋（如商业用房），再添加一部分经营设施，增加房屋的经济功能，从事健身房、卡拉 OK、歌舞厅、美容美发、彩扩中心、商店、饭店等经营活动所取得的收入，应比照相关行业财务制度的有关规定核算，其经营收入作为物业服务企业的其他业务收入处理。

4．物业服务企业营业收入的确认原则

根据企业营业收入确认的一般原则，对物业服务企业营业收入的确认原则问题，《财务管理规定》中规定"企业应当在劳务已经提供，同时收讫价款或取得收取价款的凭证时确认营业收入的实现"。这是物业服务企业营业收入确认的一般原则。根据物业服务企业的经营特点，对营业收入的确认原则又作了以下两方面的具体补充规定。

（1）企业与业主委员会或者物业产权人、使用人双方签订付款合同或协议的，应当根据合同或者协议所规定的付款日期，作为营业收入的实现。

在这一日期，无论企业是否实际收到价款，均应作为营业收入处理。如公共服务费收入和公众代办性服务费收入均应按照这一原则进行处理，不得以收付实现制代替权责发生制。

（2）物业大修收入，应当根据业主委员会或者物业产权人、使用人签证认可的工程价款结算账单确认为营业收入的实现。物业服务企业接受业主委员会或物业产权人、使用人委托，对住宅小区和商业楼宇等物业进行大修理等工程施工活动，由物业服务企业自行出具工程价款结算账单，但必须经委托方签章认可后，才能作为营业收入处理。

**（二）利润**

利润总额是企业在一定时期内实现盈亏的总额，集中反映了企业生产经营活动各方面的效益。企业利润，是企业最终的财务成果，是衡量企业经营管理的重要综合指标。企业利润总额包括营业利润、投资净收益、营业外收支净额以及补贴收入。

1．利润总额的组成内容

为了全面准确地反映物业服务企业的经营成果，根据物业服务企业的经营特点，把物业服务企业的经营成果分为主营业务利润和其他业务利润两大部分。物业服务企业的利润组成，用公式表示如下：

利润总额=营业利润+投资净收益+营业外收支净额+补贴收入

营业利润=主营业务利润+其他业务利润

主营业务利润=营业收入-营业成本-营业税金及附加-管理费用-财务费用

其他业务利润=其他业务收入-其他业务支出

投资净收益=投资收益-投资损失

营业外收支净额=营业外收入-营业外支出

2．利润总额的组成部分

在利润总额的组成内容中，营业成本、期间费用和其他业务支出已在前面做了介绍。这里只对营业税金及附加、投资净收益、营业外收入、营业外支出、补贴收入等内容重点加以说明。

（1）营业税金及附加

营业税金及附加是指企业按税法规定缴纳的营业税、城市维护建设税和教育费附加等。

（2）投资净收益

投资净收益是指投资收益扣除投资损失后的净额。投资收益和投资损失是指企业对外投资所取得的收益或发生的损失。

投资收益的内容包括：对外投资分得的利润、股利和债券利息，投资到期收回或者中途转让取得款项高于账面价值的差额，以及按照权益法核算的股权投资在被投资单位的净额资产中所拥有数额等。

（3）营业外收入

营业外收入是指与企业生产经营活动没有直接因果关系，但与企业又有一定联系的收入。列入营业外收入的项目主要有：固定资产的盘盈和处理固定资产净收益、罚款收入、因债权人的原因确实无法支付的应付款项、教育费附加返还款等。

（4）营业外支出

企业营业外支出与营业外收入相对应，是指企业生产经营活动没有直接因果关系，但与企业又有一定联系的支出，列入企业营业外支出的项目主要有固定资产盈亏、报废、毁损和出售的净损失、非常损失、公益救济性捐赠、赔偿金、违约金、滞纳金和被没收的财物损失等。

（5）补贴收入

补贴收入是指国家拨给企业的政策性亏损补贴和其他补贴，如部分房管所转为物业服务企业后，由于承担直管公房和单位公房的管理任务，房租水平偏低，导致这部分物业服务企业亏损严重，财政部门和主管部门根据国家统一规定，拨给这部分物业服务企业一部分亏损补贴等。物业服务企业收到亏损补贴后，要作为补贴收入并入企业利润总额。

# 第四节　物业服务企业的 ISO 系列认证与 CI 设计

## 一、ISO 9000 系列国际质量标准

ISO 是国际标准化组织（International Standardization Organization）的英语简称。ISO 是世界上最大的非政府性国际标准化机构，也是世界上最大的国际科学技术组织之一。它成立于 1947 年，主要活动是制定各行业的国际标准。物业服务企业的 ISO 系列认证主要包括 ISO 9000 系列国际质量标准和 ISO 14000 系列环境管理标准认证。

所谓 ISO 9000 系列国际质量标准，是指由 ISO 的第 176 个技术委员会 ISO/TC176 制定的所有有关质量管理体系国际标准的总称。自从国际标准化组织于 1987 年正式发布 ISO 9000 国际质量标准以来，在不到 10 年的时间里，在世界范围内形成了 ISO 9000 热的

奇观，由有 80 多个国家等同或有效采纳了 ISO 9000，包括欧共体、欧洲自由贸易联盟、美国、中国、日本等国。为了提高质量，发展经济和参与国际贸易，实现与国际市场接轨，中国及时从等效到等同采用了该系列标准，于 1992 年颁布了 GB/T 9000 系列标准。这套标准的推出得到了社会的广泛支持和采用，ISO 9000 全面促进质量，得到了全社会的共识，制造业、服务业、政界、行政管理部门乃至教育界，都在大力提倡质量和顾客满意的策略。

ISO 9000 国际质量标准在中国物业管理行业的兴起源于深圳。早在 1996 年中海物业管理（深圳）有限公司率先通过了深圳市质量认证中心的认证审核。随后，万科等公司相继导入了 AT ISO 9000 标准并获得认证，现在越来越多的物业服务企业导入并推行 ISO 9000 标准，这标志着中国物业管理行业进入了以质量求生存的发展阶段。

**（一）ISO 9000 质量体系的基本概念**

ISO 9000 质量体系在 ISO 8402—1994 中的定义是：为实施质量管理所需的组织结构、程序、过程和资源，实施质量管理是质量体系的核心，质量体系应当是组织结构、程序过程和资源的集合体，四者缺一不可，质量体系是实施质量管理的基本保证。其要点如下。

（1）供方应建立和保持以文件为表征形式的质量体系。

（2）质量体系文件对各项质量活动的职责和方法加以规定，使之有章可循，有法可依，编制质量体系文件是确保产品符合规定要求的一种手段。

（3）完善和实施质量体系对各项质量体系文件的过程是企业建立、健全质量体系的过程。

（4）质量体系文件通常包括质量手册、质量体系程序、作业指导书、表格与记录。

物业管理质量体系主要是指依据 ISO 9000 标准建立的文件化的质量体系，使物业管理的技术标准和质量规范管理纳入国际轨道。对物业管理操作经营中的每一个岗位、每一个人员、每一个系统和每一个环节都应有严格的科学的管理规范和检验标准，以便为实施质量管理提供基础。

**（二）ISO 9000 质量体系的文件结构**

物业服务企业依据 ISO 9000 建立管理质量体系，其结构层次是：质量手册、质量体系程序、作业指导书和质量记录表格等。

1. 质量手册

质量手册是阐明物业服务企业的质量方针，即描述其质量体系的文件。它是企业实施质量体系的需要而产生的纲领性文件，是对体系的总体描述。

（1）质量手册是证实或描述形成文件的质量体系的主要文件，是质量保证活动的依据。

（2）编制质量手册的目的，是规定质量体系的基本结构，是实施和保持质量体系应长期遵循的文件。

（3）质量手册反映出企业质量体系的总貌，其内容应覆盖质量保证体系标准的要求。

（4）质量手册应包括或引用质量体系的程序文件，并概述质量体系的文件结构。

（5）ISO 10013 提供了质量手册编制指南。

2．质量体系程序

质量体系程序文件是描述质量体系程序的文件，是对质量体系中有关质量的活动所做出的规定。具体来说，质量体系程序具有以下特点。

（1）质量体系程序是质量体系的支持文件，是质量体系的细化，是质量保证活动的指导性文件，是各职能部门开展各项质量活动具体途径（目的、职责、方法）的明确规定。

（2）所编制的质量体系程序文件应符合质量保证模式标准的要求，并与本组织的质量方针一致。

（3）文件化的质量体系程序，在描述所实施的质量活动过程时，应具有明显的可操作性，符合 5W1H 的要求（What、When、Where、Why、Who、How）。

（4）由质量程序文件所描述的质量活动，其活动范围和详略程度取决于工作的复杂程度、所用的方法以及开展这项活动涉及的人员所需的技能和培训。

（5）供方应有效地实施本组所编制的质量体系程序文件。

（6）质量体系程序一般不涉及纯技术性的细节。

（7）凡是标准中提到要求编制"形成文件的程序"的条款，都应编制相应的质量体系程序文件。

3．作业指导书和质量记录表格

（1）作业指导书（工作规程）是表述质量体系程序文件中每一步更详尽的操作方法。具体指导工作人员执行具体的工作任务，作业指导书和程序文件的区别在于：一个作业指导书只涉及一项独立的具体任务，而一个程序文件涉及质量体系中某个过程的整个活动。物业管理的作业指导书包括有服务、服务的提供、服务质量控制三大规范及工作规程等。

（2）质量记录表属于依据性文件：为了使质量体系有效运行，就要设计一些实用表格，这些表格在使用之后连同给出活动结果的报告，就形成了质量记录，作为质量体系运行的证据，也是进行质量改进的一种有效支持手段。

**（三）物业服务企业推行 ISO 9000 系列标准的意义**

ISO 9000 系列标准具有以下优点。

（1）强调过程管理，明确对各部门的职责权限划分，通过计划和协调把过程作为要素进行管理，使企业有效地、有秩序地开展各项活动，保证工作顺利进行。

（2）强调管理层的介入，明确制定质量方针和目标，并通过定期的管理评审达到了解公司的内部体系运作情况，及时采取措施，确保体系处于良好的运作状态的目的。

（3）强调纠正及预防措施，消除不合格或产生不合格的潜在因素，防止不合格再次发生，从而降低成本。

（4）强调不断的审核及监督，达到对企业的管理及运作不断地修正及改良的目的。

（5）强调全员的参与及培训，确保员工的素质满足工作的要求，并使每一个员工都具有较强的质量意识。

（6）强调文件化管理，以保证管理体系运行的正规性、连续性。

对于物业服务企业引进实施 ISO 9000 质量体系，可以提高质量和管理水平，改善企业内部管理，使企业全部管理活动做到有章可行，有章必行，使服务质量有更可靠的保证，以确保企业的方针目标的实现和经营有效的提高。物业服务企业在通过 ISO 9000 质量体系后，可提高企业声誉，增强企业竞争力。需要强调的是 ISO 9000 标准是国际通用的科学管理方法，是企业所确定的质量目标实现的方法和保证。这就是我们大力提倡物业服务企业引入 ISO 9000 质量体系的意义所在。

# 二、ISO 14000 系列环境管理标准认证

ISO 14000 系列环境管理标准是国际标准组织为保持全球环境，促进世界经济持续发展而制定的一套关于组织内部环境管理体系建立、实施和审核的通用标准，是继 ISO 9000 质量管理体系标准之后的又一个管理体系标准，旨在为企业的环境行为的改进提供一种现代管理模式。物业管理是一个在国外已经发展了上百年，而在中国只有二十多年发展史的行业。

中国加入 WTO 以后，国外物业服务企业先进的经营管理理念和经营手段必将对国内企业带来冲击。物业服务企业要在竞争激烈的市场上立于不败之地，必须使用 ISO 14000 标准，大打"绿色"牌，在其物业策划、营销定位等过程中体现消费者的利益和愿望，建立人类与大自然对立统一的协调机制，创造美好的居住环境。

现代企业非常注重企业的形象和服务的品牌。市场是企业生存、发展的立足之本，而品牌是企业赢得市场的利刃。在挑战与机遇并存的今天，物业服务企业要靠品牌去赢得市场，而用 ISO 14000 打造的品牌是一张"绿色王牌"。ISO 14000 是先进的管理体系，特别是环境标志（ISO 14020～ISO 14029）可以起到改善企业公共关系、树立企业环境形象、促进市场开发的作用，是现代企业在消费水平和环境意识普遍提高条件下的重要的促销手段。

物业管理是以人为中心的服务性行业。作为管理者的"人"要有现代的环境管理理念；作为服务提供者的"人"要有环保的意识；作为服务消费者的"人"对"绿色服务"有越来越高的要求。ISO 14000 系列标准应用领域非常广泛，涵盖了企业管理的各个层次。强调对组织的产品、活动、服务中具有或可能具有潜在对环境的因素加以管理，强调明确每一个员工的职责和分工，从而构成整个企业的环境管理构架。

## （一）控制先于治理

环境保护工作需要全体员工的参与，提高全体人员的环保意识十分重要。但是，许多

物业管理人员对物业管理的理解还停留在修修补补、收收费用上，缺乏成熟的物业管理理念，更谈不上物业管理的环境意识。在一些高层管理者的意识中，存在"企业利益与环境保护相互矛盾"的想法，一听到环保，一般想到的是花钱去治理污染。在这种想法的支配下，很难把可持续发展的思想自觉运用到管理决策中去。其实，污染治理只是对已经成为事实的现象进行改造，属于末端治理。而 ISO 14000 正是要把环境问题放在源头加以控制，而非置于末端加于治理。

### （二）化被动管理为自觉行动

在一般员工中，有人认为环境管理的责任仅限于最高管理者和有关的职能部门或人员。ISO 14000 要求全体人员在观念、行为方式和思考过程等方面都要重视环境保护，从自身做起，爱环境、保护环境，逐步养成按国际惯例、依法办事的习惯和从环保的角度，按持续改进的承诺来考虑问题的责任心。员工的责任心加强了，大量的富有创意的思想会源源不断地丰富物业管理的经营思想。

### （三）人性化管理

物业管理者要赢得业主的信任，必须提供富有人情味的服务，要去吻合人们崇尚自然、注重生存环境的文化意识。作为以人为中心的服务性行业，要倡导人性化管理，将人的精神需求引入物业管理。

ISO 14000 将这些现代的管理理念引入物业管理，变粗放型管理为集约型管理，全面优化各方面的管理，使企业的管理水平得到提高，为企业带来实实在在的经济效益和社会效益。

## 三、物业服务企业 CI 设计

CI 又称 CIS，是英语 Corporate Identity System 的缩写，其汉语翻译为企业识别系统，又称为企业形象设计系统。市场经济下，企业形象的优劣直接影响到企业的生存和发展。良好的企业形象是企业的无形资产，是企业竞争的重要力量，企业通过有个性、有特色、敢创新的全方位、多侧面的形象设计，正确传递企业经营战略、经营行为、经营形式等信息，树立起独特的个性，占据顾客心理位置，直接影响到客户对本企业产品的选择。企业 CI 是现代企业走向整体化、形象化和系统管理的体现。企业 CI 设计是旨在将企业或机构的经营理念与精神文化，运用行为活动、视觉设计等整体识别系统，传达给社会公众，使其对企业产生一致的认同感和价值观，从而营造最佳的企业运作环境。物业服务企业属于第三产业，企业形象、企业品牌是服务业市场竞争能力的重要因素，因而物业服务企业的CI 设计更为重要。

### （一）物业服务企业 CI 的构成与设计

物业服务企业 CI 主要由理念识别（Mind Identity，MI）、行为识别（Behavior Identity，

BI）和视觉识别（Vision Identity，VI）三方面构成，统一反映公司的文化内涵。

### 1．理念识别（MI）

企业理念是整个 CI 系统的灵魂，也是 CI 设计的根本依据和核心，还是 CI 系统运作的原动力。企业理念本质是一种精神，反映了企业的价值观、经营战略和管理理念。作为识别系统，企业必须将其用简洁的文字凝炼出来，如"和谐、进取、勤劳、奉献"。同时，企业理念凝炼出的文字必须具有详明的特色，能够突出竞争基本战略。另外，文字应体现出公司风格和形象，这样才有利于公司创建品牌。

### 2．行为识别（BI）

企业行为识别系统是企业 CI 中最具有操作性和规范性的组成部分，由企业的内部管理制度、礼仪礼貌规范、服务准则、社区文化活动制度、技术操作规范等组成，具有规范、协调、监督和沟通作用。企业行为识别系统通过行为塑造形象，有益于企业获得业主的认同和好评。

### 3．视觉识别（VI）

企业视觉识别系统是企业 CI 中最基本的设计要素，包括以下三个方面。

（1）企业标识系统，包括公司标志、公司中英文名称及标准字、公司标准色、公司旗帜、公司标准工作牌证等。

（2）企业公文系统，包括企业员工名片、企业标准公文纸张、企业标准信封、企业公函及文件的标头、企业车辆图案等。

（3）企业视觉扩展系统，是构成公众识别记忆企业的标识物，包括公司标志、员工服装、办公楼布置等。物业服务企业在 CI 设计中要注意企业识别系统的规范标准统一，以展现明显的个性和独立的特征，从视觉上引人注目。

### （二）敬业精神与物业服务企业 CI 设计

敬业精神是指对待工作能够发挥主动性，积极奉献。敬业精神是物业服务企业 CI 的集中体现。通过 CI 设计，敬业精神全面、系统、具体地体现出来了。例如，物业服务企业 CI，从理念和行为上要求企业员工重视客户投诉，为客户排忧解难，加强与业主的沟通，开展丰富多彩的社区文化活动，从视觉上加强客户体验。敬业精神也可以成为物业服务企业 CI 的一个组成部分，在企业 CI 中详细、具体、明确的设计。因此，敬业精神既是物业服务企业 CI 的本质又是具体内容。

在物业服务企业中敬业精神最强调服务意识。物业管理人员只有具备了服务意识，才有积极主动性，才会产生敬业精神。物业服务企业是为客户提供服务的组织，在组织内部也应当是一种主动服务的管理观念，这才符合物业服务企业 CI。

### （三）礼仪与物业服务企业 CI 设计

中国素有"礼仪之邦"的美誉，传统的美德至今广为赞扬，如"己所不欲，勿施于人"，这是律己的标准；"礼尚往来"是处理亲友之间关系的原则；"温、良、恭、俭、让"是指在社会生活中，人们要温和、善良、恭敬、节俭、谦让等。在物业管理服务中，也要求礼仪接待、微笑服务等，这是由物业管理服务的工作性质和基本要求决定的。因此，礼仪对物业服务企业形象塑造意义重大。礼仪具有塑造良好企业形象，帮助企业进行社会交往，增添企业凝聚力，提高企业文明水准等功能。

物业服务企业 CI 设计中应明确社交礼仪、服饰礼仪和形体礼仪要求，在工作中有礼仪规矩，交谈礼仪讲究，聆听、拒绝和道歉有礼仪技巧，在物业管理服务过程中应做到微笑服务、聚精会神、轻声细语、操作熟练、使用礼貌用语。达到这些行为规范，才能达到物业服务企业 CI 设计的预期效果。

联谊是物业服务企业礼仪的必要组成内容。通过联谊，可以扩大物业服务企业的影响，让业主参与物业管理，建立良好的邻里管理，使业主更了解、信任物业服务企业，发挥礼仪在物业管理中的作用。

 **本章小结**

1. 物业服务企业，是指对建成投入使用的房屋及其附属设施设备、相关场地实施专业化管理，并为业主和使用人提供全方位、多层次的有偿服务及创造良好的生活和工作环境，具有独立法人资格的经济实体。物业服务企业从事管理业务的条件包括：有符合国家规定的注册资本；有与其从事物业管理活动的专业技术人员；有一定的从事物业管理的经验。在我国，《物业服务企业资质管理办法》把物业服务企业分为三个资质等级。

2. 物业服务企业人力资源管理的主要内容包括对企业员工进行的计划、组织、领导、控制，到对人力资源的充分发掘，合理利用、培养与发展等丰富的内容。本书主要介绍物业管理人员的素质要求、物业服务企业员工的招聘、物业服务企业员工的培训和物业服务企业员工的绩效考核几个方面。

3. 物业服务企业财务管理是指物业服务企业的财务活动，是协调、处理各方面财务关系的一项经济管理工作。物业管理资金按其来源可分为物业维修基金、物业管理服务费、物业经营收入和国家财政补贴四种类型。物业管理资金的主要用途有：保证房屋及附属设备的完好及正常使用，以及进行共用部位、共用设施和设备大修和更新时的耗费支出；物业服务企业各类人员的工资和福利支出；物业服务企业原材料消耗、设备折旧及办公费支出；机电、消防设备的委托维护费和年检费；物业服务企业的利润和国家税收等几项。

4. 物业服务企业的 ISO 系列认证主要包括 ISO 9000 系列国际质量标准和 ISO 14000 系列环境管理标准认证。物业服务企业 CI 主要由理念识别（Mind Identity，MI）、行为识别（Behavior Identity，BI）和视觉识别（Vision Identity，VI）三方面构成，统一反映公司的文化内涵。

 综合练习

## 一、基本概念

物业服务企业资质管理　人力资源管理　员工的招聘　上岗培训　在职培训　绩效考核　物业服务企业财务管理　ISO 9000 国际质量标准　企业形象设计系统

## 二、思考讨论题

1. 简述物业服务企业建立的步骤。

2. 物业服务企业的资质等级是如何划分的？

3. 人力资源管理的含义是什么？管理的内容是什么？

4. 物业管理行业对从业人员的素质要求是什么？

5. 简述员工培训的类型及内容。

6. 绩效考核实施过程有哪几个环节？

7. 试述物业管理资金的主要用途。

8. 试述 ISO 9000 质量体系文件结构。

## 三、案例分析题

1. 华联集团大厦是上海华联物业有限公司所管理的一幢集宾馆、餐饮、银行、涉外办公楼为一体的综合大厦。由于建造初期物业管理没有前期介入，大楼部分设计布局不合理，大楼总机房设在 B 楼 3 楼，消防监控中心设在 A 楼 1 楼，卫星监控中心设在 A 楼 19 楼，此三处岗位均必须保证 24 小时有人上岗，最精简配备要 12 人，但三处岗位工作量都很小，都只是起一种防范性监控作用。对此，物业服务企业应该怎么办？

**案例分析与讨论：**

根据本章所学分析和讨论物业服务企业的人员配置。

2. 劳医生在某高层住宅买了一套房屋，花去半生积蓄。谁知入住后，劳医生发现买房费用只是一个开始，还要交维修基金、管理费押金、装修保证金等。这些都交齐后，本以为可以安心居住了，谁知物业服务企业又发通知要交纳这个费、那个费。劳医生非常疑惑，到物业服务企业去询问费用的去向，要求物业服务企业提供财务支出账目。物业服务企业财务人员回答："财务支出是商业秘密，只可以向业主委员会公开，不是每位业主都可以了解的。"劳医生非常气愤，先是向物业服务企业投诉该财务人员，又到政府主管部门投诉物业服务企业乱收费，还发动邻居拒交管理费。

**案例分析与讨论：**

根据本章所学分析和讨论物业服务企业的财务支出是否可以对业主保密？

 本章阅读与参考文献

1．姜早龙，张漱贤．物业管理概论[M]．武汉：武汉理工大学出版社，2008．

2．季如进．物业管理[M]．第2版．北京：首都经济贸易大学出版社，2008．

3．胡洁．物业管理概论[M]．北京：电子工业出版社，2007．

4．王秀云．物业管理[M]．北京：机械工业出版社，2009．

5．安静．物业管理概论[M]．北京：化学工业出版社，2008．

6．王占强．物业管理经典案例与实务操作指引[M]．北京：中国法制出版社，2014．

7．程磊．"候补"资质补正前期合同有效[J]．现代物业，2010（1）

8．吴刚，黄石．完善法规文本充分发挥效力——《北京市住宅专项维修资金管理办法》的修订建议[J]．现代物业管理，2010（6）．

9．周滨．专项维修资金不能用于设备的日常维修养护[J]．现代物业，2010（1）．

# 第九章 不同类型的物业管理

学习目标

通过对本章的学习，应掌握如下内容：
1. 居住物业的含义、特点、管理目标和要求；
2. 商业物业的含义、特点、管理目标和要求；
3. 工业物业的含义、特点、管理目标和要求。

导言

根据用途，物业可以分为居住物业、写字楼物业、商业物业、工业物业和其他物业等多种类型。不同类型的物业有着不同的特点，因此其管理的目标和要求各不相同。

## 第一节 居住物业管理

## 一、居住物业管理概述

居住物业管理是现代物业管理的一项重要内容。随着人们生活水平的提高，以及物质文化需求的日益增长，科学、专业以及现代化的居住物业管理对于居住物业来讲越来越重要。高质量的物业管理，不仅可以完善居住物业的居住功能，还能满足住户渴望改善居住条件、提高居住水平的要求。通过专业化的物业管理，能够为住户创造一个安全舒适、便捷的居住环境和社会环境，实现和优化住宅的居住功能。

居住物业是指具备居住功能、供人们生活居住的建筑，包括住宅小区、高级公寓、别墅等，以及与之相配套的共用设施、设备和公共场地。其中，共用设施设备是指：住宅区内，费用已分摊进入住房销售价格的共用建筑部分，如上下水管道、煤气线路、消防设施、道路路灯、非经营性车场车库、公益性文体设施及共用设施设备占用的房屋等。

居住物业主要提供居住功能，不同类型的居住物业能满足人们对居住的安全性、舒适性以及便利性等要求。居住物业一般按照物业类型的不同可以分为住宅小区、高级公寓及

别墅等。

# 二、住宅小区的物业管理

住宅小区是指按照统一规划、合理布局、综合开发、配套建设和统一管理的原则开发建设起来的，并达到一定规模，具有比较齐全的公共配套设施，能满足住户正常物质文化需求，并为交通干道所分割或自然界线所围成的相对集中的居住区域。住宅是人类赖以生存的最基本的生活资料之一，物业服务企业服务好住宅小区对于提高住宅和人居环境质量，改善人民生活，推进住宅产业化的发展非常重要。

按人口和用地规模多少的不同，住宅小区可以分为居住区、居住小区和居住组团三种规模，如表9-1所示。

表9-1 居住区分级控制规模

| 项　　目 | 居　住　区 | 居　住　小　区 | 居　住　组　团 |
|---|---|---|---|
| 户数/户 | 1 000～1 600 | 3 000～5 000 | 300～1 000 |
| 人口/人 | 30 000～50 000 | 10 000～15 000 | 1 000～3 000 |

## （一）住宅小区的功能及特点

1. 住宅小区的功能

从物业管理的角度来看，住宅小区是一个集居住、社会、服务和经济功能于一体的社会缩影。具体来讲，住宅小区的功能主要如下。

（1）居住功能

这是住宅小区最基本的功能，也有人称之为劳动力再生产的功能。住宅作为人类基本的生活资料，能提供人们栖息、睡眠的寓所。作为社会成员的住户，通过居住和休息，使体力得到恢复，精力得到蓄养，继续投入社会生活和经济生活。

（2）社会功能

住宅小区的主体——居民的活动是社会活动，聚集在住宅小区的各种社会实体，以住宅小区为依托，共同为居民服务，发挥各自的功能。这些实体之间、实体与居民之间、居民相互之间组成了住宅小区的社会关系、人际关系，形成了一个社会网络。

（3）服务功能

住宅小区的服务功能要求小区的公用配套设施和管理应能为小区居民提供全方位、多层次的服务。包括：教卫系统，如学校、社区卫生站等；商业餐饮业系统，如饭店、菜市场等；文化、体育、娱乐服务系统及其他服务系统。

（4）经济功能

住宅小区的经济功能体现在交换功能和消费功能两方面。其中，交换功能包括物业自身的交换和小区管理劳务的交换；消费功能指的是随着城市住房制度改革的不断深化，住宅小区中的住宅将不断地商品化，并进行商业化的管理。

2．住宅小区的特点

（1）统一规划，综合开发

在"统一规划、合理布局、综合开发、配套建设"原则的指导下，全国广大城镇统一规划、综合开发的新型住宅小区成片地兴建起来。这些新建住宅小区，规划布局合理，配套设施日益完善，改变了过去单一的、分散的结构和功能，向节约用地、高密度、综合化和现代化方向发展。住宅小区建设在建筑限高、容积率，主体建筑与附属建筑及设施等方面有严格的要求，不能随意突破，在规划上要求使各项功能得以协调。

（2）配套性强，功能齐全

配套性强包括地下地基、各种管线与地上建筑的配套，以及建筑物、构筑物、设施设备等与人的配套。功能齐全是指小区既满足人们居住的要求，又具有满足人们购物、就餐、就读、就医、通信联络以及休闲娱乐和其他日常工作、生活等方面的需求。

（3）建筑规模庞大，整体性要求高

住宅小区的平均建筑面积要在 5 万平方米以上，且要求建筑的风格统一，高低错落有致，建筑密度适当，建筑与绿化、场地及区内道路交通相互协调。

（4）小区内人员复杂，需求繁杂

住宅小区内的业主及使用权人，职业构成不同，有机关干部，也有教学科研人员；有个体户、私营业主、白领，有本市人员，也有外地甚至外籍人员及港澳台同胞等。住户的文化层次不齐、民族各异，宗教信仰存在差异。所有这些构成住户迥然不同的文化背景和差异，从而派生出方方面面的需求，增加了物业管理的难度，也为物业公司的发展提供了机遇。

（5）住宅的产权结构越来越趋于多元化

住宅建设投资的多渠道、住宅的商品化及房改的深入，使房屋的产权结构发生变化。在市场经济条件下，房屋产权由单一所有制变为产权多元化：既有国有、集体所有，也有个人所有，还有港澳台同胞所有，联建房屋的产权混合所有；既有所有权与使用权合一的情况，也有两者相分离的形式，还有自管房、托管房、承租房等多种形式。

# 三、住宅小区物业管理的特点

住宅小区物业管理具有以下特点。

1．住宅小区物业管理是城市管理的主要内容

小区物业管理，既有物质管理也有精神层面的管理，是社会主义物质文明和精神文明建设的基本内容。各个住宅小区的物业管理是城市管理的具体方面，只有搞好了住宅小区

的物业管理，城市管理才可能有成果。

2. 住宅小区物业管理与每一个人都直接有关

住宅小区是居民生活栖息的场所，小区管理与每一个人息息相关。所以，每一个住户都有权利要求物业服务企业管理好自身的住宅小区，同样也有义务参与到住宅小区的管理中去。

3. 住宅小区物业管理能改善居住条件和环境

从某种意义上讲，"管"更重于"建"。住宅小区一旦建成，其各方面的条件基本定型。要想继续改善小区的居住条件和环境，就得依赖于后续的小区物业管理。合格的住宅小区物业管理，不仅可以维护小区原先的居住环境，而且在管理过程中，还可以弥补物业建造过程中的各种不足和缺陷，逐渐地为住户提供一个安全、和谐、清洁、美观的居住环境。

4. 住宅小区的住户既享有一定权利，也承担相应义务

因为小区是大家共同的小区，只有承担起每个人应该承担的义务，才能保证每个人能享受属于自己的那份权利。所以，权利和义务是相互依存的，居住在住宅小区的住户只有意识到这一点，才能真正承担起自身的义务。例如，制定管理规约，其目的是保证任何人的行为都不得违反社会公共利益和损害他人利益。

5. 住宅小区物业管理还具有相当的复杂性

主要表现在以下三方面：首先，小区内房屋产权的多元化要求管理上的权威性和统一性。如何针对不同产权进行物业管理具有一定的难度。其次，协调好各部门相互间的关系和利益，明确各自的职责和管理范围，对搞好住宅小区物业管理是至关重要的。再次，物业管理经费筹集的复杂性。物业管理要运作，必须有一定的经费，而经费提供者——居民的收入水平、生活水平不一致，使得经费筹措过程中出现了一些难以解决的问题。

## 四、住宅小区物业管理的目标和要求

住宅小区物业管理的具体目标和要求如下。

### （一）住宅小区物业管理的目标

小区物业管理的目标概括起来就是要通过科学的管理手段和专业化管理技术来实现经济效益、社会效益、环境效益和心理效益的统一。

1. 经济效益

经济效益一方面是指管理好、维护好房屋及其附属的设施设备，延长它们的使用寿命，使物业保值增值；另一方面是指管理者通过完善的管理和服务获得良好的经济回报。住宅小区管理的经济效益可从多方面得以体现，具体如下。

（1）从政府角度看，政府不仅不需要投资，还可以向物业企业收取税收，从这方面看，

经济效益是很明显的。

（2）从开发企业角度看，住宅小区物业管理不仅有利于房产销售，加速资金的周转，而且还为开发企业赢得口碑，提升企业楼盘的知名度，从而提高房屋的销售价格，获取更多的销售利润。

（3）从住宅小区服务企业角度看，物业服务企业本身可以开展多种经营性的有偿服务，取得较好的经济效益。

（4）从业主角度看，物业服务企业管理好、维护好房屋住宅及附属设备、设施，延长它的使用寿命，可以保障业主的经济利益。

2．社会效益

住宅小区的社会效益主要是指可以为小区内的居民提供一个安全、舒适、和睦、优美的生活空间。这一空间不仅指居室、楼宇内的，而且也指整个社区的治安、交通、绿化、卫生、文化、教育、娱乐等多方面内容。它对于调节人际关系、维护社会安定团结都有着十分重要的意义。同时，它可以起到为政府分忧解难的作用。

3．环境效益

小区管理的环境效益主要是指通过良好的小区物业管理，来提高小区整体的环境质量，使人们有一个整洁、优美、安宁、舒适的居住环境，有利于人们修身养性和身心健康。同时，小区环境质量的提高，还将对整个城市建设规模、格局和风貌产生积极的影响。

4．心理效益

心理效益是指良好的住宅小区物业管理可以使人们产生一种积极向上的心理，使人有一种安逸、满足、趋善和幸福的心理感受。相反，当物业管理达不到人们的要求和期望值时，人们就会产生烦躁以及厌倦等心态。当然，这种心理效益是一种心境与感受，因而是无形的和相对的，它会随着自身条件和环境条件的变化而变化。

**（二）住宅小区物业管理的要求**

按照住宅小区物业管理的目标，根据各小区的实际情况和条件来制定住宅小区的管理要求。总的来说，可以归纳为两个方面：一是物质环境管理的要求；二是社会环境管理的要求。

1．物质环境管理的要求

主要包括：增强住宅功能，即增强住宅小区的居住功能，为居民创造良好舒适的居住条件；搞好小区的配套设施，即完善和维护好小区的基础配套设施，保证其正常运行，为居民提供服务；创造优美的环境，即美化住宅小区的环境，给居民一个整洁、优美、安宁和舒适的居住环境。

2．社会环境管理的要求

主要包括：健全机构，形成机制，实行专业管理与业主自治相结合的管理模式，充分发挥住宅小区业主委员会的作用，调动各方面的积极性；完善制度，协调和理顺物业服务企业内外部的各方面关系，并进行综合管理；开展社区文化活动，加强住宅小区的精神文明建设。具体来讲，住宅小区的物业管理要本着服务第一、方便群众的宗旨，进行企业经营，独立核算，实行"招标制"；实行有偿服务，统一规划，综合管理，专业化管理和业主自治并行的管理和服务。

**（三）住宅小区物业管理的内容和原则**

1. 住宅小区物业管理的内容

（1）住宅小区住户的管理和服务

住宅小区的人员复杂，物业管理其中一个重要的内容就是要进行居民的管理。住宅小区物业管理，包括卫生清洁、安全管理以及设施设备等管理，说到底还是为了更好地服务于小区的居民。所以，住宅小区居民的管理和服务是住宅小区物业管理的根本内容。

（2）住宅小区内房屋的管理

房屋管理是小区物业管理工作的基础和本源。主要内容包括房屋使用管理和房屋的维护与修缮管理。物业服务企业要耐心地指导业主及使用权人的正确使用，严禁破坏和改变房屋结构与使用功能，减少人为造成的毁损和破坏，延长物业的使用寿命。同时，对房屋正常使用中的磨损及时组织养护和维修，避免因小失大。

（3）住宅小区设备管理

住宅小区设备管理主要包括小区内供水、供电、公共照明、电梯、空调等设施设备的管理以及市政设施的维护管理。其中，前者的主要工作包括：建立各种设施、设备的管理和使用制度；确定专业技术人员的分工和责任；对设施设备要进行定期检查和维护；建立报修、回访制度，特殊情况的公告及应急处理。后者的主要工作包括对住宅小区内的道路、公共排水、排污管道和化粪池等市政设施进行管理。其中，道路管理的重点是确定车辆通行规则，主要工作是防止占道经营、车辆乱停乱放，做好道路的维护保养，保持道路平整通畅；排水、排污管道和化粪池管理工作的重点是防止人为因素引起的管道堵塞，防漏清疏，做好周期性的检查和维护。

（4）住宅小区环境的维护管理

主要包括小区内违章建筑管理、环境卫生管理和绿化管理等。

① 小区内违章建筑管理。小区内违章建筑的出现极大地影响了小区的整体美观，同时也存在着极大的安全隐患。无论从环境维护还是从安全管理的角度考虑，违章建筑都是绝对禁止的。

② 环境卫生管理主要的工作内容包括：制止区内乱丢、乱放、乱倒、乱堆废物垃圾，制止乱贴、乱涂，制止饲养家畜家禽，控制噪声及空气水质污染，消除区内污染源；对区内的马路、便道、绿化带、公共场所及时清扫保洁，设立卫生收集器具，及时收集、清运

垃圾，及时对垃圾桶等卫生器具清洗消毒归位；加强防疫，加强对小区内经营商户的卫生管理和检查，保持区内清洁卫生。

③ 绿化管理。加强住宅小区内的绿化养护，对绿化带、区内小公园、道路两侧树木、花草及小品建筑等都设立专人养、培、修、护，保持小区内的美化和绿化。小区内的绿化工程由物业服务企业负责统一管理。应设专职绿化管理人员，或委托绿化专业公司进行管理，加强对住宅小区的绿化养护，对破坏花草树木者要按规定进行处罚。同时，通过管理规约，规范居民行为，使业主形成爱护环境、讲究卫生的行为习惯。

（5）住宅小区的治安管理

住宅小区的治安管理包括两方面的工作：一方面是安全保卫；另一方面是正常的工作和生活秩序的维护。具体如下：物业服务企业要设立治安管理小组或由保安公司进行专职管理，要实行24小时保安制度，加强小区内治安巡逻和治安防范；对进出小区的人员和车辆要登记，做好治安事件的记录，联防联保，对于违章行为进行制止和纠正，进行文明礼貌和社会道德教育。

（6）住宅小区的车辆管理

车辆管理的主要工作就是车辆的停放和车辆的保管，总体来看，通常有以下几项工作：对进入小区的各种机动车辆应严格加以限制，除特种车外，其他机动车辆进入小区，应严格遵守小区的交通管理规定；设定合适的停车场、棚、库房，不同车辆，分类停放，禁止车辆乱停乱放，订立执行相应的处罚措施；订立适当的车辆进出门卫检查、放行制度，例如，对私家车进行车牌号登记，发证管理；订立车辆停放保管制度；配置相应的监控和防盗设施。

（7）住宅小区的消防管理

消防工作是非常重要的，其主要工作内容有：贯彻国家和地方政府消防工作法令，制定严密的住宅小区内的消防制度；健全专职和兼职的消防组织，建立严格的消防制度和责任人制度；要经常进行防火防灾的宣传教育；抓好平时的管理训练和演习。

（8）综合性服务管理

住宅小区的管理不仅局限于房屋及小区内环境的管理，随着居民需求的日益提高，各小区物业企业应该为区内居民提供周到细致的综合性服务，包括常规性服务、委托性服务、经营性服务。具体内容如下。

① 常规性服务。常规性服务又叫公共服务，它是为维护小区的整洁、环境的美化、居民生活的方便，而提供必需的服务项目。如公共楼道、楼外道路及公厕的保洁清扫；开设商业网点，便民购买生活必需品；保安值班，维护小区的治安和正常秩序等。

② 委托性服务。委托性服务是指根据居民的需要，接受委托而提供的服务，旨在方便住户。如代订代送牛奶，代雇保姆，代送病人就医、送药等。

③ 经营性服务。经营性服务是指物业服务企业本着补充小区管理经费不足、扩大企业

收入来源的目标，推动企业扩大发展而积极开拓的多种经营服务。例如，利用小区内道路夜间空闲开辟夜间收费停车场、修理家用电器等。经营性服务的要求就是态度好、水平高、有针对性，同时收费标准也可适当提高。

2．住宅小区物业管理的原则

（1）坚持以人为本，服务第一的原则

物业服务行业说到底就是一个服务行业，物业服务企业的工作就是为其服务区域内的人和家庭提供各种各样的服务。物业服务企业在日常的管理和服务过程中，一定要坚持"以人为本""服务至上、寓管理于服务之中"的原则，树立"为民服务，对民负责"的指导思想。

（2）业主自治自律与专业管理相结合

业主自治自律是基础，必须成立业主委员会，但住宅小区的管理又具有技术性和专业性强的特点，必须以专业化管理为主。因此，只有专业化管理与民主管理的有机结合，才能保证住宅小区物业管理的高水平。

（3）所有权与经营权、管理权相分离的原则

物业的所有权与经营管理权相分离，这是社会主义市场经济的重要原则，也是现代物业管理与旧式的房屋管理的本质区别之一。对于一个住宅小区来说，物业的所有人既可以是法人，也可以是自然人，成分比较复杂，因此就需要把物业的所有权与经营管理权分开，把所有权交归产权人，而把经营管理权交由物业服务企业，实行所有权与管理权两权分离；在依法确认产权权属的前提下，实行管理经营权的集中统一，由一家物业服务企业对某一居民住宅小区实行统一管理、综合治理、全方位服务。

（4）企业经营自主、独立核算的原则

必须改革原有管理体制，实行政企分开，使管理机构成为经济实体，具有相对独立的经营自主权，逐步实现住宅经营管理的市场化。

（5）有偿服务，合理负担的原则

要想使物业服务工作做得更好，就必须有稳定的管理经费，以维持整个住宅小区管理工作的进行和管理企业的生存和发展。物业服务企业提供的管理和服务是有偿的，应得到价值形态的实现和物质形态的替换。在费用分担方面，应该本着"量出为入、公平合理"以及"谁享用，谁受益，谁负担"的原则，由房地产开发企业、物业服务企业和业主及使用人共同合理分担。同时，住宅小区管理服务的项目、深度，小区管理服务收费标准的高低，也应根据实际情况，视居民的收入水平、承受能力而定，不能盲目增加服务项目、强制收费，以免引起纠纷，造成管理工作的被动。

（6）竞争择优的原则

竞争是市场经济的灵魂，小区管理要遵循市场经济规律，引入竞争机制，鼓励公平合理的竞争，打破"谁开发，谁管理"等小区管理权的"世袭"和垄断现象，选择信誉好、

水平高、收费合理的优秀物业服务企业来对小区实施管理。

### （四）住宅小区的文明建设

随着物质生活水平的不断提高，人们对生活质量的追求和需要也在逐步提高。住宅小区的物业管理，在严格管理、优质服务、努力建设小区物质文明的同时，也要狠抓小区的精神文明建设。住宅小区是城市的基本组成单元，小区文明建设抓得好，对于减轻政府的负担，促进社会的稳定，形成良好的市风市貌，提高居民素质等都有十分重要的意义。如何抓好住宅小区的文明建设，具体办法如下。

1．改善和提高住宅小区的物质环境

努力为小区内的居民创造一个安全、舒适、方便的生活空间，满足人们最基本的生存需要。

2．完善服务体系，做小区居民的贴心人

尽最大可能想他们之所想，急他们之所急，完善服务项目，让居民感到有依靠、有温暖和有归属感，对管理人员怀有敬佩、信服之心。这样，物业服务企业就会有一定的号召力。

3．制定小区文明公约

以小区文明公约来规范和约束全体住户的行为、语言、思想等，使小区内的文明程度得到全面提高。

## 五、高级公寓物业管理

高级公寓一般是指建筑质量高，附属设备高档、完善，有独自室号及专门出入，成为各个独立居住单位的物业。目前，高级公寓多为高层住宅，内部装修精致，往往配有高档家具、电器；外部环境优美，且有周到的物业服务。

### （一）高级公寓的特点

1．既有封闭性又具有共处性

高级公寓的每个单元都是独立封闭的，功能完善，而这独立封闭的每一单元又处于一幢楼宇之中，多户业主或住户共处一楼。

2．业主和住户具有国际性和相对稳定性

高级公寓业主或住户一般以外籍人士居多，有港澳台同胞，有外籍商人、技术人员及常驻中国的商务代表等，也有部分国内商界、演艺、体育界以及政界人士等。如上海古北小区建了10多幢高级公寓，据统计其中入住户涉及20多个国家和地区，外籍人士占50%以上。

3．建筑档次高，软硬件设施齐备

中国目前新建的高档公寓，一般是在"统一规划，综合开发"的原则下进行开发建设的，其建筑档次与其他商务物业基本相同。高级公寓在设计上讲究质量，适用性强，而且硬件配备也比较齐全。

### （二）高级公寓物业管理的特点

高级公寓的物业管理呈现以下几个特点。

#### 1．物业服务的市场化程度高

"谁花钱，谁享受"以及"多花钱、多享受"的观念，在高级公寓的住户中一般都能够接受，也能理解，业主和住户在要求全方位、多项目服务的同时，对合理的价位也能接受。因此，在高级公寓的物业服务中，服务和享受的一致、价位与标准的一致，成为住户和管理者双方的共识，市场化的物业服务交易也逐步得到推进。

#### 2．物业服务要求严，服务层次高

高级公寓的住户对居住条件和环境要求比较高，因此对物业服务企业的服务水平和房屋质量要求的就高，特别是对保安、保洁和服务等方面的要求更是如此。要保证住户安全、进出口设有保安值班岗位、非居住人员不得入内、来客要登记等，努力为住户创造出一个安全、静雅、优美、温馨的良好生活环境。目前公寓一般都是由专业的物业服务企业进行服务，收费较高。

#### 3．客户相对稳定，服务周期长

从目前实际情况来看，开发商一般是采用出售或出租两种方式进行经营管理。因此，其业主和客户都相对比较稳定，较少变化，流动性较小。同时，服务周期长，一天24小时，从早到晚，每时每刻都有人进出，因此，物业服务企业要不间断地进行管理与服务。

#### 4．物业服务的涉外性

由于高级公寓的入住者外籍人士较多，因此，对于入住手续、产权证的办理，投诉的处理等都具有涉外性，有些事务的处理还要会同外事部门共同解决。在物业服务中，要充分尊重不同国籍的业主或居民的习俗和信仰，注重物业服务的窗口效应，维护本国尊严和城市形象。

#### 5．物业服务的对象较为复杂

高级公寓里居住的都是一家一户，有老有小，衣食住行，饮食起居，方方面面，时时刻刻，都要管理好和服务好。由于服务人员层次不一，所以物业服务的难度很大。

### （三）高级公寓物业管理的内容

高级公寓物业管理与一般物业的管理有所不同，具体表现在以下几个方面。

#### 1．重视前期的物业管理，特别是早期介入、接管验收、住户入伙三个环节

由于高级公寓的服务要求高，早期介入有助于熟悉业务，为日后能提供高质量的物业服务打好基础。

2. 侧重全方位、高标准、高质量的服务，开展综合管理

最大限度地使业主和住户感到满意的服务，是公寓管理的核心。寓管理于服务之中，以服务为宗旨，甚至要达到星级宾馆的服务水平。物业管理具体体现在日常服务中，其重点在于以下几个方面。

（1）房屋和设备保养维修要及时到位。具体要求：平时要勤养护、检修，确保电机设备、电梯、空调、水泵等正常运转，对住户涉及楼宇和居室的报修要及时。

（2）配套建设要逐步完善。由于这类物业的市政配套建设抓得早，一般是较全的。但对于生活服务、文化娱乐的配套设施要在经营服务中逐步完善。

（3）特约性服务力求项目多、服务全。高级公寓的个性服务范围较广，如代办商店，代理房屋买卖租赁，代聘律师诉讼、医疗康复、清洁，代洗熨衣服，代订牛奶，代收公用事业费等，应尽力满足各种不同层次的要求。

（4）保安、消防服务管理措施得当，制度要严。安保工作既要求制度的严密，又要注意外松内紧，要技术防范、人员防范和建筑防范三管齐下，使安全控制在保险系数之中。消防管理要抓设施设备合格率，组建义务消防队伍，经常进行演习，确保消防过道的畅通无阻。

（5）关注业主和住户的公共交往。物业服务企业要经常召开业主恳谈会、联谊会及各种有意义的联欢活动。同时要经常走访业主，倾听住户的意见和建议，以改进自己的管理和服务的方式方法，促进双方彼此之间的理解，争取赢得业主的支持。

3. 加强物业服务企业内部管理

物业服务企业应从自身管理出发，制定严密的管理制度，并在工作中逐步完善，形成科学、专业、高质量的团队。同时，要注重员工素质的提高，定期进行员工培训，鼓励员工进行业务深造和钻研，建立一支高素质的员工队伍。

# 六、别墅的物业管理

别墅一般是指带有庭院的、二至三层的独立居室和住宅。别墅可以分为独立式和连体式两种类型。独立式是指那些四面临空，有庭院相围；而连体式则有一面与相邻的别墅连接，其他三面临空。别墅多建立在城市近郊及风景区，选址一般依山傍水，与自然景观相融合，因景制宜，主要用于休养、娱乐、度假等。

## （一）别墅的特点

别墅具有与一般物业不同的特点，具体如下。

1. 建筑样式不同

别墅一般都是二至三层，而以二层为多见。大多数是框架式结构，防震性能好，安全系数大。外观典雅古朴，带有欧美风格，讲究宽敞的阳台、明亮的采光。别墅具有自己完

整的厅室体系和设施设备及场地体系，不同其他建筑物发生直接的关系。别墅配套设施齐全，从生活到娱乐，均为业主或住户生活舒适与方便进行了全面安排和考虑。

**2. 室内装修不同**

别墅的室内装修一般都比较讲究，用料也比较精良，设备也非常齐全。一些高档的别墅内还有自设的中央空调、保卫预警、停车房等设备。

**3. 室外环境不同**

别墅的空间环境是比较宽敞的，生态环境也比较优良，一般周围都有优美的绿化地带，空气流畅，阳光充足，绿树成荫，舒适宜人。

### （二）别墅物业管理的特点

因别墅与一般物业不同，因此，对别墅的物业管理也具有特殊性，具体如下。

**1. 物业服务要求高**

由于别墅是高标准的建筑和精良的设施设备，因此，在对其实施物业服务过程中，必须从高标准、严要求出发。这就要求有一支技术精、水平高的物业服务队伍，使物业能得到良好的维修养护，达到保值甚至是增值的目的。

**2. 特约服务多**

由于入住的业主一般都为经济上富裕的国内外企业家或者高级管理人员、科技工程技术人员，他们的工作和事务比较繁忙，因此其家政事务就需要由专人去从事，所以就需要物业服务企业提供多种多样的特约服务。

**3. 物业服务的高品位**

别墅的环境管理往往都特别重视品位，除了营造园林景观以外，还在别墅外点缀一些建筑艺术小品，节假时制造欢乐的气氛等，这也是业主斥巨资购置别墅的要求之一。

**4. 物业服务收费较高**

我国目前物业管理的收费标准，只针对居民小区，国家及各级政府房地产主管部门做了具体规定。而对其他类型物业，国家目前尚未做出具体规定，一般是由委托方与受托方共同协商确定，通常收费较高。以北京为例，别墅物业服务费标准一般是 16~40 元/（月·平方米）。

### （三）别墅物业管理的内容和要求

对别墅来说，其物业管理的内容主要包括以下几方面。

**1. 保护别墅区整体规划的完整性**

管理别墅区的物业服务企业，应按照规划设计的要求对物业小区内的建筑风格和整体布局进行管理，不宜随便改动，尤其是周围的绿地、公共活动场所、公共道路等更是不可侵占的，禁止擅自改变用地位置或扩大用地范围的任何违章用地或搭建违章建筑。

**2. 按时对别墅进行养护和设施设备的维修**

按照国际水准的管理要求，对别墅区每隔 5~7 年就要进行一次装修，更新设施，以保持全新面貌。同时，要保证设施设备的良性运行，有问题及时检修。

3．重视别墅的消防与保安工作

对于别墅区的管理，应保证其高度的私密性、安全性和技术性。因为住在这里的人一般都是较富裕的人，财产比较多，容易引起心怀不轨的人注意。因此，物业服务企业应特别突出加强消防与保安管理工作，实行封闭式管理，24 小时全面巡逻、全面监控；对来访客人，要在电话里征得住户的同意后，方可允许进入。要采取一切有效措施，确保住户的人身安全和财产安全。

4．重视别墅的环境绿化工作

别墅区环境管理的重点就在于园林绿化和养护，要不断地调整小区内花草树木的品种，增设具有艺术品味的建筑小品或人造景点，使小区内一年四季常青，提高生态环境质量，尽量营造一个鸟语花香、温馨高雅的居住环境。小区的车辆、交通管理也是环境管理的一个不可忽视的方面。别墅区内要设置明显的交通标志，实行车辆的限速行驶及禁止鸣笛的规定。

5．对业主进行全方位的综合经营服务

为了方便住户的工作和生活，物业服务企业要在保证设施设备安全正常运行、卫生保洁达到标准要求、礼貌服务符合规定标准的前提下，尽量满足业主的各种要求。尤其是对那些外籍人士，他们身在异乡，有很多的不方便之处，物业服务企业的从业人员一定要本着业主至上、服务第一的工作精神，解决他们在生活和工作中所遇到的难题。

# 第二节　写字楼物业管理

## 一、写字楼物业管理概述

写字楼是指用于办公的建筑物，或者是由办公室组成的大楼。它是供政府机构的行政管理人员和企事业单位的职员行政办公和从事商业经营活动的大厦。作为收益型物业，写字楼也常常被用来全部出租，以收回投资和取得利润。在写字楼集中的地区往往形成城市的"中心商务区"，大大缩短了社会各方面人员的空间距离，写字楼已成为现代城市发展的重要组成部分。由于其建筑物档次高、设施设备复杂，且办公的人员密度大、时间集中，因而管理的要求高、难度大。

## 二、写字楼物业的类型

目前，中国写字楼分类尚无统一的标准，主要依照其所处的位置、规模、功能进行分类。

**（一）按写字楼的建筑面积分类**

1. 小型写字楼

建筑面积一般在1万平方米以下。

2. 中型写字楼

建筑面积一般在1万～3万平方米。

3. 大型写字楼

建筑面积一般在3万平方米以上。例如美国纽约的世界贸易中心大厦、中国香港的中环中心大厦等。美国芝加哥市于2004年建成使用的南迪波恩大厦，高达609.75米，建筑面积达17.65万平方米，共108层。其中最高的13个层面为数字电视设备楼，32个层面为办公区，40个层面为公寓套房，11个层面为停车场，其余是购物及商务区。

**（二）按使用功能分类**

1. 单纯型写字楼

基本上只有办公一种功能，没有其他功能（如公寓、餐厅等）的写字楼。

2. 商住型写字楼

具有办公和居住两种功能的写字楼。此类写字楼分为两种：办公室内有套间可以住宿；另外一种是写字楼的一部分为办公，另一部分为住宿。

3. 综合型写字楼

以办公为主，同时又具备其他多种功能，如有公寓、商场、厅、保龄球场、健身房等多种用房的综合性楼宇。

**（三）按现代化程度分类**

1. 非智能型写字楼

非智能型写字楼是指没有智能化设施设备的一般楼宇。

2. 智能型写字楼

智能型写字楼是指具备高度自动化功能的写字楼，通常包括通信自动化、办公自动化、楼宇管理自动化等功能。

**（四）按照位置、建筑物状况、收益水平等综合条件标准分类**

1. 甲级写字楼

甲级写字楼是指具有优越的地理位置和交通环境，建筑物的自然状况良好，建筑质量达到或超过有关建筑条例或规范的要求；其收益能力与新建成的写字楼相当；有完善的物业管理服务，包括24小时的维护维修与保安服务。

2. 乙级写字楼

乙级写字楼是指具有良好的地理位置，建筑物的自然状况良好，建筑质量达到有关建筑条例或规范的要求；但建筑物的功能不是最先进的，有自然磨损存在，收益能力低于新建落成的同类建筑物。

3．丙级写字楼

丙级写字楼是指物业的使用年限已较长，建筑物在某些方面不能满足新的建筑条例或规范的要求；建筑物存在较明显的物理磨损和功能陈旧，但仍能满足低收入承租人的需求，因租金较低，尚可保持一个合理的出租率。

## 三、写字楼物业的特点

现代写字楼符合现代化的各种要求，一般具有比较现代化的设备，而且环境优越、通信快捷、交通方便，有宽阔的停车场（库）相匹配。它具有新的特点如下。

### （一）地理位置好，多建于大城市的中心繁华地段

由于大城市交通方便、经贸活动频繁、信息集中通畅，所以，各类机构均倾向于在大都市的中心地带建造或租用写字楼，以便集中办公、处理公务和经营等事项。以金融、贸易、信息为中心的大城市的繁华地段，写字楼更为集中。

### （二）规模大、建筑档次高和设备先进

目前大中城市新建的写字楼规模少则几万平方米，多则几十万平方米，而且都具有较高的档次；综合造价每平方米大概在 6 000～10 000 元；物业的机电设施设备多，技术含量高，除正常的供配电、给排水、电梯、消防系统外，还有中央空调、楼宇设备自动化控制系统、楼宇办公自动化系统、楼宇智能化管理系统等。

### （三）功能齐全、设施配套，形成了独立的生活和工作系统

现代写字楼一般还拥有自己的设备层、停车场，以及商场、会议、商务、娱乐、餐饮、健身房等工作与生活辅助设施。这更好地满足了租户在楼内高效率工作的需要，同时也造成其管理与服务内容的复杂化。

### （四）时间集中，人员流动性大

与住宅物业明显不同的是写字楼客户的作息时间较集中，一般是早上 8:00 或 8:30 至下午 5:00 或 5:30，星期六、日休息。在上下班时间及办公时间内，人员流动性大。

### （五）经营管理要求高、时效性强

由于现代写字楼本身规模大、功能多、设备复杂先进，加之进驻的多为大型客户，自然各方面的管理要求都较高；另外，由于写字楼具有收益性物业的特性，高的出租（售）率是其获得良好稳定收益的保证。经营管理不当，就不能赢得客户，甚至会马上失去已有的客户，而当期空置即意味着当期损失。所以，其经营管理的时效性极强。

写字楼物业的特点决定了其对物业服务的特殊要求和内容。

# 四、写字楼物业管理的要求

写字楼管理可围绕"安全、舒适、快捷"六个字展开。"安全"是指让用户在写字楼里工作安全放心；"舒适"是指要创造优美整洁的环境，让用户感到舒适、方便；"快捷"是指让用户在大楼内可随时与世界各地进行联系，交换信息，抓住商机。为此，写字楼管理与服务要按照以下要求展开。

## （一）科学化、制度化、规范化、高起点

现代写字楼技术含量高，管理范围广，不能只凭经验办事。要积极探索制定并不断完善一套覆盖各个方面的管理制度，使整个管理工作有章可循，有据可依，管理与服务走上科学化、制度化、规范化的轨道；要有高素质的员工队伍、高技术的管理手段、高标准的管理要求。只有这样，才能达到良好的管理效果。

## （二）加强治安防范，严格出入管理制度，建立客户档案

写字楼的安全保卫工作很重要，它不仅涉及国家、企业和个人财产与生命安全，还涉及大量的行业、商业和部门机密。由于写字楼一般在办公时间都是开放的，所以治安管理难度大。必须加强治安防范，建立和健全各种值班制度，坚持非办公时间出入大楼的检查登记制度，坚持定期检查楼宇防盗与安全设施制度，坚持下班交接检查制度。加强前门、后门的警卫及中央监控，坚持24小时值班巡逻，力求做到万无一失。同时，应全面建立客户档案，熟悉业主、租户情况，增加沟通了解，做到时时心中有数，确保业主、租户人身和财产的安全。

## （三）加强消防管理，做好防火工作

由于写字楼规模大、功能多、设备复杂、人流频繁、装修量大，加之高层建筑承受风力大和易受雷击，所以火灾隐患因素多。因此，写字楼防火要求高，应特别加强对消防工作的管理。一定要教育员工、业主、租户遵守用火、用电制度，明确防火责任人，熟悉消防基本知识，掌握防火、救火基本技能；加强防范措施，定期检查、完善消防设施，落实消防措施，发现问题及时处理，消除事故隐患。

## （四）重视清洁管理

清洁好坏是写字楼管理服务水平的重要体现，关乎大厦的形象。由于写字楼一般都采用大量质地讲究的高级装饰材料进行装饰，所以清洁难度大，专业要求高。为此要制定完善的清洁细则，明确需要清洁的地方、材料、清洁次数、检查方法等。同时要加强经常性巡视保洁，保证大堂、电梯、过道随脏随清，办公室内无杂物、灰尘，门窗干净明亮，会议室整洁，茶具清洁消毒。

### （五）强化设备管理设施的维修保养

设备、设施的正常运行是写字楼运作的核心。应重视对写字楼水电设施（包括高低压变电房，备用发电房，高低压电缆、电线，上下水管道等各项设施）的全面管理和维修，供水、供电要有应急措施。应特别注重对电梯的保养与维修，注重对消防系统的检查、测试和对空调系统的保养、维修。要有健全的检查维修制度，要对公用设备、公共场所，如大厅、走廊、电梯间等定期检查、维修维护，对业主、租户的设备报修要及时处理，并定期检查。要做到电梯运转率不低于 98%，应急发电率达到 100%，消防设备完好率达到 100%。

### （六）设立服务中心，完善配套服务

管理就是服务，为方便客人，满足客人需要，写字楼应有配套的服务。设立服务中心，帮助业主、租户办理入伙和退房手续，解决相关问题；提供问讯、商务等各类服务，包括提供一些日常性服务，如协助接待来访客人，回复电话问讯，提供打字、传真、复印及订票服务等；提供其他可能的委托服务，如代客购物、代送快件等。

### （七）加强沟通协调

要加强与业主、租户的沟通，主动征询、听取他们对管理服务工作的意见与要求，认真接受、处理业主、租户的投诉，及时反映、解决他们提出的问题。要谨慎对待，协调好各方关系，协调配合好政府各部门的工作，还要不断改进各项管理，使各项工作指标达到同行业先进水平。

## 五、写字楼物业管理的内容

写字楼物业管理的内容主要包括以下八个方面。

### （一）对小业主或承租商的管理

统一产权型的公共商用楼宇，其经营者都是承租商，可以在承租合同中写进相应的管理条款，对承租户的经营行为进行规范管理，也可以以商场经营管理公约的形式对他们进行管理引导。对于分散产权型的公共商用楼宇，一般宜采用管理公约的形式，明确业主、经营者与管理者的责任、权利和义务，以此规范双方的行为，保证良好的经营秩序；也可由工商部门、管理公司和业主、经营者代表共同组成管理委员会，由管理委员会制定管理条例，对每位经营者的经营行为进行约束，以保证良好的公共经营秩序。

### （二）租售营销服务

为了保证写字楼有较高的租售率和较高的收益，物业服务企业必须做好营销服务。写字楼营销的市场调研和营销计划制订、整体形象设计、宣传推介，引导买租客户考察物业，与客户的联络、谈判、签约，帮助客户和业主沟通等均属于写字楼的营销推广服务范畴。

### （三）安全保卫管理

保安工作的基本原则是：宾客至上，服务第一；预防为主；谁主管，谁负责；群防群治，内紧外松。严格制定保安规章制度，加强保安措施，配备专门保安人员和保安设备。安全保卫要坚持全天值班巡逻，并安排便衣保安人员巡逻。在硬件上要配套安装电视监控器及红外线报警器等报警监控装置，对商场进行全方位的监控。

### （四）消防管理

由于写字楼属于人流密集性场所，所以消防安全非常重要。消防工作的指导思想是：以防为主、宣传先行、防消结合。消防工作要常抓不懈，首先要进行消防宣传，定期组织消防演习；发动大家，及时消除火灾苗头和隐患；定期组织及安排消防检查。

### （五）设备的管理、维修、保养

管好机电设备，保证设备的正常运转是写字楼正常运作的核心。《全国城市物业管理优秀大厦标准及评分细则》关于大厦设备管理的要求远远多于和高于一般住宅小区的管理标准。要重视对写字楼水电设施的全面管理和维修，保证电梯、手扶电梯、中央空调、电力系统等的正常运行。

### （六）环境保洁与绿化美化服务

要有专门人员负责保洁，将垃圾杂物及时清理外运，时时保持场内的清洁卫生，对大理石饰面等要定期打蜡、抛光。绿化美化管理既是一年四季日常性的工作，又具有阶段性的特点，必须按照绿化的不同品种、不同习性、不同季节、不同生长期，适时确定不同的养护重点，保证无破坏、践踏及随意占用绿地现象。

### （七）客服服务

在写字楼市场的竞争日趋白热化的今天，谁能为客户提供更好的服务、更方便舒适的办公环境，谁就能拥有更多的客户，谁就能在市场竞争中立于不败之地。写字楼的客服主要指前台服务，具体项目包括以下几项。

1. 日常代理服务

问讯、留言、钥匙分发、信件报刊收发、洗衣送衣等服务。

2. 客户出行代理服务

行李搬运、寄存，航空机票订购，出租车预约，全国及世界各地酒店预订等服务。

3. 其他服务

文娱活动安排及组织，旅游活动安排，外币兑换，代售磁卡、餐券等服务。

### （八）商服服务

写字楼客户业务类型不同，自身办公条件不同，对商务中心的服务范围要求也就不同。较齐全的商务中心提供的服务项目包括以下几项。

1．日常办公服务

秘书、翻译服务，邮政、通信服务，报刊订阅服务，商务会谈、会议安排服务，商务信息咨询、查询服务等。

2．其他服务

整套办公设备和人员配备，文件、名片等印制，成批发放商业信函，计算机、电视、录像、摄像、幻灯、手机租赁，临时办公室租用，秘书培训等服务。

# 第三节　商业物业管理

## 一、商业物业管理概述

商业物业是指能同时供众多零售商和其他商业服务机构租赁，用于从事各种经营服务活动的大型收益性物业。其有两层含义：一是以各种零售商店（或柜台、楼面）组合为主，包括其他商业服务和金融机构在内的建筑群体；二是购物中心的楼层和摊位是专供出租给商人零售商品作为经营收入的物业。现代商场百业陈杂，不仅有多家零售商店、专业商店，还有各种服务业、娱乐场所、银行等。

## 二、商业物业的类型

商场物业一般可根据建筑规模、建筑功能和建筑结构等进行不同的分类。

### （一）按建筑规模划分

1．居住区商场

建筑规模一般在 1 万平方米以下，商业服务区域以某一居住小区为主，服务人口通常在 5 万人以下，年营业额一般在 3 000 万～1 亿元之间。

2．地区购物商场

建筑规模一般在 1 万～3 万平方米，商业服务范围以某一区域为主，服务人口在 10 万～30 万人，年营业额一般在 1 亿～5 亿元。

3．市级购物中心

建筑规模一般都在 3 万平方米以上，其商业辐射区域可覆盖整个城市，服务人口在 30 万人以上，年营业额一般在 5 亿元以上。

### （二）按建筑功能划分

1．综合型

包括购物、娱乐场所、餐饮店、影剧院和银行分支机构等。

2．商住两用型

低楼层是商场、批发部等，高楼层为办公室、会议室、居住用房。

**（三）按建筑结构划分**

1．敞开型

商业场多由露天广场、走廊通道并配以低层建筑群构成，其中设有大型停车场和小件批发市场等。

2．封闭型

商业场所为商业楼宇，如商场、商厦、商城、购物大厦、购物中心和贸易中心等。

# 三、商业物业的特点

（1）建筑空间大，装饰设计新颖、别致，有特色。建筑内部一般用大间隔、大空间设置；外观设计讲求宏伟、富丽，有的还配置休闲广场；内部装饰追求典雅、奇特。建筑外部、进出口处都要有鲜明的标志。

（2）设施齐全。现代商业设备、设施先进，除一般现代楼宇拥有的基本设备、设施外，还有滚梯、观光电梯、餐饮和娱乐设施等。

（3）客流量大。商场进出人员繁杂，客流量大，不受管制，易发生意外，安全保卫非常重要；还有些商品属于易燃易爆物品，消防安全更不能马虎。

# 四、商业物业管理的要求

商业物业管理主要有以下四个方面的具体要求。

**（一）树立商场的良好形象**

企业的良好形象就是一种无形资产。商业物业必须具有良好的环境和商业特色，以增大知名度，扩大影响力。因此，物业服务企业要认真做好广告宣传活动，扩大商场的知名度和影响力，树立良好的商业企业形象和声誉。

**（二）确保商场的安全性**

商场建筑物类型复杂、楼层高、功能多、建筑面积大、进出口多，造成人流量大，人员复杂，这些人在进出商场时又不受任何的限制，尤其是敞开式的商场堆满了商品，给制定和落实安全措施带来了很多困难。物业服务企业应通过完善的技防和人防措施，最大限度地保证业主和使用人、顾客的利益，保证他们的安全。

许多商品属于易燃易爆物品，火灾的防范工作尤为重要。物业服务企业平时应做好对消防设施设备的维护保养工作，同时制定完善的应急预案，保证应急措施的实用性。

### （三）提供顾客消费的便利性

商业物业内部要保持各种引导、提示标识的完整性，为前来消费的顾客提供一个明确的休闲、消费导向，为顾客提供消费便利。作为物业服务企业应该经常对各种标志进行巡视检查，如有损坏及时更新，如有变化应及时更换。

### （四）确保设备、设施的可靠性

商业物业设施设备的正常运行是开展经营活动所必需的保证，任何一种设施设备的故障都会给销售者和顾客带来不便，甚至会带来巨大混乱，造成不安全因素。因此，要对商业物业的设施设备精心养护、及时维修，保证运行可靠。

## 专栏 9-1　产权式商铺的四大管理难点和重点[①]

产权式商铺作为一种特定历史条件下的物业，在各开发单位"一铺旺三代"概念的大力宣传下，让众多投资者看好商铺投资的高回报，诱于"先售后租、售后包租"，倾囊抢购。然而经营不善造成承诺的投资回报不能兑现，同时产权式商铺开发中遗留的大量工程、配套管理问题，亦成为后续物业管理的"拦路虎"。

我们管理的购物中心坐落于南京仙林大学城 CBD 规划区，项目总建筑面积 2.9 万平方米，为单体商业垂直框架结构（地上四层地下两层），集购物、餐饮、休闲、娱乐为一体，现已成为向当地大专院校师生及居民提供"一站式消费"的最佳场所。但经过多年的运营，遇到以下四个管理难点。

（1）经营业态与动态变化之矛盾难以协调

所有产权式商铺在销售之前都要进行行业态定位，例如一楼是品牌服装，二楼是小家电，三楼是网吧、电玩等。然而市场却是无情的，一切的经营业态定位都必须要经过市场的检验，在一定时间的市场运营之后，一些经营不甚理想的店铺怎么办？只有经营转向，大家的眼睛都瞄上本物业中赚钱的行当。前期业态定位的意识早已抛到九霄云外去了，服装店可能变成了甜饼屋，也可能成为了美发店，小家电可能改变为大型中式餐饮。这种变化直接影响了按照业态定位经营的其他业主环境，由此带来的一系列相邻权的矛盾难以协调。物业管理有权禁止他经营转型吗？无权。强行让其遵守业态规划造成的经营后果物业服务企业能承担吗？还是不能。产权是私权，业主有处置权。

业态的改变也引发了前期的工程配套问题，例如大家一窝蜂上网吧项目时才发现按规划要求建设的变电所容量不够了。纷纷要求物业服务公司解决，当大家再次转型不做网吧时变电所又出现配电容量过大、空载浪费的现象。非规划区域改作中餐后又会出现没有上

---

① 陈加国. 产权式商铺的四大管理难点和重点[J]. 现代物业，2009（4）.

下水、油烟扰民、后场污染环境的弊端。

（2）营销企划难以统一

作为一个整体的商业项目，整体对消费群体的行销企划工作是不可缺少的。任何一项营销活动的目的是为了将商家、消费者、商业项目三个方面联系在一起的一个整体互动。我们曾经举办过一次三对三篮球赛，所有商户均可以以提供奖品的形式参与活动，对外则是以购物中心的名义进行宣传，这样的话，既可以考虑到了项目的整体利益，同时对于各经营户也进行了宣传。

但大多数情况是有很多小业主会认为和自己有关系的就参与，与己无关的就干预。例如我们管理公司为吸引人气而搞的一次促销特卖会，却因为小业主们认为同他们抢生意而扰乱活动的事件。

总而言之，以购物中心的名义营销企划方案众口难调，难能让每一位业主满意。造成业主抵触交纳企划推介费用，认为自己没有受益。而管理公司感到每次的营销活动是吃力不讨好的行为，久而久之而不愿主动参与，形成恶性循环。

（3）管理经费不足难以持续

目前产权式商业地产的物业管理费用仅仅比小区物业管理费用稍高一些，而物业服务公司需要承担的运营成本和管理风险是不相对等的，大部分管理公司是在开发商的持续输血中坚持的，但开发单位不可能无休止地继续输血。它在管理费用方面的补贴是因为其对业主收益回报的承诺，它必须确保市场有物业服务公司的管理才有可能持续经营下去。一旦它的责任完成后，物业服务公司该如何面对呢？为此物业服务公司常常在不影响其他业主经营的前提下将部分公共区域用于商业出租，以弥补管理经费的不足，同时也可吸引人气。

（4）伪劣产品难以监管，质量投诉难以解决

由于是独立经营的业主，其经营活动不受管理公司的任何约束，同时因为物业服务公司的企业属性也是服务行业，同经营户的法律地位是相等的。管理企业没有执法权，因而在出现顾客投诉经营户销售伪劣产品、质次价高产品时，管理公司却无从下手。顾客认为是管理公司不作为。物业服务公司只能作为和事佬从中协调，还要看经营户心情好坏，局面非常被动。物业服务公司如将经营户举报到工商等职能部门后，后果可能是你永远也别想收该户费用了。产权式商铺常常会演变为伪劣产品的集散地。

我们针对这种可能存在的经营风险提出了相应的对策，与工商部门、当地派出所沟通协商，争取能在本项目派驻一定工作人员协助管理公司管理，这些相关职能部门的进驻既可起到相应的管理作用，也可提升本项目的信誉度，可谓一举两得。

综上所述，产权式商铺存在的难点是难以调和的，物业服务公司的管理工作更应有重点，以降低企业风险，笔者认为工作重点应放在如下几项。

（1）规避资金泥潭，注重能耗费用，确保运行风险可控

能耗费用是目前各个管理公司的资金泥潭，据统计，一个 2 万～3 万平方米的商业物

业每月的能源费用在 30 万～50 万元之间，超过 3 万平方米的 Mall（编者注：Mall 全称 Shopping Mall，音译"摩尔"或"销品贸"，意为大型购物中心或大型商业广场，属于一种新型的复合型商业业态）更高达 50 万～100 万元。缴付方式上，一般供电、供水职能部门采取整体费用托收，业主先用后缴。由于能耗费用庞大，一旦业主拖欠立即就会造成物业服务企业的流动资金困难，因此产权式商铺的管理中搞好服务的同时需要加强对费用收缴的力度和频度。

（2）加强设备维保、提高设备运行的可靠性

产权式商铺公共配套设施设备众多，有消防自控系统、扶手梯、垂直梯、安全秩序监控、中央空调、给排水泵房等，系统庞大、技术复杂。设备投入的成本一般占项目建设成本的 1/3，管好设备是确保物业保值增值的一个重要途径，也可以有效降低设备大修的几率和维修成本。

（3）提高危机意识，注重公共安全的维护

只要是商业项目，一个重要经营考核指标就是人流量。好的经营环境必然会带来巨大的人流量，流动人员结构复杂，作为项目的管理机构应有足够的危机管理意识。

（4）效益为先，经营管理相结合

产权式商铺的管理是建立在有良好经营效益基础上的，对于管理公司来说，效益与管理是两条交叉运行的主线，和谐的管理平衡是产权式商铺管理的另一个重点。

**名词链接**

（1）产权式商铺

所谓产权式商铺，即所有权与经营权分离的房地产证券化概念。这是产权式商铺最核心、最基础的理念。产权式商铺是国际流行的所有权和经营权分离的一种房地产商铺产品形式，最早出现在 20 世纪 70 年代的欧美发达国家，近年才开始出现在国内一些发达城市。主要表现为商铺业主出于投资目的，将业权商铺通过发展商或第三方公司整体委托品牌经营商进行统一经营，商铺业主获得定期定额的投资回报和物业增值。

房地产开发商通过将其开发的商场分割成不同面积单位出售获取开发利润，同时保证小业主购买商铺后每年一定收益率的前提下，要求小业主与发展商签订与商家租期一致的承包经营合同，为开发商与大型商家签订整体租赁合同奠定基础。

开发商通常会有两种方案提供给投资者以供选择：一种是由开发商指定的商场经营管理公司提供一定年限固定回报率；另一种方案是投资者自行经营，但必须服从公司的统一经营管理，尤其是在业态上必须服从规划要求。

（2）售后返租

售后返租（又称售后包租、售后回租、售后承租）是指房地产开发企业以在一定期限内承租或者代为出租买受人所购该企业商品房的方式销售商品房的行为。还有一种解释：售后返租是指开发企业将所售商品房出售给投资者，同时与投资者签订承租协议，并以承

租期间的租金冲抵部分售价款或偿付一定租金回报的一种投资方式。

（3）Shopping Mall

Mall全称Shopping Mall，在中国一般音译"摩尔"或"销品贸"，意为超大型购物中心，属于一种新兴的复合型商业业态。西方国家也称Shopping Center，即"购物中心"。Shopping Mall作为一种新兴的商业形态从20世纪50年代就开始盛行于欧美等发达国家，近年来Mall开始席卷中国，迅速刮遍了北京、上海、深圳、广州等地。

Shopping Mall，其英文原意为"散步道式的商店街"。Mall的原意是林荫道，Shopping Mall意为超大型购物中心，即购物犹如在林荫道上闲逛一样舒适惬意。Shopping Mall其实就是集美食、娱乐、购物于一体的超大规模的购物中心，大体包括主力百货店、大型超市、专卖店、美食街、快餐店、高档餐厅、电影院、影视精品廊、滑冰场、大栅栏的茶馆、酒吧、游泳馆、主题公园，另外还配有停车场等，由若干个主力店、众多专业店和商业走廊形成封闭式商业集合体，一个Shopping Mall其实是一个小型社区，这种商业地产投资巨大，对发展商及管理公司的资金、管理、招商提出了很高的要求。

# 五、商业物业管理的内容

商业物业管理的内容包括以下六个方面。

## （一）安全保卫管理

（1）要保证所有固定装置设备和装饰品均达到高度安全的标准，以免造成对顾客和儿童的意外损伤。

（2）不间断值班巡逻，在营业时间内应安排便衣保安员在商场内巡逻。

（3）在商场的重要部位，如收款台、财务室、各出入口等处，安装闭路电视监控器、红外线报警监控装置，随时进行全方位监控。

（4）营业时间结束时，要进行严格清场，确保商场内无闲杂人员，以免商品失窃。

（5）结合商业物业的实际情况，制定各类应急预案，并组织演练，保证在紧急情况下能够顺利实施预案。

（6）同当地公安部门建立工作联系，发现案情时，积极主动协助、配合公安部门的工作。

## （二）消防管理

（1）制定严密的消防制度。

（2）在物业服务企业内部组建一支素质高、责任心强、专业技术过硬、经验丰富的专业消防队伍，成立一支消防队；在商场销售者中成立一支义务消防队，通过宣传、培训，使所有销售者提高消防意识，熟悉消防知识，掌握消防器材的使用。

（3）定时定期对消防设施设备进行检查维护，保证其随时能正常投入使用。

（4）针对商业物业的特点，完善各种消防标识配置，如避难指示图、各出入口指示、灭火器材的存放位置、标识等。同时，一定要保持标识的完整、清晰。

（5）保持消防通道畅通无阻，一旦发生火警，能及时疏散人群。

（6）制定消防预案，对物业服务企业内部和所有销售者进行培训，定期或不定期地组织演习，从而确保紧急情况下能有效组织救火、疏散人员，保证人身、财产安全。

### （三）环境保洁及绿化管理

（1）制定合适的保洁服务质量标准，设立清洁检查机制，并有效落实和实施。

（2）基本的保洁工作安排在非营业时间。营业时间采用流动保洁，而且避免湿拖。

（3）设专人负责随时、定时收集垃圾杂物，并清运到垃圾存放点。

（4）定期清洁商业物业外墙面、广告牌，确保外观形象，雨天、雪天及时采取防护措施。

（5）置放的绿化、盆栽植物保持干净、鲜活，枯萎的要及时调换。

### （四）车辆管理

（1）车辆管理要分设送货车、小车、摩托车、自行车专用停放场所。

（2）设专人负责指挥维持交通，安排车辆停放；专人负责看管车辆，以防丢失。

（3）要与交通管理部门建立工作联系，了解停车场情况，有助于车辆疏导工作和简单处理解决交通纠纷问题。

### （五）房屋及附属设施设备管理

（1）确保房屋外观完好整洁，引导标志齐全完好。

（2）结合营业时间，制定设施设备日常性、阶段性维修养护计划，使设施设备维修养护计划顺利逐步实施，不影响正常经营活动。

（3）供电系统设备的管理是其他设备正常运行的基础，要加强对供电设备的维修、养护管理，原则上要保证两路供电系统并配置备用发电机，以备断电时应急使用。

（4）建立有效的巡视检查制度，对供电设备系统、给排水系统、消防系统、照明系统、电梯、中央空调等设备定时、定期巡查，及时发现问题，及时解决，确保设施设备正常运行。

（5）对设施设备的报修工作应于第一时间及时处理，保持高效率，以使商业物业不至于因设备故障而中断经营活动。

### （六）销售者的选配

主要依据所管理的商业物业的规模大小和不同层次去选配销售者。大型商场如省级、国家级的，甚至是国际级的，其经营的商品范围、零售商店的类型以及商业机构门类应该越齐越好，应尽量争取一些省市级、全国性乃至世界级的分店为基本销售者，给人以购物天堂、度假去处的感觉。中型公共商业楼宇，如大城市区一级的，其经营的商品和零售商店类型应该尽量齐全，也应有其他各种商业机构，同时应尽量争取省市级和区级大商店的分店作为基本销售者。小型商场，其主要功能是为附近居民提供生活方便，不必考虑求全。

# 第四节　工业物业管理

## 一、工业物业的概念及分类

工业场所是指开展工业活动的地方，这些地方上的建筑物或改建物及辅助设施能为工业生产提供有效的环境。工业物业是指所有用于或适合于开展工业活动的场所，包括土地、建筑物及其辅助设施。

### （一）根据工业物业的特性分类

工业物业根据特性不同可分为以下四类。

1. 重工业厂房

石油、钢铁、橡胶、汽车工业等厂房是典型的重工业用房。这类厂房结构通常是根据用户的具体要求设计的。这类物业基本上是用户所有的。

2. 阁楼式厂房

这是一种早期的多层建筑，通常是水泥结构、砖石外墙。阁楼式厂房多是为加工工业设计用的。

3. 现代单层标准厂房

这些建筑都是为一家租户设计的，通常为用户所有；但也有一部分是业主所有出租给厂商的，一般租户负责物业的维修养护和一切经营开支。

4. 孵化器式厂房

这类厂房通常归业主所有并出租给新企业，他们收取租金并支付大部分经营开支。一般是小型的多租户厂房，创业阶段的企业会租用这类厂房，通常在他们实力壮大后，再迁往更大的地方。

### （二）根据工业场所的适用性分类

工业物业根据其场所的适用性可分为以下三类。

1. 普通型工业物业

普通型工业物业具有广泛的实用性，它既可用于仓储，也可用于技术密集型工业生产或劳动密集型工业生产。

2．特殊型工业物业

特殊型工业物业是指受某种条件限制，仅适用于某些特殊场合，例如要求带有很强绝缘（热）性质的仓储设施。

3．单一型工业物业

单一型工业物业是指只适合于某一类型生产运行的物业，或者是只适合于某一类公司的物业，并且一般无法改作他用，如钢铁厂。

目前，物业服务行业主要体现在住宅与写字楼的服务上，对于工业物业、码头等其他物业方面的服务及管理尚属于一种探索过程。对于工业物业管理标准，物业服务企业各自制定的标准不一。工业物业与住宅、写字楼等物业的管理存在着明显的区别，目前对于工业物业的服务，更多的仅限于日常的地面保洁和门面的保安等形式。

# 二、工业物业的特点

从不同的角度来看，工业物业具有不同的特点。

## （一）从建筑的角度来看工业物业的特点

（1）以生产用房为主，辅以办公用房、生活用房和各种服务设施，如银行、餐饮、邮局和娱乐场所等。

（2）工业园区相当于一个小社会，各独立建筑物有独立的用途，而建筑物群体的用途又有内在联系。

（3）工业物业建在城市边缘地区，多为远郊。

## （二）从物业管理的角度来看工业物业的特点

工业物业从物业管理的角度看具有以下特点。

1．生产用房的管理是工业物业管理的重点

一般生产用房出租或出售给不同的企业使用。各生产企业都有其特殊的行业特点，专业性很强，因此，要求物业服务企业了解各种行业的相关知识，制定出有针对性的具有权威性和约束力的服务规定，统一规范和协调各企业的生产行为，维护辖区内的正常生产秩序。

2．辅助配套的管理具有多样复杂、难度大的特点

部分企业是 24 小时连续生产，与之相配套的辅助配套部门也需要作相应配合，如门卫、餐厅、仓储、浴室、运输和动力供应等，以保证生产一线的正常进行；要组织协调防止超负荷使用动力，制定限额使用的规定；同时，对有毒有害和易燃易爆危险品的仓储运输，以及"三废"的排放处理要有严格的管理办法和监督措施等。

3．生产用房具有难于保持清洁的特点

由于使用功能的特殊性，如生产过程中产生的有害气体、尘埃，厂房内机器的油污、

废弃材料，会弄脏厂房，要费大量的人力、物力、财力来清除，给环境保护和环境卫生带来了不少困难。

4．工业用房容易出现难于预料的房屋损耗和险情

工业用房容易因使用不当和使用频繁，造成房屋损耗、险情的出现。例如，超重的机器设备和存量过多的货物，容易超出楼面结构的负荷；机器开动时的振动，对房屋损耗也很严重；电梯高频率的使用，以及配电装备和水泵等电器和其他设备的超负荷运转，都容易造成损坏，使保养费用增多。

5．工业物业对治安保卫和消防工作要求高

很多生产企业属于高科技型的，生产高精尖产品，从原材料到成品不仅价格昂贵，而且技术含量高，保密性强，因此必须加强安全防范意识，从上到下建立一整套严格的规定。另外，生产过程中还会接触或使用到一些危险品，如果保管不妥，极易发生火灾、爆炸事故。消防工作任务艰巨，应坚持以预防为主，配套足够的消防设施和器材，24小时值班，严防火灾发生。

6．工业物业要求提供多方位的社会化服务

工业物业除了加强生产用房的管理外，其他类型房屋的管理也不容忽视。物业服务企业除负责常规性工作外，还可以经营餐馆、医务、浴室和小型超市等配套服务。

## 三、工业厂房和仓库的物业管理

工业物业既包括传统意义上的工业厂房和仓库，也包括工业园的物业。工业厂房主要是由生产车间组成，用来生产产品的建筑物。仓库是储存和保管生产原料和成品、半成品的建筑物，它关系到原料和产品的安全完整。

### （一）工业厂房物业管理的特点

工业厂房物业管理具有以下特点。

1．管理服务的面广、量大

以开发区为例，其物业服务存在着多种形式，一个开发区可能分属于两家甚至多家物业服务企业来管理服务。例如，上海市的外高桥保税区，全区有两家开发企业分别成立了物业服务企业，其中上海外高桥物业管理有限公司管理着保税区内工业厂区的部分工业厂房和办公楼，仅工业厂房入驻有200多家中外企业；上海金桥物业管理有限公司管理着开发区内20平方公里35万平方米建筑面积的通用厂房，34万平方米的公共绿地和区内37公里的道路、市政设施、泵站、临变设施和办公楼、住宅、别墅等。

2．生产设备和辅助设施设备种类多、专业性强

工业物业服务的另一特点在于生产设备和辅助设施设备的种类多、专业性强。以加工区为例，就有家电、模具、汽车、电子元件等诸多类型的生产设备，其中有单机的也有流水线，有连续作业也有单班制或多班制，有的会发出噪声和有味气体，有的设备在启动时

耗电量较大等。物业服务企业必须对这些具体情况有所了解和掌握，以便制定出具有针对性的管理制度。

3．基础设施必须保证正常运转

在物业管理中，停水、停电、停气等都会造成相当大的负面影响，住宅区和写字楼如此，商业楼宇和工业厂房亦如此。在工业生产中，有的企业是连续生产的，一旦发生停电、停水、停气等，就会带来巨大的损失。因此，工业厂房的服务必须保持持续的供水、供电、供气，如果确实因维修、抢修而需临时中断时，必须做好周密安排。

4．常规性服务必须坚持高标准

厂区内的保安、保洁、绿化和现场管理工作必须要坚持高标准，为昂贵的产品、原材料和保密性资料档案做好防范性的安全工作，并要避免火灾和爆炸性事件发生，要对明火操作做出明确的规定，严格对工业垃圾和生活垃圾的分离及处置工作，保持厂区的干净整洁。

5．环境保护要与国际接轨

能否吸引外资关键就在于投资环境和生产环境，还在于对环境的保护。在对工业物业进行规范的物业服务的同时，还要注意到开发区生产的产品，大多数是出口的产品。而国外对产品不仅讲究质量、价格和交货期限，而且对产品的外包装、运输、消费过程中是否对环境造成污染等也是十分重视的。因此，承接出口加工开发区物业服务的物业服务企业，要在贯彻 ISO 9002 质量管理体系的同时，对 ISO 14000 环境管理体系进行认证，通过"绿色"通道进入国际市场。

### （二）工业厂房和仓库物业管理的内容

工业厂房和仓库的物业管理除履行常规的管理和服务之外，还要从工业物业的特点考虑，具体包括下面几点。

1．工业厂房仓库建筑物及其附属设备的管理

由于工业厂房和仓库内多是存放在生产中使用的笨重的机器设备和为生产准备的原料、半成品和成品等货物，其重量往往会超出楼面结构的负荷，再加上机器设备开动起来，震荡严重，容易造成房屋建筑物的严重损坏。因此，对厂房仓库建筑物的保养和维修是经常的、重要的，而且保养费和维修费都较其他物业昂贵。

此外，工业生产离不开水电，供水、供电、供气、通信等是生产的命脉。工业厂房物业管理中最重要的是要确保水电的正常供应，保证生产顺利进行。一旦生产过程中停水停电，可能会造成停产甚至事故。因此，在日常的管理工作中就要注意对房屋建筑物内供水供电设备系统的精心养护和及时维修，定期检查其性能是否完好。除此之外，设备备用发电机组对工业厂房的管理也是至关重要的，这样就可以保证在突发事故引起停电时，生产能够不中断，保证正常运行。

2．工业厂房和仓库的安全保卫管理

由于生产产品的特殊性，有些工业厂房仓库储存的原料和产品是易燃易爆货物和材料，

极易造成火灾危险。为了工业厂房和工人生产安全，工业厂房和仓库的安全消防管理比其他物业要求更高、更严格、更细致。此外，防盗防窃的保卫工作也很重要。因为工业厂房和仓库内储存着大量的原料、成品、半成品和机器设备，一旦发生丢失和损坏、损伤，将会影响生产的顺利进行，可能会造成企业物质和信誉的极大损失及国家财产的损失。因此，加强防盗防窃的安全保卫工作也是工业厂房和仓库物业管理的重要内容。

3. 保持厂区内货物运输畅通的管理

厂区内货物运输是否畅通，关系到原料、物资、工具设备能否及时供应，成品能否及时运送出去，它直接关系到生产能否顺利进行。因此，保持厂区内货物运输畅通的管理是工业厂房和货仓管理的非常重要的一个环节。保持厂区内货物运输畅通的关键是，要正确设立和管理厂区内的货物装卸区和货物堆放区，使材料、货物的装卸、堆放不影响厂区道路的畅通，也便于货物的取放。物业管理人员要经常检查厂区内的货物装卸堆放点是否符合规定，是否损坏厂区的道路地面，发现问题应及时整改，以保证厂区道路完好畅通，发挥其应有的作用。

4. 工业厂房和货仓的绿化卫生管理

搞好工业厂房和货仓的绿化卫生管理工作，能够为工人的工作、生活、娱乐提供一个优美的环境，从而能够让工人工作时精神饱满、心情舒畅，减少工伤事故的发生。因此，同其他物业一样，工业厂房和货仓的绿化卫生管理也很重要，但在绿化的具体管理上有所差别。如应根据工业厂房生产特点种植一些能适应工厂排除异味和废气的植物。卫生保洁工作也由于工业生产内容的不同而不同，如重工业生产厂房难于保持清洁；有的厂房要求清洁度相当高，甚至要求车间内一尘不染，如生产精密化仪表的工业和食品加工厂的厂房。因此，对不同的工业厂房应有不同的卫生保洁制度和方法，对重工业厂房之类的难以保持清洁的厂房，应勤清洁、清理、清扫；清洁要求高而严的厂房平时要采取保护清洁措施，如进入车间要严格管理，要更换衣帽鞋子、戴好手套和帽子等。总之，要设法保证工业厂房和仓库的绿化卫生，以保证生产顺利进行。

5. 不同物业种类提供相应的物业服务

防火、防水、防风、防虫、防鼠、防冻和防暑等工作，都会构成物业管理的业务内容。针对不同物业种类，在某些方面提出具体的严格措施，提供完整周全的管理与服务。

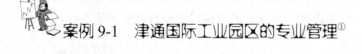 **案例 9-1　津通国际工业园区的专业管理**①

津通国际工业园占地 1 000 亩，总投资 16 亿元，总规划建筑面积 90 万平方米，一期近 30 万平方米的 17 座高标准工业厂房、1 座生活服务中心和 1 座商务服务中心已正式投

① 杨建防. 津通国际工业园区的专业管理[J]. 现代物业，2009（3）.

入使用，自 2005 年 10 月开园以来，入驻率近 80%。园区参照了国际先进科技工业园的标准建设，吸纳众多科技工业园的特点和要求，在设计风格、建筑形态、企业运营和物流保障等方面，整个园区力求能一步到位地实现与发达国家产业环境及企业平台的完美对接，其整体形态、功能设置和运作拓展已形成了以现代化标准厂房为主体，集科研孵化中心、制造生产中心、现代服务中心为一体，以循环经济范式和花园式社区为环境特征的新型高新技术产业园区。

## 一、工业园区推行专业物业管理服务的紧迫性

工业园区专业物业服务既包括了住宅物业的基本内容，又包含了工业设施、特种设备监督、能源动力、专业技术服务、企业管理服务、人力资源服务、延伸拓展服务、教育培训、会议展览以及现代物流等新兴服务，甚至还有更多的内涵。它的业主是法人，寻求的是适合其生产经营的公共空间，他们会选择性地将部分生产服务内容外包，形成了工业园区的专业服务市场。例如，人力资源服务公司借助物业服务公司与入园企业的友好合作关系，介入企业的人力资源需求，通过物业专业技术人员（工程师、高级工程师）广泛挖掘社会资源，寻找园区企业急需的高级管理人员及专业技术人员，通过留学人员服务中心吸引学成归国的创业人员，为园区企业提供多种招聘渠道解决资源需求困难。服务外包公司通过我们与专业消防安检合作，协助入园企业实施自动消防系统。通过与设备租赁公司合作及时向企业提供设备服务。通过与培训机构合作向园区企业提供质量认证体系服务。通过与工业废弃物处置中心合作，集中处置园区工业废弃物。广泛的业务合作既拓宽了专业物业服务市场，也为物业服务公司提供了新型的经济增长点。

再如，通过专业的物业服务体系，我们协助园区内 FORST、S&R、GOODYEAR 等外资企业解决了工业生产遇到的许多技术问题，如设备检修、工程监理、消防系统维保、计算机软件服务、餐饮配送、车辆接送、电力技术、紧急故障维修等专业需求，建立了有别周边园区的专业物业服务体系，通过服务辐射带动了园区周边的产业发展，提升了园区的综合实力与园区附加值，厂房租金也得到相应提高。

## 二、专业物业管理服务的基础工作

工业园区专业服务有其特殊的使命，它是通过提供专业管理服务支持园区的发展，产生社会效益，因此专业服务应依托政府、园区企业、社会资源，搭建多功能综合型组织平台。基础工作主要包括组织架构、人员选拔、岗位培训园区制度和内部管理等工作。

### 1. 组织架构

园区物业服务机构应根据实际设置，关键是高效精练、一职多能，专业园区服务公司实施"集中管理、分散服务、分权运作"的组织模式，借助于互联网平台技术，业务数据实时共享，充分满足园区管理服务基本需求，实现组织管理扁平化、业务操作信息化、园区服务专业化。

组织架构必须以公司的总体目标、管理目标设置，保证物业服务的功能，充分发挥员工潜能，一人多岗，一专多能，最大限度地协调配合并发挥人、财、物、技术、信息等要素，保证公司整体协调和高效运作，最大程度地发挥整体效益。

2. 人员选拔与培训

专业园区物业公司因人员专业素质方面的要求较高，组建队伍难度较大，在目前工业专业物业服务的培训教育体系还不能满足园区市场和企业发展需要的情况下，应开展行业、企业、院校合作，以技能培养为核心，根据不同层次、不同地域的园区可采取订单培养方式，促进企业与人才资源供求之间的良性互动。

3. 园区管理制度

园区管理制度主要由园区规章制度与物业公司内部制度组成，例如，"委托管理协议书""园区管理公约""入园承诺书""园区消防管理规定""园区绿化环卫管理规定""园区能源管理规定""园区建筑设施管理规定""园区地下管网管理规定""园区变电设施管理规定""园区交通管理规定""园区施工管理规定""园区工业设施安装管理规定"等。

4. 工业标准、法律法规、工业综合知识面的拓展

从具有理论知识与长期实践经验的工业技术管理人员中选拔出的专业物业人员要结合园区实际进行工业标准及法律法规的再学习，如"通用用电设备设计规范""防雷设计规范""火灾自动报警设计规范""泵站设计规范""压力容器使用规定""压力容器安全技术监察规程"《特种设备安全监察条例》《危险化学品管理条例》《消防法》《环境保护法》《污水管理条例》"工业企业厂界噪声标准""生活垃圾管理规定""建筑垃圾管理规定""污水综合排放标准""工业水体污染控制""工业大气污染控制""工业噪声控制""工业固体废弃物资源与处理""清洁生产""工业工程与项目管理""设备保养维修技术""工业安全工程"等知识的学习，不断拓宽知识面。

5. 管理体系与信息化系统

2008年在园区实施了办公自动化系统——津通泛微OA系统，根据不同的层次的角色，授予员工的登录使用权限，实施OA后为办公室人员提供良好的办公手段和环境，OA上集成了公司的业务信息，规范了原来比较随意的操作流程，提高了工作效率，目前园区管理、服务、人事、工程、行政、财务、资产、招商等都集中在OA系统上实施，园区企业可以通过互联网登录园区专业服务系统零距离沟通，获得相关信息，包括具体的水电财务数据、园区物业基本资料、建筑物图纸、政府服务信息、政策法规，用户还可以直接在网上向物业服务公司提出服务资源需求或者直接在网上和对口部门沟通。借助优秀的园区信息服务平台，还可以为企业提供决策、计划、控制与经营业绩评估全方位和系统的服务，为园区企业提供 OA、ERP、URP 等管理设计思想，使"信息"成为专业物业、园区企业的核心业务和主导流程。

### 三、工业园区专业物业管理服务的提供

**1. 专业工业工程经验服务于园区早期**

工业园区物业与其他物业有本质的差别，因此，物业服务公司专业技术的早期介入显得特别重要。调查发现，工业园区内的厂房或标准厂房普遍存在楼面载荷、立面设计、钢结构设计、电梯布局不合理的现象，有的单纯从成本出发考虑到一般的轻工企业（服装加工类）楼面载荷偏小的特点建造大规模的标准厂房，但招商引资变数较大，引进的却是电子类企业，在标准厂房内做净化车间，需要安装冷热机组、通风机组等，原厂房设计的供电能力不足、楼面载荷太小、电梯设置不合理、变压器的容量不能满足客户要求。为避免这种状况，可以综合考虑部分厂房加大楼面载荷，预留场地分步实施等措施。既减少了盲目投资，又能满足招商需求。

在项目的建设施工阶段，专业物业服务公司可以派出人员跟进整个项目的建设过程，根据专业经验从今后园区企业发展的角度考虑对园区道路的最小拐弯半径、园区厂房结构、地下管线、附属设施、供水、供电、排污、消防、环保、保卫、物流等各个方面的提出专业意见，参与分部、分项工程、隐蔽工程及设备安装工程的综合验收。发现问题及时向开发商提出，关注施工整改，例如，园区雨水、生活污水管道与市政管道的接合点施工、工业污水管道的材质、地下供水管的连接头施工、地下消防管道的连接头施工、地下弱电管网的材料选用及施工连接、地下高压电缆管的材料质量、钢管焊接、绿化区内埋设的波纹管道质量等关键施工细节，通过跟踪施工关键节点，保障了今后入园企业的经营生产安全，同时也减少了物业维修的工作量，为基础设施管理提供了保证。

**2. 专业知识服务于企业入驻期的基建工程**

专业知识是管理厂房及其他基础建筑物结构完好的基本保证，在工业装修及设备安装中要综合考虑屋面、楼面、地面的荷载。在楼面、屋面安装机组、冷却塔、风机房时要对机组设计、安装手册、施工图纸、厂房结构综合考虑。安装压力容器，相邻单位还要签订安全协议，因施工影响其他企业时，需书面征询涉及部位用户的意见或签订协议，有的还需经政府有关部门批准后才能实施。

例如，GE项目的工业设备安装布局阶段，为节约厂房租赁面积，减少管道工程费用，企业准备将制冷机组设置在二层楼屋面上。初始方案提出后，工业技术工程师主动参与到设计过程，从厂房结构、设备基础、机组工作状态、环境噪音影响、安全生产、操作维护、政府监管等方面进行了综合论证，提出将机组移至地面，借用一组电梯井改制成管道井的设计方案，虽然管道加长了，企业投资费用增加了，但厂房安全、企业生产安全、园区安全得到了保证，在征得设计院同意后，企业最终采纳了我们的方案。

没有专业物业知识与工业经验，不经科学分析，企业入驻标准厂房时贸然安装工业设施，轻则大大缩短厂房设计寿命，甚至还没有收回投资成本厂房就已经提前报废；重则埋下重大安全隐患，产生灾难性的后果，因此运用专业知识服务于企业入驻期的基建工程是

维护园区厂房建筑物的根本保证。

3. 专业知识监管园区重要设施、设备

工业园区内的压力容器、载货电梯、供水泵房、变电所、消防泵房、监控机房、公共管网、地下压力管线的物业管理等对整个园区的正常运作关系重大，检查、维修、养护需要专业知识及工作经验。如高压变电房要按照安全操作规程进行管理，要根据用电情况适时地关注或调整功率补偿，降低电耗，节约能源等。

例如，园区企业 IMPEL 公司的液氮装置属于特种设备，工业技术工程师主动向企业主管、设备操作人员宣传《特种设备安全监察条例》，积极联系岗位培训，提供安全生产与操作的相关资料，协助企业进行特种设备维护保养管理，并主动与安监、技术监督、消防部门建立友好关系，经常请他们现场检查指导。目前园区有特种设备近十台，通过强化专业物业管理，有效地保证了园区的安全稳定，连续多年被政府授予"安全生产先进园区"。

4. 专业消防管理，杜绝园区危险隐患

园区消防管理重在实际，由于企业生产用原料多种多样，能源介质也不相同，管理上必须认真履行园区消防职责，指导企业正确使用各种消防设施和器材，加强消防应急演练，消防监控中心与园区定点消防巡逻相结合。专业管理还要求掌握园区各企业消防侧重点的关键材料、生产过程、工序、工段、车间、仓库，对各企业的消防设施和器材，定期检查、试验、维修、更新，通过面防、点防、人防、技防、预案来构建园区消防体系，提升园区抵御灾难的能力。

5. 专业物业环境管理打造生态园区

工业园区绿化与小区、公园不同，它是供企业使用的外部环境，主要为工休观赏、员工交流、来客参观提供绿色空间，相对于其他景观而言，园区绿化与企业的关系更为密切，既体现企业形象、园区环境，又体现园区企业员工素质。

专业园区绿化管理会考虑企业员工交流、来客参观的需要，将地域文化、企业文化内涵融于景观之中，通过办公区、厂区绿化展示企业文化，根据植物的动态变化、建筑物使用功能及对环境的要求综合规划园区绿化，从使用的多样性创造绿化区域环境的多样性，继而展示园区文化的多样性。

工业园区是环境污染风险的高发区，重视园区环境安全，识别园区的环境风险，要求园区企业本身实现清洁生产和污染零排放，在各企业建立 ISO 14000 环境管理体系的同时也应该建立园区的 ISO 14000 环境管理体系，以此来规范今后进入园区的企业。

建立环境体系，识别园区环境因素，通过废物交换、循环利用、清洁生产等手段，实现园区内物质、能量和信息集成，甚至把上游企业产生的废物转化为下游企业的原料，建立初步的生态工业产业链（网），实现园区资源初步一体化经营与生态化管理体系的产业园区，树立园区良好的环境或生态形象。

6. 专业物业服务要成为企业的帮手、政府的助手

工业园区是工厂集中区，是区域经济步入良性发展的新平台，又是多种矛盾的混合体，

在园区发展进程中存在着许多矛盾和历史遗留问题，政府也不能一包到底，将园区推向市场，全面实现企业化、商业化运作是必然趋势。专业物业服务可借助园区管理及现代服务业的连锁优势，共享资源，在园区服务上发挥自身与政府、企业之间的联结优势，通过多种渠道满足企业的延伸服务需求，既弥补了政府的资源配置不足，又开拓了专业物业服务公司的发展空间，在延伸服务、生产服务等方面将自身融入于园区企业，在职能委托、生产监督、安全环保、消防管理、劳动纠纷等方面发挥政府与企业之间的桥梁和纽带作用，成为企业的帮手、政府的助手。

 本章小结

1. 居住物业主要提供居住功能。不同类型的居住物业能满足人们对居住的安全性、舒适性以及便利性等要求。居住物业一般按照物业类型的不同可以分为住宅小区、高级公寓及别墅等。

2. 写字楼是指用于办公的建筑物，或者是由办公室组成的大楼。它是供政府机构的行政管理人员和企事业单位的职员行政办公和从事商业经营活动的大厦。由于其建筑物档次高、设施设备复杂，且办公的人员密度大、时间集中，因而管理的要求高、难度大。

3. 商业物业是指能同时供众多零售商和其他商业服务机构租赁，用于从事各种经营服务活动的大型收益性物业。其有两层含义：一是以各种零售商店（或柜台、楼面）组合为主，包括其他商业服务和金融机构在内的建筑群体；二是购物中心的楼层和摊位是专供出租给商人零售商品作为经营收入的物业。

4. 工业物业是指所有用于或适合于开展工业活动的场所，包括土地、建筑物及其辅助设施。工业物业既包括传统意义上的工业厂房和仓库，也包括工业园的物业。

 综合练习

**一、基本概念**

住宅小区 高级公寓 别墅 写字楼 商业物业 工业物业

**二、思考讨论题**

1. 住宅小区的特点是什么？
2. 高级公寓物业管理的特点是什么？
3. 简述别墅物业管理的特点。
4. 写字楼物业管理的内容是什么？

5. 简述商业物业的管理要求和内容。

6. 试述工业厂房和仓库物业管理的内容。

### 三、案例分析题

1. 深圳某大厦入伙前，物业服务企业的工作人员多次到现场考察，综合考虑各种因素，并听取有关方面意见，做出了"主阳台允许用白铝材、白玻璃、统一规格平开窗封闭"的规定。可一入伙，这一规定就遭到了部分业主的质疑，他们提出许多不同的理由，要求按照自己的思路来封闭阳台。有些业主听了物业服务企业的解释，了解物业服务企业的初衷是为了保持大厦外观的统一，也就愉快地接受了。可仍有部分固执己见，甚至成群结伙，一天几次地到物业服务企业来横加指责，闹得沸沸扬扬。

在这种情形下，物业服务企业先用了个"缓兵之计"。向有意见的业主说明，物业服务企业的方案可以做进一步论证，看能否为大多数业主所认同，但在未做最后决定前，各自的方案也不要急于实施。把他们稳定下来之后，物业服务企业做了一个调查，发现持有异议的业主只有20多户，并不占多数。只是因为他们都是沙头角本地居民，互相认识，容易连成一气，其中有几位是××集团公司的职员，而且有一位是高级职员。有了这个底数后，物业服务企业本来可以强制要求这部分业主执行既定的封闭阳台的规定，但还是希望能说服他们，让他们自觉自愿地去执行。

**案例分析与讨论：**

根据本章所学分析和讨论当部分业主要随意封闭阳台时，物业服务企业应该怎么办？

2. 一家很有商业声望的制药公司进驻某高档写字大厦办公，为了加强对外宣传，该公司计划择吉日在大厦举行规模宏大的开业典礼仪式。届时，公司董事长及有关方面的领导将应邀参加。筹办开业典礼的策划部门负责人准备举办一场富有中华民族特色的舞狮表演，还准备放一些气球。业主已经同意，但大厦物业服务企业考虑舞狮表演锣鼓喧天，势必影响大厦的办公环境，未予批准。策划部门负责人非常生气，称开业典礼议程安排已确定下来，现改影响不好，再说业主已经同意，物业服务企业凭什么不批准。为此，策划部门负责人向物业服务企业正式来函投诉。

**案例分析与讨论：**

根据本章所学分析和讨论商业物业的管理要求，以及本案中物业服务企业和入住公司的权利和义务。

3. 某花园个别业主"圈占"公用天台（楼顶），有的建了一个私家花园，有的利用楼顶建了鸽子房，该花园已经有6个楼顶被私人占用。该花园B座被"改造"过的3个天台中，某住户的"手笔"可谓匠心独运：不仅200平方米的天台被其全部据为己有，连天台上原有的通风管道、消防器材也被统统拆除。该住户还自行拆除了楼顶的隔热层，铺上了仿古地砖，种上了花草，设置了假山、假树，上得天台，真是别有洞天。为了把其他人拒之门外，该住户还"安排"了一条大狼狗把门。好端端的公用天台，变成了这位住户的"私家花园"。对此大多数业主很有意见，纷纷到物业服务企业投诉。

**案例分析与讨论：**

根据本章所学分析和讨论住宅小区物业管理的要求，以及本案中业主对公共区域的权利和义务。

 本章阅读与参考文献

1. 姜早龙，张漱贤. 物业管理概论[M]. 武汉：武汉理工大学出版社，2008.

2. 季如进. 物业管理[M]. 第2版. 北京：首都经济贸易大学出版社，2008.

3. 胡洁. 物业管理概论[M]. 北京：电子工业出版社，2007.

4. 王秀云. 物业管理[M]. 北京：机械工业出版社，2009.

5. 安静. 物业管理概论[M]. 北京：化学工业出版社，2008.

6. 陈加国. 产权式商铺的四大管理难点和重点[J]. 现代物业，2009（4）.

7. 杨建防. 津通国际工业园区的专业管理[J]. 现代物业，2009（3）.

# 第十章 物业管理的国际视角

## 学习目标

通过对本章的学习，应掌握如下内容：
1. 我国港台地区的物业管理；
2. 英、美的物业管理；
3. 日、韩的物业管理；
4. 新加坡的物业管理。

## 导言

物业管理在中国正处于规范与壮大时期，需要借鉴国际上先进的物业管理运行理念和经验，并以此来促进和提高中国的物业管理水平。本章主要介绍了我国香港和台湾地区以及英国、美国、日本、韩国和新加坡等发达国家和地区的物业管理。

# 第一节 我国港台地区的物业管理

## 一、我国香港地区的物业管理

我国香港地区的物业管理是在没有政府成型的管理经验的情况下，由纯市场经济体制运行推动，并在众业主共同需要的情况下自然产生的。

### （一）香港地区物业管理概况

自 20 世纪 50 年代开始至今，香港地区的物业管理经历了半个多世纪的发展，取得了令人瞩目的成就。

1. 物业管理的产生与发展

第二次世界大战后，香港的人口急剧增长，对房屋的需求由此激增。"笼屋"和大型"唐楼"相继出现，开发商也开始分层或分单元向外出售房屋，物业的产权因此出现多业主共有的局面。而有效的物业管理此时并没有产生，导致公共生活环境混乱和社会治安恶化等严重社会问题的出现。"看更"服务（即由专人从事夜间巡逻等治安保卫工作）于是在一些物业出现。这就是香港物业管理的萌芽和雏形。

1953 年香港九龙石硖尾一场致使 5 万人无家可归的大火灾使香港的住房问题更加凸现。为此，香港政府制订了早期的"公共房屋计划"，并设立事务处和屋宇建设委员会，负责建设和管理较为正规的楼宇。为更好地管理公共屋村，港府特从英国聘请房屋经理。至此，专业性房屋管理概念正式引进香港。

随着住宅市场需求的进一步扩大和更大规模、更大型楼宇的建成使用，香港的物业管理也逐步成熟起来。20 世纪 60 年代，香港物业管理的专业化属性开始显现，房屋署作为房委会的执行机构，为公共屋村提供专门管理，使住户享受到优良的服务。1970 年，香港政府制定了《建筑物管理条例》，确定业主可以"参与管理者"的身份组织"业主立案法团"，通过收取管理费，雇用员工，委任专业管理企业等，为大厦提供多方面服务。20 世纪 80 年代，香港政府倡导"良好大厦管理"，鼓励大厦业主积极参与大厦的管理事务，使物业服务行业更具有活力，物业管理得到进一步发展。在此期间，"私人大厦管理咨询委员会"和"香港物业服务公司协会"相继成立，为物业管理提供咨询、协助、指导和监督。至此，香港的物业管理得以全面、深入地发展起来。

2．物业管理的模式

香港的物业管理运作机制从总体上看已呈良性化发展态势，其物业管理模式具有独特性，即行政调节与市场调节有机结合的协调运作机制、官民同心合力的命运共同体机制、业主自治、依据契约和民主原则运作的机制。

3．物业管理的法律法规

在香港，公营房屋物业管理涉及的法律依据主要有《房屋条例》和《多层大厦（业主立案法团）条例》、《规则条例》、《建筑物管理条例》、《消防条例》、《公共卫生条例》及《防止行贿条例》。政府的政策是尽量鼓励和协助业主参与物业管理工作，使业主可以根据《建筑物管理条例》成立业主立案法团（简称法团），在共同参与的理念下，自行管理其物业。

**（二）香港地区物业管理的特点**

香港地区的物业管理具有以下特点。

1．具有完备的物业管理组织体系

（1）公共屋村办事处。是由香港房屋署物业管理处在出租性公共屋村设立的物业管理机构。办事人员属于政府公务员，办事处的一切费用（包含管理费）从租金收入中列支。办事处除负责房屋维修、治安保卫外，还负责收租及把握住户的入住资格。在出租性公共屋村一般还设有一个非法人性质的自治组织——居民互助委员会，其主要职责是向屋村办事处提供意见，反映居民要求，加强相互的联系。

（2）业主立案法团。是由业主组成的对居屋苑、私人屋村或公寓大厦进行自治性物业管理的法定团体，具有诉讼主体资格。其产生后必须按期向土地注册处注册登记才算正式成立。业主立案法团的执行机关叫管理委员会。法团在法律上担负起各业主对物业及物业各部分公共地方所应负的一切责任，管理委员会则用类似公司董事局的方式处理该法团的管理事务，它一般聘请专业性物业服务企业负责日常物业管理工作。管理委员会对物业服务企业的工作进行监管，表达业主和用户意见，并按期向业主大会报告会务。

（3）业主咨询委员会。这是一个受《大厦公契》条例所限不能成立立案法团，或业主们不愿选择立案法团的形式而依法成立的业主自治组织。它是一个民间性组织，无须向政府登记，其主要功能是参与监督物业服务企业的行为，提供意见（定期召开双方的联席会议），反映民意，但不享有决策权，也不承担法律责任。屋村或大厦事务的法律责任由负责监管物业管理运作的房屋事务经理承担。但在物业服务企业辞职期间，咨询委员会可以代表全体业主负责全部管理工作。

（4）大厦互助委员会。是由大厦住户组成的民间物业管理组织。一座大厦中只要有1/5 以上的住户赞成便可成立互助委员会。其基本目标是使各住户发扬和睦友好的精神，互相帮助，提高责任感，以及改善大厦内的环境和管理效果。这种组织体系形式多样、完备、灵活，充分体现业主自治原则，且运作效果颇佳。

2．政府积极协助物业管理

政府的民政事务总署非常重视大厦管理。在香港，各区的民政事务处都设立了"大厦管理联络小组"和法团保持联络，应邀出席会议，并就大厦管理问题提供意见和协助。此外，市政事务总署在香港岛、九龙和新界都设立了大厦管理资源中心，为大厦业主、住客和法团等就一般大厦管理问题提供各类资料，如法例、小册子、录像带、电脑互动信息等。资源中心的职员会就大厦管理上出现的纠纷提供初步调解服务，举办各类大厦管理的宣传活动，向市民灌输大厦管理的正确观念，以及协助他们提高楼宇管理、安全和维修保养的水平。该署还经常邀请香港律师会、香港会计师公会、香港测量师学会、香港物业服务公司协会、香港工程师学会、香港房屋经理学会及香港建筑师学会等专业团体派员到大厦管理资源中心，为市民免费提供有关的专业意见。

3．实施物业服务从业人员培训制度

为适应不同对象和不同要求，香港物业服务人员培训采取了多类型和多层次的形式，既有香港房屋署等官方机构组织的，也有大学、行业协会（学会）和民间其他机构安排组织的。培训的主要内容包括以下几方面。

（1）入职培训。这是为新聘用员工提供基本的入职知识和操作培训。

（2）现职培训。这是为现有员工学习履行职务所必需的知识和技能所进行的培训。

（3）专题讲座。这是针对某些问题、某种需要而进行的专题介绍和专题探索。

（4）学历教育。这是较为长期的系统学习，根据学员的不同水平有不同层次的学历教育。

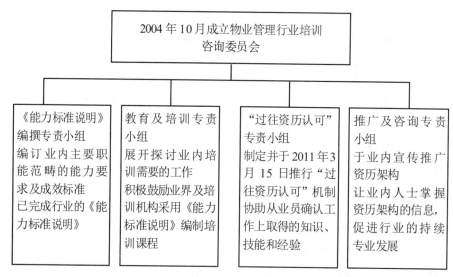

**专栏 10-1　香港物业管理行业的资历架构制度**①

### 一、资历架构制度提出的背景

2004 年 2 月，香港行政会议通过成立一个跨界别的七级资历架构及相关的质素保证机制。政府设立资历架构的目的，是要清楚说明不同资历的水平、确保这些资历的质素，以及为不同程度的资历提供衔接阶梯。

资历架构是一个资历等级制度，用以整理和支持主流教育、职业培训和持续进修方面的资历。并且在职业培训方面，为行业制定《能力标准说明》，加强行业对职业教育的领导作用，使职业培训更具成效。为确保各类型教育及培训机构所颁发的资历更具认受性，资历架构内设有质素保证机制，以巩固架构的公信力。任何资历必须先经质素保证才可获资历架构认可。

教育局现正分阶段为不同行业成立由业内雇主、雇员及有关专业团体代表组成的行业培训咨询委员会（咨委会）。至今已为 13 个行业成立了咨委会，分别是印刷及出版业、钟表业、中式饮食业、美发业、物业管理业、机电业、珠宝业、信息科技及通信业、汽车业、美容业、物流业、银行业，以及进出口业。

### 二、物业管理行业推行资历架构的进展（见图 10-1）

图 10-1　香港物业管理行业推行资历架构的进展图

---

① 香港物业服务公司协会. 资历架构[J]. 通讯，2009（5）.

### 三、物业管理业《能力标准说明》[①]

《能力标准说明》列出物业管理业内主要的职能范畴，以及各职能的表现要求及成效标准，并以能力单元展示。物业管理业资历架构共有 7 大职能范畴，28 个职能要项，136 个能力单元。七个主要职能范畴包括建筑物维修保养、设施管理、业主管理及小区服务、应用法律、财务及资产管理、人力资源管理及环境管理。每个职能范畴下又进一步细分为多个职能要项，如环境管理下细分为建筑物保安、紧急事故处理、环境安全、建筑物环境整洁、园艺梅花以及建筑物私家路管制及环境保护等 6 个职能要项。每个职能要项根据能力差异划分不同级别的能力单元，最高为七级。从各个能力单元的能力标准来看，香港对物业管理从业人员能力培养上具有以下特点。

1. 级别和能力单元划分专业化程度高

物业管理业资历架构将 7 大职能范畴划分为 136 个能力单元，级别越高的能力单元对知识和技能要求也越高，如一级的建筑物保安仅要求"能够综合对驻守地方的用途、环境、合作伙伴、保安系统器材、相关法律知识及工作指引的认识，正确和合法地执行建筑物保安职务"，而六级的建筑物保安则要求"能够时刻掌握崭新的保安知识、行业和法例的要求，引入先进装置，持续改善公司所提供的建筑物保安服务。"且有别于大陆地区物业服务从业人员的综合认证，香港物业管理业资历架构为每一职能要项都提供了级别晋升的渠道，如从事建筑物安保工作的从业人员可以通过培训和工作时间的积累去获得更高级别的资历，当然其也可以通过职业培训获得其他职能要项的资历认证。由此，香港每一项职能要项均有不同级别的资历认证，其专业化程度更高。

2. 注重实务能力水平

《能力标准说明》中每个能力单元均包括该职能要项达到某一级别时所需要的行业知识、应掌握的专业技能和软性技巧等。而各能力单元的评核指引的表述可以归纳为一种模式，即"能够运用相关知识，实际解决问题/提出建议"，在这一表述模式中，更为强调的是解决实际问题的能力，包括对理论知识的学习，最终也是落实到能否解决问题这一层面。

3. 强调综合管理能力的提升

不同级别能力单元的要求与物业管理从业人员的职场发展路径相契合，一二级别的能力单元所要求的绝大部分是能够按照指令执行某项具体工作，其所对应的一般是执行岗。而从第三级别开始则逐渐向管理岗过渡，能力单元更多地要求从业人员能够作为管理者，督导和安排属员做好特定工作，并且随着级别的提升，要求从业人员能够对某个职能要项有整体的统筹协调把握，能够对工作做出宏观规划，对具备综合管理能力的要求逐渐提升。

如欲查阅《能力标准说明》内容及资历架构的数据，可浏览资历架构网页 www.hkqf.gov.hk/。

---

[①] 吴剑平，陈德豪，练均华，姚剑. 香港物业管理业执业制度的启示[J]. 中国物业管理，2014（5）.

### （三）香港地区公营房屋物业管理

香港的物业可分为公共屋村、居屋苑、私人楼宇、商业楼宇及临时房屋等。其中，公共屋村由香港房委会下属的物业管理委员会的办事处管理，其部分工作由私人管理公司承担；居屋苑由房屋署下设的办事处管理，其中一部分由物业服务企业管理。政府对各类房屋的管理主要是通过立法和鼓励业主和租户成立群众性的社会组织进行自主管理。房屋的维护和各种服务主要通过订立合约，由各类专业公司进行维修和提供社会化服务。

香港公营房屋物业管理的内容包括以下两个方面。

**1. 公共屋村的常规管理**

（1）档案资料管理。在公共屋村管理机构中，储存有每栋楼号、每个单位和每个住户的档案资料，其中包括空调、水电、消防、保安系统资料，以及房屋、设备的图纸和照片。资料用电脑管理，能迅速查询。

（2）入住管理。房主签署租约后，其家庭中一位成员应在指定的日期前往屋村办事处领取大门钥匙，但必须携带两人身份证及租约，以供办事处职员审核。住客领取门钥匙后，应前往房间作详细检查。若设备或其他配件有损坏，需于24小时内向屋村办事处报告。若各项设备完好，户主应签署一份室内装置项目表。

（3）住户的装修管理。住户欲想装修住处，加设或改建一些设备，需先填写申请表格，待获得屋村办事处书面允许后方可进行。在新建成的屋村，居住单位的装修工程均由房屋署批准的承造商接办各项认可的装修。各种材料样品及价格均在屋村办事处展示，以供住户参考及选用。

（4）维修保养。居屋一般轻微的损坏，由屋村内的技工修理，复杂的维修则由屋村办事处的保养承办商来负责。

（5）清倒垃圾。屋村办事处启用清洁公司承办清洁工作，除定期清洗公司地方外，每日逐户清倒垃圾，不另收费。为保持环境卫生，住户要用胶袋或纸袋装载垃圾，放入附有紧密封盖的桶内，然后放在门外，以使清洁工人每天收集。工人清倒后，住户立即将垃圾桶拿回屋内。不准乱扔乱抛垃圾，对违者可发出传票检控。房屋署则派专人进行监督巡查。

（6）收取租金。房屋事务主任在穿着制服的屋村事务助理员或保卫员陪同下，于月初按户上门收取租金，并直接征询住户的意见，及时处理有关问题。住户对来者的身份如有怀疑，可要求对方出示公务员证件或与屋村办事处联络。住户可用现金或支票缴付租金。

（7）终止租约。住户如想迁出其住所，应在租约终止前1个月书面通知屋村的房屋事务经理，而通知的住满日期为月底，并写明通信地址，以便做出安排，再次将该住房租出。行将迁出的住户，应在租约终止前将锁、钥匙交回负责管理该座楼宇的房屋事务主任，以便检查室内各种设备是否完好，如有损坏，修理费用支出由住户支付。

（8）治安管理。屋村内保安人员日夜值班巡逻，并通过中央闭路电视监视电梯和公共场所。住户有客人来访，先通过对讲机与主人对话，获准后方准进入楼内。有的住户还装有闭路电视，主人通过电视可看清来访者面孔。

（9）交通管理。屋村内不准乱停车辆，违者将被检控和罚款。屋村内道路多数禁行车辆，只准在指定的有限的道路上驶入驶出，禁止过往车辆穿行，以保证屋村环境宁静和居民活动的安全。屋村内设有停车场，由经办商承包管理，每年向房屋委员会缴付一定款项。

（10）居住环境管理。禁止小贩进入屋村叫卖，并说服住户到村内店铺和档位购物。该项工作由房屋署市容整洁队负责执行，确保屋村清洁、宁静、安全。

2．公共屋村经租管理

香港公营房屋私营化的运作方式将公共屋村的物业管理和租务管理分开处理。租务管理工作交由设于中枢地点的分区租约事务管理处处理。

（1）公共屋村的住宅房屋经租管理。公共屋村的房屋只向中下层收入户出租。住户每月交纳的租金中已包括了一般物业管理费用。私人产权的自住户每户每月须向管理机构交纳费用，其费用包括物业管理费、公用部位维修粉饰费、公用路灯费等。所收费用全部用于管理和维修，不以盈利为目的。

由于出租的公屋租金低廉，管理、维修和改善费用较高，以致公共屋村的住宅楼宇经费账目常处于赤字。房屋委员会便从公共屋村中所设的商业单位收入盈余中弥补。

（2）公共屋村的商业用房经租管理。公共屋村的商业单位包括店铺、街市档位、银行、酒楼。这些商业设施一律招商出租。大部分商业设施以公开招标方式出租，少部分选定的商业设施以协商方式出租，以鼓励更多声誉卓著的商号在屋村开业，以保证住宅区域的繁荣和居民购物的方便。

（3）公共屋村内的工厂大厦经租管理。公共屋村内的工厂大厦数量较少，但需求旺盛，空置率极低。招商方法在不影响居住环境的前提下，以招标方式公开竞租。

（4）公共屋村福利用房经租管理。房屋委员会配合政府各部门，在公共屋村设置了大量的福利单位，如托儿所、中小学、图书馆、青少年活动中心、家庭服务中心、老年服务中心、康乐及医疗中心等单位。这些单位用房一般执行的是"优惠"租金，一般租金很低，以象征性的收租支持福利事业的发展。

总之，政府对经租实施统筹管理，使非住宅楼宇的盈余大于住宅楼宇的亏损。所以公共屋村总的收支仍有盈余。

**（四）香港地区私营房屋物业管理**

在业主服务需求持续增长、政府政策不断完善和社会分工日益细分等因素推动下，香港私人机构物业管理得以快速发展，以地铁物业、戴德梁行、第一太平戴维斯、世邦魏理仕和仲量联行等大型跨国企业为主，物业服务企业占据了香港物业服务市场重要的份额。香港私营物业服务企业一直致力于提高设施管理、保安管制、清洁、各类设施保养维修、绿化养护、财务管理、会所管理与多元化家居服务等各方面的服务水平。伴随业主物业管理参与意识的增强，服务层次要求的提升，多元化增值服务的广覆盖，ISO 9001:2000、ISO 14001 和 OHSAS 18001 管理体系标准的应用，六西格玛和五常法管理方法的引入，香港私营物业服务逐步由传统的"以物业为本"向"以客户为尊"转变，管理内涵更加丰富，内容范畴更加广阔，促进行业向更规范化、社会化、专业化和人性化方向发展。

1. 私营公寓大厦物业管理的基本内容

（1）定期保养维修楼宇结构和设施。

（2）为楼宇结构和设施投保。

（3）防止非法更改大厦用途，非法间隔，防止违章建筑。

（4）安排清洁和保安服务。

（5）根据新需求改善楼宇设施，控制管理费开支。

（6）切实执行"大厦公共契约"。

（7）注意新区发展，提供资料、意见。

2. 大厦公共契约

"大厦公共契约"是香港特色，它是一份合约文件，由一幢大厦或一个地段内的不同业主共同签署。契约界定了不同单位的业主对该大厦或该地段的公共设施和公共地方的使用权和使用责任。而物业管理的主要对象正是这些公共设施和公共地方。一份完善的公共契约有如下要点。

（1）单个物业在整个物业中占的份数。这个份数主要用来计算单个物业业主应负担的维修费、物业服务费，同时决定对大厦管理决策的表决权的大小。因为单个物业不可能脱离整个物业而独立存在，因此这个份数称作"不可分割份数"。

（2）清楚界定公共地方和公共设施。

（3）管理决策或"公契"有效期。通常与建筑一起终结，所以其终止日期通常是物业因天灾人祸而毁弃或拆除。

（4）物业服务费分摊方法。

（5）住户责任，如准时交费、勿干扰他人等。

（6）开发商保留的权利，如有大厦外墙使用权、楼宇命名权等。

（7）管理人的委任与权力职责。

（8）物业服务费开支的管理及报告。

（9）单个业主的绝对权益。如无须经其他单个业主的同意而自行转让出租、抵押自己物业的权利等。

（10）建立、改选业主委员会的期限、方式、成员人数和职务等。

3. 政府对楼宇或大厦管理的规范制约条例

（1）楼宇管理人对来访者的责任。

（2）政府建筑物条例对楼宇安全的制约。

（3）公共卫生和文明环境条例对楼宇、大厦环境的要求。

（4）私家道路的有关条例。

（5）防止噪声污染。

有关上述五个方面，香港政府都有明文规定的条例加以规范管理，但是政府没有专门部门负责监督执行。如果有关部门发现或认为楼宇、大厦有违章之处，即会行文通知，限期改正；若逾期不改，有关部门有权强行纠正之，费用由大厦管理部门支付，而且会处以罚款，甚至对当事人处以刑事拘留。

## 二、我国台湾地区的物业管理

我国台湾地区的物业管理是从 20 世纪 70 年代末开始产生和发展起来的，至今已形成了自己的特色。

### （一）台湾地区物业管理概况

台湾地区的物业管理起步比我国大陆要早，1978 年，台湾成立了第一家保全公司（相当于内地的保安公司），其后保全业务逐渐兴起。1991 年 12 月 30 日，台湾公布"保全业法"，开始受理申请保全公司的经营许可，当时的保全公司主要以从事保安业务为主。

随着先进国家的物业管理逐渐对台湾产生影响，尤其是日本物业管理的成功经验和物业管理行业为社会创造了大量就业机会，同时台湾的房产商也要求对不动产进行维护。1987 年，当局开放登记物业管理维护营业项目。从事物业管理的企业叫做公寓大厦管理维护公司。

1995 年，台湾颁布了第一个物业管理法规，即"公寓大厦管理条例"；1997 年，又颁布"公寓大厦管理服务人管理办法"；1998 年 6 月，台湾建筑物管理维护经理人协会（简称 BMA）成立，同年 9 月开放组织同业公会；2003 年，台湾又成立了"中华物业管理协会"。

目前，台湾物业服务业中，公寓大厦管理维护公司约有 450 家，从业人员约 5 万人，清洁服务公司约 7 400 家，从业人员约 15 万人，合计约为 20 万人，年产值约 500 亿元新台币（约 125 亿人民币）。保全公司有 452 家，从业人员 3.6 万人，其中驻卫保全年产值约有 150 亿元新台币（约 37 亿人民币）。台湾物业服务业依其服务项目可分为三类：第一类为建筑物与环境的使用管理与维护，提供建筑物与环境管理维护、清洁、保全、公共安全检查、消防安全设备及附属设施设备检修等服务。第二类为生活与商业支援服务，提供物业代办及咨询行业、事务管理、物业生活服务、社区网络、照顾服务、保姆、宅配物流、生活产品（衣、食、住、行、育、乐）及商业支援服务。第三类为资产管理，提供不动产经营顾问、开发租赁及投资管理等服务。一些大型专业物业服务企业除了以上各项外，还提供生活服务、社区总体营造、租售服务及不动产营运规划等服务。物业管理呈现多样化及多元化。

### （二）台湾地区物业管理的特点

台湾地区的物业管理具有以下特点。

1. 社区治安管理必须由保全公司承担

台湾物业管理的业务因法令限制而被割裂，分别存在于许多行业，包括公寓大厦管理维护业、保全业、清洁业、房屋中介业等，在"公寓大厦管理条例"及"公寓大厦管理服务人管理办法"公布前，有各种不同的公司形态，较普遍的是建筑物管理维护公司，其他也有大楼管理顾问公司、清洁公司、机电工程公司等，也提供一些单项或多项的物业服务。在台湾，物业服务企业与保全公司经常无法有效区分，其主要原因是物业管理中有关安全管理项目在台湾的"保全业法"中规定属于保全公司营业项目，物业服务企业不得承揽保全业务。但是在实际的商业营运中，保全公司常涉足物业管理的营运模式，物业服务企业也往往"入侵"保全公司的营业领域，表现形式就是一家公司两块牌照。

2. 社会比较重视物业管理

建筑管理维护公司在台湾普遍成立也不过二十几年的历史，近十几年来，台湾房地产业发展很快，维护公司数量也不断增加。台湾对从事建筑物管理维护的要求很严格，企业的准入"门槛"很高。根据"公寓大厦管理服务人管理办法"第九条规定，公寓大厦管理维护公司资本额要在1 000万元新台币以上，并要有4名取得公寓大厦事务管理认可证的职员和4名以上持有各类公寓大厦不同技术服务认可证的职员。

近年来，台湾当局也十分重视物业管理行业的建设，在大学内开设了相关专业的学科，并先后制定了一系列物业管理以及公寓大厦维护管理的条例和规定。在政策上，也对物业管理产业给予了支持，如台中市政府规定，物业服务企业录用一名45岁以上劳动者，政府奖励企业5 000元新台币。全市人口约98万，其中从事物业管理的将近1万人。

3. 自主经营管理较为普遍

除了专业物业管理外，台湾许多楼宇也实行业主自营式物业管理。所谓业主自营式物业管理，就是社区的物业管理既不由房地产开发公司负责，也不聘请专门的物业服务企业负责，而是由楼宇业主自行打理，这种方式在台湾的城市中比较普遍。业主自己选出一个比较精干的管理委员会，全权负责对整个社区全体成员所有的公共建筑物，包括庭院、各种公共活动场所和临街的配套建筑物管理。委员一般任期一年，每月开会一次，讨论决定社区物业管理的重大问题。业主自营式物业管理最大的特点是，可以从出租的房屋中收取管理费，所收的管理费在支付了人员费、设备费、公产运作费以及其他费用后，一般还有节余，无须再向业主收取费用，从而减轻了业主的经济负担，也避免了不少纠纷，保障了社区生活的安定和有序。

在台湾，业主成立的管理委员会组织非常健全。不论是居住小区还是商办楼都有管理委员会组织，充分体现了业主的自主管理。选出的管委会主任都非常尽心尽责，且完全是义务的。一般公寓大厦管理委员会的机构是这样的：区分所有权人大会（相当于国内的业主大会）、管理委员会（相当于国内的业主委员会），管理委员会一般设主任委员、副主任委员、财务委员、事务委员、公关委员等，还设有检察委员，直接隶属于管理委员会。在台湾一般物业服务费收缴也是管理委员会的事，物业服务企业管理所需费用由管委会划拨。

4. 物业服务人员精干，社会化、专业化和市场化程度高

台湾的物业服务队伍非常精干，一般小区物业服务专职人员只有两位：一位是干事；另一位是守门员兼监控员（负责对公产部分进行电子设备监控和录像）。另外有少量的临时工，如保洁员、修班工等，由干事根据需要聘请，他们的工资、奖金等从出租房屋收取的管理费中支出。

台湾物业服务企业的市场化程度也比较高，像我国大陆常见的开发商自己组建物业服务企业的情况是很少的。物业服务企业主要是管理型的，专业管理和服务基本上分离，清洁、绿化、灭虫、设备管理等一般都分包给相关的专业服务公司。如台中市集合公寓大厦建筑面积约 8 万平方米，管理人员只有 22 人。其电梯点检保养、机电消防点检保养、污水处理代操作、特定清洁、水箱清洗、社区消毒、绿化整理等十几项管理任务都对外发包。台湾馨馥华社区大楼是全台湾最高耐震强韧钢结构全景观住宅，建筑面积约 11 万平方米，大楼实施饭店式精致管理，但整个社区物业服务人员仅 23 名，其中经理 1 人、行政助理 1 人、柜台客服人员 4 人、保全人员 7 人、清洁人员 7 人、机电设备人员 3 人。

5. 依约管理、居民法律素质较高

由于市场化程度较高，台湾业主的法律素养也较高。目前，台湾规范物业管理的相关法规主要有"公寓大厦管理条例""公寓大厦管理条例细则""公寓大厦管理组织申请报备处理原则""公寓大厦管理服务人管理办法"等。虽然条款并不多，但在执行法规方面以及在法律法规的公平、公正方面，业主和物业服务企业较好地贯彻了对等与公平的原则。在管理过程中双方依照合约规定的内容，公寓大厦管委会可以通过法规赋予业主自主管理的权力，实行对物业服务企业的监督，对不称职的物业服务企业进行解雇。另外一方面，优秀的物业服务企业通过提升服务品质和市场竞争力脱颖而出。对于业主的权利和义务也规定得非常明确，而且执行起来非常严格。对欠缴管理费且经过催告仍不给付者，管理负责人或管理委员会可诉请法院命其给付应交的金额及延迟利息，情节严重者可诉请法院强制迁离。如该住户系业主时可诉请法院令其出让所有权应有部分，如其于判决后 3 个月内不自行出让并完成登记手续者，管理公司或管理委员会可申请法院拍卖其房产。因此，在台湾物业服务费收缴不是问题。如台北地区的收缴率在 98%以上，台中、高雄地区也在 95%以上。

6. 重视物业管理职业培训

台湾参与物业服务工作员工的整体文化素质比我国大陆企业要高，一般企业 1/3 的员工具有大专文化水平。但是，由于物业服务员工薪资过低、福利不佳、激励不足，导致人员流动率较高，所以企业大都非常重视对员工的培训，满足从业人员追求成长与发展专业

知识技能的需求。不仅物业服务企业抓培训，据建筑物管理维护经理人协会介绍，该协会的一项重要工作就是担负培训的任务，近年来他们不断开办物业经理人培训班、干部进修班、高级主管研修班等，促进物业管理水平不断提高。

# 第二节　英、美的物业管理

## 一、英国的物业管理

英国的物业管理出现于19世纪60年代，当时正值英国工业化大发展时期，大量农民涌入城市，导致房屋出租现象比较普遍。为使租户获得一个更好的居住环境，减少社会问题的出现，从而维护业主和租户双方的利益，需要一套行之有效的管理方法，于是在希尔女士的努力下，专业的物业管理由此产生并逐步被业主和政府重视，继而获得推广。

### （一）英国物业管理的类型

英国地多人少，大部分住宅以独立式别墅存在，其次是联体别墅，经济条件较差的居民住高层住宅。英国房屋的类型决定了物业管理的类型。一般来讲，非住宅即商业楼宇的管理模式和中国差不多，重点放在房屋及设施设备管理，包括设备的日常运行、维修和改造等。物业服务内容和标准通过物业服务委托合同约定，服务费用也大多采用佣金制。

英国住宅的物业管理模式则比中国简单。英国的大部分私人住宅是独立式别墅，别墅之间的道路、绿地及各种市政管线、设施均由政府部门维护管理，业主只需每年交纳物业税。业主房屋本身的维修管理，则由业主自行选择物业服务企业来负责。由于在英国水、电零维修的人工费非常高，基本上是每半小时50英镑，很多业主也会选择自己做一些零维修的活儿。由于别墅之间互不相连，维修及管理服务非常简单，因此别墅区的社区关系也就非常简单，很少会产生邻里纠纷和共同事务的处理。

除独立式别墅外，英国还有少量规模比较小的高层私人住宅，其物业管理模式和中国比较相似，一般以一栋楼为一个物业管理区域来进行物业管理。物业管理也分为前期物业管理和正常期物业管理。前期物业管理由开发商选定一家物业服务企业，开发商在出售房屋时，会制定一个公约，公约中明确物业企业的名称，物业服务的内容、标准和服务收费，包括建设单位、物业服务企业和业主三方各自的权利义务关系，购房人要对此予以认可。业主入住以后，可以成立业主委员会，业主委员会对开发商选择的物业服务企业不满意的可以解聘，自行选择满意的物业公司。但要注意的是，由于有些楼宇规模太小，业主为节省费用可能会直接选择一个房屋经理而不是一个物业公司来负责管理房屋事务。

住宅物业的收费一般采用包干制，即每年固定一个数目，其中包括清洁、保安、房屋维修等服务成本以及物业公司的酬金。物业公司的账目必须向业主公开，业主也可随时随地到税务部门去查询。

在英国，如果委托物业服务企业进行物业管理，则也是通过召开业主大会来决定重大管理事务。如对楼宇公共部位的维修问题，到底该不该修和如何修都由所有受益业主共同协商决定。若全体业主达不成一致意见，则任何一个业主都可以向政府主管部门（类似中国的房产管理局）申请政府裁决。政府主管部门收到申请后，可以实地勘察，认为房屋存在安全隐患必须维修的，会责令全体业主限期达成一致意见；达不成一致意见的，政府部门会组织专业单位维修，维修费用由全体业主分摊，并在维修费用的基础上加收 30%作为政府的收入，此举在于督促业主自行达成一致意见。

### （二）英国特许房屋经理学会[①]

在英国，政府对从事物业管理的企业和个人没有特别的限制。作为半官方的、非营利性的组织——英国特许房屋经理学会（CIH）在物业管理行业非常有权威性，专门负责物业管理从业人员的培训和交流。该学会成立于 19 世纪中叶，是一个只接受个人会员的组织，目前有会员 18 000 多人，大部分会员在英国，中国香港地区有 2 000 多会员。该学会的经济来源主要靠会员会费和提供各种诸如培训服务所获得的费用，盈利归组织全体成员所有。学会的机构有理事会，由在行业里有名望的人担任，共 31 人。学会总部设在英国考文垂市（Coventry），总部设有专业发展部、联合服务部、政策部、培训教育部、企业事务及秘书部等，在英国很多地区及我国香港地区设有分部。虽然加入学会并非是强制性的，但是一旦成为会员，受聘于物业公司或业主的机会比较多，因此，要在英国从事物业管理，加入该学会非常必要。学会的行业地位非常高，可以代表全行业与政府就有关问题进行谈判。

加入 CIH 的门槛并不高，一般直接从事房屋维修和服务的从业者；或者 3 年全职大学生或 5 年半脱产大学生，加上一年的实践，就可以申请加入学会。加入学会以后，学会对会员提供的服务非常多，但主要是培训服务，通过培训传授会员专业知识，提高其竞争能力，从而更好地为雇主服务。每年分部对会员都有培训，总部每年还会召开一个全球性的年会。培训的内容包括房屋政策、实际操作经验、房地产金融知识等。

### （三）住房管理注册学院（CPD）的多种培训模式

CIH 最具特色的就是各种形式针对不同人群的培训课程。CIH 下属的住房管理注册学院（CPD）是一所在住房管理领域内提供卓越的专业培训以及专业学习的学院。无论是想要深造的个人，或是需要学习新政策的公司员工，或者正在重组公司的人员，学院都能够提供量身定做的系列培训以符合需求，也可为业主或一线管理员工提供远程学习课程。学习可以通过两种方式：一种是在遍布英国、威尔士、苏格兰和北爱尔兰的学院以职工脱产

---

[①] 英国特许房屋经理学会官方网站. http://www.cih.org/.

形式学习；另一种是以远程学习方式进行 CIH 资格认证的学习。CIH 资格认证是一种适合大多数人的学习方法。具体来讲，培训方式如下。

（1）成为 CIH 的 A 级会员：包括以会员价购买专业用书，如报告等；有权从本地进入 CIH 网络；免费的政策信息及建议；以会员价格参加 CIH 培训、研讨会以及会议；有权使用全部住房管理教育问题的建议书、实践培训以及职业信息，提供时事通信电子周刊以保证学员掌握最新专业动态，提供住房管理资料以及住房管理内部刊物。

（2）二级认证课程设计可满足以下人群需求：现在并未从事住房管理行业，但在考虑将来应聘住房管理相关职位的人士；希望了解住房知识的业主；加入住房管理行业的新人，希望提升对于住房管理的整体认识；在住房管理相关领域内工作。二级认证须完成以下课程：什么是住房管理、住房管理中的沟通技能、住房管理中的个人发展等。

（3）三级认证课程设计可满足以下人群需求：住房管理领域内的专业人士，如工程管理与维护人员，希望参与到住房管理服务中的业主；希望获取专业技能的一线住房管理工作者。三级认证须完成下述课程：房屋及设施设备管理与维护；可持续发展社区；看护及门房服务等。

（4）四级认证课程设计可满足以下人群不同需求：希望在企业内达到管理层职位的人士；希望在支持性住房管理、学生宿舍管理或普通住宅管理领域内获得高级技能的人士；希望完成 CIH 专业资格认证第一部分的人士。在一年内，可以完成 4 级住房管理资格认证，包括以下内容：住房管理、支持性住房和学生宿舍管理。

（5）远程教育：CIH 建有远程教育中心以帮助学员在不方便脱产学习的情况下进行学习。远程教育中心每年 3 月和 9 月招生，并设有三级和四级全部课程。远程教育是一种灵活机动的学习方式，它可在工作之余，及时对专业技能进行充电，以扩大个人职业前景。当无法选择脱产学习时，远程教育可提供给一个获取专业资格论证的学习机会。

## 二、美国的物业管理

在美国，物业管理已成为城市建设和管理的一个重要产业。目前全美约有 15 000 名注册物业管理师，管理着约 8 770 亿美元的房地产，包括约 960 万套住宅和 76 亿平方英尺的商业楼宇。

美国是实行分权制的联邦国家，政府设有专门的物业管理行政机构。各级联邦政府都有房产管理局，其职责是制定房地产法规并监督检查实施情况；还设有公共房屋管理委员会，并有若干代理机构，监督房屋建设项目。除了这些房地产管理部门外，还有许多隶属政府的专业协会，其中美国物业管理协会（IREM）就是专门负责培训注册物业管理师的组织，其总部设在芝加哥，下面有 100 多个地方分会。物业服务人员只有在达到 IREM 制定的严格标准以后，才能得到注册管理师（CPM）证书。其全国有影响和规模的物业管理协会和组织还有国际设施管理协会（IF-MA），主要负责对物业设施的管理；建筑物业主和管理人员协会（BOMA），代表在物业管理过程中业主、房东的利益。

美国政府一般不大干涉物业服务企业，而由民间组织或物业服务企业进行互相监督。根据美国各州的区分所有物业产权法，业主协会是业主管理物业小区的自治机构，对外享有一定的经营权和决策权。业主协会成立于开发商出售物业之前，是经有关政府有关部门注册备案的一家非营利的公司，有独立的银行账户，全体业主均为业主协会的会员。业主大会是业主协会的决策机构，业主管理委员会是业主协会日常事务的管理机构或执行机构，业主管理委员会与中国的业主委员会有相似之处，但权力范围比中国的业主委员会要广得多，例如，可以根据业主大会通过的标准进行收费，编制财务报告，年度预算方案，负责维修基金的收费、保管与使用等。

当前，美国的物业管理已经发展得十分成熟。涌现出一批有着优秀管理经验的物业服务企业，其服务领域可根据社会化需求无限扩展。例如在美国排名第一位的物业服务企业世邦魏理仕，它的管理范围延伸到医疗、IT 行业、教育、证券以及高科技企业等各类物业。一些物业服务企业在常规服务之外，还提供洗衣、配餐、病人的运送及护理等社会服务内容，这就对物业服务企业提出了很高的技能要求，要求其既要具备有效的管理手段，同时还要具备跨领域、全方位的专业服务能力。

**（一）美国物业服务的模式**

美国小区中的公寓有两种：一种是合作公寓，屋主没有产权，只有股份，根据单元大小算出业主占有大楼的股份比例；另一种是共有公寓，屋主拥有独立产权。在美国，对于私人所有房屋的物业管理，既可以由私人业主自我管理，也可以委托专业物业服务企业进行管理。

1．业主自我管理

在美国，约有 20%的中小型公寓实行业主自我管理。由全体业主大会选举出的业委会代表全体业主管理物业。同时，实行小区公寓经理责任制，小区公寓经理负责执行业委会制定的各项规定。一般情况下，规模在 350 户的公寓小区，其业委会由 5 名业主组成，分别担任主席、副主席、财务、设备管理人和秘书。业委会又被称作 Board（董事会），这 5 名成员也被称为董事会成员。美国的业主对业委会是非常重视的。业委会通常一年选举一次，如果业主不能亲自参会投票，会事先写好委托书并经公证后，由其委托人代为参加议会和投票。美国规定，小区中业主享有的权利与其所有房屋的面积成正比，选举业委会大都采用有记名投票方式。一般情况下，业委会成员是没有报酬的，有些业委会成员也会有一些小的福利，如少付一个月物业费、有一个免费停车位等。

2．委托物业服务企业管理

美国的物业服务企业签订代理合同后，一般只负责整个住宅小区的整体管理，具体业务则聘请专业的服务公司承担。物业服务企业在实施整体管理时，通常委派一名房产经理负责小区的日常管理。房产经理的职责主要是制订管理计划、编制预算、制订保养计划、负责租金收取和营销活动等，作业服务则由物业服务企业委托专业公司实施，房产经理承担作业服务监理的职责。具体来说，就是物业服务企业接管物业后，将物业管理的内容细化，然后发包给清洁、保安、设备维修等专业单位。例如小区绿化由专业绿化公司来承担，保安由专业保安公司负责派人承担，维修交由专业维修公司按维修合同负责。对外招投标手续也不像我国那样复杂，一般由投标公司自己出方案，主要看对方的价位和服务承诺，最后由业主进行挑选。据悉，纽约市各类外包合同总金额约 1 000 万美元，占全年物业服务总费用的 25%。而保安工作则由安检警察来做，安检警察隶属于警察局。

在美国，业主管理委员会与物业服务企业签订的合同期限一般为一年，如果业主管理委员会对物业服务企业不满意，必须要提前 60 天书面告知对方，不再续约，保证有 2 个月的缓冲、交接期。如果 60 天之前不告知，则视为自动续约。在美国物业服务企业与业主签约后半途撤退属于违法，做不好就得自己掏腰包。因此一些管理水平低的物业服务企业就不敢去承接优质物业和科技含量高的物业管理，这样等级资质的作用就充分显现出来。

### （二）美国物业管理的主要特点

美国的物业管理具有以下特点。

1. 管理细分与专业化

专业化管理是美国物业管理最显著的特点之一。美国的社会化分工十分明确，开发商开发楼盘一般遵循以下程序：买下土地，由财务公司做策划，请项目建设公司建造，委托专业销售商销售，然后找一家专业的物业服务企业进行管理。开发商不愿意搞物业管理是因为房产开发与物业管理不是一个专业领域，物业管理在美国已经十分专业化，开发商自己成立一个物业服务公司很难得到人们的认可。

美国小区物业管理专业细分的做法本质上是专业管理与专业服务相分离的做法。这是物业管理发展的一个必然趋势。在美国，对物业服务企业来说，每一个物业均是其盈利中心，每一个物业的管理单位或分公司都是一个完全独立的公司，每一个分公司都代表了一个地区，是一个独立核算的盈利中心，不存在相互间盈亏互补的情况。但作为一个公司来讲，出于战略考虑，它的管理模式、管理制度和管理程序都是统一的，都实行标准化管理。如具有 80 年发展历史的世界 500 强之一的 Service Master 公司，就是一家专业从事物业管理的服务性公司。它管理着 25 万名员工，在 43 个国家为超过 1 200 万家客户提供服务，年营业额超过 73 亿美元，并创连续 30 年股价稳定增长的骄人纪录。

2. 以人为本，顾客至上

在美国，物业服务企业是因为收了业主的钱才提供服务的，因此，其对业主、租户进行服务是很到位的。凡是业主的要求，物业服务企业能做到的尽量做到。例如居住社区的停车场需要维修，物业服务企业会指派专业公司的工作人员，先到现场了解情况，而后在每家每户门前贴一张通知单，讲明停车场何时维修，何时修好，请用户将车停到附近停车场等。物业服务企业所做的每一件事，收取的每一笔费用，都会让业主知晓，向业主说明收费原因，管理账目也都是公开的。物业服务企业还十分注重对业主的接待礼仪，每个新进员工必须先接受礼仪接待培训。员工穿着要求整洁，衬衫不许有杂花颜色。不管男女员工，不能戴很贵重的金银首饰，包括总经理，饰物得全部取下。其理念是服务行业的人要采取低姿态，把自己贬得低一点，才能全心全意为业主服务好。美国的物业管理中还特别提倡主动服务意识，他们认为客户是第一位的，比亲戚朋友更重要。客户没有想到的，你要替他们想到，因为你是专业人员。写字楼、公寓物业保安人员在巡视时，总是随身带着一只工作包，内有榔头、电笔、电筒、电压表等工具，甚至纤维带、止血药物，遇到问题可以立即解决。

一些有着优秀管理经验的物业服务企业，其服务领域会根据社会化需求无限扩展，有些物业服务企业在常规的服务内容之外，在充分考虑业主衣、食、住、行等方面的需求的基础上，还提供车辆保管、绿化养护、洗衣熨衣、看护儿童、护理病人、代订代送报刊、通报天气预报和股市行情等服务，尽可能地满足业主现实和潜在的服务需求，让每个人感到舒适方便。物业服务企业还定期组织业主郊游、聚餐等活动，以营造业主之间的融洽气氛。大多数物业服务企业还在楼宇大厅设置咖啡台，供住户免费享用。有的甚至每天早上免费摆出数样西餐早点，为那些匆忙的上班族提供方便。

简而言之，在具体实践中，美国物业管理的一个最大特点就是以人为本，一切为业主服务。

3. 制度健全，管理严格

美国的小区管理制度十分严格。房产商完成一个楼盘后，会交给事务所一个有执业资格的职业经理人管理，而业主在入住小区之前都要与这个经理人签一份双方责权明确且应共同遵守的合约，以后凡事都按这个合约办。在楼盘销售满 90% 后由房产商牵头成立业主管理委员会，并摊派一个人担任主席，负责协调小区的日常事务，包括解续聘小区物业经理、选聘专业服务公司等。这个选派的主席由小区业主管理委员会成员轮流担任，不拿任何报酬。小区内物业服务由专业公司来做，但小区道路及公共部位的维修、改造等则由政府部门负责，费用也不会摊在业主头上。在美国，物业服务企业与业主协会签约后半途撤退属于违法，做不好就得自己掏腰包，因此，优质物业和科技含量高的物业管理，实力差的公司和管理者轻易是不敢去碰的。美国的业主管理委员会负责社区内房屋的开发与利用，有自己的"法律"和"执法手段"。管委会针对所辖业主制定的规则极为严格，例如，在亚利桑那州的梅萨市，业主管理委员会不允许居民在自己的住宅区内养青蛙。加利福尼亚州森城的业主管理委员会规定居民不得在阳台上晾晒衣服，不得在车道上停放车辆，车辆必须停放在车库里等。

4. 信息技术应用广泛，基本实行"全过程"物业管理

美国的信息化程度比较高，电脑管理技术十分普及，社区的电脑管理系统中，不仅有物业服务企业的资料，而且住宅小区的各种图纸和管线资料均非常详尽，以及业主和租户

的相关资料，为做好物业管理工作提供了有效的信息支撑。这样，一旦需要查询，公司便可迅速做出反应。

美国物业服务企业已基本实行了"全过程"物业管理，而且这种"全程化"操作主要是借助美国社会的高度专业化、高度的分工合作、计算机技术普及以及信息高速公路的高覆盖率实现的。美国的"全程化"操作同时也表现在物业管理环节的完整上，为了掌握丰富资料，也为了在物业入住后实施优质管理与服务，美国物业服务企业一般在物业开发时就已成立，有的甚至在项目规划时就提前介入，以便在设计时向业主或开发部门提出合理化建议，如对绿化美化、停车位等提出经验性建议，使后期的物业管理有更高水准。这种"全程化"管理实现了"亲力亲为+网络技术"的先进运作方式。

### 5. 风险防范机制健全

为了化解物业使用中的风险，减少业主和住户的损失，物业管理费一般包含房屋保险的费用。房屋保险一般有业主保险、住户保险和地震险（如在加州，地震频繁，此险就被政府强制规定购买）。当业主或住户因自然灾害等原因遭受损失时，由保险公司负责理赔。一般的物业管理主要涉及如下保险：（1）火灾险，保险金额为保险总额的 0.151%；（2）台风险，为住宅总值的 1.68%；（3）地震险，为住宅总值的 0.18%；（4）其他险，为住宅总值的 0.021%。按住房建筑每套 10 万美元计算，每户 2 032 美元/年。如愿意将保险金额加大为 15 万美元/套，则每户为 3 048 美元/年。适当的保险，对吸引住户是极为有利的，业主和住户会更加放心地选购和租住。

物业服务企业须依照物业管理的规定，为其接管物业的公共地方及其设施购买保险，以便在发生意外后，全体业主的赔偿问题有所保障，保障公共地方与设施意外损毁，以及对第三者的生命乃至财物安全。购买此类保险后，投保人对第三者在该物业公共地方所发生的意外造成的赔偿责任，便由保险公司承担。例如，楼宇外墙脱落击伤行人或砸坏车辆，或私家车被盗等情况。

### 6. 职业化体系完备

美国有一大批精通物业管理的专业化人才，并实行了职业经理人制度。美国物业管理经理人有三类：第一类是楼宇经理，他们一般不与业主直接发生联系，在总经理不在的时候负责楼宇日常的管理工作；第二类是物业经理，其职责主要负责联系相关代理商、拟订物业财务报表、物业招租等；第三类是资产经理，负责地区物业战略发展规划，对市场进行调研，确定管理物业的整合和取舍。随着物业管理的职业化，目前一般资产经理与物业经理融合在一起，物业经理的部分职能转由楼宇经理负责。因此在美国一小区的物业管理事务只需要一个职业经理人就能搞定，且这个经理人在某些只租不售的楼盘内还兼管租赁事务和资产管理。

随着物业管理经理人职业化的发展，美国物业管理协会也扩展了相应的资质培训和认定，针对大型居住、商业、工业物业和综合物业的管理者，给予注册物业管理经理人的资质认定。注册物业管理经理人需通过一系列考试，包括物业维护运营、人力资源管理、营销与出租、金融操作、资产管理、风险管理等。

**（三）美国物业服务人员资质管理**

美国物业服务人员协会（IREM）对从事物业管理的专业人员颁发两种资格证书：居住物业管理经理（ARM）和注册物业管理经理（CPM）。IREM 还设立了 30 年奖励、40 年奖励，鼓励从业人员以物业管理为终身职业。

1. 居住物业管理经理（ARM）

居住物业管理经理主要负责管理出租公寓、出租活动住宅、共管住宅、独栋家庭住宅及单身公寓等。IREM 规定授予 ARM 资格的从业人员必须符合接受 IREM 的职业培训并修满 5 个学分的课程、通过 ARM 资格考试、承诺遵守并维护"ARM 职业道德准则"、具备住宅管理经验等条件。作为 ARM 申请者，在交纳申请费用后，可以在五年时间内保留申请资格，在此期间，只要达到 IREM 规定的授予条件，即可被批准获得 ARM 资格。

2. 注册物业管理经理（CPM）

注册物业管理经理人是物业管理行业的最高资格，是 IREM 专为管理各类大型物业投资组合的专业人员设置的职衔，获得 CPM 资格意味着具备高水平的管理技能和经验、扎实的教育背景和卓越的工作业绩，CPM 资格证书是全社会考察和评判物业管理从业人员专业能力的重要标志。

IREM 规定授予 CPM 资格必须经过候选和正式注册两个阶段。从业人员必须符合高中毕业并达到法定年龄、至少具有 12 个月的房地产管理经验、交纳申请费用等条件，才能成为一个 CPM 候选人。CPM 候选人经批准后，允许在 10 年内达到注册条件并取得 CPM 证书。在注册阶段，CPM 候选人必须符合进修全面的 IREM 培训课程并取得 30 个学分、CPM 证书考试合格、成功通过管理计划的能力评估、通过 IREM 道德课程考试并承诺遵守和维护"CPM 职业道德准则"、具备 5 年以上物业管理或资产管理经验、取得 100 个选修学分等六方面条件，才能获得 CPM 资格。

# 第三节　日、韩的物业管理

## 一、日本的物业管理

第二次世界大战后，日本作为战败国，由美国对其进行管理，包括楼宇的管理。1952年，日本才开始接管部分楼宇管理工作。日本真正意义上的物业管理开始于 1957 年，即日本第一座高层楼宇建成并委托给日本管理公司管理之后。

日本东京大楼管理业协会成立于 1962 年。随着物业管理在全国范围的推广，各地也纷纷成立专业物业服务企业，成立一个全国性的行业协会的条件也日臻成熟。1966 年，全国大楼管理业协会宣布成立。经过 30 年的发展，到 1996 年，全国大楼管理业协会的会员已达到了 3 000 多家。由于住宅管理是涉及千家万户的事，也是政府和市民共同关注的问题，因此，1979 年日本高层住宅管理业协会成立。参加高层住宅管理业协会有一个条件，就是管理的物业必须有高层住宅，否则，只可参加东京大楼管理业协会或全国大楼管理业协会。如果一个物业服务企业服务的物业既有高层住宅，也有其他类型的物业，那么，这家物业服务企业既可以参加大楼管理业协会，也可以参加高层住宅管理业协会。到 1996 年，高层住宅管理业协会的会员总数已达 334 家，其中正式会员 273 家，赞助会员 61 家。

日本物业管理的基本法律是区分所有法（区分所有权法）。物业管理中所涉及的大部分法律关系，如业主与业主的关系、业主大会和业主委员会的产生、业主与物业服务企业的关系等，均在区分所有法中得到阐述或体现。为了进一步规范物业管理，2000 年 12 月 8 日，日本颁布了专门的物业管理法律《关于推进公寓管理规范化的法律》，对物业管理涉及的各类法律关系，特别是对从业的公司、人员的资格规定以及管理者与业主之间的权责关系作了更加明确的规定。此外，日本实行市场经济多年，以市场规则为基础建立的法律体系非常完善。

### （一）日本物业服务的模式

日本大中城市居民住宅所有形式以及环境和条件差异很大，物业管理的方式也多种多样。在日本，住宅小区依据规模大小分为"住宅团地"和单栋大楼两类。根据日本法律相关规定，"住宅团地"的业主大会有权通过决议聘用物业服务企业对物业进行管理。物业服务企业对业主负责，为业主服务。为了降低成本、提高工作效率，物业服务企业一般只派一两个人负责住宅楼门前、门厅、楼道、电梯等公共部分的清洁、安全和公用设备检查等工作。楼内没有物业人员或保安人员 24 小时值班。事实上，日本的居民小区一般都不雇用保安人员，负责社区安全是警察的工作。住宅楼大门普遍采用密码或专用钥匙开启。物业服务企业的工作由经业主大会选举产生的业主委员会负责监督和检查。业主委员会一般由 3～7 人组成，每届任期两年，负责了解业主的意见和要求，并设专人管理账目。

单栋大楼由于规模小，大部分只有 50～100 户住户，基本上是由住户组成自治会，同物业服务企业签订委托服务合同，由物业公司派人管理和服务，物业服务费用由住户按自己拥有的专有面积分摊。通常情况下，这类物业只由一名管理人员或一对接受过专业培训的退休夫妇负责管理，管理成本较低，住户负担不重。

### （二）日本物业管理的特点

日本的物业公司由居民管理委员会雇请，一幢楼内的居民管理委员会由 3～7 人组成，每届委员会任期 2 年。委员会负责了解业主的意见，监督和检查物业公司的工作，同时制定专人管理账目。委员会由业主自主组成，不受任何外来权力操控。日本的物业公司之间的竞争十分激烈，各公司都千方百计地提高服务质量，降低服务价格。为提高效率和节约成本，公司一般只派一两个人负责管理一幢一二十层高的住宅楼的门前、门厅、楼道、电梯等公用部分的清扫、安全和功用设备检查等工作。楼内没有保安值班，因为公共治安属于警察的事务。物业人员不得随意进入任何一户居民的家中，也不得探听居民家庭生活及隐私。一旦有哪一家居民水、电、气等发生故障，住户可以直接向有关公司拨打电话，维修人员很快就会赶到修复。日本的物业服务人员必须接受严格的培训，经过国家统一考试，并取得合格成绩，才能成为物业管理员。由于日本物业服务人员必须具有丰富的专业知识，一专多能，效率很高，一个社区并不需要很多物业人员。在日本，业主和物业服务企业之间的矛盾纠纷很少。因为政府制定了一系列法律法规，明确了业主和物业公司的权利和义务，规范了公寓等住宅的管理。业主和物业公司在维护各自的权益方面有法可依，有章可循。这些法律法规既保障了业主和物业公司双方的合法权益，还有利于物业的保值增值。

1．物业服务企业从业许可登记制度

日本对物业服务企业的从业资格以及经营内容是有严格规定的。一般来说，需要进行如下登记：公寓管理业者的登记由国土交通省颁发；警备业认定由公司所在地的公安委员会认定；建筑物环境卫生一般管理业、建筑物储水槽清扫业、建筑物鼠虫防除业等经营范围的登记，由公司所在地的都、道、府一级政府颁发；消防设备业由地方消防厅管理；一般废弃物收集搬运业由所在城市颁发许可。总之，不管公司从事哪一项业务都必须到政府相关部门进行登记，或得到主管部门的行业许可。

2．重视从业人员资格管理和培训

日本的物业服务从业人员必须经过考试取得资格后才能担任管理职务。各专业服务要求的资格如下。

（1）物业服务业务由公寓管理士、管理业务主任者、区分所有管理士负责。

（2）环境卫生业务由建筑物环境卫生管理技术者、清扫作业监督者、空气环境测定实施者、储水槽清扫作业监督者、防除作业监督者、大楼清扫技能士、净化槽清扫技术者等负责。

（3）设备管理业务由电气主任技术者、电气工事士、特殊电气工事资格者、电气工事施工管理技师、冷冻机械责任者、冷冻空气调和机器施工技能士、净化槽管理士、净化槽技术管理者、消防设备士、消防设备点检资格者、危险物处理者、防火管理者、大楼设备管理技能士等负责。

（4）建筑物、设备保全业务由特殊建筑物调查资格者、建筑设备检查资格者、管道工事施工管理技士负责。

（5）保安警备业务由保安警备员负责，警备员兼指导教育责任者。

在日本，各协会都有培训中心，有专职教师和专门教材。一些大的物业服务公司也建立了自己的培训中心，对清洁、消防、设备等人员进行不同的培训。在培训过程中，注意理论与实践相结合，使管理人员和操作人员能把培训内容很快应用到实际工作中。

3. 重视发挥行业协会的作用

日本有多个物业管理业协会，如高层楼宇管理协会、电梯管理协会和住宅管理协会等。各协会积极依靠会员单位相互协作，进行物业管理系统、管理技术等的调查研究，推进管理运作规范化，并加强对行业内各类人员的培训。此外，各协会还接受政府和企业的委托进行调研活动，为政府、企业提供信息资料、决策依据以及组织行业内的竞技会。协会还组织会员单位到海外参观、学习、交流。

4. 重视物业管理的超前介入

日本政府规定在房屋销售时，一定要确定物业管理单位。实际上，物业服务企业在房屋设计、规划阶段已介入，它们从管理的角度对规划、设计提出建议；房屋出售时，政府要求物业服务企业制订一年的维修养护计划。物业管理的超前介入，避免了硬件不足带来的缺陷。

5. 服务技术与设备先进

日本物业服务业不仅具有超前的服务意识，还具有先进的服务技术与设备。治安、清洁和中央监控等方面的设备，都达到了一定的国际水准。

6. 高度重视清洁工作

日本物业服务业对于清扫保洁工作给予了高度重视。政府规定清洁人员必须持证上岗。在日本，清扫工作占整个服务业务比例的 65.20%，设备管理占 14.70%，安保工作占 8.70%，其他工作占 11.40%。

**（三）日本物业服务企业的服务内容**

日本的物业服务企业有地产买卖公司系列、开发商系列以及独立系列的物业服务企业等类型。日本的物业服务企业一般提供以下服务。

1. 住宅管理服务

在日本，由于业主工作繁忙或人口老龄化等原因，很多业主无法承担管理组合的工作，因此部分小区就会出现管理组合缺少人手，或者是由于小区业主户数过少而无法成立管理组合等情况，这就引发了许多住宅物业管理方面的问题。日本的物业服务企业根据上述情况不断调整他们的经营业务，将住宅管理服务区分为住宅管理的基本事务、日常管理业务以及辅助管理组合运作业务。

2. 咨询业务

在日本，管理组合作为小区的管理主体，通常也会遇到一些使他们感到困惑的问题，例如全体决议时参加人数过半了是否有效，管理组合的理事长根据自己的意愿在有关文件上盖章是否生效等。因此，物业服务企业通常也会根据需要给予管理组合以专业的建议。这些建议包括：（1）管理组合的运作诊断。对全体业主会议的召开、理事会的运作等有关管理组合的运作进行全盘的诊断。（2）维修计划的诊断。对小区的长期维修计划、长期维修基金、其他的维修计划与实施等进行诊断。（3）派遣管理者。管理组合理事长位置空缺的情况下代行部分管理者的业务。

3．技术支持服务

有关公寓建筑物、设备的实修、维修等计划的制订与实施是需要一定的专业知识的，而管理组合的委员会成员一般都缺乏专业知识，这就会在建筑物、设备维修的品质以及金额等方面引起许多困扰。管理组合如果与物业服务企业之间建立了相互依赖的关系，就可以从专业人员那里得到很好的建议。物业服务企业通常给予的建议包括：建筑物以及设备的诊断、维修计划的设计、专业施工公司的挑选、建筑物以及设备的日常检查、检查记录的保管与整理等。

4．保全监控服务

保全是指通过设立保安、门卫等形式，防止小区发生偷盗、火灾等事故。此外，有的物业服务企业也对小区的电气、给排水设备和消防设备等异常情况以及住户的异常声响等进行 24 小时的全天候监控，一旦发现异常，会及时派员处理或向有关部门通报。

5．其他服务

有些规模大的物业服务企业还可以为业主提供共用部位的维修管理、业主自有部分的更新维修、房屋租赁买卖等业务。

**（四）日本的公寓住宅管理**

日本的居民都是通过租赁和购买两种方式解决住房。在这些住宅中，除一部分是独立住宅外，更多的是公寓住宅。

1．公寓管理的形式

在公寓管理中，有委托管理、自主管理和兼容式管理三种形式。

（1）委托管理，是指委托专门的物业服务企业对公寓实施管理，可以托其管理维修，也可以托其代理经营。某些具有综合商社职能的企业，从住户的介绍到经营、税务、法律咨询、维修等各项工作都可以承担。对公寓委托管理，需支付约为房租收入的管理费用。

（2）自主管理，是指在各业主的自愿参与下组成管理委员会（管理小组），有组织地安排各业主轮流承担公寓的共用部分、共用设施和场地的管理事务。这种管理方式的最大优点是节约开支。但是，它也存在以下不足：第一，它受到规模的限制，仅适用于小规模的公寓管理。第二，受业主对自主管理认识和自身素质的制约。勤奋、负责的业主能达到一定的管理水准，反之，则出现较多的问题。第三，有些项目需要较高的技术才能管好，例如，电梯的检修和设备的管理等，只有精通专业的技术人员，或专业管理公司才能胜任。

（3）兼容式管理。作为自主管理和委托管理的补充，出现了双功能兼容的管理方式，也就是一部分管理项目委托专业管理公司负责，一部分项目采取自主管理。

2．公寓管理的相关法规

对于公寓大厦的管理操作，日本有严格、具体的法律规定，如《大楼管理法》、《警卫业法》和《消防法》等。这些法律对从业资格、操作规范、质量要求、安全保障、技术指标等都作了具体规定。物业服务企业不论是自我操作还是外聘操作都须执行上述规定。以大楼清扫技师为例，如要进行玻璃幕墙清洗工作：一要严格按照作业程序操作；二要了解并熟练选配所有清洁剂；三要正确使用擦拭器具，并掌握常见故障修理技术；四要根据清洁药剂的药效持久性制定作业间隔周期，既保持幕墙的整治又控制清洗的成本；五要具备高空吊仓作业的从业执照。

3．物业服务收费

（1）物业服务收费的构成。主要有五个方面的费用构成：一是物业服务费，用于维持物业管理所需的办公开支和人员酬金，其征收标准一般靠市场调节，政府只对公营住宅（只租用给低收入者）的服务费予以管制；二是维修公积金，按住宅维修长期执行计划书实施预算，一般约为管理费，然后分摊到月，并按月收取；三是公益金，用于中央空调、共用饮水器、电梯、水泵、走道照明供电以及绿化、除害、环境质量（水、空气等）监测等支出，公司根据每户实际使用情况确定；四是管理组合费，即业主委员会的办公费等；五是泊车费、装修费等专项服务费。

（2）费用的收缴。日本的物业服务费的收缴到位率较高。主要有两个原因：一是收费标准合理。由于受市场因素制约，日本物业服务企业在确定收费标准时，充分考虑住户的承受力，收费标准合理，收支情况力求公正、公开、公平，同时兼顾物业服务市场的总体收费情况。二是收缴措施得力。《中高层共同住宅标准管理规约》规定，住户在与物业服务企业签订托管合同时，提供自己开户银行的账号，并附委托该银行代扣代缴的授权书，由银行日后与物业服务公司结算。住户账面赤字或延付时，银行负责催缴。如住户无故逾期，银行会告知物业服务公司，由物业服务企业委派律师约见住户交涉。若不能解决缴费问题，物业服务企业最终将依据有关法律和《委托契约书》诉诸法院解决。银行代扣代缴和法规强制约束，也是费用收缴到位率高的重要原因。

# 二、韩国的物业管理

韩国的住房管理（即物业管理）始于 20 世纪 60 年代初大韩住宅公社的成立。韩国在 20 世纪 60 年代后农村城市化进程加快，公寓成为重要的居住形态。随之产生的住房管理成了人们生活中首要关注的问题。公寓这种新型居住形态分为专用与共用两部分，从结构上看，与邻里至少有两面公用墙，因此，居室内的噪声和设施设备故障很容易直接影响邻居。如果居住者缺乏公共生活文化意识，很容易忽略对空间及设备的使用与管理，从而引发各类管理问题。

20 世纪 70 年代至 80 年代，韩国大规模公共住宅根据《公共住宅管理令》开始实行自治管理。然而，因难以满足可有效进行自治管理的专业管理人的经济报酬而很难确保有具备专业知识的管理人。另外，由于不具备关于公共住宅管理的系统手册，同时管理职员缺乏对管理的主体意识，因此，这个阶段的公共住宅管理仅仅停留在单纯根据居住者们的要求实施的层面上，是非常消极的阶段。进入到 20 世纪 80 年代后，由于公共住宅严重退化及与管理疏忽导致国家的损失跃升为社会问题，政府开始研究关于公共住宅管理业务的具体内容及系统体系。至 20 世纪 80 年代后期韩国的公共住宅管理日趋成熟，步入 21 世纪后则完成了制度化。

**（一）韩国物业服务的模式**

1．自治管理或物业服务企业管理

下列公共住宅与其配套设施及福利设施（面向普通个人销售的除外）由入住者自治管理或交由物业公司管理。

（1）300 户以上的公共住宅。

（2）设有电梯的 150 户以上的公共住宅。

（3）中央集中供暖式 150 户以上的公共住宅。

2．统一管理或分类管理

入住者代表会议根据管理条件需要，经过入住者及使用人过半数书面同意，与临近的公共住宅区共同管理或以 500 户以上为单位进行分类管理。

**（二）韩国物业管理的管理主体**

管理主体是指管理公共住宅的自治管理机构、物业服务企业、开发商及依据租赁住宅法的租赁者。住宅管理师或住宅管理员为管理责任人。

1．自治管理机构

入住者代表会议是韩国物业管理的自治管理机构，由入住超过预定住户过半的公共住宅的入住者及使用者按每栋户数选出的代表组成。其权利有以下几方面。

（1）管理规定修正案的提出及公共住宅管理所有规定的制定及修改。

（2）管理费预算的确定、使用费标准、审查要求与结算处理。

（3）小区内电气、道路、上下水道、停车场、燃气设备、供暖、制冷设备、电梯等的维护及运营标准。

（4）采取自治管理形式，任命自治管理机构职员。

（5）公共住宅的公用部分、公共住宅的入住者共同所有的配套设备及福利设施的维护、更换及改进。

（6）关于公共住宅的专有部分（仅限住宅社区的全部）及公用部分与入住者的共同所有部分配套设施及福利设施的改造提案。

（7）入住者等相互利益相悖事项的协调。

（8）其他管理规定制定的事项，经组成成员半数以上投赞同票决定，对于物业公司，关于职员人事、劳务管理等业务的履行，不得进行不合理干涉。

值得一提的是，如果业主要求进行自治管理，需在开发商要求公共住宅管理之日起六天之内组成具备一定技术人力及设备的自治管理机构。在韩国，如果未具备相应人力、设施或设备实施管理行为，会被处以 1 000 万韩元以下罚款。

2．开发商

（1）开发商在其销售的物业入住人数为达到一半以上时，必须负责物业的管理工作，并与购买住房的业主签订物业服务合同。

（2）当物业入住人数超过预定过半时，开发商需通知入住者真实信息，并要求其进行物业管理。入住者应在一个月内组成入住者代表会议，决定物业管理的方式和方法，并通知开发商，同时向管辖市长、郡守或区厅长申请。一旦自治管理机构组建成功或物业服务企业被指定，开发商需将物业管理任务转给相应的管理主体。

（3）如果入住者代表会议没有通知开发商物业的管理方法或者没有组建自治管理机构，则由开发商指定物业服务企业进行管理并通知入住者。在此之前，物业的管理工作仍由开发商负责管理。

（4）瑕疵保修。在韩国，开发商负有物业瑕疵保修责任。当物业的承重结构部发生重大瑕疵时（承重结构部缺陷导致物业坍塌或安全诊断结果存在坍塌隐患），开发商及建筑商负有在下列期限提供保修并赔偿损失的责任：① 房柱、承重墙 10 年；② 横梁、底板、天棚 5 年。

开发商与建筑商一般需预留瑕疵保修保证金。瑕疵保修保证金为建设总费用扣除向普通个人销售的福利设施建设费、土地价格费用的剩余金额的 3%或者租赁住房出售价格计算标准中的标准建筑费的 3%。

入住者代表会议在开发商对瑕疵保修期限内发生瑕疵的保修责任结束时，需自验收日（包括临时使用审批之日）起，每经过一段时间，按下列顺序将瑕疵保修保证金退还给开发商。① 1 年之后——预留保证金的 20%；② 2 年之后——预留保证金的 20%；③ 3 年之后——预留保证金的 30%；④ 5 年之后——预留保证金的 15%；⑤ 10 年之后——预留保证金的 15%。

当市长、郡守或自治区厅长判定瑕疵保修期内物业结构安全存在重大问题，可委托韩国建设技术研究院、建筑师协会、大学附设研究机构等进行安全检验。除瑕疵归因第三者外，安全检验费由开发商承担。

3．物业服务企业

（1）物业服务企业的资质和登记

物业服务企业应具备一定的资本金、技术人力，并向特别市市长、广域市市长或道长（省长）登记。未登记从事住宅管理事业或以不当的方法进行住宅管理业登记，将处以两年以下拘役或 2 000 万韩元以下的罚款，注销住房管理业登记未满两年无法再登记。

（2）物业服务企业的地位

关于物业服务企业的地位适用民法中关于委任的规定。

（3）对物业服务企业的限制

物业服务企业不得指使他人利用自己的姓名与商号代行法律规定业务或登记证外借等。

特别市市长、广域市市长或道长遇到物业公司发生如下事由，可注销登记或规定一年之内期限命令停止部分或全部营业。

① 以非正当途径登记（必须注销登记）。

② 未达到登记标准。

③ 由于故意或过失的公共住宅管理的失误造成入住者财产损失。

④ 违反公共住宅的管理方法、业务内容等进行公共住宅管理。

⑤ 公共住宅管理业绩未达到总统令所规定的标准。

⑥ 拒绝向特别市市长、广域市市长、道长、市长、郡守或自治区厅长提交报告、资料，或者拒绝接受或妨碍、回避调查或检查，或报告内容不实。

⑦ 近三年内接受两次以上禁止营业处分，其停业处分合计超过 12 个月（必须注销登记）。

⑧ 违反住宅建设促进法。命令注销登记，应提前进行听证。

4．住宅管理师及住宅管理员

（1）住宅管理师及住宅管理员的资格

住宅管理员是指通过住宅管理员资格考试者，住宅管理师为通过住宅管理员资格考试者，具备住宅管理实战经验等资格者。

（2）对住宅管理师及住宅管理员的限制

住宅管理师及住宅管理员不得指使他人利用自己的姓名与商号代行法律规定业务或出租登记证等。

建设交通部长官如遇住宅管理师或住宅管理员发生下列事由，可取消其资格或规定一年之内期限停止其资格。取消资格时应提前进行听证。

① 以非正当途径取得资格（必须取消资格）。

② 由于故意或重大过失的住宅管理失误造成入住者等财产损失。

③ 发生剥夺资格事由（必须取消资格）。

④ 拒绝、妨碍、回避报告、资料的提交、调查与检查或报告内容不实。

⑤ 允许他人以自己的名义履行业务或出租资格证（必须取消资格）。

⑥ 与住宅管理业务相关受到罚款以上处分（必须取消资格）。

⑦ 违反住房建设促进法。

住宅管理师或住宅管理员在停止资格期间从事营业，处于一年以下拘役或 1 000 万韩元以下罚款。

### （三）韩国物业管理的运行机制

1．管理规定（即管理规约）

（1）管理规定的制定与修改

由物业的入住者及使用人制定关于物业的管理及使用的管理规定。销售后最初制定的管理规定，由开发商签订管理合同时提出方案，经销售预定户过半的书面协议决定；其修改由物业的入住者及使用者的1/10以上或入住者代表会议提案，经入住者过半数赞同决定。

（2）公共住宅管理规定的内容

① 入住者或使用者的权利及义务。

② 入住者代表会议的组成及运营，其组成成员的义务与责任。

③ 管理费、使用费及特殊维修准备金的每户分摊额计算方法、征收、保管、预留及其使用程序以及对拒绝交纳者的措施。

④ 采用自治管理所需的自治管理机构的组成、运营及业务，职员（包括管理办公室主任）的资格条件、人事、维修及责任。

⑤ 会计管理与会计相关职员的责任及义务（会计相关全体职员的财政担保相关事项）。

⑥ 公共住宅专有部分与公用部分的划分与其管理责任及费用的承担。

⑦ 对违反管理规定者与扰乱公共生活秩序者的措施。

⑧ 关于住宅区内部增设或拆除结构物及设备结构物、公用部分堆积物体、广告物、标示物、传单等的粘贴、家畜的饲养及在阳台栏杆及外墙设置突出物等的许可标准。

⑨ 各栋代表人资格的选拔、解任及任期。

⑩ 对各栋代表人支付的业务开展经费及其金额。

2．物业服务业务的履行

（1）管理人的注意事项

管理主体应遵守规定的注意事项，负责物业的维修、安全管理、经费、清洁、消毒、垃圾处理、管理费及经费的征收、税金代交、特殊维修准备金的征收和积累等业务。

（2）服务费等的征收与使用费等的代交

采用自治管理或转由物业管理的物业入住者，为维护、管理物业须交付必要的服务费，拒绝交纳服务费或连续两次以上延误交纳者，须对由此发生的损失进行赔偿。

服务费由一般管理费、清扫费、消毒费、电梯运营费、取暖费、热水费、维修费组成，特殊维修准备金、安全费及安全诊断实施费等应分别征收。另外，关于水力提升机等使用费，管理主体向设施租用者另外征收，电费（包括公共设施的电费）、水费（包括公用的水费）、燃气费、地区供暖方式公共住宅的取暖费与热水费、净化污水费、生活废弃物处理费、以公共住宅社区内的所有建筑为对象的保险费，以及入住者代表会议的运营费等，可代入住者交付。管理主体征收管理费、使用费等，应简单归纳其收入及执行内容，通知入住者。

（3）特殊维修准备金

300 户以上的物业或设有电梯的物业或中央集中供暖式物业的管理主体可根据物业的公用部分及专有部分（整个住宅社区）、入住者的共同所有配套设施及福利设施的长期维修计划，向入住者征收并积累用于主要设施保修、更新的特殊维修准备金。未销售物业的相应特殊维修准备金，应由开发商承担。由管理主体征收特殊维修准备金时，应将其收入及执行内容详细归纳通知入住者。

最初的长期维修计划由建设物业的开发商建立，待申请验收时提出。此后，由管理主体每三年进行一次调整。根据管理需要，可经过入住者或使用者过半数的书面同意在未满三年时进行调整。

特殊维修准备金的比例根据其物业的公用部分及专有部分（整个住宅社区），入住者的共同所有配套设施及福利设施的长期维修计划而定。但未建立长期维修计划的物业，其特殊维修准备金计入电梯运营费、取暖费、热水费及维修费合计金额的 3%～20%，并考虑应将利用特殊维修准备金进行更换的设备的使用年限纳入管理规定。

特殊维修准备金自公共住宅通过验收后 1 年起，每月积累，积累的特别维修准备金以入住者代表会议名义，存入入住者代表会议指定的金融机关，作另外管理。

（4）安全管理

为确保安全管理，管理主体需建立关于燃气设施、中央集中供暖设备、发电及变电设施、危险物保管设施、消防设施、电梯及水力提升机、煤气排放器等安全管理计划，并实施安全管理诊断。管理主体需每半年实施一次安全检验，并将其结果汇报给市长、郡守或自治区厅长。

3．对物业使用的限制

（1）行为严禁对象

物业与其配套设施及福利设施的入住者及使用者及管理主体严禁下列行为；但获得特别市市长、广域市市长或道长许可或向特别市市长、广域市市长或道长申请的情况除外。

① 将公共住宅与其配套设施及福利设施用于事业计划外用途的行为。

② 改建、扩建、新建公共住宅及其配套设施及福利设施的行为。

③ 破坏、毁损公共住宅及其配套设施及福利设施的行为。

④ 拆除公共住宅及其配套设施、福利设施的全部或部分的行为。

⑤ 大修公共住宅与其配套设施及福利设施的行为。

（2）可申请行为

通过向特别市市长、广域市市长或道长申请而行使的例外行为及条件如下。

① 配套设施与入住者共有的福利设施的用途变更——在住房建设标准等相关规定的配套、福利设施合理设置准范围内，变更为非生活便利设施外用途（仅限非营利目的的设

施），已获全体入住者 2/3 以上赞同票的情况。

② 入住者非共有的福利设施的用途变更——在住房建设标准等相关规定的配套、福利设施合理设置标准范围进行用途变更的情况。

③ 公共住宅、配套设施或入住者共有福利设施的破坏拆除——拆除专为老弱者及残疾人士便利设计的阶梯断层行为，通过入住者代表会议同意的情况。

④ 配套设施与入住者共有福利设施的扩建——在根据住房建设标准等规定的合理范围内，仅限通过验收面积 10% 之内扩建，获入住者代表会议同意的情况。例如，停车场、造景设施、儿童游乐设施、管理办室、警卫室、老人厅、会所、大门、围墙、公厕。

（3）需经管理主体同意的行为

入住者或使用者进行下列行为，需经管理主体的同意：

① 增设或拆除住宅内部结构物与设备的行为（许可项除外）。

② 在公用部分堆积物品，妨碍通行的行为。

③ 张贴广告物、标识物或标志物的行为。

④ 饲养家畜妨碍公共居住生活的行为。

⑤ 在公共住宅的阳台栏杆或外墙设置突出物的行为。

4．对物业管理的监督和纠纷协调

特别市市长、广域市市长、道长、郡守或自治区厅长，在执行对入住者代表会议、管理主体、住宅管理师或住宅管理员业务监督时，可根据需要要求业务汇报、提交资料以及其他必要命令。或命令所属公务员持证明其权限的证牌出入营业厅、管理办公室等，调查或者检查设施、账本及文件等。

入住者代表会议、管理主体、住宅管理师或住宅管理员违反提交报告、资料等命令，将处以 500 万韩元罚款，拒绝、回避或妨碍调查或检查，处以一年以下拘役或 1 000 万韩元以下的罚款。

在韩国，通常由市长、郡守或区厅长组建、运营纠纷协调委员会来有效应对与物业管理相关纠纷的协调和咨询。

**（四）韩国住宅管理师制度**

韩国政府于 1989 年建立了住宅管理师制度，并于 1997 年 1 月 1 日开始对住宅管理实施资格准入。至今，韩国推行住宅管理师制度已有二十余年。

1．考试组织与管理

根据韩国《住宅法》，住宅管理师的考试主管部门为建设交通部，发证单位为各市、道政府的建筑科，考试主办单位在 2007 年前为大韩住宅公司。2008 年 1 月 1 日，根据《住宅法实行令》第一百一十八条，韩国政府将住宅管理师资格考试的有关业务委托给韩国产业人力公团。

韩国住宅管理师考试从命题、组织到发放证书都由归口的行业部门进行，其做法提高了业务和工作效率，节约了社会成本。

2．资格取得

韩国考试合格的规定是分两个层次进行的，两层次的考试可在同一年进行，也可在两年内完成，但必须按先后层次进行。考试每门课满分 100 分，两次考试合格的要求是每科目 40 分以上，同时满足当次平均 60 分以上。第一次考试不合格的人，第二年不允许参考，同一年考试的人员，就算第二次考试合格，而第一次成绩不合格，总成绩也是无效的。只有第一次合格的人员，第二次考试再通过，才能拿到准住宅管理师的资格证书；准住宅管理师再有 3 年住宅管理所长的经历，或者 5 年的住宅管理经验，才可以取得住宅管理师资格证。准住宅管理师只可在 500 户以下的共同住宅中担任管理所长；住宅管理师才可以在 500 户以上的共同住宅中担任管理所长。另外，取得资格证的准住宅管理师，除可以任职公寓或大厦的管理所长外，还可以在建设公司任科长等职位。

第一次的考试科目有《民法》《会计原理》《共同住宅设施概论》，第二次考试包括《住宅管理相关法规》以及《共同住宅实务》（包括设施管理、环境管理、共同住宅会计管理、居民管理、对外事务、人事管理、安全管理以及维修等）。

由此可以看出，韩国的住宅管理师需具有更多的经济、运营及管理知识，更注重实务操作。

3．执业情况

在韩国，住宅管理师的配备是由住宅情况决定的。以下两类必须配有准住宅管理师以上的人员：（1）300 户以上的共同住宅；（2）150 户以上设有电梯，采用中央集中供暖方式（地区供暖方式）的共同住宅。而其中：500 户以下的共同住宅可以配有住宅管理师或准住宅管理师；500 户以上的共同住宅必须配有住宅管理师。

# 第四节　新加坡的物业管理

## 一、新加坡物业管理概况

从 1988 年开始，新加坡的公共住房物业管理就从建屋发展局转由市镇理事会负责，后者自身具有成熟、完善的组织体系。专业性物业服务企业接受市镇理事会和私人住宅管理理事会的委托，从事具体的物业管理，其下设若干业务组（包括财务组、保养维修组、市场管理组、环境清洁组、园艺组、综合服务组、文书组），从事全方位的服务。

新加坡现已形成一套严密的物业管理网络，土地没有售出前由土地局管理，售出后由发展商负责管理，建筑招标后则由建筑商管理，房屋售出就归业主管理。这样，每寸土地、每幢建筑物都有部门管理。业主购买房产或地产的同时，除了管理好自己的产业外，还必须承诺参与管理所享用的共有部位，这就形成了业主管理物业的格局。

**（一）新加坡的物业服务模式**

物业管理在新加坡是传统服务行业，其发展模式已十分成熟。一般新的小区入伙后两年内是由发展商管理的，两年后才聘请专业的物业服务企业打理。这样的安排十分合理，因为新小区入伙两年内由于环境配套及工程质量问题导致的投诉很多，由发展商自行解决处理更直接、具体，能够避免很多纠纷和矛盾。等到两年的磨合期过后，再由业主自行聘请专业的物业服务企业进驻，其物业管理就能做得更专业，而物业服务企业与业主、发展商之间的关系也会更明确、和谐。

在新加坡，物业服务合同通常是一年签一次。因此物业服务企业十分注重同业主的联系，会认真听取住户的意见并改善管理细节，目的是以良好的形象和优质的服务来争取长期的管理合同，而业主也希望同物业服务企业一同创造一个引以为豪的居住环境，从而提高生活质量。物业服务费由物业服务公司与业主协商确定，除物业服务费外，不再收取任何费用，房屋维修如超支，可向业主说明情况，另行收取，会所、停车场均可免费享用。专业服务方面，管理处本身配备的人员十分精简，一般只有 2～3 人，除保安自行管理外，通常将维修和清洁分包给专业公司。小区内的配套商业设施亦非常简单实用，通常只引进一个超市、一个服装裁剪店和一个小贩中心，且位置相对集中在会所附近，以避免造成滋扰。而管理处只专心做好保安和监督协调工作，选择合适的分承包方来承担各专项服务。目前，很多物业服务企业的主营业务已不仅是物业管理，其经营收益的大部分来源于房屋租售等经营活动，还有的物业服务企业已成为公开上市公司。

**（二）新加坡的物业管理组织体系**

1. 建筑发展局

新加坡的公共住宅（所有组屋区和新市镇）管理与维修服务最初由建屋发展局负责提供，在其所属 36 个区办事处根据管理工作的需要下设若干个业务组，负责对所管辖的住宅进行管理。1988 年 5 月，住宅管理进行机构调整，原由建屋发展局管理的公共住宅由新成立的市镇理事会接收。建屋局因此只扮演一个在发展与研究工作上提供支援性服务的角色。如建屋局为市镇理事会提供电脑应用系统和 24 小时紧急维修服务。电梯里安装有自动拯救系统，此外还装有自动监测系统，监察电梯失灵和被滥用的情况。

2. 市镇理事会

1988 年 5 月，新加坡国会通过了成立市镇理事会的法令，并规定由市镇理事会负责管理公共住宅。市镇理事会管辖的地区以政治选区划分，可在单一选区或一组选区内施行。新加坡现有 81 个选区、23 个市镇理事会。市镇理事会是一个法人组织，成员至少 6 位，最多 20 位。

选区内国会议员为市镇理事会主席，其他成员由建屋发展局委派和选区内的住户选举产生。市镇理事会有严密和规范的组织机构与规章制度，主要职责是管制、管理、维持及改善管辖区域内的公共产业，除组屋区的公共场地、商店、市场外的组屋区内部的管理，业务上受建屋发展局的指导，但在实施管理中又具备相对的独立性，目的在于加强居民和政府的合作，让更多的居民参加该区的管理工作。市镇理事会的主要宗旨是：支持、配合、监督物业服务企业搞好住宅小区管理；维护业主或住户的合法权益；对公共设施的兴建、更改、扩充、改善以及房屋的维修等与业主或住户利益有关的事宜做出决策；开展各种有益于住户身心健康的活动。

3．私人住宅管理理事会

1968年，新加坡政府颁布《地契分层法令》。其中规定，对共管式公寓和其他建筑物，私人业主都拥有个别的分层地契，每个单位的购买者对于共有产业都有分享权。法令还规定分层单位业主必须依法组建管理理事会，其目的是为了更有系统及有规划地负责大楼的保养与管理工作。管理机构设立管理基金及备用金。管理基金用于日常的开支，如保险费、清洁费、公用水电费和保安等业主所应缴的费用，具体金额的提供取决于业主所拥有产业的分享价值的高低；备用金则用于较大项目的维修及机械装置的更换。

4．物业服务企业

无论是市镇理事会还是私人住宅管理理事会，都通过委托物业服务企业来负责住宅的日常工作。新加坡的物业服务企业根据管理范围可分设下列业务组进行物业服务。

（1）财务组。负责各项费用的收缴、各类计划与统计等，设财务监督、出纳员、收租员、打字员、信差。

（2）工程维修组。负责公共设施与设备的维修、房屋的维修与工程预算、业主房屋装修的监督等，设高级住宅稽查员、中级住宅稽查员、稽查员、电梯救援员、维修技工。

（3）市场管理组。负责治安和消防安全、车辆的保管和管理、各类商业与文化娱乐业等，设高级管理员、市场监督员、停车场监督员、管理员。

（4）环境清洁组。负责环境卫生，设中级清洁管理工、清洁工和清洁工头。

（5）园艺组。负责园庭绿化，设中级园艺员、园艺员和园艺工头。

（6）服务组。负责综合代办服务、交通运输等，设电话服务员、司机、外勤人员。

（7）文书组。负责行政管理、后勤工作等，设公关助理、速记员、打字员、内勤员。

此外，物业服务企业可同时设监督部门，以监督各类法规的执行情况和接受住户的投诉。

由于物业服务企业是接受大建筑群的业主委托，代表业主管理物业，因此，业主有权选择物业服务企业，选择的方式是对众多物业服务企业进行招投标，择优委托管理。然后，各物业服务企业再向各类专业承包商进行招投标、签合同。业主（开发商和各主管部门也是一种广义的业主）按法律制定的条例和要求，遵循市场规律，将物业委托给产业公司来管理。在新加坡，"大而全"的物业服务企业与"专而精"的专业承包商已有机连接成一种产业。出于产业发展的需要，新加坡已创办了清洁、保安、设备维修等专业培训学校。作为市场化运作的企业，物业服务企业的财务不仅要接受业主的审查，也必须经专业部门审计。总之，一切运作都是按市场规律进行的，因此无论是大公司的老板，还是具体的清洁工或维修操作工，均按市场需求来提高自己，否则就会被激烈的市场竞争所淘汰。

## 二、新加坡物业管理的特点

新加坡的物业管理具有以下特点。

1. 以人为本

新加坡的物业管理处处体现出"以人为本"的特点。如新加坡新市镇由若干个相邻的居民区组成，每个居民区平均2万～3万人。新市镇中心各方面的设施十分完备，有商业中心、娱乐中心、医疗中心、银行、学校、图书馆、剧院、运输场、汽车场和公交车站等。每个居民区也有相应的商店、市场、托儿所等，使居民感到生活便利、丰富；新市镇有相当数量的20层以上的高楼，楼内均装有电梯，电梯上下装有自动救援装备（能在停电情况下停靠到最近的一层楼）、安全警报系统和远距离监视装备，以维护居民安全至上的观念。新市镇物业服务企业还担负有介绍居民劳动就业和其他方面服务的任务，并开展各种有益于住户身心健康的活动和促进各民族共处一楼、亲如一家的常规工作（由市镇理事会主持）等。显然，相对于西方国家重物业维修养护、重物业保值增值而言，新加坡的物业管理是"重人大于重物"，处处为居民生活利益着想的"以人为本"的物业管理。

2. 强调物业管理的法制化

新加坡政府有关部门针对居民住宅及物业管理制定了很细的规章制度，形成了法律，不管是物业服务企业还是居民都必须依法遵章行事，所以无论是高级公寓楼还是政府组屋区，管理都是井井有条，同时避免了各种矛盾或纠纷的发生。

从政府职能方面看，新加坡建屋发展局是负责实施政府建屋计划和统筹物业管理的职能部门。早在1967年，该局就制定了《土地所有权法案》，之后又经过多次修订。该法案共有158章，其中就规定了开发商在建造住宅时必须遵守的条例。例如，由开发商建设的公共组屋，每栋楼底层不得安排住户，而是用于商店或娱乐室，供居民休息、娱乐和购物之用。再如，规定了在共管式公寓的共有所有权土地上，除建造住宅楼房外，必须留下不少于40%的土地用作花园、风景区以及其他娱乐健身设施，确保物业管理的规范化。物业管理执照需要每年审批核发，如果哪家物业服务公司违反条例，或是不按照规章办事，被业主告上法庭，该局将依据法规进行处罚，严重的将吊销物业服务公司的营业执照。物业管理从业人员必须接受两年的房地产管理培训，并需通过专业考试才能上岗。

对住宅小区，政府要求物业服务企业须根据物业管理区域的具体情况编写《住户手册》

《住户公约》《防火须知》等规章。政府同时制定了公共住宅室内外装修、室外公共设施保养等规定，以明确物业服务企业和业主之间的权利和义务关系。举例来说，新加坡政府对室内装修有非常严格的规定。首先，对于政府出售的公共住宅须在领到钥匙之日起 3 个月内完成室内装修，且此后 3 年内不准再进行第二次装修；其次，住户装修须向建屋发展局申请装修许可证，由领有建屋发展局施工执照的承包商承包；装修户与承包商一起前往物业服务企业办理装修手续，并且交纳一笔建筑材料搬运费和废物清理费；工程装修完毕，由住宅稽查员根据申请装修内容进行工程检查验证。再次，为了保持建筑物的结构完整性和外观统一性并保证安全，政府对室内装修项目有严格规定，具体如下。

（1）不准改变住宅主体结构（墙体、柱子、梁）。

（2）厨房、卫生间的磨石地板和墙壁瓷砖 3 年不准更换。

（3）室内管线、电源开关不准改变。

（4）楼房外观不准改变。

## 三、新加坡物业管理的内容

1．物业管理业务范围

在新加坡，除购房和转销业务必须直接到建屋发展局申请和办理外，其他业务都可以在物业服务企业办理，具体包括以下几方面。

（1）房屋维修与养护。

（2）机电（包括电梯、电气等）及消防设备（包括供水、供电系统）的维修保养。

（3）商业房屋（小贩中心、购物中心）的租赁服务与管理。

（4）出租住宅的租金交纳与售房款的收取。

（5）公共场所的出租服务与管理。

（6）小区停车场的管理。

（7）小区的环境清洁的实施与管理。

（8）园艺及绿化管理。

（9）配合治安部门搞好治安工作。

此外，还有负责介绍居民劳动就业、配合治安部门搞好治安工作及其他方面的服务等任务。

2．居住小区内公共设施的保养服务

新加坡政府对住宅小区公共设施（设备）保养维修十分重视，要求物业服务企业提供最优质服务，具体包括以下几方面。

（1）住宅楼的维修

建屋发展局规定每 5 年对整幢楼房的外墙、公共走廊、楼梯、屋顶及其他公共场所进行一次维修。

（2）电梯的保养与维修

所有住宅楼的电梯都由物业服务企业例行维修和经常检查，一旦电梯发生故障，乘客受困于电梯内，只要按响警铃，5 分钟内电梯维修人员就会到现场来进行维修。

（3）户内水电卫生设备的保养服务

建屋发展局设有"热线"电话，与各区物业服务企业保持联系，为居民提供 24 小时服务。各物业服务企业都有维修车，以便及时赶到工作现场。这类维修实行有偿服务。

（4）公共电视天线

每幢住宅楼均设置公共电视天线，为住户服务，以保证取得良好的收视效果。

（5）公共住宅楼下旷地的管理

新加坡一般高层住宅楼的底层没有围护，是敞开的空间，叫做"楼下旷地"。它平日作为老人、儿童的活动场所，遇到居民需要举行婚丧喜事及其他庆祝活动时，可以租用，但须向建屋发展局下设的管理部门申请准用证。

（6）停车场管理

小区的停车场都由小区物业服务企业统一管理，并具备完善的制度。任何拥有车辆的住户必须向物业服务企业申请"停车季票"，每户只准申请一个停车位，属于建屋发展局的店铺租户、公共住宅租户和房主有优先获得"停车季票"的权利。夜间停车必须特别申请，并办理"夜间停车特许证"。外来车辆一律执行按钟点收费。此外，停车场还提供洗车服务。

（7）垃圾的处理

为了确保小区整洁，避免有难闻异味，全面推行垃圾袋装化。垃圾必须装入袋内，方可投入垃圾桶。并规定太重和太大的垃圾（箱子、瓶子）实行定期处理，直接送到垃圾站，不许投入垃圾桶。同时，还规定易燃、易爆、易碎物不准投入垃圾桶，以确保防火防爆安全。

 **本章小结**

1．我国香港地区的物业管理运作机制从总体上看已呈良性化发展态势，并形成了自己独特的管理模式。香港的物业管理具有以下特点：具有完备的物业管理组织体系；政府积极协助物业管理和实施物业服务从业人员培训制度。

2．香港公营房屋的物业管理包括两个方面：常规管理和经租管理。为进一步提高服务素质和成本效益，香港公营房屋的物业管理具有了私营化运作趋势。

3．我国台湾地区的物业管理深受日本物业管理的影响，但也有其独特的特点。包括：社区治安管理必须由保全公司承担；社会比较重视物业管理；自主经营管理较为普遍；物业服务的人员精干，社会化、专业化和市场化程度高；依约管理、居民法律素质较高和重视物业管理职业培训等。

4. 英国是最早萌生物业管理的国家，物业管理发展成熟。由英国特许房屋经理学会专门负责物业管理从业人员的培训和交流，其下属的住房管理注册学院专为物业管理领域内的人员提供多种培训模式。

5. 美国的物业管理也已发展得十分成熟，可实行业主自我管理，也可委托专业物业服务企业进行管理。美国的物业管理也具有鲜明的特色，包括：管理细分和专业化；以人为本，顾客至上；制度健全，管理严格；信息技术应用广泛，基本实行"全过程"物业管理；风险防范机制健全和职业化体系完备等。

6. 日本的物业管理在"二战"后才开始产生，但发展很快，不仅具备完善的法律法规，还形成了自己的特点，包括：物业服务企业的从业许可登记制度；重视物业服务从业人员的资格管理和培训；重视发挥行业协会的作用；重视物业管理的超前介入；服务技术和设备先进以及高度重视清洁工作等。日本的物业服务主要包括住宅管理服务、咨询服务、技术支持服务、保全监控服务和其他服务。

7. 伴随公共居住式住房建设（公寓）的活跃，韩国物业管理逐步发展起来，并形成自主管理和委托物业服务企业管理；统一管理和分类管理的模式。在韩国，物业管理的主体是指自治管理机构、物业公司、开发商及依据租赁住宅法的租赁者。住宅管理师或住宅管理员为物业管理的责任人。

8. 新加坡现已形成一套严密的物业管理网络，土地没有售出前由土地局管理，售出后由发展商负责管理，建筑招标后则由建筑商管理，房屋售出就归业主管理。新加坡的物业管理具有自己的特色，包括处处体现"以人为本"和强调物业管理的法制化。

 综合练习

一、基本概念

业主立案法团 资历架构制度 保全公司 英国特许房屋经理学会 居住物业管理经理 注册物业管理经理 住宅管理师

二、思考讨论题

1. 简述我国香港地区物业管理的特点和香港公营房屋物业管理的主要内容。

2. 简述我国台湾地区物业管理的特点。

3. 简述英国物业管理的类型。

4. 美国物业服务的模式有哪些？美国物业管理的主要特点是什么？

5. 简述美国物业服务人员的资质管理。

6．试论述日本物业管理的产生、发展、模式及其特点。

7．日本物业服务企业的服务内容包括哪些？

8．简述韩国物业管理的主体和运行机制。

9．试对比分析中韩物业管理师制度。

10．新加坡物业管理的组织体系是怎样的？其物业管理的特点有哪些？

 本章阅读与参考文献

1．姜早龙，张涑贤．物业管理概论[M]．武汉：武汉理工大学出版社，2008．

2．雷应利．香港物业管理现状[J]．城市开发（物业版），2008（5）．

3．宋金灿．英美和香港物业管理模式的对比分析[J]．中国房地信息，2005（4）．

4．翁国强．台湾物业管理考察报告[J]．中国物业管理，2006（3）．

5．李哲．港台地区物业管理模式分析与借鉴[J]．中国建设信息，2007（9）．

6．宋如萍，王淑琴．英国房地产物业管理现状及对我们的启示[J]．北京物价，2002（12）．

7．邹劲松．英国物业管理考察报告[J]．中国物业管理，2005（2）．

8．周富强．英国物业管理及房屋政策研究[J]．中国物业管理，2009（11）．

9．陆克华．美国及香港物业管理职业资格制度考察报告[J]．中国物业管理，2004（2）．

10．石力．由联美集团看美国物业管理模式[J]．北京房地产，2007（8）．

11．翁国强．美国物业管理的主要特点及其楼宇星级管理模式[J]．中国物业管理，2003（4）．

12．张年．美国物业管理概况及其借鉴启示[J]．中国物业管理，2007（4）．

13．钟宏萍．日本物管企业如何提供服务[J]．中国建设信息，2007（11）．

14．孙萌萌，等．日本物业管理考察报告[J]．住宅与房地产，2007（11）．

15．郭立，李燕．韩国住宅管理师制度对我国物业管理行业的启示[J]．中国物业管理，2008（2）．

16．权世振．韩国公共住宅管理制度介绍[J]．上．现代物业·新业主，2008（6）．

17．权世振．韩国公共住宅管理制度介绍[J]．下．现代物业·新业主，2008（7）．

18．陈蔼贫．香港物业管理报告[J]．住宅与房地产，2008（10）．

19．吴剑平，陈德豪，练均华，姚剑．香港物业管理业执业制度的启示[J]．中国物业管理，2014（5）．

# 第十一章  物业管理的新发展

## 学习目标

通过对本章的学习，应掌握如下内容：

1. 科技助推物业管理的背景、原则；
2. 科技对物业管理的改变趋势；
3. 绿色物业管理的内涵；
4. 绿色物业管理的构建重点。

## 导言

当前物业管理行业正面临发展的瓶颈，转型和升级是大势所趋。因此，物业管理行业需找准方向，寻找新的增长点，从而顺利实现全行业的转型和升级。本章作为物业管理的新发展主要介绍了科技助推物业管理的背景、原则以及科技对物业管理的改变趋势；绿色物业管理提出的背景、内涵以及绿色物业管理的构建重点。

# 第一节  科技与物业管理

## 一、科技助推物业管理的提出

当前，传统物业服务模式遭遇诸多挑战，如业主对物业服务的商品属性认识不够、物业服务收费与物业服务标准的质价不符问题、城镇化形势下新生代业主的需求多样化与传统物业服务内容单一化的矛盾等，而与此同时，随着高新科技的迅速发展，现代物业建设中引入了很多科技含量很高的智能化设备，各类物业建设中的科技含量都在迅速上升。在科技竞争时代，物业服务企业必须重视各类专业管理技术的开发和学习，不断更新和掌握新的管理服务技术，从而实现从劳动密集型行业向技术密集型行业的转变。尤其是网络化、智能化管理服务已经成为当前和今后一段时间物业服务企业竞争制胜的关键筹码，今后还将成为物业服务企业的基本管理服务手段。因此，物业管理行业要想发展，必须积极探索物业服务的本质与其内在规律，并善于借力，从而借助新兴科学技术手段拓展多种经营和增强盈利水平，提升管理水平和行业竞争力以及实现向科技物业管理模式进行转型和升级，这是大势所趋。

基于当前科技助推物业的背景，物业管理的发展趋势分为市场化运作、品牌化经营、法制化管理、集团化发展、产业化建设、科技化领航六个阶段，而科技化领航将占领中国未来物业管理的制高点，成为未来行业不可或缺的竞争因素。事实上，在物业管理实践中，以科技化、智能化、数字化为标志的科技物业管理模式也正在成为现代物业管理新的坐标原点，一些企业也已纷纷行动起来，并取得了一定的成效。例如，万科物业在坚守专业与品质的同时，通过"云生活、社区一卡通、安防与停车管理、设施设备远程管理、移动 APP 智慧之家"五大科技的运用，以及社区资源整合与经营性业务拓展，正在由物业管理专家向"房务管家、资产管家、生活管家"转型和升级。因此，中国物业管理协会会长沈建忠在 2014 年 11 月 28 日于河北省石家庄市举办的"河北省科技助推物业管理行业发展论坛"上指出并强调：当前是我国物业管理行业进行转型和升级的关键期，而科学技术的发展对于物业管理行业转型和升级的巨大推动作用不言而喻。

总而言之，物业管理行业借力科技才能更好地进行转型和升级，从而从传统行业走向现代产业，并进一步推动物业管理行业市场竞争力、信息化和科技化水平的提高。

## 二、物业服务借力科技的基本原则

随着科技在物业管理活动中的运用范围越来越广，作用越来越重要，在物业服务过程中也慢慢涌现出了一批借力科技手段而使物业服务享誉行业的成功案例，如物业服务中的各类 APP 应用以及彩生活服务模式等。这些成功案例揭示出物业服务借力科技最基本的两个原则，具体如下。

（1）遵循实用及适用的原则。以广州利海物业为例，该公司于 2014 年初开始导入极致物业管理系统和推行物业服务 APP。在此之前，利海物业由于没用统一的管理软件系统，人力、客服、工程、环境、财务、工程等相关数据统计口径不一致，有关信息不透明，各项目都要应付总部每天安排的大量作业（如提交各类报表等）。为了解决上述问题，公司领导决定导入一款与利海物业运作相似且实用的物业管理系统。后来，经过在市场上精心寻找和货比三家，利海物业决定与深圳极致软件公司签订合同，为公司量身定做一个物业管理系统。根据双方协商，极致软件公司派员进驻利海物业，根据利海物业的各项运作需要开发程序和流程，以符合管理需要。同时，根据项目业主的使用习惯和行业最新技术开发和推行物业服务 APP。通过导入极致物业管理软件和向业主推行物业服务 APP，利海物业一方面规范了公司内部的管理，减少了公司经营过程中的显现成本和隐性成本约 15%；另一方面为广大业主提供了享受物业服务的方便和快捷,使业主满意度提升了 8%。由此可见,实用及适用是物业服务企业借力科技所必须遵循的基本原则,否则,将有可能适得其反,事与愿违。

(2)遵循以业主体验为先的原则,从而实现物业服务人性化与科技的完美融合。物业服务借力科技还要注意从业主体验开始,以物业服务为基石,将物业服务专业技能与科技完美融合,以实现物业服务的转型和升级。仍以广州利海物业为例,利海物业属下的君林绿洲项目更新车辆倒闸系统帮助完成管理费预收就是一个很好的以用户体验为先,从而实现物业服务人性化与科技融合的例子。2014 年 12 月,利海物业公司总部下达了预收管理费的通知,预收任务高达几十万元。为了完成预收任务,君林绿洲项目物业服务中心采取了一系列措施和方法,其中一项就是更新项目进出入口的车辆倒闸系统,将原来的滴卡式改为蓝牙远程自动感应式(当业主车辆到达小区进出入口时,车辆自动感应起闸),先让业主免费试用一个星期,进行体验。然后,对预交管理费的业主免费办理相关手续和免工本费等。与此同时,在业主对此项目新技术进行体验试用时,项目客服人员通过微信、上门走访和专题推介等方式进行蓝牙卡和管理费预收优惠政策的宣传和推广,为业主解决在使用过程中遇到的各类问题,以礼相待,以诚相交。仅通过这一种举措,该项目完成预收管理费就高达 10 多万元,且项目车辆通行更加顺畅,业主对物业服务满意度也不断提升。

综上,在经济和社会高速发展的今天,传统物业服务应紧跟现代科技发展的脚步,齐头并进,才能保持良好的发展势头。物业服务企业应立足企业自身,以无比宽阔的心胸,吸取科技之营养,注重实用和适用,注重业主的体验,这样才能借力科技强大的翅膀,实现全行业华丽的转型和升级。

### 专栏 11-1  拥抱互联网,快速转型升级[①]

推动北京物业服务企业借力互联网科技转型发展,北京物业管理行业协会与北京乐家园信息技术有限公司开展了战略合作,对接服务于协会会员企业,助力中小企业在拥抱"互联网+"的转型升级过程中,搭上时代的快车。

如图 11-1 所示为乐家园服务内容图。

当前,整个物业管理行业都在寻求转型升级,业界的企业也纷纷积极探索如何突破传统的管理模式,在互联网时期找到适合自己的发展之路。近一年,北京市物业管理协会先后邀请万科物业、龙湖物业、彩生活等有实力的行业中的大企业为北京市的物业服务企业做经验介绍,并为一些愿意与这些企业结合发展的企业举办了专场交流活动。与此同时,为了帮助更多的中小物业服务企业尽快拥抱互联网、轻松受益又有发展的合作模式。经过

---

① 刘刚. 拥抱互联网,快速转型升级[J]. 中国物业管理,2015(4).

多方调研，反复磋商，北京市物业管理协会选定了北京乐家园信息技术有限公司为战略合作伙伴，助力北京的中小物业服务企业各自直接对接互联网公司，早日实现转型升级。北京乐家园信息技术有限公司是一家纯粹的互联网公司，公司主创团队曾经就职于阿里巴巴，参与了淘宝网络平台的建立过程。该公司在与物业服务公司的合作中，不依附于物业管理行业内的哪家企业，任何物业服务企业都是与其合作，不必有被吃掉的顾虑。该公司提供的合作产品有免费 WiFi、免费物业管理软件、免费快递柜等，与他们对接的物业服务公司不需要投入便可迅速走进大平台，只需发挥物业服务公司在线下的本地化服务优势，通过资源整合，共同营造智慧的社区生态环境，既提升了物业服务水平，又可在合作中不断得到收益。

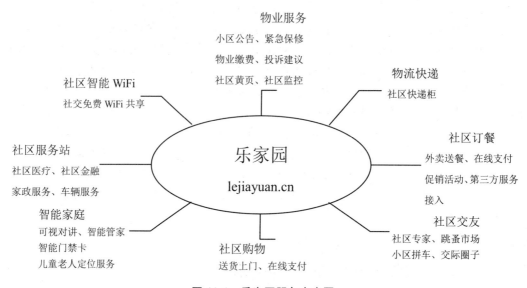

**图 11-1　乐家园服务内容图**

目前，北京盛世物业已经与北京乐家园信息技术有限公司开展了合作，智能快递柜、停车系统、门禁系统、家政服务、社区购物、社区医疗服务、社区养老服务，以及社区文化活动等相继推出。从业主的反馈和评价来看，初步取得的效果还是不错的，得到了业主的认可、参与和支持。

随着互联网技术的日益发展和广泛应用，催生了许多新兴行业，也消亡了或者转型了不少传统行业。但是，我们应该看到，对于包括物业管理行业在内的许多传统行业，当下对互联网技术的运用，不管是在企业的管理层面落地，还是与企业的经营对接，大多还是停留在将互联网技术作为工具在使用的层面。事实上，作为向现代服务业转型的物业管理，特别是结合多年来的实践来看，对互联网的学习和借力，还应有互联网的思维，而不仅仅是使用互联网技术本身，核心是用互联网思维的内涵和逻辑，形成管理和发展的企业思想和意识，在此基础上，依托包括互联网技术在内的科技手段，对企业的商业模式、管理体系和服务产品进行升级，才能在互联网时代不断创新、变革，催生出更强大的生命张力。

从这一意义上来说，在互联网+的时代，物业服务企业要找到适合自己转型升级的发展之路，还需要更大勇气和魄力，开展更加积极的探索。

## 三、科技对物业管理的改变趋势

传统观念认为，物业管理是一个科技含量较低的行业，与科技相去甚远。实际上，如前所述，传统物业管理模式正面临发展瓶颈，人口红利消失在即，对此，必须借助科技的力量，实现物业管理行业的转型和升级。从实践来看，科技将在以下三个方面对传统物业管理做出改变。

### （一）提高了物业管理的信息化水平，从而契合了信息化社会的发展趋势

物业管理行业和物业服务企业借助科技的力量，能大幅度提高其物业服务水平的信息化程度。具体体现在：（1）实现多地区、多企业之间的资源统筹共享。（2）实现标准化管理和优质项目的复制。像设备保养、专业检查、故障处理、业务流程这样的管理内容都可以在信息化组建的帮助下完成统一。（3）帮助企业在量化管理、实现工时管理和绩效考核上更加清晰与高效。（4）信息化建设在全面的预算控制以及整合供应商的物资集中采购这样的成本控制上有着突出的作用。（5）智能化的管理平台、PDA普遍应用于现场管理将会大大提高企业管理的范围与反应能力。（6）信息化平台将会帮助企业更好地整合社会资源的增值服务和多种经营，并有效地提高企业资产管理的能力，还会在未来实现全行业资源共享。

因此，为了帮助物业服务企业能够更好地提高其信息化水平，从而跟上信息化社会的步伐，中国物业管理协会近些年积极推动和帮助企业主动去识别科技在物业管理活动中的应用方法和路径，例如电子商务的联合应用以及智慧社区建设的整合性开发；帮助企业充分认识哪些科学技术能够通过应用成为企业商业模式新的支撑点；帮助企业主动去辨别科技方案与业主需求的关系等。协会还多次参与企业之间的合作活动，并加强与相关网络营运商的合作，从而积极为企业搭桥铺路；同时，协会还积极加大已尝试智慧社区建设企业之间的交流力度，以促进行业智慧社区的建设，从而使业主和企业达到双赢。

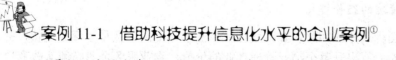

**案例 11-1　借助科技提升信息化水平的企业案例**[①]

四川易软信息技术有限公司为企业量身定做"信息化服务方式与智能社区管理模式"。在这个模式中，将建立物业内部管理系统，实现对人、财、物以及对服务的管理，使物业

---

① 王玉洁. 转动物业管理科技"魔方"[J]. 中国物业管理，2011（12）.

管理系统成为整个信息化管理模式的基础与核心。整个工作依托物业管理系统，通过语音（呼叫中心）、互联网（网站）、短信、PDA（掌上电脑）等先进技术手段进行服务。通过物业管理系统，我们还将与财务软件、拉卡拉支付系统、停车系统、一卡通系统等集成，实现智能社区管理模式。

厦门狄耐克电子科技有限公司推出了家 e 通社区电子商务平台，为物业提供增值服务。其特点是服务精准、技术可靠、造价便宜、兼容性强，通过后台管理可将同城或异地多个小区合并或分开，并可与原小区的管理软件兼容。另外，狄耐克家 e 通平台可以实现多项家庭安全及监控系统：视频门禁、防盗、漏水、火灾、煤气泄漏等报警功能。家 e 通终端可用手机短信或语音向业主或物业管理公司报警，及时消除各类安全隐患，保障家庭安全。家 e 通系统还可远程操控各种家电，如在业主回家之前，打开空调，以及对孩子、老人实施安全监管等。这些都显现出了楼宇对讲产品新的发展趋势。

常州中房物业在建设智慧小区方面，一直在进行着不断探索，努力让广大业主感受到智能联网高科技给业主的日常生活所带来的变化。2011 年 11 月 28 日上午，常州中房物业和常州电信在香缇湾花园小区共同举行了"智慧小区"现场授牌仪式。此后，香缇湾花园小区的业主们就可通过高速率的电信宽带，体验小区内无处不在的宽带服务，即使出门在外，小区业主也可以通过手机、电脑或电视随时随地远程观看小区环境及家中情况，让生活变得更安心。目前中房物业在管的香缇湾花园小区已具备了智慧小区的三大核心系统服务能力：一是高品质的光纤宽带系统。小区采用业界最先进的光纤接入网技术，足以承载每个用户的带宽飙升到 20 兆，并具备升级到 100 兆的能力，在小区里完全可以享受到高速下载，畅游大型网游，收看高清视频等。而且小区全面提供 3G 及 WiFi 无线网络覆盖，业主在小区会所、花园、湖边、广场生活圈内随时随地都可以上网。二是全方位的信息服务系统。小区业主可通过"机顶盒+电视机"，在家中享受个性化、互动化、高品质的视听、应用信息服务，业主可通过手机或 ITV 平台查询水电气费，物业服务企业能在这一平台发布物业信息。商家能提供丰富生活资讯服务。简单来说，就是通过网站，业主就可以与物业服务企业、商家、其他业主进行充分的交流和沟通。三是智慧化的数字家庭系统。业主采用数字家装后，能实行智能化的数字家庭系统，通过网络视频管家实现远程网络视频通信，业主用手机、电脑或电视就能随时随地远程观看小区环境及家中情况，让生活变得更安心。

## （二）改变了物业管理的经营模式

穷则思变，物业管理行业亦应如此。要改变行业专业水平不高、微利运营的现状，提高行业人均创造价值的能力，提升整个物业管理行业的价值，物业服务企业必须从改变自身的运营模式着手，积极引进新技术，开展科技创新，实施对劳动力的创新管理，从而有效降低企业的经营成本，提高企业的管理效率与服务品质，建立可持续物业管理商业模式，从而使顾客认可物业管理行业的价值。

我国现有的物业服务企业虽然在自身定位、市场规模、产品类型、运营体系和经济效益等方面千差万别，但是从盈利模式的角度，大概有三种类型。

模式一：物业服务提供商

物业服务提供商，又称基础服务模式，是目前占绝对优势地位的主流商业模式。其特征是，物业服务企业通过向业主及使用人提供物业管理区域内的保洁、绿化、秩序维护和房屋维修养护等综合性的基础服务，来获取物业服务费。其实质是，物业服务企业直接向业主出售准公共性的物业服务产品。可以说，该模式是大多物业服务企业生存的基础，也是物业管理行业发展的根基。众多物业服务企业无论如何创新商业模式，都脱离不了这一基础模式对整个企业的支撑。该模式的优点是易于操作，简单便捷，有利于物业服务企业强化成本意识，提高内控水平；缺点是交易透明度不够，容易导致交易信息不对称，企业难以取得客户的信任，在收费率偏低的情况下，容易导致亏损，企业的经营风险较大。

模式二：物业顾问服务商

物业顾问服务商，又称不动产顾问服务模式，通常是具备丰富的不动产投资、开发、经营和管理经验的物业服务企业采用的商业模式。其特征是，物业服务企业利用掌握的专业知识和专业技能开展顾问服务，通过向上游的开发企业提供投资咨询、前期策划和销售代理服务，向中游的物业服务企业提供管理方案设计、管理人员培训和管理现场指导服务，向下游的业主提供租务管理、投资建议和不动产理财服务，来获得物业顾问费用或佣金收入。其实质是，物业服务企业向客户出售专业化的房地产咨询和服务产品。该模式的优点是资本投入少，企业收入稳定，经营风险低，专业形象好，房地产上中下游产业链的打通，有利于信息的利用和资源的整合；缺点是收入相对公开透明，企业利润难以快速增长，客户对企业的专业素质和品牌效应要求较高。

模式三：物业资源开发商

物业资源开发商，又称为多种经营模式，通常是具有地产开发背景且具备丰富的物业衍生资源的物业服务企业采用的商业模式。其特征是，物业服务企业利用其管理的物业资源和客户资源开展多种经营，通过搭建物业平台的方式，直接向客户提供家居生活服务或者间接促成商家与客户之间的交易，来获得物业服务费用以外的收入。其实质是，物业服务企业开发物业资源边际效益的多元化经营。

物业资源开发商模式的商业逻辑是：物业服务企业的关注重心从业主的物业服务需求本身转向基于物业服务平台衍生的多元化需求。由于物业的不可移动性和物业服务的自然垄断性，决定了基于物业服务形成的消费平台的相对垄断性。相对于众多消费品的商家来说，物业服务企业的优势在于能够利用最为接近终端客户的地域优势，最为准确地为商家提供消费者的需求信息，最大限度地为商家降低服务成本，因此自然便于其利用与业主形成的物业服务关系搭建具有相对垄断地位的消费平台，最为便捷地促成商家与业主之间的交易撮合，并从中获得自身的商业利润。"物业搭台、商家唱戏、业主捧场"，当前一些企业试水的社区电子商务，正是运用最新网络信息技术探索平台收费商业模式的实践。

显然，当前物业管理行业正在经受新科技浪潮以及互联网大潮的冲击和洗礼，在传统发展模式已经难以给企业带来利润的时候，就要借助科技手段拓展多种经营，提升竞争力，增加创富能力。在做好基础物业服务的同时，运用移动互联网技术，进行多种经营，从而实现行业的转型和升级。

### 案例11-2　借助科技改变经营模式的企业案例[①②]

绿城物业的物业资源开发模式——较具完整价值的生活服务商在构建园区生活服务体系的基础上，2012年以来，绿城服务充分意识到信息网络技术在服务过程中的有效应用，与绿城房产集团着手推进"绿城云服务平台"和"智慧社区"建设。由传统的线下服务全面向线上线下服务相融合转型。在项目的前期营造上，与建设单位配合共同做好整体规划和配套建设，让"云服务平台"和"智慧社区"的后期运营能有坚实的硬件支撑。在运营方面，通过升级原有绿城生活服务网成为服务产品展示和订购平台、升级原有400客户24小时客户热线为服务信息处理中枢、推广绿城专业服务微信、开发幸福绿城手机APP、发放绿城社区一卡通等五大载体，着力搭建基础网络和大数据平台，开放式地接入内外部服务资源。通过为业主提供系统、全面、便捷及可持续的标准化和个性化服务产品，赢得业主的满意，增强与业主之间的黏性。

通过五大载体建设，绿城服务统一了服务产品的品牌形象、服务受理渠道及服务监督手段，也为所有服务产品的物流、信息流、资金流三流合一，系统全面构建新的商业模式打下了良好的基础。

如图11-2所示为绿城物业园区服务商业模式构建路径图。

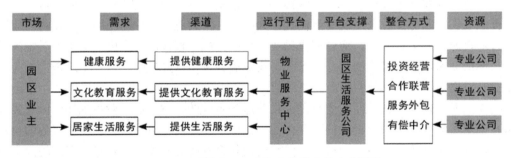

图11-2　绿城物业园区服务商业模式构建路径图

---

① 严文珍. 科技让物业插上腾飞的翅膀[J]. 中国物业管理，2014（8）.
② 本刊编辑. 我国物业管理商业模式概观[J]. 城市开发（物业管理），2015（4）.

福田物业与捷顺科技合作，建立基于业主卡运营的商业模式。福田物业将现有业主使用的 IC 卡统一升级替换为更为安全，并附带储值、"闪付"功能的中国人民银行标准芯片卡，一张主卡可以带多张附卡。业主可以用主卡在小区周边的超市、餐饮、娱乐等商业场所进行刷卡消费，消费积分即可兑换礼品，也可抵扣物业服务费。凭借一张附卡，业主就可以完成停车、进出小区、缴费等功能。借助捷顺科技独立发卡和持续运营的能力，福田物业整合闲置资源，创新物业盈利点。通过捷慧通智能管理平台，借助强大的应用功能，福田物业初步实现了经营数据的挖掘与分析；建立了以物业管理为核心的生态链，如应用移动 APP，建立福田物业社区微信公众平台，定期在微信公众平台上发布信息，聚拢人气，增加物业与业主的互动。

中信物业服务有限公司以深圳中信红树湾项目为例，向参会代表介绍了中信物业铂金管家的实践与体会，如 120%特色主流服务，360°高端定制服务，为客户创造全面生活价值。中信物业的"中信生活荟"借助手机 APP，从居家生活、高端商务、人文娱乐、教育理财、健康医疗、爱心公益、资产管理等方面，为业主提供高端物业服务。

长城物业集团股份有限公司借助一应云智慧平台，整合社区资源，共创共享行业商业生态圈价值，推动物业管理行业良性发展和社区生活方式蝶变进化的经验。赵崇斌向与会代表详细介绍了物业云合作模式及流程、一应云智慧平台的价值及盈利模式。目前，共有 19 家物业服务企业使用一应云智慧平台。覆盖约 469 个物业项目、54.3 万户家庭，约 203 万客户、1 亿平方米物业建筑面积。

杭州海康威视数字技术股份有限公司分享了企业在楼宇智能化管理方面的经验。作为一家上市公司，海康威视拥有业内领先的自主核心技术和可持续研发能力，通过高清、智能、可视化管理等技术手段，让报警处置更高效、调查取证更清晰、安全监管更高效。下一步，海康威视公司将在 iVMS-8700 综合安防管理系统平台之上，针对智能楼宇行业细分领域应用，陆续推出个性化又充分满足用户需求的细分领域解决方案。

上海壹佰米网络科技有限公司开发了一款来自于日常生活的 APP：叮咚小区。它通过三类功能：为物业服务公司创造价值，一是通过在线缴物业费、代理废品回收、代办各项服务等实现直接盈利；二是发布社区公告、报修与反馈平台、停车位管理实现高效管理；三是物业风采展示、投诉与建议渠道，进行品牌建设。

### （三）提高了物业管理的效率

运用科技，物业服务企业不仅可以实现作业成本的降低、工作效率的提升和管理效率的提高，而且还能实现物业服务质量的提升和业主满意度的提高。可以说，科技是当前物业服务企业的第一生产力，对提高物业管理的效率作用巨大。具体来说：

在管理系统上，物业服务企业通过使用 OA 办公系统，可以使公司文件报批的及时率、准确率大幅上升。OA 办公系统中的客户资源管理系统、目标管理系统、客户关系管理系统、财务报销管理系统和人力资源管理系统，可以大大提高企业的工作效率，减少工作人员来回奔波的时间。为支持异地项目工作的正常运行，物业服务企业还可购置视频会议系统，完善视频会议、远程教育等运作机制，使各项目工作人员免于来回奔波而顺利实现内部管理与培训的正常运行；视频会议系统的启用还可为公司省差旅费。客户关系系统的运用可促成物业服务企业新业务的开发，如房屋销售代理业务。物料管理系统的运用将极大降低物业服务企业的物料采购成本。以上管理系统的科技化无疑会大幅提高物业服务企业的管理效率。

在服务方面，物业服务企业借助科技可以实现 E 服务模式。首先，信息发布系统的使用将提升物业服务信息的发布及时率和准确率；物业收费系统的启用将提高物业服务费的收缴率；投诉报修系统的使用将使报修上门及时率和报修满意率获得提升；微管家、微商城的启用将提升其物业服务的利润率。以上服务系统的科技化无疑会大幅提高物业服务企业的服务效率，从而提升其客户满意水平。

在管理监察系统方面，物业服务企业可以借助科技实现电子巡查和电子考勤，从而极大地提高监察管理的效率。如移动巡查系统可极大提升项目管理人员现场作业的巡查时间，增强现场问题整改的及时性，从而提升作业记录的规范性、完整性；移动考勤系统的启用可以完全杜绝代打卡现象，极大地规避吃空饷的现象发生，精简不合理人力编制，提升工资结算准确率。

### 案例 11-3　科技提升了物业管理的效率[①]

中航物业集合多年的管理实践开发的智慧物业（OMIS）系统，运用移动互联技术实现了物业管理作业的智能管控。智慧物业（OMIS）系统是基于 DTP 概念的信息化应用，DTP 概念是将离散并难以监控的工作归结为：数据（Deta）、现场（Terminal）、人员（People）三个纬度，并在形成的三个纬度模型中交织影射，形成适应不同企业应用的工作流，从而使现场维保形成完整的高效系统。智慧物业 OMIS 系统是建立在信息化基础之上的物业管理作业平台，可应用于物业管理全部工作中，包括工程、安管、清洁绿化等，还可用于大型活动的组织以及社区电商的配送等方面。它识别员工的工作位置、工作准备状态和工作技能，将工作指令和作业指导发送到作业人员的移动终端上，并要求作业人员将工作关键节点和结果实时反馈至调度中心，实现闭环管理，有效承载企业标准和优秀作业方法。

智慧物业工作分四个层面，如图 11-3 所示：第一个层面是感知层面，通过二维码扫描、芯片扫描定位和人员定位技术，感知作业人员的时间和位置，传输到系统进行记录和判定。第二个层面是作业层面，现场作业人员通过随身携带的移动终端（包括 PDA、PAD 和手机）

---

[①] 刘文波. 科技使物业管理升级换代[J]. 中国物业管理，2014（7）.

获取作业指令，并将作业过程信息（文字和图片）反馈至系统，也可直接将抄表数据录入系统。第三个层面是管理层面，管理人员通过系统界面了解作业情况，通过系统发送作业指令和作业指导，包括有规律的重复性指令和临时性指令，同时通过各类报表进行统计分析。第四个层面是数据层面，收集并记录各类数据，根据需要生成各类报表和信息。

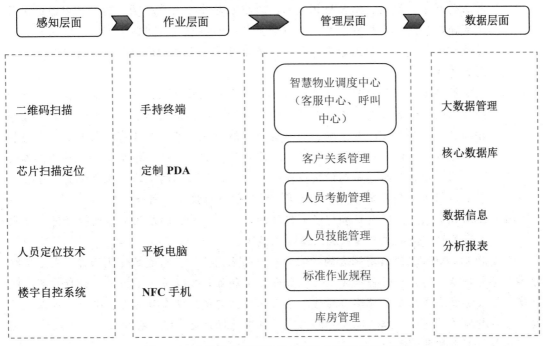

图 11-3 中航物业智慧物业 OMIS 系统平台构架图

智慧物业 OMIS 系统已经在中航物业和部分合作单位得到广泛的应用，概括起来具有以下优点。

▸ 提高劳动生产率，降低管理成本：通过派工流的改变、检查和监督方式的改变、指令获取方式的改变，一方面大大加快指令传输的速度和准确性，提高调度效率和降低重复率；另一方面使物业管理的个人劳动绩效处于精确的统计管理之下，甚至使计件工资成为可能，将极大地调动员工的工作热情，对人员配置的合理性也能进行量化分析。经初步分析比较，安管巡逻效率提高一倍以上，工程上门维修效率提高数倍。

▸ 提高质量及改善客户体验：智慧物业平台是标准化的有效载体，可以保障企业标准在实际工作中得到有效的贯彻。同时改善了用户界面，增加了用户沟通渠道。

▸ 使集约管控成为可能：有利于提高总体运营效率和管控水平，消除管理中间层，实现组织的扁平化。中航物业在应用智慧物业系统的基础上实现了运营的直线管控，使管理费用在业务收入大量增加的同时没有增加，年管理费用节约逾千万元。海量数据统计分析和云计算为企业决策提供了真实素材。

▶ 减少对作业人员个人技能的依赖：降低成本及适应用工方式的变革，通过将作业指导同步传递的方式，可以大幅降低对作业人员个人技能的依赖，减少员工流动对工作质量的影响，降低培训成本，减少基层管理人员数量。同时可以通过工作完成情况的统计分析判断员工的技能更加全面和准确。实践表明，有些工作的人员培训时间减少到原来的十分之一，甚至只需几十分钟的培训就可上岗，完全达到工作要求。

▶ 精准的数据统计和分析：信息化技术可以真实完整地记录每项作业过程，并进行分析比较，形成各类报表，对计划和预算的制定，个人和组织绩效评定和管控等方面具有重要意义。智慧物业的数据分析能力达到了前所未有的程度，如对安管员巡逻可以统计到每人每个时间段巡逻走了多少米；每个维修工修同样的设备故障各用了多少时间，平均使用多少时间等。这些数据的应用对人员绩效管理、人员技能判断、人员安排、培训及工作计划的制订提供了科学依据。

▶ 应用成本低廉：网页版和智能手机端的应用，使系统的应用成本大幅降低，相比其带来的综合效益，该系统的性价比极高。

智慧物业 OMIS 系统具有强大的功能和广泛的应用价值，对现场作业而言，它是可编程的任务管理器，对计划性任务（如巡检和保养）和临时性任务（如报修）进行管理，能切实保证任务的完成质量和效率。对管理后台而言，它是完整有效的管理平台，可以完整真实并有效地了解管理运作状况，并依据现场数据进行分析诊断，提出改进的方法。

**智慧物业典型案例解析**

那么智慧物业 OMIS 系统是如何工作并达到上述目标的？我们举几个应用场景就可一目了然。

应用场景之一：小张是一位小区安管员，今天值夜班，按照规定于晚上 12 点到达值班室，他首先通过手机终端向系统发送信息，系统指示在值班室指定位置刷一下手机进行签到，系统收到信号后记录小张的出勤记录。并根据设定的程序开始发送值班指令，前一个小时小张的任务是在监控中心值班，系统将时间分为不同间隔的三个时间段，在每个时间段的终点发送指令，让小张用手机对自己和环境拍照并回复系统，系统根据回复的时间判断小张是否离岗或睡岗。第二个小时小张和同事换岗进行小区巡逻，系统首先发送巡逻第一个要到达的地点，小张到达后在指定位置刷一下手机，系统收到回复后计算小张巡逻的路程和花费的时间，系统在根据安管专家设定的多条巡逻路线中随机选择第二个要到达的位置指示小张，依此类推，完成整个巡逻过程。后几个小时按照前面的过程重复，只是每次的巡逻路线都不相同。

点评：这一应用确保小张的每一项工作都可控，一旦发生脱岗或睡岗的情况，一定能够发现，解决了长期困扰的现场管理问题。小张自己并不事先知道巡逻路线，也没有必要自己思考哪条路线更有效（这些工作交给专业人员来做），犯罪分子无规律可寻，提高了安全巡视的作用，系统统计完整而且准确，甚至小张巡逻的速度和里程都可进行统计分析，对员工的考核和奖惩真实有效，实现了精细化管理，作业流程的可控自然提高了管理服务质量。

应用场景之二：小王是一位绿化技工，管理范围内有一片桃树业主很是喜欢，为了养好桃树，小王进行了大量的学习钻研和实践，什么季节施肥？什么时候浇水？如何防止病虫害？如何修剪？他了如指掌。现在另一个城市的另一个项目也有一些桃树，但那边的人员缺乏知识和经验，请小王传授经验。小王并不是一个会培训的人，也不具备很强的归纳总结能力，要将众多知识和亮点完整地传递给其他项目对小王来说太难了。但现在在智慧物业 OMIS 系统平台上准确保留着小王每个季节、每天和每个时辰的工作计划和内容，只要在新项目上开通相应的应用程序，小王养护桃树的经验就能完整而全面地应用到了新项目。

点评：在应用智慧物业 OMIS 系统前，很多项目甚至不可能知道有小王这样的桃树养护专业人才，更无法完成知识、经验或者标准的传承和复制，而在新的作业平台上，这一工作变得如此简单和成本低廉。

应用场景之三：小李是一名管理处主任，年底很忙且让他心急，要做年度总结和下一年的收支预算，上级和业主方对工程人员配置数量和卫生间手纸及洗手液的消耗量有很大疑问，要小王解释其合理性，往年的解释都缺乏说服力。但今年不同，小王通过智慧物业 OMIS 系统平台调出一百个规模、结构和功能相似的大楼，对这些大楼的工程人员人均工作量和工作效率进行统计和评估，并对这些大楼的卫生间消耗进行相关分析，发现自己管理项目的工程人员工作效率处于 65 分位，而 70% 的大楼卫生间消耗量都高于本大厦。这些数据的对比具有很强的说服力，足以使上级单位和业主相信自己管理的团队绩效较高且消耗浪费较低。

点评：上述数据统计分析如果用人工进行，工作量浩大且无法保证其真实和准确性，基本无法实施，而智慧物业 OMIS 系统却能轻易完成。因此，基于智慧物业系统的数据采集和分析功能，在大数据时代具有重要价值和广阔的运用前景。

应用场景之四：小赵是一名在读大学生，勤工俭学受雇于物业管理企业的小时工，工作任务是图书管的巡检，在手机上安装智慧物业 OMIS 系统 APP 程序，只需半个小时的培训就可上岗，学会使用 APP 程序并了解记住感应器位置即能准确完成工作，每天应用去图书管学习的时间抽几分钟，在饮水机、阅览书架和卫生间等地的感应器上刷一下手机，手机即能提供检查内容和检查方法，如用图片的方式告诉他阅览杂志应该摆放在什么位置，要求其整理完毕后拍照并上传以确定其工作按要求完成，系统记录他每天的工作时间和完成质量按量计酬。

点评：这样的用工和管理方式在智慧物业 OMIS 系统平台下可以顺畅地实现，大大降低物业管理企业的用工成本，培训时间也大大缩短。

从上述应用可以看出，智慧物业 OMIS 系统不是对传统物业管理调度和管理方式的改进和延伸，而是全面的升级换代，类似的方法已经在许多公共服务业、家电售后服务业、快递行业和零售管理等领域得到广泛的应用，对提升物业管理企业的管理运作水平具有重要的意义。

目前，智慧物业 OMIS 系统已经在中航物业和部分合作单位超过 200 个项目应用，应用员工近 10 000 人，计划本年度将覆盖全部项目。而从当下运行的实际情况来看，效果非常显著——近几年的公司发展数量保持近 30%的增速，通过 OMIS 系统的应用，在管理人员成本费用方面减少近千万元。

# 第二节　绿色物业管理

## 一、绿色物业管理的提出

当前，全社会的环保意识不断增强，人们不但注重单体建筑的质量，也关注物业小区的环境；不但注重结构安全，也关注室内空气质量；不但注重材料的坚固耐久和价格低廉，也关注材料消耗对环境和能源的影响。因此，目前的房地产市场上，"绿色"概念已成为新卖点。环保型、生态型的绿色住宅或绿色住宅区的概念频频推出，绿色景观、绿色装修、绿色能源等新概念叠出，与之相匹配的绿色物业也应运而生。营造绿色物业、健康住宅，为子孙后代承担义务正成为越来越多的开发商、建筑师追求的目标。它体现了开发商和消费者对新物业管理模式的关注与期望，也折射出新的物业消费需求趋势。因此，绿色物业管理将是物业管理行业产业转型和升级发展的必然战略抉择。

随着绿色物业管理实践的深入，我国支持和规范其发展的相关法规与技术规范也相继出台，从而为绿色物业管理的技术创新提供更多指导。从深圳市的实践来看，首先，"绿色物业管理战略"已被写入《深圳市物业管理行业发展规划（2011—2015）》，从战略的高度引导物业服务企业经营管理模式向绿色物业管理发展模式转变。其次，深圳市于 2011 年 6 月颁行了《深圳市绿色物业管理导则（试行）》，这在全国系创新之举，也为开创这一崭新的服务方式打下了政策环境的基础。再次，深圳市已着手以《深圳市绿色物业管理导则（试行）》《物业服务通用规范》为基础制定详细的技术和行为指引，逐步建立绿色物业管理标准化体系和评价体系，鼓励和推进深圳市绿色物业管理的健康发展。

但是，应该看到的是，目前我国除少数城市外，绝大多数城市的绿色物业管理市场尚未形成。因此，物业管理行业充分号召各主体企业遵照《绿色建筑评估标准》（GB/T 50378—2014）的要求，并结合各企业自身特点，以不同程度推行绿色物业管理，进而形成规模效应。物业管理行业协会应在尊重企业自主发展的基础上建立起政府与企业的沟通桥梁，随时向政府反映企业在推行"绿色物业管理"中的问题困难，并定期协助政府开展物业管理行业"环保质量"调研和统计工作，为政府制定改革方案、发展规划、产业政策等提供预案和建议。不仅如此，尽管《绿色建筑评估标准》为绿色物业管理提供了良好的借鉴，但是，作为房地产行业后续阶段的物业管理，建立一套完整完善的绿色物业管理操作流程和评估标准及体系仍十分必要，从而真正实现绿色物业管理模式的大发展。

## 二、绿色物业管理的内涵

### （一）绿色物业管理的含义

《深圳市绿色物业管理导则（试行）》对绿色物业管理的定义为："绿色物业管理是指在保证物业服务质量等基本要求的前提下，通过科学管理、技术改造和行为引导，有效降低各类物业运行能耗，最大限度地节约资源和保护环境，致力构建节能低碳生活社区的物业管理活动。"

根据定义，首先，绿色物业管理是一个人文的概念，对绿色的追求反映出物业消费在"以人为本"的前提下，由追求数量到关注质量的消费水平的阶段性提升，是一种人与自然和谐共生的境界，是一种健康的物业消费观念，体现出人对自然的尊重。

其次，"绿色"的内涵不是仅指颜色和外在景观，也不是简单意义上的返璞归真和崇尚原生态，房地产的开发和消费都不能为绿色而绿色，靠山近树临水并不是绿色物业的全部含义。绿色物业是应用现代的科技手段和先进的文化理念为居住者提供的符合人性的健康居住环境，绿色的表现形式可以多种多样，其核心体现的是人与自然的关系，也不能用物业价格的高低来简单衡量。

最后，绿色物业是一个多项指标的组合体，而且有较高的科技含量。在面对不同的消费群体和市场定位时，其技术含量应该有所区别。绿色物业的开发建设必然伴随着现代科技的应用，包括节约用地、合理规划平面和空间、节水、节能和使用可再生能源，注重生态环境，远离污染，延长建筑寿命，具有良好的抗灾能力等多项指标，在经济、技术、自然等多方面符合社会可持续发展的要求。

绿色物业管理模式的基本框架如图 11-4 所示。

### （二）绿色物业管理与传统物业管理的区别

绿色物业管理与传统物业管理除了在管理目标、管理范围和管理过程不同之外，还在管理模式和管理机制上有着本质的区别，如表 11-1 所示。

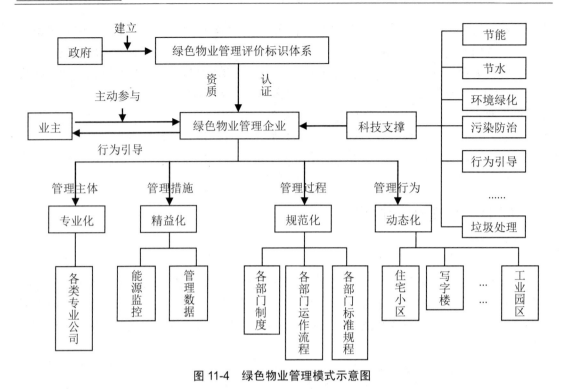

图 11-4　绿色物业管理模式示意图

表 11-1　绿色物业管理与传统物业管理的比较

| 比 较 项 目 | 传统物业管理 | 绿色物业管理 |
| --- | --- | --- |
| 管理目标 | 保值增值 | 保值增值，创造价值 |
| 管理范围 | 维持物业本身的完好 | 在维护物业本身完好基础上，降低能源消耗、减少二氧化碳排放 |
| 管理过程 | 一般在工程竣工后提供物业管理 | 全寿命周期提供物业管理服务 |
| 管理模式 | 劳动密集型，人工劳作，以物业企业为中心，业主处于被动接受地位，业主参与度低 | 知识密集型，采用先进技术、科学管理和行为引导等方式，业主处于自主地位，主动参与意识高 |
| 管理机制 | 节能减排无要求，无激励政策 | 节能减排要求高，有激励政策支持 |

专栏 11-2　深圳市绿色物业管理的试点工作及成效[①]

随着绿色物业管理实践的深入，深圳市住房和建设局相继制定并出台了一系列支持和

---

[①] 深圳市住房和建设局网站. http://www.szjs.gov.cn/csml/wyjgc/xxgk_264/lswy/lswygl/jj/201410/t20141023_2607616.htm.

规范绿色物业管理和建筑节能的相关政策法规与技术规范（见图11-5），并积极倡导绿色物业管理理念，推广企业先进经验，引导企业开展绿色物业管理活动。

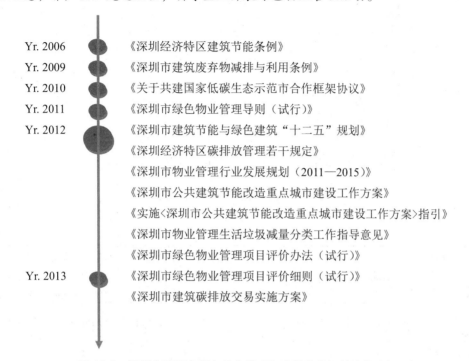

| | |
|---|---|
| Yr. 2006 | 《深圳经济特区建筑节能条例》 |
| Yr. 2009 | 《深圳市建筑废弃物减排与利用条例》 |
| Yr. 2010 | 《关于共建国家低碳生态示范市合作框架协议》 |
| Yr. 2011 | 《深圳市绿色物业管理导则（试行）》 |
| Yr. 2012 | 《深圳市建筑节能与绿色建筑"十二五"规划》 |
| | 《深圳经济特区碳排放管理若干规定》 |
| | 《深圳市物业管理行业发展规划（2011—2015）》 |
| | 《深圳市公共建筑节能改造重点城市建设工作方案》 |
| | 《实施〈深圳市公共建筑节能改造重点城市建设工作方案〉指引》 |
| | 《深圳市物业管理生活垃圾减量分类工作指导意见》 |
| | 《深圳市绿色物业管理项目评价办法（试行）》 |
| Yr. 2013 | 《深圳市绿色物业管理项目评价细则（试行）》 |
| | 《深圳市建筑碳排放交易实施方案》 |

图 11-5　深圳市已颁布绿色物业管理和建筑节能相关法律法规

目前，深圳市住房和建设局正在积极地开展物业管理标准化的工作，将绿色物业管理的理念和要求引入物业管理标准体系设计和标准化文件编制当中，并将绿色物业管理技术指标作为物业管理标准化考核的一项重要内容。

自《深圳市绿色物业管理导则（试行）》发布以来，深圳市住房和建设局选取了万科物业公司、航天物业管理公司等数十家企业在管的万科中心、航天大厦等132个项目作为试点项目，开展以节能、节水、垃圾减量分类、环境美化绿化等为主要内容的绿色物业管理试点，成效明显。

（1）建筑节能效果显著。132个项目自参加试点以来，建立了健全的能源节约管理制度，实行多样化的能源管理模式，开展了包括空调、照明、电梯节能，太阳能集热利用等在内的多种节能措施，效果十分显著（具体节能效果见图11-6）。例如2012年，9大试点项目全年共节电1 040万度（其中8个项目以节电为主要试点内容），平均每平方米每年节电8.5度，其中节能水平最低的项目为每平方米每年节电3.05度。根据2013年底深圳市在管的物业总建筑面积来初步估算，如果全面推进绿色物业管理，深圳市每年至少可节约用电约13.7亿度（具体数据见表11-2）。

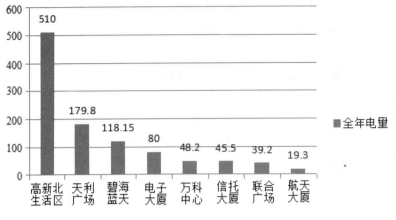

图 11-6　试点项目节电情况对比图

表 11-2　节能标准折算表

| 节能效果 ＼ 节能数据标准 | 节能 1 度 | 节能标煤 0.279 千克 | 减少二氧化碳排放量 0.948 9 千克 | 减少二氧化硫排放量 0.03 千克 | 减少氮氧化物排放量 0.015 千克 | 减少粉尘排放量 0.272 千克 |
|---|---|---|---|---|---|---|
| 8 个试点项目当年节能效果 | 1 043.5 万度 | 2 911 吨 | 9 902 吨 | 313 吨 | 156.5 吨 | 2 838 吨 |
| 全市 2013 年全面实施节能效果（以 4.5 亿平方米估算） | 13.7 亿度 | 38 万吨 | 130 万吨 | 4.1 万吨 | 2.06 万吨 | 37 万吨 |

（2）垃圾减量分类卓有成效。参与试点的物业服务企业凭借科学的垃圾减量分类工作管理制度、完善的垃圾处理配套设施以及小区业主的自觉参与，开创了垃圾减量分类可持续发展的新模式。经过物业服务企业工作人员的不懈努力，参与试点的社区垃圾减量效果十分明显。目前，这种垃圾减量分类模式备受业内外人士的好评，而且在国内产生了普遍的示范效应。

（3）水循环利用效果良好。此次参与试点项目的物业服务企业都积极引入低碳环保理念和循环经济概念，采用了冷凝水回收利用、中水循环利用、污水净化等节水措施和技术，进行大规模水资源循环综合利用，取得了立竿见影的效果。例如 2012 年，万科中心、碧海云天、天利广场、联合广场、航天大厦等五个以节水为主要试点内容的项目全年节水共达 46 793 吨（各项目节水效果见图 11-7）。

（4）人们低碳、环保意识有了明显提高。深圳越来越多的物业服务企业通过组织活动、张贴宣传画报、行为劝导等方式向业主倡导低碳生活方式，不仅丰富了社区文化，还使人们更多地了解到日常生活中节能减排的知识，与物业服务企业一起共同参与到绿色社区、和谐社区建设中来。

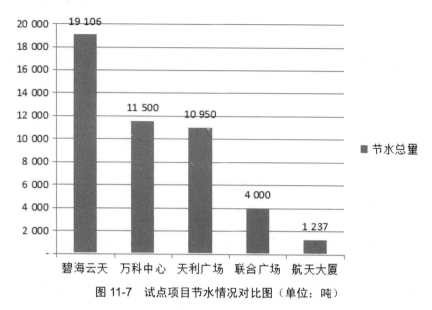

图11-7　试点项目节水情况对比图（单位：吨）

# 三、构建绿色物业管理的重点工作

## （一）绿色物业管理的基本架构

物业管理的构建应遵循以下基本架构：（1）物业管理服务机构从管理制度和技术措施两方面入手，通过科学管理提升既有物业综合运行水平，有效降低物业能耗和改善物业环境。（2）新建建筑在规划、设计和施工阶段，充分考虑绿色物业管理的要求；物业产权人和使用人通过对既有物业的高耗能设施、设备实施节能技术改造，为绿色物业管理提供基础条件。（3）通过有关绿色建筑与建筑节能、再生能源建筑应用等方面知识的宣传普及，引导市民树立和培养资源节约与环境保护的思想观念和行为习惯，并积极支持和主动参与绿色物业管理活动，共建低碳绿色家园。

## （二）绿色物业管理的制度要点

在上述基本架构下，物业服务企业实施绿色物业管理的制度建设应主要包括组织管理、规划管理、实施管理、评价管理和培训宣传管理等五个方面。

1. 组织管理

（1）建立绿色物业管理管理体系，根据物业项目用能及环境现状制定相应的管理制度与目标。

（2）指定绿色物业管理的专业管理人员和监督人员。

（3）项目负责人为项目绿色物业管理第一责任人，负责绿色物业管理工作的组织实施和目标实现。

**2．规划管理**

绿色物业管理应覆盖建筑物全寿命周期，应根据不同类型、不同寿命周期物业的特点，编制项目绿色物业管理工作方案，明确物业项目节能和环保的重点对象及内容、目标。

（1）绿色物业管理方案应包括以下内容。

① 节能措施。

② 节水措施。

③ 垃圾处理措施。

④ 环境绿化措施。

⑤ 污染防治措施。

（2）绿色物业管理方案应设定以下目标。

① 量化目标。包括全年能耗量、单位面积能耗量、单位服务产品能耗量等绝对值目标；系统效率、节能率等相对值目标。

② 财务目标。包括资源成本降低的百分比、节能减排和环保项目的投资回报率，以及实现节能减排项目的经费上限等。

③ 时间目标。设置完成目标的期限和时间节点。

④ 外部目标。特指和国内、国际或行业内某一评价标准进行对比，在同业中的排序位置等。

根据绿色管理目标进行分解，按照上述五项技术措施设定绿色物业管理标准。

**3．实施管理**

依照项目的绿色物业管理工作方案，针对其不同时期的用能情况和环境特点，实行全面控制。即在项目的前期介入、接管验收、装修入伙、日常管理等全过程中实施全员工、全客户、全过程、全方位控制，最大限度覆盖软件和硬件两个层面及所有要素。

**4．评价管理**

（1）对照指标体系，结合项目特点，对绿色物业管理的效果及采用的模式、方法、设备、技术等进行自评。

（2）成立专家评估小组，结合能源统计、能源审计及能耗监测，对绿色物业管理方案、实施过程及实施效果进行综合评估。

**5．培训宣传管理**

（1）定期对管理人员进行绿色物业管理教育培训，增强绿色物业管理意识和能力。

（2）结合物业项目的类型特点和不同时点，及时开展多形式、多渠道、有针对性的绿色物业管理宣传，为业主和使用人提供相关专业资讯，引导广大业主和使用人主动支持和参与绿色物业管理，共同营造低碳、绿色、文明、和谐的温馨家园。

## （三）绿色物业管理的技术要点

物业服务企业在具体实施绿色物业管理方案时，应抓住以下技术要点。

1. 节能

（1）管理节能

① 加强能源分类计量管理

有条件的应建立能源管理系统（Energy Management System，EMS），将物业的用电、用水、蒸汽、燃料等能源用量进行分类计量，集中处理，从而实现系统的优化控制，最大限度地提高能源利用效率。暂不具备条件的，应通过分类计量表计，定时统计重点能耗系统（电梯、照明、中央空调系统等）的用电参数，及时分析和比较，制定合理有效的节能目标。

② 加强能源统计管理

- ▸ 认真做好能源消耗的原始记录、建立能源基础和历史数据的存储及统计资料档案，建立能耗台账。
- ▸ 制成各种形式的统计报表和曲线图。
- ▸ 分析能耗的使用趋势，进行能耗的纵向和横向比较。

③ 加强能源消耗定额管理

- ▸ 定期报送能耗定额考核情况。
- ▸ 用能部门发生超定额耗能时应认真分析超耗原因，寻求解决的办法。
- ▸ 在保证服务质量的前提下重新订立相应的节能降耗指标和管理办法。

④ 改进过程控制，实现精细化管理

- ▸ 制订合理的设备运行方案，特别是三大耗能系统（中央空调系统、供水设备系统、公共照明系统）的运行方案，合理安排，科学调度，严格执行。
- ▸ 严格执行巡回检查制度。在办公及公共场所通过文字提示及安装感应开关，做到人走灯灭，杜绝长明灯问题；监督不再使用的电器设备电源是否关闭。
- ▸ 根据天气变化和业主需求，及时调整路灯、中央空调系统等公共用电设备设施的启停。
- ▸ 制定严格、规范、安全的用电节电管理制度。对临时用电（如施工用电）实行申报审批制度。

⑤ 建立节能激励机制。如奖金激励、目标激励、赏识激励和惩罚激励等。

⑥ 在有条件的物业项目中，采用以"合同能源管理"的模式与业主建立能源服务关系。委托专业节能服务机构进行节能诊断、设计、融资、改造和运行管理。

（2）技术节能

① 优先采购列入国家节能产品目录，或者政府采购名录和环境标志产品，不得采购国

家明令淘汰的用能产品、设备。

② 可在大型的公共建筑、写字楼安装能耗监测系统。按照 GB-T 16664—1996《企业供配电系统节能监测办法》的要求，定期完成以下供配电系统节能监测项目。

- ▶▶ 日负荷率。
- ▶▶ 变压器负载系数。
- ▶▶ 线损率。
- ▶▶ 功率因数。

③ 对既有建筑进行维修改造之时，应当严格执行国家有关建筑节能设计、施工、调试、竣工验收等方面的规定和标准。在节能改造之时，应当进行能源审计和投资收益分析，明确节能指标，并在节能改造后采用计量方式对节能指标进行考核和综合评价。

④ 推广可再生能源技术

- ▶▶ 推广家庭式太阳能热水器和集中式太阳能集热系统，用以供应生活、生产用热水。
- ▶▶ 推广使用光伏发电装置。使用太阳能电池装置提供路灯、庭院灯、地下停车场等照明灯具和标识灯箱的电力，以及解决部分园林水泵电力。
- ▶▶ 充分使用自然采光。使用光传导装置提供停车场和楼道厅堂的日间照明。
- ▶▶ 推广空气源热泵技术。使用空气源热泵技术结合太阳能光热技术提供生活、生产用热水。
- ▶▶ 利用风能资源。有条件的可以使用小型风力发电装置提供电力补充。

⑤ 推广节能技术

- ▶▶ 采用变频变流量调节技术，根据实际所需冷（热）量控制中央空调系统冷（热）量的输出，使输送能耗随流量的增减而增减。
- ▶▶ 条件成熟的，可采用蓄冷空调技术，配合错峰用电政策，降低空调系统运行能耗费用。
- ▶▶ 采用冷凝水循环技术，将用户端风机的热交换盘管所产生的冷凝水通过回收管路重新泵入冷却塔水循环管路，温度较低的冷凝水可有效降低冷却塔水的温度，从而降低冷却塔热交换机功率，减少电耗、节约水资源。
- ▶▶ 采用冷水机组水冷管壳式冷凝器胶球自动在线清洗装置。使冷水机组冷凝器内壁始终处于洁净状态，端差（冷媒的冷凝温度与冷却水的出水温度差）接近新机值，降低冷水机组冷凝温度，保证冷水机组的运行效率始终接近新机，节约能源，减少化学水处理药剂使用量，保护环境。

（3）行为引导

① 引导业主采用最节能环保的方式进行房屋装修，避免破坏性和重复性装修。

② 建议业主使用节能灯具和 2 级以上能效比标识的节能家电。

2. 节水

（1）水循环利用

① 建立中水系统。收集较洁净的污水（如厨房排水、洗澡水、游泳池水等），经过污水处理程序后所形成的达标中水，用于冲厕所、冲洗路面、浇灌植物、洗车等用途。

② 购买中水。向周边有中水供应的物业购买中水替代部分洁净水。

③ 收集雨水。修建相关设施对雨水进行收集，积攒雨水用于浇灌花木、冲洗路面污垢等。

④ 空调冷凝水或其他蒸汽设施冷凝水进行回收利用。

（2）用水设施

① 运用新型的管道材料，如铝塑复合管、钢塑复合管、不锈钢管等代替易损坏的铸铁水管及镀锌钢管产品。

② 公共区域可使用感应式水龙头、感应冲水系统等节水用具。

③ 对水景景观采取节水措施，如限时开放喷泉，利用中水、雨水等措施。

④ 在日常的管道设施等维护过程中对输水管道、阀门及各类附件进行监测和定期检查，及时发现问题并进行维修、保养，尽量减少跑、冒、滴、漏等现象。

⑤ 如给水配件出现超压出流现象，可对给水系统合理分区，或采用水箱、减压阀、减压孔板或节流塞等措施进行改造。

⑥ 设法减少集中热水供应系统在设备开启后，因水温不足而排掉的冷水，如设置回流装置等合理的水循环方式。

（3）行为引导

① 推广使用节水器具，提倡业主安装和使用节水马桶、节水龙头、节水花洒等节水器具。

② 建议业主对日常生活用水进行多重利用，如采用梯级用水、循环用水等方式，提高水的使用效率。

3. 垃圾处理

（1）管理要点

① 与建设、城管、环保、卫生、交通以及街道、社区居委会、社区工作站等相关部门协作，共同做好垃圾处理相关工作。

② 垃圾集中收集、转运、处理设施和场所建设应当符合国家和地方有关标准，具备密闭、节能、渗沥液处理、防臭、防渗、防尘、防噪声等污染防控措施，防止二次污染。

③ 对从事垃圾处理的作业人员应进行劳动安全保护专业培训；为作业人员配备必要的劳动防护用品，制订防尘、防毒、防辐射等防止职业危害的措施，保障工作人员的长期职业健康。

（2）技术要点

① 逐步提高生活垃圾机械化收运水平，鼓励采用压缩式方式收集和运输生活垃圾。

② 垃圾收集分为室外容器内垃圾的收集和室内（各楼层内）垃圾收集两种方式。收集的时间和频率应依照项目及垃圾特性制定，以避免影响客户生产生活和感受。避免隔夜垃圾发酵，室外收集一般一日两次，分类收集，分类存放。

③ 对丢弃的家具、电器、玻璃、塑料、纸材、衣物、被褥等物品分类存放、按特性进入资源循环系统。

④ 对医疗废物、传染性污染源、废弃电器电子产品，以及废电池、废日光灯管、废水银温度计、过期药品等有害危险废物的处理，应当遵守国家和地方的相关法律法规。

⑤ 倡导通过生物处理方式处理可降解有机垃圾，如分类收集的厨余垃圾和绿化垃圾等。采用生物处理技术，应严格控制生物处理过程中产生的臭气，并妥善处置生物处理产生的污水和残渣。

⑥ 对餐饮业经营者或批量提供餐饮服务的单位未将厨余垃圾利用而直接排放的行为，应予以制止，或向政府行政执法部门报告。

（3）行为引导

① 垃圾投放容器应有明确标识，表明垃圾的类别。

② 做好垃圾分类知识的宣传和培训工作，促进居民养成正确的垃圾处理习惯，按照规定分类投放垃圾。

③ 鼓励、引导单位和个人在生产生活中，采购可以重复使用的商品，使用再生纸及其制品，使用环保可降解的垃圾袋，尽量杜绝使用一次性的餐盒、筷子、水杯等用品；倡导社会公众在各类餐饮服务单位就餐时，适量点餐，避免浪费，减少厨余垃圾。

4. 环境绿化

（1）绿化管理

① 物业管理在前期介入时，应对绿化规划提出建议。

② 应收集物业区域内绿化植物的完整资料，包括植物的种类、数量、习性、特征，了解土壤的成分，以制订科学的绿化管养方案。

③ 应加强监管，确保绿地内无堆物、堆料、搭棚，树干上无钉拴刻画等现象，绿地内无停放自行车、机动车，没有在草地上踢球等进行损害花草树木的行为。

④ 加强对绿化设施的维护，设施如有损坏，要及时修补或更换。对人为破坏设施的行为要加以制止。

⑤ 合理安排绿化养护作业时间，尽量减轻对业主、住户的影响。

（2）绿化养护

① 干枯枝叶要及时剪除，避免脱落造成意外伤害。剪口要平，不能留有树钉。

② 紧靠窗户或阳台的粗壮树木应及时迁移，避免被用作攀爬物而增加偷盗风险。并要考虑住户对通风、采光、日照的需求，对于茂盛的枝干要及时修剪。

③ 绿化灌溉尽量采用喷灌、微灌等高效节水灌溉方式。

④ 以生态肥为主，合理施肥，平衡土壤中各种矿质营养元素，保持土壤肥力和合理结构。应不影响园林卫生，散发臭味的肥料不宜施用。

⑤ 病虫害防治

◈ 生物防治。尽量采用生物防治，减少对环境的污染。应保护和利用天敌，创造有利于其生存发展的环境条件。

◈ 物理防治。可采用饵料诱杀、灯光诱杀、人工捕捉、挖蛹或虫、采摘卵块虫包、刷除虫或卵、刺杀蛀干害虫、摘除病叶病梢、刮除病斑、结合修剪剪除病虫枝等。

◈ 化学防治。应选用高效、低毒、无污染、对天敌较安全的药剂。药物、用量及对环境污染影响，要符合环保的要求和标准。首先，用化学方法防治时要考虑人流密度、小孩宠物的接触危险、水源的污染和常规方案的可行性等，用药时，可提前知会客户，让客户回避。其次，用化学方法防治时，作业人员应注意自身和环境的安全，并严格按照安全使用农药的有关规定进行安全防护。

⑥ 人为原因在绿地踩出的路面，如因设计欠缺导致人行不便的，可在踩出的路面上铺设石块，形成园林路，既方便业主，又美化环境。

⑦ 归堆后的垃圾杂物和箩筐等器具摆放在隐蔽的地方，垃圾做到日产日清，不过夜，不焚烧。

⑧ 台风前加强防御措施，合理修剪，加固护树设施，以增强抵御台风的能力。

（3）行为引导

① 在绿地内安装警示标识，提示业主、住户注意安全，爱护绿化植物和绿化设施。

② 定期组织业主、住户参加种树、浇水、除草等活动，增强业主、住户爱护绿化的意识。

5. 污染防治

（1）管理要点

① 在签订物业服务合同和业主公约时，应写入物业服务区域内污染防治相关内容。

② 对服务区域进行环境情况评估，对重大环境因素进行识别并制订相应管理方案。

③ 设置专人进行环境监测和评估，定期对服务区域内重大环境因素进行识别并制订相应管理方案。

④ 与具备相应资质的公司签订固体废弃物收集、清运协议，对服务区域内固体废弃物进行规范管理。

⑤ 详细了解该物业附近的城市规划，特别是城市地下污水管道的系统规划。

（2）技术要点

① 水污染防治

◈ 要求业主在装修施工过程中不要将污水与雨水、空调冷凝水的排水管道混接。

◈ 二次供水设施的蓄水池口应加盖加锁，上面不得堆放杂物、栽种花草、晾晒衣物，水池周围 30 米内不准堆放有毒有害物品、修建厕所、饲养禽畜等，并要对二次供水的蓄水池定期的清洗、消毒，建立健全清洗、消毒档案，保证水质符合《生活饮用水卫生标准》（GB 5749—2006）。

▶▶ 建立健全泳池的管理操作规程，按照泳池的相关水质标准每天检查泳池泵、过滤沙缸的运转情况，定期进行泳池水质的 PH 值、余氯值检测，以保证泳池的水质符合要求。

▶▶ 建议开发建设单位设计和使用污水与雨水、空调冷凝水分流系统。

② 大气污染防治

▶▶ 物业管理区域内建筑施工与装修垃圾应进行集中堆放，并采取经常洒水、篷布覆盖等措施防止尘土飞扬。

▶▶ 定期对中央空调冷却水系统、管网进行清洗。

▶▶ 对管理区域内餐饮场所进行管理，餐厅排放的油烟废气要通过吸油过滤后方可排放，禁止直接排放到空气中。

▶▶ 在维修、养护中央空调过程中，规范操作，减少消耗臭氧物质的泄漏。

▶▶ 按规定巡查装修户，并现场对产生大量扬尘和有害气体的现象予以制止和纠正。

③ 噪声污染防治

▶▶ 阻止在生活区域内设立产生噪声污染的生产、经营项目。

▶▶ 对管理区域内的休闲娱乐场所开放时间进行控制，严格按照规定的开放时间进行。

▶▶ 加强交通噪声的防治和停车场的管理，合理设置各类交通、提醒标识，合理规划停车位，在停车场的周围建立一定宽度的绿化带，减少噪声对工作、生活区域的影响。

▶▶ 限制管理区域内施工使用的机械和施工的时间和周期，以减少噪声对所管区域居民生活和工作的影响。

④ 固体废弃物污染防治

▶▶ 对各种垃圾进行分类处理，并做到及时清运，防止垃圾飞散与腐坏变质造成气体和液体污染。

▶▶ 垃圾在外运的途中应采取有效地密闭和覆盖措施，避免洒落在地面上，造成二次污染。

▶▶ 污水处理设施产生的污泥经浓缩、脱水后及时外运，禁止在小区内堆放，避免污水散发出的异味及有害气体，造成小区环境的污染。

⑤ 光污染防治

▶▶ 建立太阳能的安装审批、监督制度，合理地规划太阳能的安装位置，保证安装后不会由于反光问题影响其他物业使用人正常的工作、学习和生活。

▶▶ 对商业物业的灯箱广告招牌进行管理，应按照相关的城市管理规范，保证在灯箱的开启的时间内所产生的光亮，不会影响他人正常的学习和休息。

▶ 物业管理区域内尽量少用或不用大功率的射灯和霓虹灯。

▶ 受周边已建成的建筑物玻璃幕墙定向反射光影响的，可建议在玻璃上张贴反射膜，以降低反射光的影响。

（3）行为引导

① 加强员工的正规操作教育和环境意识培训，提高员工进行污染防治控制的意识和能力。

② 提醒业主在装修的过程中尽量减少土建方面的施工，在装修审批时要引导业主采用环保方案和使用环保材料。

③ 提醒业主选择石材与建筑陶瓷产品时，使用低辐射产品，必要时可向经销商索要产品放射性检测报告。

④ 提醒临街住宅的业主装修时要注意门窗的封闭，使用密封式中空玻璃窗可以降低外界噪声所造成的影响，减少汽车尾气造成的危害，并节省能源。

⑤ 建议业主在装修完成后，开窗通风一段时间后再入住，以保证装修过程中产生的和新家具散发出的有害气体得到释放。

⑥ 停车场管理人员应提醒车主在车辆停稳后熄火，减少有害气体的排放。车位靠近住宅门窗时，应要求车主车头向里，车尾向外停放车辆。

绿色物业管理尚处于起步阶段，应通过试点和示范项目总结经验，推进绿色物业管理的健康发展。有关部门和行业组织应根据具体情况，制定有针对性的统计、考核指标体系和评估、认证制度，制定引导物业产权人和使用人、物业管理服务机构实施绿色物业管理的补贴政策和激励措施，促进绿色物业管理的持续发展。鼓励绿色物业管理的理论研究和实践探索。通过对不同物业项目能耗特点、水平和规律的把握，在政策、技术、投融资方式、市场服务模式、宣传推广等方面，因地制宜地推行绿色物业管理新模式、新方法，创新绿色物业管理制度。建立绿色物业管理技术、产品的推广、限制、淘汰公布制度和管理办法。发展和推广适合绿色物业管理的资源利用与环境保护的新设备、新技术和新工艺，推动绿色物业管理的技术进步。

 **案例 11-4　绿色物业管理案例分享**

**案例一**[①]

深圳市科技园高新北生活区，有住房 63 栋，居住着众多知名企业的员工 5 万多人。自从 2007 年开始，东部物业经过市场调研，投资 632 万元，先后在奥林巴斯、海王等多栋公

---

[①] 张解放. 东部物业走绿色发展之路[J]. 中国物业管理，2013（4）.

寓利用新技术、新模式多方面推进绿色环保、低碳节能工作，实现绿色物业管理的制度化、常态化和标准化，向绿色、低碳管理要效益，实现了社会效益、经济效益的双丰收寓楼以及三号食堂建设太阳能集群供热工程，不仅彻底解决了员工煤气中毒事件的发生，而且节省了水费、油费和电费。

目前，东部物业建立的太阳能集群供热系统的太阳能集热面积已经增至 6 000 多平方米，日供应热水由初期的 238 吨增至 500 吨，使用太阳能热水的员工由初期的 5 940 名增至 12 000 名，覆盖了园区 20 多栋楼，系统采用行业先进的全玻璃真空管（"三高管"）为主要集热设备，品牌热泵为辅助加热设备。项目以园区每栋住宅公寓为单位建设独立太阳能热水系统，多栋楼多系统通过远程中央电脑实现太阳能集群供热的集中控制。经过六年运行，东部物业建立的太阳能集群供热系统不仅实现了社会满意，而且实现了用户满意。系统每年供应热水约 19 万立方米，节电约 510 万度（与使用电热水器相比较），减少二氧化碳排放约 483 吨，减少二氧化硫排放 15.3 吨。运行六年来，系统已为园区内员工人均节省电费支出 2 000 多元，并杜绝了因使用电加热、燃气带来的安全隐患。在运行期间基本无用户投诉，设备运行完好率达到了 100%，并为物业服务行业发展绿色物业闯出了新路，为光热的推广使用摸索出新的方式。

鉴于东部物业在绿色物业管理方面所取得的突出成绩，深圳市住房和建设局决定授予深圳市东部物业为深圳市"绿色物业管理示范企业"。东部物业在荣获了深圳市首家"绿色物业管理示范企业"的光荣称号后，于 2010 年 9 月 27 日成立了"深圳市东部绿色节能技术有限公司"，组织起一支由专业的行政、技术人员所组成的队伍，对公司的所有物业管理项目进行"绿化"改造。

1. 中央空调节能

目前东部绿色节能公司已经完成了 3 栋高层楼宇中央空调的节能技术改造和设备改造工作。以鑫竹苑大厦为例，该项目位于福田区农林路，由两栋高层建筑和裙楼组成，以写字楼和商业为主，建筑面积约 3 万平方米，该楼属于中央空调供冷，根据实际使用数据，每年其中央空调用电量达到 120 万度。东部绿色节能公司通过甲方提供的中央空调主机技术资料和运行参数进行系统分析、计算，结合该中央空调系统已安装的主机、冷却塔、管路、冷却泵、冷冻泵配置，制订本中央空调系统主机、水泵、冷却塔、管路节能技术改造方案，并制订科学的使用方案。经过整体节能改造后，项目运行两年多以来，中央空调整体节电率达到 18%，每年为用户节约用电 20 多万度，平均每平方米年节电约 7 度。

2. 电梯节能

东部绿色节能公司已经完成了 80 多部电梯的节能技术改造和设备测试、数据采集对比分析工作。以新新家园花园为例，该项目位于福田区石厦路，由 4 栋高层住宅组成，安装 12 台广州日立电梯，单台电机功率 22kW，年用电 40 多万度。经过东部绿色节能公司的节能改造，安装节能回馈器后，经实际考核，平均每台电梯每月节电 25%～35%，每年可以为用户节约用电 10 万多度。

### 3．水泵节能

东部绿色节能公司已经在 15 个小区完成了高压水泵的节能技术改造和设备测试、数据采集对比分析工作。以高新北区员工娱乐文化中心为例，该项目位于南山高新北区生活区，该楼为园区员工餐饮住宿综合楼，每月用水约 5 000 吨，每月水泵能耗在 4 000～6 000 度之间，经东部绿色节能公司的节能改造，每月用电节约 60% 以上，每年可以为用户节约用电 3 万多度。

### 4．照明节能

东部绿色节能公司在 20 个小区完成了照明的节能技术改造和设备测试、数据采集对比分析工作。以瑞河耶纳高档住宅小区为例，该项目位于白石路，小区建筑面积 10 多万平方米，拥有两层地下车库，其中安装有日光灯 600 多盏，东部绿色节能公司受甲方委托将这些日光灯全部更新改造为节能灯泡，将原来 40W 的日光灯替换为 9～13 瓦的节能灯泡，照度基本相同，但节电率超过 65%，每年可以为客户节约用电 7 万多度。

### 5．节约水资源

东部物业积极响应行业提倡的绿色物业管理的概念，员工对节水也提高了认同度，对于水电的日常跑、冒、滴、漏也制定了具体应对措施。例如，宝珠花园、雨田村两个小区，查堵地下管网的渗漏，每月减少了 3 000 立方米水的损失。对有空调的办公商业大楼冷凝水进行回收，在供冷季节约水 3 000 立方米。对有泳池的小区，实行用泳池更换水冲洗广场，实现水的梯级式使用，在新新家园小区修建了雨水回收系统，补充绿化用水每年近 2 000 吨。这些节水措施使公司每年节水达 7 万多立方米。

**案例二**[①]

深圳市航天物业管理公司（以下简称"航天物业"）以航天大厦为试点单位，先后实施了诸如中央空调变频控制系统、中央空调分户计费系统、无负压供水系统、太阳能供水系统等技术项目，绿色物业管理发展成果显著。

### 1．技术节能改造措施

（1）中央空调变频节能技术的应用

中央空调系统通常是根据大厦满负荷工况而设计的。当空调末端对冷量的需求达不到满负荷时，空调系统就处于"大流量、小温差"的非经济运行状态，从而造成电量的极大浪费。航天大厦使用了航天楼宇科技公司自主研发的 HY-2000 中央空调控制系统，该系统集变频调速技术、计算机控制技术、自动控制技术、现代通信技术和现代图形显示技术于一身，采用具有高可靠性的 PLC 作为主控制器，通过数据采集模块对中央空调系统参数的采集，将采集信号经模数转换后传给控制器，通过控制器寻求并建立水系统运行参数与空

---

① 谢罗群．航天大厦绿色物业管理实践[J]．中国物业管理，2013（4）．

调主机制冷效率之间的耦合关系，计算并输出最佳的控制量，对变频器的频率和冷却风机的运行状况进行控制。在保证主机始终在最优工况下运行的同时，使得水系统跟踪主机负荷的变化，实现中央空调系统优化节能的目的。通过该系统的使用，中央空调水系统的节电率高达 45%。

（2）中央空调分户计费系统的应用

中央空调在中国的发展已经经历了二十多年，但是合理的收费方式却一直是中央空调说不出的一种痛，因为中央空调的收费方式基本沿用暖气系统按面积平摊计费的方式。即由物业管理部门定出每平方米的收费价格，各用户按空调总面积付费。因此，或多或少都会存在着一些不合理性，中央空调分户计费系统的出现将根据节能的原理，实现用多少供多少，实现能量守恒，从而进一步达到计费的准确性。

航天大厦使用航天楼宇科技公司自主研发的 HY-3000 型中央空调分户计费系统，该系统采用科学合理的计量手段，变革性地改变了中央空调收费模式，可实现科学合理计量，末端远程控制，促进节能减排。通过该系统的使用，对客户用冷进行分户计量收费，培养客户节约用冷意识，客户可减少 30%的空调使用量。

（3）无负压变频供水系统的应用

传统的供水方式是将自来水先引入生活水箱，再通过水泵加压向各用水点供水，该供水方式存在着自来水原有供水压力被白白浪费，而且水箱存在着严重的二次污染。无负压供水系统是一种理想的节能供水系统，该系统节能效果好，结构紧凑，占地面积小，运行稳定可靠，使用寿命长，方案设计灵活，供水压力可调，流量可大可小，完全可以取代水塔、高位水箱及各种气压式供水系统，可彻底免除水质的二次污染。而无负压（无吸程）给水系统与自来水输水管网直接串接，可以充分利用自来水管网原有的压力，采用优化智能变频控制技术，根据自来水的压力来调节水泵的转速，只对自来水的进水压力和所需压力的差进行补压，不做无用功，节能效果显著，与传统的常规的给水系统相比，噪声降低3~20dB。

航天大厦使用航天楼宇科技公司自主研发的 HY-1000 型无负压变频供水系统，每吨水能耗从 1.7kWh 下降到 0.65kWh，节电率高达 68%。

（4）太阳能发电热水系统的应用

航天大厦 26F 宿舍区引进太阳能热水系统，将太阳热量转化成热水储存起来供员工使用，同时利用太阳能电池组件将太阳能转化为电能，通过逆变器回馈电网。每年可为航天大厦节约燃气费用 1 万多元，同时可发电 5 000kWh，为航天大厦带来了明显的经济效益。

（5）电梯能量回馈系统的应用

当电梯重载下行和轻载上行时，所产生的机械能会通过曳引机和变频器转化成直流电能，被临时存储在变频器直流回路的滤波电容中。随着电梯工作的持续，电容中的电能储存会越来越多，如果不及时释放就会导致过压故障，致使电梯停止工作。目前大都采用能耗制动的方法将这部分再生电能转化成热量消耗掉。这样，不仅降低了系统的用电效率，而且还恶化了电梯的运行环境。电梯能量回馈装置很好地解决了上述难题。其工作原理是将电梯在运行过程中所产生并储存在滤波电容上的直流电逆变成与电网同频率同相位的交流电回馈到电网中，实现了再生发电过程，从而达到电梯控制系统四象限运行的目的。

从 2011 年开始，航天物业在航天大厦 A 座高、低区各选定一部电梯安装电能回馈装置，将电梯上行或下行中产生的电能通过回馈装置反馈回电网。经过一段时间的试运行，节能效果明显。高区的节电率达到 39%，低区的节电率达到 36%，并且电梯运行正常。

（6）节能水龙头的应用

城市供水管网的水压在 0.1Mpa 时，普通水龙头出水量为 13L/min；带起泡器的水龙头出水量为 9L/min。据研究人员测试验证：水龙头每分钟出水 10L 或以上时，80% 以上的水没有经过我们的手就直接流失掉。在改变现有出水方式的情况下，出水速度为 2.0L/min 已经可以满足日常洗手的需求，出水速度为 2.5L/min 时，用水的舒适度会很高，出水速度为 3.0～3.8L/min 时就能满足医护人员等用水要求较高人群的需要。节能水龙头的恒流阀为节水的关键部位，其工作原理是根据供水管网的水压，自动调节出水的流速、流量，通过平均分配流量为用户提供稳定水流。航天大厦洗手间通过使用节能水龙头，节约用水 50%。

（7）微波控制 LED 灯的应用

航天大厦负二楼车库引进 LED 灯，同时配置超声波控制器进行控制，在有人或车的情况下，亮度会达到百分之百，相反则进入节能状态，节电效果明显，节电率达到了 70%。

（8）公共区域集中照明系统分回路控制

航天大厦于 2012 年对大厦公共区域照明进行改造，采用集中控制方式，拆除了分散在各楼层的控制器，通过线路改造，引至负一楼进行集中控制，简化了大量的用电设备。通过照明集中控制系统，可根据用户实际需求，适时调整楼层公共区域照明，以达到节能减排的目的，节电率高达 35%。

2. 管理节能措施

（1）中央空调经济运行模式

根据 2011 年中央空调运行的模式，进一步完善中央空调主机运行时间及大小机切换时间的操作方法，编制了航天大厦中央空调经济运行模式，在项目严格执行，达到了很好的管理节能目的。

（2）变压器轮换使用

根据深圳市《供电营业规则》及大厦设备使用情况，采取正在使用的 2-3# 变压器与备用的 1-4# 变压器每半年轮换使用的方法，提高设备的安全性能及使用寿命，间接降低能源的损耗。

（3）关注每月水电成本统计数据

根据工程部统计的每月水电成本统计数据，进行同比或环比的对比，认真分析，对于其中存在的异常情况，必须找到存在的原因，并制定有效的措施，严格控制水电成本的支出，达到每年水电成本控制的目标。

（4）梳理公共区域水电使用情况

根据实际情况全面梳理公共区域水电的使用情况，对于个别没有安装水电表统计数据的，适时安装水电表，包括分包合同中需要使用水电支出的项目，如电子相框，外墙的广告电费支出，清洁及绿化用水等。

## 本章小结

1. 物业服务借力科技的基本原则包括：实用及适用原则和以业主体验为先的原则。

2. 科技对物业管理的改变趋势包括：提高了物业管理的信息化水平、改变了物业管理的经营模式和提高了物业管理的效率。

3. 绿色物业管理是指在保证物业服务质量等基本要求的前提下，通过科学管理、技术改造和行为引导，有效降低各类物业运行能耗，最大限度地节约资源和保护环境，致力构建节能低碳生活社区的物业管理活动。

4. 实施绿色物业管理的制度建设主要包括组织管理、规划管理、实施管理、评价管理和培训宣传管理五个方面。

5. 实施绿色物业管理的技术要点主要包括节能、节水、垃圾处理、环境绿化、污染防治五个方面。

## 综合练习

### 一、基本概念

物业服务提供商　　物业顾问提供商　　物业资源开发商　　物业物业管理

### 二、思考讨论题

1. 简述物业服务借力科技的基本原则。
2. 简述科技对物业管理的改变趋势。
3. 简述绿色物业管理的内涵。
4. 简述绿色物业管理与传统物业管理的区别。
5. 试论述如何构建绿色物业管理。

### 三、案例分析题

以下是河南郑州"绿地之窗"项目物业服务方案的部分内容，请运用本章所学进行评价和改进。

"绿地之窗"项目位于河南郑州郑东新区东风东路与七里河南路交汇处，距高铁站仅50米，集国际超5A甲级写字楼、旗舰商业、星级酒店于一体。根据"绿地之窗"项目的地理特点、规划理念、业态布局和客户需求等因素，物业服务企业拟在"绿地之窗"项目实施"3G"物业服务模式。

"3G"物业服务模式主要由三大元素构成，即绿色、服务、品位。第一个G是指"Green Surroundings"绿色的环境，体现人与自然的和睦相处及自由享受绿色、身心融入自然的愉悦感受；第二个G是指"Golden Service"金牌的服务，提前感应、发掘顾客需求，迅速响应业主需求，向业主提供全方位、高效率的优质服务，全心呵护业主舒适、便捷的办公环境；第三个G是指"Grade Lives"品位的生活、尊享的生活等生活之本性需求。

1. "绿色的环境"设计

（1）通畅的交通设计、人车分流，避免汽车尾气干扰，缩短步行距离，自由出入的CBD中心。

（2）大面积绿色休闲广场，满足全部绿色生活所需，拉近人与自然的距离，供客户享受青草芬香和阳光沐浴。

（3）遵守环保原则及建筑与环境的和谐统一，注重建筑节能技术的应用，减少垃圾的产生；注重通透的建筑格局并兼顾办公感受，尽量有效减少由于设计原因产生的瑕疵所引起的后期变动。

（4）实行全员、全过程、全方位的绿色服务，物业向业主提供的服务均是环保的，如废旧电池的统一回收，垃圾的分类回收处理，消杀服务，减少化学药物对环境、人体的侵害等，最大限度地利用生态、无污染的方式进行大厦的各项管理，为业主创造一个清新、优美、洁净的休闲办公环境，让业主接受环保、健康的服务。

（5）充分考虑业主的办公需求，做到零污染、零打扰，使大厦永久保持宁静、优美，并通过绿色、优美、环保环境的塑造，让业主在此感受到家庭的舒心和安逸。

2. "金牌的服务"设计

（1）迅速响应顾客需求，建立快速沟通渠道，配置24小时无障碍服务电话，设置亲善服务助理，直接为业主排忧解难，让业主享受贴心、便捷服务。

（2）严格执行"首问责任"，全程跟进业主需求处理情况；持续改进、提升服务品质。

（3）全面实施"技防、物防与人防"相结合的"DS"安全管理模式，项目本身配置安全防范智能化技术和高科技智能化设备，物业在此基础上设置六环人防管控网，形成全方位、全天候、多视角、立体、网状、反应敏锐的三维六环安全保卫体系。配以安全员威猛的形象、高档体面的着装、精良的装备、体贴的绅士服务，让客户独享威严的尊贵和安心无忧的办公环境。

（4）借鉴"无人化管理"模式经验，"运筹帷幄"，尊重业主充分自由空间的同时，服务人员不再干扰业主的办公生活；安全管理零缺陷，而服务却无处不在，让业主在紧张的办公环境里，减少外部的干扰，给业主切实的"安全、安心"办公感受。

（5）多元的信息沟通渠道，可以通过大厦分布音乐广播系统、电子屏系统、传统的宣传公告栏、短信息温馨提示服务提升关怀行动。

（6）色彩缤纷的社区文化，结合多年的社区文化活动经验，并根据业主特点，在节日来临之际提前组织不同形式的娱乐活动，通过共同的娱乐活动放松身心，让业主在忙碌的工作之余，放松身心，同时也是加强与大厦其他业主沟通的一个有效方式。

（7）引进和应用先进成熟的服务思维和服务工具，广泛汲取和应用外部成熟的知识和经验，监控服务过程，把工作要求落实到每一环节和岗位，力求尽善尽美，把服务规范渗透到每一细节和个人，力求无微不至。

（8）为业主创造价值，凝聚有限能力、担负应尽责任，致力于同业主的情感交流，推进无微不至的人性化关怀，呵护满足业主的精神、心理需求；细化顾客需求，以优质、专业的服务为业主提供便利。

3."品位的生活"设计

（1）物业在业主入住办公前提供关于大厦及周边娱乐、购物、金融、邮政、交通、油站、餐饮、景点、酒店等生活必备要素的清晰指引，甚至得到各配套设施和场所档次、口碑的准确反馈，减少业主入住后的摸索、迅速进入驾轻就熟状态，迅速消除陌生环境下的不适感。

（2）在通知入伙时间的范围内，结合业主自己的日程安排，获得随到随办的便利入伙手续办理服务，提供私密、舒适的会所接待空间，配备休闲网络服务、茶饮、书刊阅读等，办理环境优雅宁静，避免被人指点、谈论的嘈杂环境。

（3）业主入住的时刻需要留下一个美好的记忆，如业主同意，物业提供摄像服务、制作纪念物进行留念。

（4）设置亲情服务专线，物业提供充分服务，满足日常办公所需，让业主轻松摆脱办公琐碎，体验自由身心，尽情享受丰富的方便、快捷服务方式。

（5）针对高档商户业主，物业在提供日常的办公清洁、代购物等常规物业服务之外，能随时提供最佳的机票预订、客房预订或传真、收寄件等根据业主需求定制的个性化服务，让业主从繁杂的办公琐事中解脱，体验自由、尊贵的真谛。

（6）物业在项目本身配套商业资源的基础上，运用片区相配套的商业、餐饮、娱乐等多种资源，结合大厦内部的消费资源，利用物业服务这个平台，建立起一个商务服务配送系统服务于业主，业主可电话订单，商品（服务）配送上门，如购物、订餐、预订家政服务、其他特约服务等。

（7）协助业主房屋租售、转让服务，业主房屋租售期间代业主保管钥匙，接待看房客户，并及时反馈信息，在服务中为业主创造价值。

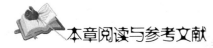**本章阅读与参考文献**

1．唐智慧．借力科技实现转型升级[J]．中国物业管理，2015（1）．

2．杨民召．科技领航物业管理转型升级[J]．城市开发（物业管理），2015（2）．

3．谢罗群．科技是物业管理的第一生产力[J]．中国物业管理，2015（1）．

4．本刊编辑．睿智生活万科造[J]．城市开发（物业管理），2014（7）．

5．本刊编辑．我国物业管理商业模式概观[J]．城市开发（物业管理），2015（4）．

6．中航物业．中航物业：科技使物业管理升级换代[J]．城市开发（物业管理），2014（8）．

7．雷昭新．绿色物业管理是现代服务的必然选择[J]．城市开发（物业管理），2012（2）．

8．熊群英．绿色物业管理研究[J]．企业技术开发，2012（8）．

9．深圳市住房和建设局．深圳市绿色物业管理导则（试行）．

# 推荐网上资源

1．中国物业管理协会网站．http://www.ecpmi.org.cn/.
2．《现代物业》杂志网站．http://www.xdwy2001.com/sp.asp.
3．北京市物业管理行业协会网站．http://www.bpma.org.cn/.
4．上海市物业管理行业协会网站．http://www.shwy.org.cn/.
5．深圳市物业管理协会网站．http://www.szpma.org/.
6．中国物业管理师网网站．http://www.wygls.com/.
7．公元物业管理网站．http://www.gywygl.com/.